劉備不是傳說

從賣草鞋到三分天下

劍眉枉凝 著

臺灣版序

此刻才見天空

劉備，以其堅忍不拔、遵法守禮、知人善用的個人品質，對兄弟義、對臣下禮、對百姓仁的一生作為，在三國之後的一千多年間，一直被儒家士子看作是理想君主、仁君典範。

羅貫中的傳世名作《三國演義》問世後，人們對劉備、諸葛亮、關羽等蜀漢君臣的推崇與喜愛，更是達到了一個前所未有的高度。

然而，物極必反。近幾十年間，大眾心目中的劉備形象，出現了極大的改變，傳統公認的仁義之君、三國雄主，逐漸被許多人看作是偽君子、低能兒。這種情況在大陸尤甚，究其原因，主要有三點：

一是清末民初以後，讀書人讀傳統經史漸少；同時，原為小道末技的小說，地位又大幅提升。因此，大眾心目中的劉備形象，逐漸被來自《三國演義》的藝術形象取代，劉備的歷史形象反而被人遺忘。

二是社會價值觀轉變，道德高於一切的傳統觀念已經崩塌，大眾普遍急功近利、欲望肆行，崇尚所謂的真性情與個性，劉備的藝術形象，在這方面失分很多。

三是在大陸個人威望無以復加的領袖——毛澤東十分推崇曹操，劉備做為曹操的對立面，自然受到了大陸社會各界有意或無意的打壓。

可以說，今天大眾對劉備的認知已經偏移得太多，與上千年來的共識相去甚遠。但是過往的歷史是永恆不變的，大是大非的問題更不可能因時間的流逝而發生質變，只能是當代人們認知的不足而導致。

因此，還原一個真實的劉備，不但是一個歷史學術問題，也是一個文化心理問題，在大陸甚至還是一個社會政治問題。

鑒於此，個人立志為劉備正名，通過數年對史料的篩選分析，披沙揀金、去偽存真，著成《劉備不是傳說》一書。此書出版後，受到了大陸歷史學者和廣大讀者的一致好評，公認為是迄今為止最好的劉備傳記，確如作者自序所言——寫出了一個真實的劉備。

除為劉備正名之外，《劉備不是傳說》的價值還在於，通過對劉備一生經歷的解剖分析，把一個離我們的生活極其遙遠的三國英雄拉到我們身邊，如鄰家男孩般近距離觀察。劉備的一生，就是一個擺地攤賣草鞋的草根平民向心中夢想不斷拚搏奮鬥的過程，而這讓一本歷史人物傳記具有了勵志的意義，被大陸讀者評價為「最勵志的歷史書」。

另外，對如今價值觀混亂和傳統文化缺失的現狀，作者在字裡行間流露出了理性的批判和冷靜的思考，最後的落腳點在於重視做人、修身明理。

劉備不是傳說，此刻才見天空。我們誠摯地將這本書推薦給臺灣和港澳的讀者朋友們，相信每一位讀者都會從書中得到有益的收穫。

推薦序

還原一個既真實又可敬的劉備

由有槍就是草頭王、你方唱罷我登場揭開歷史大幕的三國時代是一個亂世，可亂世出英雄，尤其是文武雙全的、智勇兼備的大英雄。

在群星璀璨的三國英雄譜上，「漢帝玄孫一脈傳」的「皇叔」劉備，算得上家喻戶曉、婦孺皆知的明星大腕。其知名度絕不亞於頭號對手曹操和對手兼盟友的孫權，而其美譽度卻遠遜於他的鐵哥們關羽，更大大落後於他的二把手及實際的接班人諸葛孔明。

試看在歷史小說家羅貫中的筆下及《長坂坡》、《龍鳳呈祥》等三國戲曲中，劉備被塑造成一個前半生惶惶然如喪家之犬，一輩子畏畏縮縮令人忍俊不禁的膽小鬼、可憐蟲形象；其看家本領似乎只有一「跑」（大事不好，拔腿就跑），二「哭」（遭遇險情，掩面大哭），三「拋棄」（危急關頭，拋妻棄子）……

歷史上的劉備真是如此這般嗎？文藝家筆下的「藝術真實」契合於「歷史真實」嗎？要尋找被掩埋的歷史真相，看來山環水繞、雲霧重重。

人們首先不應忘記：劉備乃蜀漢的開國皇帝。從擺地攤到穿龍袍，兩者間的距離，豈止是十萬八千里，若沒有超人的文韜武略，那就做白日夢也甭想登基稱帝。

人們也不應忘記：把龍袍當內衣穿的梟雄曹操，曾在青梅煮酒時對劉備說：「今天下英雄，唯使君與操耳。」魏武桀驁不馴、目中無人，如果說這句話並非其由衷之言，那在赤壁之戰後他對眾將領所說：「劉備，吾儔也。」則應當不是違心之語！

吹去滿天陰霾，又見晴空萬里。被央視百家講壇名嘴譽為「有英雄之氣、英雄之魂、英雄之義、英雄之志」的劉備，一定不是也不可能是三國小說戲曲中所塑造的那個可憐巴巴的狗熊相。

那麼，真實的劉備到底是個什麼樣的人？他有什麼非同尋常的能耐和磁石般的人格魅力？又有什麼可以名垂青史的豐功偉績？讀者翹首企盼著史家以「歷史真實」，為劉備這位三國迷們的偶像「重塑金身」，原原本本地還原他的「廬山真面目」。

說到這裡，我們要感謝劍眉枉凝君，他在《劉備不是傳說》這部別出心裁的三國歷史名人新傳中，不僅讓讀者看到了劉備不是可憐蟲，更不是偽君子，而是一個終身懷抱理想、堅持原則、有膽有識有情有義有良心、百煉鋼化為繞指柔的中國特色大男人；而且由人及事，讓讀者可以大致明瞭劉備生平事業發展史上若干個原先說不清、道不明、被史書殘簡斷篇和史家眾說紛紜搞得亂成一團、莫衷一是的三國歷史疑案。

看到這兒，也許有讀者會懷疑我——一個資深歷史學者是不是在違心說恭維話，有意做廣告詞。我的回答是：不！事實勝於雄辯，有理才能氣壯。《劉備不是傳說》中的真材實料、新知灼見，確確實實給讀者澄清和還原劉備其人其事提供了許許多多言之有據、論之有理的實證與論說。其中，有對劉備及相關主要人物歷史的論述、補白、辯誣，也有對當時社會制度的分析及對人性和歷史研究的看法。我相信，只要讀者將本書瀏覽一遍，就會認同我並非捧角作秀，而是言出由衷。

當今關於三國的正論戲說多如牛毛，演繹三國的舊戲新編和影視大片也在爭奪觀眾的目光。在近年出版的眾多史學作品中，《劉備不是傳說》會同《明朝那些事兒》一樣，被學界看做異種另類。的確，這部以主人公傳奇一生為主線，具體生動地展現一代歷史的史學作品，與正襟危坐「詩云子曰」地講述歷史和傳統版的通俗歷史故事書都大大不同，它是以當代讀者（不限於年輕人）喜聞樂見的時尚流行語言和節奏明快的表達形式，立足歷史真實，逼真而又形象地描述主人公的個性、品格、生平、業績，以及從擺地攤到穿龍袍的心路歷程和各種人脈關係。字裡行間，妙語連珠，諧趣橫生，其調侃、幽默近似王朔小說和黃宏小品的藝術風格（這種寫法是耶非耶，請相信讀者的智商會做出正確的判斷和抉擇）。

本書還念念不忘「以史為鑑」的史學宗旨，筆鋒犀利地探究主人公及其關係人的人性深處五顏六色的善惡美醜，詮釋古代中國人修身齊家治國平天下的常識和哲理。

正因為如此，讀者掩卷之後，留在腦際的不僅僅是三國的政治風雲變幻，劉備歷盡艱難險阻取得成功後又夢斷夷陵的傳奇一生，而且獲得到為人處世、論學治事的寶貴歷史經驗。後者實際蘊含著一個年輕學人對歷史與人生的內心感悟。

以上種種，我想一定會引起廣大讀者的興趣和共鳴！

童超　二〇一〇年四月於中國社會科學院歷史研究所

自序
寫出一個真實的劉備

劉備，在中華文化圈是一位家喻戶曉的人物，同時也是一位遭受到極大誤解的人物。誤解主要是來自《三國演義》。《三國演義》做為古典名著，留下了中華文化圈關於三國傳奇的集體記憶，六百年來無人能夠超越。但《三國演義》畢竟是一部小說，許多地方與史實有很大的出入。尤其是羅貫中為刻畫諸葛亮的「智」，把劉備描繪成了一個似乎只會哭的領導。

歷史人物也是人，根據生活經驗，我們知道一個若只會哭鼻子的人，肯定是做不了什麼大事的，更不可能讓諸葛亮、關羽、張飛、趙雲等大批優秀人才矢志不移地追隨終身。所以，劉備必然不是，至少在很大的程度上不是《三國演義》中的形象。

那麼，歷史上的劉備究竟是一個怎麼樣的人？

為了尋找答案，許多人將目光投向《三國志》等史書。可是這些史書都太過簡略，甚至由於編寫者所處的時代環境和自身立場，也留下了不少不真實的地方，非但無法展現出一個真實完整的劉備，反而為後人的誤解留下了更大的空間。

這種情況下，許多人以為，劉備對兄弟的義、對臣下的禮、對百姓的仁，都不過是一則遙遠的傳說而已，根本不是歷史真實。

但劉備並不是傳說，歷史也不是任人打扮的小姑娘，在眾多的紛擾背後，有且只有一個是歷史的真相。這個真相雖然不容易找到，卻不是遙不可及的。

本書就依據《三國志》、《資治通鑑》、《後漢書》、《華陽國志》等大量史料，通過對史料的篩選和分析，披沙揀金，去偽存真，力求寫出一個真實的劉備，並以劉備的一生經歷來解讀，一個草根平民如何成長為一個在民間廣為傳頌的英雄皇帝。

為提高可讀性，讓讀者能夠輕鬆地閱讀沉重的歷史，本書運用了一些現代流行文學和語言的風格，但中心仍然是寫歷史，對劉備及相關的主要人物如諸葛亮、關羽等人的歷史，在寫實的基礎上，做一些補白和辯誣。同時，還有對當時社會制度的一些分析，以及對於人性與歷史的一些看法。

對於歷史，我踐行一個觀點——矯枉不必過正，並不追求所謂的新奇而拋出奇談怪論。否則，在無盡的爭吵與詆毀中，只會無謂地浪費我們的精力與時間，歷史的真相也會變得更加撲朔迷離。

關於歷史，任何矯情和掩飾，終究都是徒勞的。

相信讀者。只要給讀者一個歷史的真相，相信是非自有公論，公道自在人心。

是為自序。

劍眉枉凝

第二章 飄泊 069

第三章　蟄伏　159

第四章　轉折　233

第五章　強大　305

第一章 等待

漢末十三州與黃巾起義示意圖

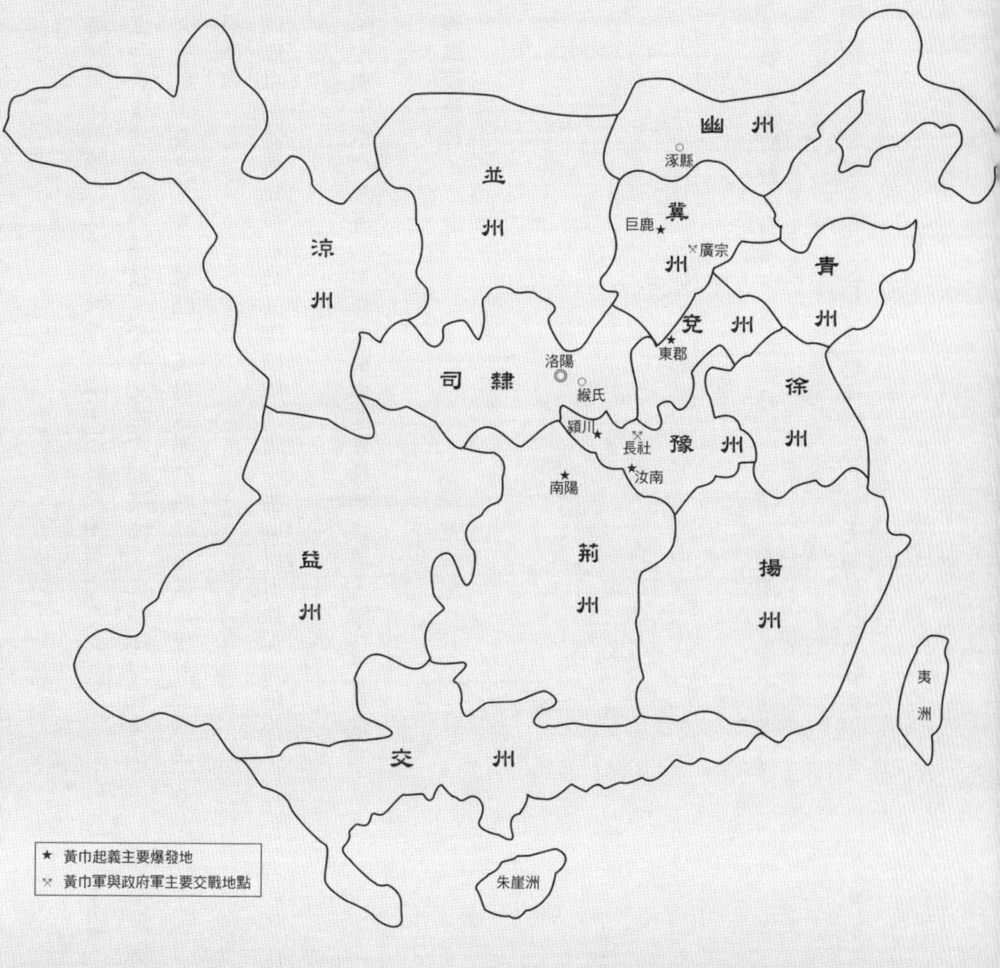

當劉備帶領兄弟們和一群鄉里子弟踏上征途的時候，心中不禁感慨萬千。

即便是帶頭大哥，劉備也和身後的兄弟們一樣，看不見前方的道路，也不知道在這個風雲變幻的亂世之中，做為有著皇族身分、賣過草鞋、上過大學的特殊平民，他和他的這幫兄弟，究竟能不能幹出一番事業。

能夠確定的是，眼前的這條路，必然充滿曲折充滿艱險，這一去必然有些兄弟回不了家鄉，也許他自己也不能活著回來。

劉備再度回首遠望家鄉的方向，家門旁邊的那棵大桑樹依舊枝繁葉茂，像極了皇帝的車蓋。

既然選擇了遠方，便只顧風雨兼程。

也許我們還會回來的。

兄弟們，出發！

故事的開始，十分平常。

東漢王朝後期，在帝國北部的幽州涿郡涿縣（今河北涿州），有一對普通的夫妻生了一個孩子，男孩。

男孩的出生，一切都很平常。史書上沒有記載他母親與蟒蛇狗熊之類的怪物發生過離奇的豔遇，他出生時沒有紅光滿屋、沒有白氣充庭，更沒有什麼五彩祥雲（當然，即便是有這樣的記載，其真實性也是非常值得懷疑的）。

小男孩就這樣與你我一樣，極其平常地來到了這個世上。

這一年，是東漢桓帝延熹四年，一六一年。

一般來說，一個平常人家生個孩子，也就是多一粒黃土地上的「微粒」，是不會被人記住的。

這個男孩的出生，之所以能夠被人記住，是因為他有一個不平常的名字——劉備。

六十多年以後，他有了另外一個稱呼——蜀漢昭烈皇帝。

搞不清楚的祖宗

小劉備平靜地來到了這個世上，沒有太多人在意。但我們相信，至少有兩個人是非常在意、非常高興的，那就是他的爹和娘。

他爹叫劉弘，在涿郡政府部門工作，至於具體擔任什麼職務、什麼級別，已經沒有人能搞得清楚。不過可以肯定的是——一個芝麻大的小官。

劉弘雖然官位不高，但好歹也算是東漢帝國國家公務員，有穩定的工作、固定的收入，至少養家餬口是沒有問題的。

小劉備就在爹娘的疼愛中，幸福地成長著。

如果沒有意外，小劉備還將繼續幸福下去，輕鬆愉快地從童年走向少年。可惜這個世界充滿了意外。如同今天時不時有飛機掉海裡、動不動有流感來侵襲，當時的世界同樣充滿了各種各樣的意外。

童年的劉備遇到的第一個意外是非常不幸的，不幸程度之高、傷害力之強，被公認為人生三大不幸之首——年幼喪父。

國家公務員劉弘同志具體死於哪一年，什麼原因致死，是否為因公殉職，同樣沒有人能搞得清楚。

對於幼小的劉備來說，「年幼喪父」這四個字的含意，他未必能懂得多少，也許只是以前家裡有個男人，從某一天後再也看不見了，而這個男人對他很好，常常逗他玩、帶他逛公園，常常給他買好吃的、買新衣服，僅此而已。

由於劉備的爺爺做過縣令，他爹又當過公務員，算是幹部家庭，經濟條件還算可以。他爹去世後一段時間內（大概有幾年），他的生活軌道並沒有發生太大的改變，沒有流落街頭成為無家可歸的孤兒，不用去當乞丐討飯吃，更不用去給地主家放牛。

甚至，約莫就在這個時期，劉備上了當時的小學——私塾，開始識字，學習一些文化知識（劉備十五歲的時候，拜大儒盧植為師，因此之前他一定讀過蒙學——因為以盧植的名望與學問，教學生是不可能從啟蒙知識教起的）。

我們知道，人在童年時代的成長是非常迅速的。在讀私塾的幾年裡，劉備同學知道了很多很多在以後看來有意義的無意義的、在大人看來該知道的不該知道的事情。

比如說他知道了他的國家叫大漢，國家的最高領袖是至高無上的皇帝；大漢帝國建國已近四百年，有了很多個英雄皇帝；尤其是第一任開國皇帝漢高祖，是個神勇無比的大英雄，手提三尺寶劍斬白蛇起義，終於推翻了殘暴的秦朝，又打敗了西楚霸王項羽，建立了國力無比強盛、疆域無比廣闊、人民無比幸福的新國家大漢等。

對於劉備同學來說，他明白的最最重要的一件事是，他——劉備——就是大英雄漢高祖的後代，也算是大漢皇族一脈！

這是一件非常值得炫耀的事情，劉備同學十分開心。

於是，他常常以十分自豪的口氣對他的同學們說：「我就是大英雄漢高祖的子孫！是堂堂正正的大漢皇族！」

可是，令他十分鬱悶的是，同學們常常以十分鄙夷的口氣對他說：「切，別吹牛了，天底下姓劉的多得是，憑什麼說你就是皇族？」

憑什麼呢？小學生劉備自然解答不了這個問題，於是他回家問他娘，還有叔叔劉子敬及同宗的老人。

小劉備與家族成員討論後得出的結論十分肯定：劉備同學及他的同宗都是大漢皇族，是漢朝開國皇帝漢高祖劉邦的兒子、漢文帝劉恒的兒子、漢景帝劉啟的兒子、中山靖王劉勝的兒子、陸城侯劉貞的後代。

聽起來很拗口吧？沒錯，劉備同學與漢高祖就是這麼個關係。家族成員一致認為祖宗當過皇帝，是比較牛的一件好事，所以異口同聲做出了肯定的回答。

但支撐結論的證據十分缺少：除了知道他爹叫劉弘、他爺爺叫劉雄以外，從劉雄到陸城侯劉貞的譜系傳承已經無從考證。由於家道衰落，不注重修家譜，或者家譜遺失，祖宗問題往往是子孫解不開的謎團。即便是到了科學技術高度發達的今天，類似的問題還是無法解答，困擾著許許多多的人。

劉備就被祖宗問題困擾了一生。以至於許多年後他做了蜀漢皇帝，還是搞不清楚自己的祖宗。

其實劉備大可不必難過，因為這個問題不只是讓他一個人頭疼，也讓一千八百多年以來對他感興趣的很多人頭疼。

如果這些人跨越時空，完全可以組成一個龐大的陣容，根據他們的觀點可以分為兩個陣營：說「是」的站左邊，說「不是」的站右邊，針鋒相對，甚至帶點火藥味兒。

這些人之中的傑出代表是羅貫中同志，他在傳世作品《三國演義》一書中，排除史料嚴重缺乏的困難，本著有條件要證明、沒有條件創造條件也要證明的工作精神，認真開展工作。經過艱苦努力，不僅證明了劉備是漢景帝玄孫的問題，而且讓劉備成功地當上了漢獻帝劉協的叔叔，甚至創造性地給劉備的列祖列宗取了名字。

可非常不幸的是，勞動模範羅貫中同志勤奮鑽研得出的這些勞動成果，被後來的歷史學家指出是自相矛盾的，這樣劉備就比漢獻帝低了四輩，根本不是什麼皇叔。

雖然劉備的祖宗搞不清楚，但他皇族的身分應該是靠譜的。因為一個人如果冒充皇族，那麼肯定會被別人揭穿，尤其是被仇人揭穿。比如朱元璋做了皇帝之後，一門心思要給大名人朱熹當孫子，尚且沒能如願，可見冒充名人後代的難度係數有多高。

劉備與曹操纏鬥了大半輩子，曹操集團的人往他身上潑的髒水夠多了，卻始終沒有指出他的皇族身分靠不住。原因只有一個——不是曹操想不到，而是做不到。

因此，雖然我也找不出充分的證據，但還是認同劉備是皇族的說法。

後來人的爭論，當時的小學生劉備自然不可能知道。他所知道的是，祖宗當皇帝已經是很遙遠的故事（隔了三百多年），而且漢景帝有十四個兒子，其中中山靖王又是歷史上著名的生育專家，只算兒子就生了一百二十多個（可以申請金氏世界紀錄），到他這一代已經是劉姓皇族遍地走。做為皇族的他，只能有一樣好處——聽起來名頭比較響亮。

比如，碰到陌生人之後，劉備同學說出自己的出身，一般只能換來一句「失敬失敬」，說完了還是你走你的陽關道、我過我的獨木橋，該幹啥還幹啥。

要是遇上個別心理有點問題的人，還會意味深長地伸出一根手指頭，指著他的背影說：「快來看啊，這小子是皇孫！」然後傳來一陣肆無忌憚且極富穿透力的開懷大笑。

不過，當時的社會是很講究門第出身的，生在平民家庭的劉備同學，能有這樣一個響噹噹的名頭，他還是非常樂意接受的。

如果有這樣一個機會，讓我們大夥兒來選擇自己願不願意做當朝開國皇帝兼大英雄的後代——在沒有人能證明不是的情況下，相信舉手願意的是絕大多數。因為這是人性的弱點。

同樣，劉備同學也選擇了願意。

不論別人相不相信他的祖宗是皇帝，劉備同學自己是相信的，而且相信得堅定無比。

一個人長期相信一件事，就會把這件事完全當真，並在不經意間下意識地表現出來。所以劉備同學每次提起自己身世時，總是語氣平靜、神情嚴肅、不容置疑地說出：「漢景帝玄孫，中山靖王之後。」

而每次語氣平靜地說出這句話的時候，劉備的內心其實很不平靜。

當皇帝還是賣草鞋

前面我們說到，就算劉備同學認識到自己的祖宗是大漢皇帝，也不會給自己帶來任何實際的好處，他該幹啥還得幹啥，沒有丁點的變化。

比如說，他依舊和同學們一樣一樣地讀私塾背《論語》、一樣一樣地玩遊戲吹牛皮。

某天，他吹了一個天大的牛皮。當時，他和鄰居家的小夥伴在家門口玩起了捉迷藏，又吹起了牛皮。大夥兒都玩得不亦樂乎、吹得天花亂墜。

輪到劉備同學吹牛的時候，他指著他家老房子旁的大桑樹說：「我一定能坐上皇帝乘坐的車子！」（吾必當乘此羽葆蓋車）

這句話真正的意思，誰都能聽得出來，他不是想有朝一日坐上皇帝的車子，而是要坐上皇帝的位子。

劉備同學吹牛時，那棵大桑樹枝繁葉茂，遠遠望去，正如皇帝的車蓋。

漢朝人都知道，皇帝位子的合法繼承人一定不是劉備同學。他要想當皇帝，只能通過不合法的手段，而用不合法的手段奪取皇位通常有一個特定稱呼——謀反！（參考資料：謀反大逆，夷其三族！）

因此，劉備同學的這個牛皮著實把他的叔叔劉子敬嚇了一跳，趕緊制止他說：「小孩子不要胡說，小心被滅族啊！」（汝勿妄語，滅吾門也）

這句話在中國歷史上非常有名氣，被許多人認為是劉備年少有大志的鐵證。陳壽在用筆極為簡略的《三國志》中記載了這句話，自然也是這個意思。

在我看來，這句話不像是少有大志的證據，更像是地地道道的吹牛。如同今天上幼稚園的小朋友，別人問起他的理想是什麼的時候，有不少小朋友會說長大了要當總統、當主席，甚至是國王、皇帝等。

世界的精采就在於，每個人都有自己的想法，不論他是多麼幼小或是渺小。

小時侯說長大要當總統、主席、國王的小朋友，不一定是胸有大志。小時候說長大了要當工人、農民、老師的小朋友，也不一定是碌碌之輩。

他們說這些話的時候並沒有多少不同。若干年後混出個了不起的天地，就被稱為少有大志、天生不凡；若干年後混到個不起眼的田地，就被稱為胡言亂語、癡人說夢，癩蛤蟆想吃天鵝肉。

沒有人能隨隨便便成功。一個人究竟能走出什麼樣的人生，更多要靠後天的努力與奮鬥。

吹牛歸吹牛，吹牛不能當飯吃，吹牛完了還得幹正事。劉備同學當時的正事是上小學。不久後，他有了一樣更為正經的事情要辦——擺地攤賣草鞋。

自從國家公務員劉弘同志去世以後，家裡就沒了收入，家底再厚也會坐吃山空，這樣下去遲早得斷糧。

時間雖然已經過去了一千八百多年，許多事情卻沒有多少改變。不論任何時代，除了皇帝一類的特殊群體之外，像劉備這樣的普通人要想不餓肚子，就得找份工作不停地幹活。

那個時代女工不受歡迎，劉備同學又沒長大，孤兒寡母想要找份正兒八經的工作，實在比登天容易不了多少。

於是，孤兒寡母找了一份門檻較低的工作——擺地攤賣草鞋兼營草蓆。不是批發後搞零售，而是自產自銷。好在編製草鞋草蓆的技術含量不高，孤兒寡母學起來不算太難。

很有可能劉備同學的母親已經是個資深擺地攤個體從業者，在劉弘同志去世不久就入行了。

劉備同學應該是在小學畢業或輟學以後，才正式加盟這個沒有前途的職業。

一個地攤攤販的成長

劉備同學雖然年紀小——這個時候大約是十來歲，但擺地攤這份工作有多麼艱難多少辛酸，他是能體會的。

擺地攤這個職業源遠流長，可以說是商業的原始形態，到今天至少有幾千年歷史了。幾千年以來，擺地攤有幾個顯著的職業特點：付出多——辛辛苦苦連個遮風擋雨的地方都沒有，甚至還要與城管隊員玩躲貓貓捉迷藏之類的遊戲；收入少——一般而言，只夠餬口而已，指望擺地攤發家致富，別做夢了，洗洗睡吧！

社會普遍是嫌貧愛富的，人性大多是好逸惡勞的，因此擺地攤這份工作是上不了檯面的。尤其在當時，是公認的下賤行業。

自認為是皇家子孫的劉備，從事這樣一份下賤行業，淪落為地地道道的草根，不用說，他心裡的落差那是相當大的。

不過，他只能如此，因為他要吃飯。劉備雖然不認識馬克思，但他能領會「經濟基礎決定上層建築」這句話的通俗含意——吃飯問題是第一位。所有的問題跟吃飯問題比起來，都不是問題。

面子問題就更不是問題。

劉備認為自己絕不會賣一輩子草鞋（其實大多數地攤攤販都會這麼想），但目前他需要的是堅持下去，賣好草鞋，填飽肚子。

因為只有活著，才有希望。

毫無疑問，年少的劉備與我們身邊的很多朋友一樣，遭遇了人生的逆境——對他來說，這應該算是生命中的第一次，但絕對不是最後一次。

逆境出人才，逆境是一筆財富，年輕人多吃點苦有好處，這些話的確不是用來忽悠（糊弄之意）人的。

逆境最能磨鍊一個人的心志。

在遭遇逆境的時候，許多人在生活的重壓和磨礪下漸漸失去了稜角、失去了自我，最終變得渾渾噩噩、得過且過、隨波逐流。即便有一天機會來了，也只會擦肩而過。

然而，還有一些人，在逆境中愈挫愈勇、永不放棄。雖然暫時不得不低下他們高貴的頭顱，但他們心底的信念，卻更加堅定、更加明確。他們相信總有一天自己會實現心中的理想，並且一直在為實現理想不斷摸索切實可行的道路。他們缺少的，只是機會。

機會沒有到來時，這兩種人沒有多大的差別。一旦機會降臨，他們之間的天壤之別就會立刻顯現。

劉備正屬於後一種人。

擺地攤行業的傑出代表、日後的蜀漢皇帝劉備，就在擺地攤賣草鞋的過程中摸索著，這讓他學會了很多、成長了很多。比如說：

——胸懷。做為一個地攤攤販，首先要有足夠寬廣的胸懷。自己在風裡來雨裡去的時候，一些人什麼也不做，只知道醉生夢死；自己在啃窩頭的時候，有些人什麼也不幹卻錦衣玉食；同時，還有一些人沿街乞討、賣兒賣女，只是為了一口飯吃……這時候不能走向偏激，需要一顆博大的心包容這個不平等的社會。如果心眼太小，那麼即使不被餓死，也會被氣死。看慣了這些別樣人生，看慣了幾度秋月春風，才能胸懷廣闊、眼界高遠。

——等待。地攤攤販劉備十分需要等待，等待他的上帝——買草鞋的人出現。也許昨天運氣實在太背，苦苦等了整整一天，連一雙草鞋都沒賣出去；也許今天鴻運高照，不到一個時辰，七個同伴每人就買兩雙鞋。其他同齡人在盡情玩耍的時候，劉備卻要守著地攤等待自己的上帝降臨。這讓他耐得住寂寞，學會了等待，等待著時機。

——誠信。草鞋今天賣得好，不等於明天賣得好。做生意的都知道，生意一直好才是真的好。要想一直賣得好，就需要誠信經營、童叟無欺。涿縣縣城人口不多，大家抬頭不見低頭見，誠信經營不只能招徠回頭客，還讓劉備獲得了不少群眾的好評（這一點在後來收到了意想不到的效果）。人無信不立。做生意，做人，都是一個道理。

——識人。基礎的識人本領是要看清楚自己的上帝究竟是來買草鞋，還是來買草蓆的；是買大人穿的草鞋，還是小孩穿的草鞋；多少價位他們能夠承受等。更進一步是要有一雙識人的慧眼，能夠看穿人心。每天守在草鞋攤後邊，看多了集貿市場裡來來往往的各色人群，漸漸地，劉備可以一眼看出某個人是什麼身分、什麼性格，甚至這個人正在想些什麼。識人才能知人，知人才能用人。

——堅忍。做為一個說過要坐皇帝位子的攤販（哪怕只是吹牛皮），再加上不清不楚的皇族身分，必然要面對無數的流言蜚語，被人當作茶餘飯後的笑料，這需要堅忍；賣草鞋談生意，要給顧客介紹產品，討價還價，費了半天口舌，結果顧客一句話不說轉身就走（有些人就會罵罵咧咧），這也需要堅忍。慢慢地可以忍受一切，堅忍不拔，折而不撓，直面人生，泰然處之。

——低調。即使N年以後回過頭來看自己成長了很多，但對於一個孩子來說，擺地攤賣草鞋的確是不幸的，劉備在賣草鞋的過程中不會感到多麼得意和自豪，會逐漸變得不愛說話（少語言）。不少人會拿他吹牛當皇帝和皇族的身分來尋開心取笑，讓他明白了有些話是不能亂說的、有些話是要講究對象的，明白了「不可與言而與言，失言」的含意，這都讓他從小時候的出言孟浪逐漸變得謙虛低調。

——和善。攤販劉備毫無疑問是個草根，他的上帝同樣也是草根。生長在這樣的環境中，劉備每天接觸和面對的大多是平民階層，比起那些從小錦衣玉食的貴族子弟更容易理解窮苦百姓艱難的生活狀態，理解他們心中極其樸素的生活願望。而且這些人還是他的衣食父母，他更要對這些人給予應有的尊敬。這讓他從小養成了一個非常好的習慣——不論對什麼身分的人，都能做到和顏悅色、甘為人下。

……

如果你熟悉劉備一生的奮鬥歷程，也許你已經看出，這些優秀特質正是劉備日後得以成功的基石。

我們不能確定胸懷、誠信、識人、堅忍等優秀特質，當時的劉備能夠學會多少、領悟多深，但我們相信，通過對擺地攤的親身體驗，這些特質已經在他還沒有褪去稚嫩的心裡，生根，發芽。

十多歲的攤販劉備，就在賣草鞋的過程中逐漸成長起來。真正意義上的成長，不在於個頭長高、財富增多了，而在於心的強大。只有心的強大，才能使自己立於不敗之地。

如果說劉備剛開始賣草鞋的時候會羞於見人、躲躲閃閃，那麼在幾年之後，他已經能泰然處之、安之若素。

有句話說：「咬得菜根，百事可做。」我們同樣可以說：「擺得地攤，百事可做。」從擺地攤的鬱悶中走出來的劉備，已經超越了自我。

兼職教授盧植

劉備加入擺地攤這個行業的具體時間，我們已經無法知曉。但他離開這個行業的時間，是確定的——十五歲。

他離開這個行業，不是因為找到了更有前途的工作，而是要去上大學。

那個時代，高等教育遠遠沒有今天這樣普及，能上大學的人更可說是珍稀動物。而一個賣草鞋的草根能成為珍稀動物，絕對是個奇蹟。

奇蹟在劉備身上發生，並不是因為他天賦異稟在擺地攤這個行業裡取得了突破性的發展，靠賣草鞋積攢了很多金錢，只是因為他有一位偉大的母親。

這位偉大的母親，在經歷了中年喪夫的巨大痛苦之後，不僅含辛茹苦地賣了多年的草鞋，一手把心愛的兒子拉拔長大，而且不計代價決定讓兒子去上大學。

儘管這位單身母親帶著幼小的兒子過著非常清苦的生活，但她深刻地認識到，在一個平民家庭，要想改變兒子的命運，必須讓兒子受到更好的教育、學到更多的知識。雖然在那個時代，平民家庭靠知識改變命運很遙遠，但不靠知識要改變命運就更遙遠。

這也是她能為兒子做的最大的一件事了。

於是，在接下來的日子裡，這位單身母親獨自承擔了賣草鞋養家餬口的工作，決定讓兒子去上大學。

劉備的母親是母親中的榜樣，與今天那些不怕苦不怕累、即便是砸鍋賣鐵也要供子女上大學的父母比起來，她的事蹟依然熠熠生輝。

遺憾的是，我們已經無法知曉這位母親的名字，史書上連她的姓氏都沒有記載。但我們需要記住這位母親，不只是因為沒有她就沒有劉備日後的成功，更是因為她做為一個母親，所體現出來的母愛的無私與純粹！

這位母親讓人更為欽佩的是她的眼光，她讓兒子上大學拜的老師，不是一般的教書先生，而是——盧植（字子幹）。

東漢末年，盧植是個地球人都知道的人，不僅學問好，而且武略高，是地地道道的文武全才。

先說學問。盧植的老師很有名，是當時的學界泰斗、古文經學大家馬融。

馬融老師不只是學問大，派頭也很大。他是東漢名將馬援的從孫、漢明帝皇后（馬援的女兒）的侄兒，算得上是皇親國戚，家中不是一般的有錢。

我們知道，治學講究心靜。但馬融老師的講堂卻非常有特色：一邊是弟子們在講堂裡子曰詩云，溫故知新，書聲琅琅；一邊是講堂前侍女如雲，輕歌曼舞，環珮玎玲。

這樣的學習環境，想必很多人早已心神不定、口水直流、想入非非了。但盧植卻幾年如一日，刻苦學習目不斜視（大戶人家的侍女可是百裡挑一的美女），可見他的定力有多高，傳說中坐懷不亂的柳下惠也不過如此。

盧植的師兄更有名，是遍註儒家經典、一統經學的儒學大家鄭玄。

鄭玄師兄是個奇才，十二、三歲的時候就已經能給大人們當老師講述儒家五經了。

幾千年以來，為《周易》、《尚書》、《詩經》、《儀禮》、《禮記》、《論語》、《孝經》等儒家經典做過註釋的人多如牛毛、數不勝數。但一般來說，一個人只是精研其中的一種或幾種，至於一個人能遍註群經並長期獲得肯定，還能做為官方教材的，除了鄭玄，也就只有一千多年後的朱熹能夠獲此殊榮。

老師很牛，師兄更牛，當師弟的盧植自然也毫不含糊，史稱他「能通古今學，好研精而不守章句」（《後漢書．盧植傳》），並且著有《尚書章句》、《三禮解詁》兩部儒學大作。令人遺憾的是，這兩本書都沒能流傳至今（保護傳統文化實在很重要）。

說起學問，馬融、鄭玄、盧植師徒三人可以相提並論，鄭玄師兄略勝一籌。但說起武略，馬融老師和鄭玄師兄，也就只能望望盧植的背影。

後來張角發動黃巾起義時，東漢中央政府首先派遣三個猛人（勇猛者之意）率領政府軍打了過去。這三個猛人名字分別是盧植、皇甫嵩、朱儁，排名第一的就是盧植。

根據慣例，排名第一的自然是最受器重的。這次也不例外，政府軍排名第一的盧植，面對的正是黃巾軍中排名第一的大頭領——張角。

雙方見面，不認識，那就打吧！打了幾仗下來，相識了，張角原來是個挨打的主，一路丟盔棄甲，邊打邊跑；盧植原來是個打人的主，一路是乘勝追擊，一頓猛揍。

張角一口氣跑到廣宗（今河北威縣東），狠下心來決定再也不跑了，發誓死也要死在這裡（不幸被他說中了）。雖然張角打不過盧植，但盧植一時半刻也搞不定張角，雙方就在廣宗打起了持久戰，戰役從第一階段的運動戰進入了第二階段的陣地戰。

盧植有耐心更有信心與張角打持久戰，但他的老闆——漢靈帝劉宏同志卻沒這個耐心。加上有一個太監（這是一個已經滅絕的另類人種）左豐，由於向盧植索賄不成，便乘機進了幾句讒言。於是漢靈帝臨陣易帥，派遣董卓出任前敵總司令，文武雙全的盧植卻被抓到了京城洛陽問罪。

志大才疏的董卓兵敗後，東漢政府調遣猛人皇甫嵩率軍圍攻張角。皇甫嵩沿用盧植的用兵方略，取得了對戰爭進程有決定性意義的廣宗戰役的勝利。盧植也就得到了中央政府上上下下的重新認識，不但立即被無罪釋放，而且還東山再起擔任尚書。

但盧植最受時人敬重的，不是他的文韜武略，而是日後董卓專權要廢掉小皇帝時，眼看滿朝文武的沉默和膽怯，面對屠夫董卓的囂張與殘暴，盧植一聲石破天驚的正義抗爭（群僚無敢言，植獨抗議不同）。

按照慣例，敢跟董卓叫板的人，大好頭顱過不了幾天就會搬家，盧植卻毫髮未損，僅僅是丟了官而已。不是董卓不想殺盧植，而是殺不起。因為盧植的名望與正直已經四海皆知舉世無雙，連殺人如麻的董卓也不敢去殺這樣一個粉絲滿天下的人。如果董卓殺了盧植，那麼就成全盧植做了忠臣烈士，而把自己永遠地釘在亂臣賊子的恥辱柱上，累世不得翻身。因此，面對盧植，董卓即使在心底恨得牙癢癢，也只能面露微笑，裝出一副大度能容的王者胸懷。

看來名氣大了就是好，關鍵時刻還能救命。

後來的猛人曹操評價盧植時，說他是「名著海內，學為儒宗，士之楷模，國之楨幹」。雖然曹操此人一生說過無數的真話，但只有這一句，我認為是最真實的。

短暫的大學生涯

劉備十五歲的時候，盧植已經人到中年。此時的盧植，除了在學術方面有些聲望之外，還沒有舉世矚目的名頭，而且當時他的身體健康似乎不怎麼好——他剛從九江太守任上休假養病。

盧植也是涿郡涿縣人，與劉備是老鄉。有著老鄉這個身分，再加上皇族支脈的名頭，劉備得以拜盧植為師，開始了大學生涯。

劉備讀的民辦大學，教學方式有點像今天的研究生教育，一個導師，輔導一撥學生，專攻幾部經典。教授自然是盧植先生。史書上留下姓名的學生，除了劉備，還有兩位：劉德然和公孫瓚。

劉德然與劉備同宗，只是輩分搞不大清楚。劉德然的父親劉元起通過觀察劉備在賣草鞋這個沒有前途的職業中的突出表現，認為劉備是一個很有前途的青年。由於劉備與劉德然上學的地方離老家很遠，在京城洛陽附近的緱氏山中（今河南偃師東），學費和路費是一筆很大的開支，這就難住了靠賣草鞋勉強度日的劉備母子。為了讓劉備讀完大學，經濟條件比較好的劉元起，多次不顧老婆的反對資助劉備，甚至給劉備的開銷與自己的兒子一樣多（與德然等）。

有人說，這是一種政治投資，其實未必，因為貧寒之家親戚好友相互幫助是司空見慣的尋常事，他們這麼做並不全是為了回報。

雖然這個世界上許多人活著就為兩個字——利益，但人與人之間的交往，還是有一些不摻加利益的成分，因此不能一概而論。

韓信為一飯之恩報以千金，漂母卻不是為了得到千金的回報而施與一飯。

另一個同學公孫瓚，字伯珪，是幽州遼西郡令支（今河北遷安、遷西一帶）人氏，出身貴族家庭。

公孫瓚同學雖然有著令人羨慕的貴族身分，卻同樣有著讓他無奈的地方——他的母親不是正室。在以嫡長子為繼承人的世襲制度下，母親身分的重要性不言自明。因此，公孫瓚同學長大後沒能像袁術、曹操等大貴族家庭的嫡子一樣，一出道就被推薦為「孝廉」或「茂才」（當時還沒有科舉考試一類主要培養和選拔文職官員、遞級進行的考試制度，實行的用人制度是察舉征辟制，後面會有分析），然後直接任命為級別較高的國家幹部。公孫瓚同學剛開始只是在當地政府部門當一名小公務員（郡門下書佐）。

是金子總會發光的。公孫瓚用自己的親身經歷詮釋了這句話的最佳定義。他憑藉俊朗的帥哥形象，加上聲音洪亮嗓門大的優點，很快得到了當地一把手太守大人的賞識。太守大人不但讓他做了自己的東床快婿，並且公費派遣他到盧植門下深造進修。

男兒立志出鄉關，學不成名誓不還。

教授盧植，研究的是儒學，劉備和他的同學，自然跟著學習的也是儒學。

東漢末年，儒家教學一般是採用儒學「五經」（《毛詩》、《尚書》、《禮記》、《周易》、《春秋》，當時還沒有「四書」之稱）等著作做為教材。因此，劉備和他的同學們學習的主要課程正是這些儒家經典。

儒學經漢武帝時期「罷黜百家，獨尊儒術」的思想文化變革之後，取得正統地位。儒學的精髓，被董仲舒歸納為五個字——仁、義、禮、智、信；儒家學子的理想，也被總結為四個字——修（身）、齊（家）、治（國）、平（天下）。後世的儒學講授，多採用這一思想。

在盧植的諄諄教導和傾心傳授下，劉備和他的同學們或多或少受到儒家思想的影響。尤其是劉備，從他日後的作為來看，做人行事完全符合儒家的標準。

此外，身教甚於言教，盧植教授一身正氣、忠心為國的處世風格，對劉備等人有著耳濡目染、潛移默化的影響。可以說，劉備日後的做人理念和行事原則，正是在盧植門下讀書時打下的基礎。

教育改變命運，這句話不是用來忽悠人的。讀書受教育，雖然不一定能夠得到金錢和富貴，但一定能夠獲得心靈上的成長、能夠完善一個真正意義上的人。

在同學當中，劉備和公孫瓚非常合得來，兩人稱兄道弟，關係好得不亦樂乎。這也是劉備上大學期間的又一收穫。後來他能在亂世中混出頭來，得到了公孫瓚師兄的不少幫助。

可能是受到公孫瓚師兄的影響，草根出身的劉備，也喜歡上了當時貴族子弟才能享受的娛樂活動——喜狗馬（打獵）、音樂、美衣服。

從這些喜好可以看出，劉備是一個很能合群的人。在貴族子弟成群的大學，草根出身的他沒有顧影自憐、自卑自棄，而是和同學們和睦相處打成一片。

小時候能不能合群，是一個人長大後能不能當帶頭大哥的重要標誌。一個童年沒人願意和他一起玩的小朋友，長大後往往會成為一個孤僻偏激、心理不成熟的人。

值得慶幸的是，雖然劉備的人生道路遠遠比同齡人曲折艱難，賣過草鞋，上過大學，但劉備的身心還是健康發展的，沒有走向偏激不合群的地步。

劉備讀大學的時間很短暫。原因在於，一方面當時的私人教學，沒有固定的學制；另一方面盧植當教授也只是兼職，不是像孔夫子一樣專職搞教育。

盧植的主要工作，仍然是做國家幹部，東漢政府哪裡需要他，就會派他去哪裡。畢竟他還不到不惑之年，正是為國家出力的大好年華。

養病期間，盧植當兼職教授，差不多兩年時間，東漢政府需要他——揚州盧江（治今安徽盧江西南）一帶少數民族造反，組織決定派一個恩威卓著又熟悉當地情況的人前去開展工作。

這樣的人才相當難得，而盧植正是這樣難得的人才。接到中央政府通知後，盧植收拾行裝，準備遠赴盧江去擔任地方上的一把手——太守。

於是，劉備的大學時光也宣告結束。算起來，還不到兩年時間，比現在的研究生學制還短。

離別的時刻，黯然神傷。最傷心的當然是劉備同學。

教授盧植，躊躇滿志，目的地很明確——盧江，在他輝煌的人生道路上繼續前行。

學生公孫瓚，泰然自若，目的地很明確——遼西，在很有前途的公務員隊伍中繼續打拚。

學生劉備，迷茫無奈，目的地沒得選——回家，下一步不知道要走向何方。

畢業即失業

確切點說，大學畢業的劉備同學，遭遇了與今天許多大學畢業生同樣的問題——畢業即失業。

辛辛苦苦讀大學，花了大把的鈔票，費了不少寶貴的青春，畢業後卻依舊找不到工作。從哪裡來，就回到哪裡去。有什麼起點，就有什麼終點。草根出身就永遠只是個草根。

看起來這像是一個毫無意義的輪迴。不是不懂得努力，不是沒有去奮鬥，只是努力過、奮鬥過，一切的一切都是白搭。

這樣的事情放在任何時代、任何人身上，都是一件讓人非常鬱悶的事情。

剛剛大學畢業的劉備，心中非常鬱悶。

儘管讀大學並不是沒有收穫——良師的朝夕教誨，儒學的點滴領悟，潛移默化的成長，都會使人受益終身，但這些不是此時的劉備要思考的問題。

此時的劉備同學，思考的是怎樣才能得到一份能夠實現理想的工作——進入政府做公務員。儒家一向推崇「學而優則仕」，出仕正是所有儒家學子的夢想。雖然出仕不是他們最終的目的，卻是可以實現抱負的手段。正如人活著不是為了吃飯，但只有吃飯才能活著一樣。

人生不如意者常十之八九。劉備想要的工作，對他來說就是一個遙不可及的夢想。讓他更為鬱悶的是，他不得不面臨一個艱難的抉擇：要不要回到集貿市場，重操那一份沒有前途的舊業——擺地攤賣草鞋。

大學畢業再去賣草鞋，這比皇族出身賣草鞋，更具有新聞價值。如果當時的新聞事業有今天這麼發達的話，絕對早已炒得滿城風雨、路人皆知。因為在東漢末年，漢高祖劉邦的後代已經多得如同天上的星星數不清，而能上大學的人也就是其中最閃亮的幾顆。能在盧植這樣的超級教授門下學習兩年，就更加難得。

在盧植教授的門下學習兩年，畢業後卻還要繼續賣草鞋，這就不是難得了，完全稱得上是奇蹟。創造這個奇蹟的難度係數，遠遠高於今天的北大畢業生賣豬肉。

劉備不打算創造這個高難度的奇蹟。

每一個男人都想有所作為。何況劉備還是個有著皇族身分的男人，更何況他已經在盧植教授的門下受了兩年儒家思想的薰陶和教誨，更更何況他的心中已經隱隱有了以天下為己任的抱負。

很明顯，繼續擺地攤絕對不可能實現劉備心中的抱負。

劉備很鬱悶，也很無奈。即使自己有著皇族的身分，即使自己在盧植教授的門下讀了兩年大學，他依舊找不到通往理想的道路，甚至連生計都沒有著落。

與今天大學畢業找不到工作的同學一樣，這時候的劉備也會失落、也會迷茫，一個人待在家裡發呆，痛苦地思索著自己的出路。

不從鬱悶中走出去，就會一直沉溺下去被鬱悶淹沒。不從迷茫中走出去，就會永遠在無盡的迷茫中徘徊。

劉備之所以能夠成功，其中重要的一點就在於他能夠從自己的鬱悶和迷茫中走出來，雖然我們並不知道他走出來用了多長時間。

劉備以親身經歷告訴我們，即使這個世界上沒有屬於自己的道路，我們依然要滿懷信心地走出去尋找。

因為只有走出去，才會有希望。

涿縣縣城是涿郡政府所在地，可以算是中等城市了。在這裡做生意的人很多，其中有兩個中山商人，一位名叫張世平，另一位名叫蘇雙。他們做的生意不是一般的生意——販馬。

當時的馬就是今天的車，貴族官僚出行不是騎馬就是坐馬車。在戰爭時期，馬的作用就更大了，是重要的軍需物資，當時的騎兵絕對是今天的摩托化部隊。所以能做販馬生意的人，等於經營今天的汽車行業加軍工行業，是地地道道、不折不扣的大商人。

不過生意再大，他們也只是商人而已。當時社會階層的排序是士、農、工、商。做工的不如種地的，種地的不如做官的。而做生意的，連種地、做工的人都不如。

用時下流行的一句話來概括當時商人的特點比較恰當：窮得只剩下錢了。

張世平和蘇雙，就是兩個窮得只剩下錢的人。

有一天，張世平和蘇雙在涿縣城裡見到了一個相貌不凡的年輕人：手很長，雙手下垂能過膝蓋；耳朵很大，自己能看到自己的耳朵（這個有點離譜）；身高七尺五寸，大約是今天的一七三公分。

大家都知道，這個年輕人就是我們的劉備同學。

張、蘇兩人見到劉備的時候很吃驚（可以理解）。

片刻之後，他們更吃驚——劉備語氣平靜、不容置疑地說出自己是漢景帝玄孫、中山靖王之後。

吃驚之餘，張、蘇兩人表達了自己的敬佩之意。

劉備也知道了張、蘇兩人的商人身分，但他並沒有對這兩個窮得只剩下錢的人表示一絲的輕蔑，而是謙和地向兩人問好。

劉備出身下層，又擺過地攤做過小販，因此他對下層人民沒有偏見，對大商人更沒有偏見。這一良好習慣他始終保持，對他日後的成功有不少幫助。

一個尊重別人的人，會受到別人的尊重。

一個尊重商人的皇族，自然會受到商人加倍的尊重。

萍水相逢即有緣。何況遇到的是一個相貌不凡（當時的人們很看重這一點）、人格魅力擋不住的皇族，張、蘇兩人被雷（意為與眾不同而使人驚詫進而折服）到了。

張、蘇被雷到之後的反應，是迫切想與這個年輕人做進一步的交流。按照中華民族的傳統習慣，交流感情、建立友誼的地點一般安排在酒樓飯桌。

觥籌交錯之間，隨著雙方相互了解的加深，張、蘇兩人發現劉備很不平凡，出身皇族，少年喪父，賣過草鞋，上過大學，有著以天下為己任的抱負，缺少的只是機遇。

不對，劉備還缺少另一樣東西——錢。而這樣東西，正是他們所富有的。

張、蘇兩人當即表態，身為商人社會地位基本等於零，不能給劉備提供太多的幫助，只能為他解決錢的問題，於是給了他很多鈔票（多與之金財）。

從此，劉備不再為生計發愁，開始放開手腳，為實現心中的理想而進行前期準備活動。

在今天看來，這件事具有太多的傳奇性，但絕對不是我憑空杜撰。《三國志》，惜墨如金的《三國志》，正文中記載了這件事情。

這件事不是說當時的人與眾不同不愛錢財，不把金錢當作一回事，只能進一步證明，劉備的個人魅力不是一般的大。

當然，劉備利用當地人脈和手底下的一幫兄弟，為張、蘇兩人在生意上提供幫助，因此受到他們的饋贈，也是非常有可能的。

除了張世平和蘇雙，還有大批年輕人為劉備不一般的人格魅力折服，死心塌地地團結在他的周圍。這些年輕人當中最出名的兩個人，千百年來早已是婦孺皆知，若搞一個古人知名度調查，他們兩個絲毫不亞於劉備，可以打進前十名。

他們的名字分別是——關羽（字雲長），張飛（字益德）。

相逢就是兄弟

關羽雖然在後世有著「武聖」、「關聖帝君」、「伽藍菩薩」等光芒萬丈、令人仰慕不已的榮譽稱號，但在涿郡與劉備相識時，關羽其實既無光彩也不得意。

確切點說，他的身分是一名在逃罪犯，他的狀態是流落他鄉。

年輕的關羽為什麼成了逃犯？史書上雖然沒有交代，但羅貫中同志有一個比較合理的推測：為朋友出頭殺了豪強。

為朋友出頭殺豪強，的確非常符合關羽的性格特徵：重義氣，為朋友兩肋插刀，不惜付出亡命他鄉的代價；敢作敢為，後來從軍上陣殺敵也就順理成章；仇恨豪強，很可能是平民出身。而且關羽「善待卒伍而驕於士大夫」的性格特點，也可以印證他出身平民階層。

從老家并州河東解縣（今山西運城）一路跨越萬水千山，孤身一人逃亡至劉備的家鄉涿郡，關羽已經見慣了人間冷暖、嘗遍了雨雪風霜。

經過多年飄泊流浪的人，不論他自己承認與否，心底都需要一個溫暖的家，想要一個能夠歇息的歸宿。

就在關羽久旱盼甘霖的時候，劉備出現了。劉備不但給了關羽久違的家的感覺（寢則同床），讓他有了一個溫暖的歸宿，還讓他有了志同道合的生死兄弟。

當年劉備和關羽的兄弟遠遠不止一個，但能夠誓死相隨、有始有終、不離不棄的卻只有一個——張飛。

張飛也是涿縣人，出身於地主家庭，他與劉備結識的時間可能比關羽要早一些。

時間早晚不是問題，重要的是感情。這三個年輕人，意氣相投，親如兄弟。他們三人結識的故事，後來被演義成「桃園三結義」，不僅流傳至今，而且影響了平民階層的行為方式、影響了中華民族的文化心理。

劉、關、張三人究竟有沒有結拜為兄弟，也許是個千古之謎，但能夠肯定的是：自從相識之後，三人的人生就合而為一，為著一個共同的目標——劉備的目標，踏上了未知的人生旅途，永不相負。

因為難得，所以珍貴。

有意思的是，劉備對待關羽和張飛，還有後來的趙雲，都有一個比較曖昧的作法——睡在一張床上。其實這麼做當然不是他們有同性戀的嫌疑，而是毫無猜疑、親密無間的表現。在沒有入睡的時刻，他們也會像今天大學宿舍裡晚上的臥談會一樣，談理想，談往事，談未來，甚至談女人，談到激動處，也常常會興奮得一晚上睡不著覺。久而久之，三個人好得就跟一個人似的，沒有私人祕密可言。

他們三人親密無間的手足之情，某種意義上可以說就是這麼睡出來的。

對於關羽和張飛來說，劉備不只是他們的兄弟，更是他們生命中最重要的人。日後他們兩人跟隨劉備，在風生水起的亂世三國走出了各自傳奇的人生。

劉備在這個時期結交的年輕人很多，遠遠不止關羽、張飛二人（年少爭附之）。但江湖險惡，大浪淘沙，他們中間的大多數，要嘛中途離散，要嘛在日後殘酷的戰爭歲月中戰死沙場，能夠在青史上留下姓名的少之又少。除了關羽、張飛之外，碩果僅存的只有一位——簡雍。

簡雍是個幽默風趣的人。在三國的亂世風雲中，他雖然沒有立下豐功偉績，但相信他的幽默，能夠為一路上艱難拚搏、刀光劍影、生離死別的兄弟們，平添幾分歡樂，淡忘幾分憂傷。

在一個團隊中，需要劉備這樣的出色領導，需要關羽和張飛這樣的得力人才，同樣也需要能夠製造輕鬆氛圍的簡雍。否則，在事業陷入低谷時，揮之不去的沮喪和壓抑，往往會讓很多人選擇離開。

兄弟有了，人才有了，團隊有了，我的未來在何方？

做為帶頭大哥，劉備也在思索著這個問題，思索著如何帶領這幫懷才不遇的年輕人，去實現心中那個永不沉寂的理想。

理想與代價

東漢時代大多數人的理想，不是積累了多少財富，不是出國留學或移民，更不是成為娛樂明星，而是建功立業、博取功名。

那個時代許多年輕人的偶像是東漢初年的定遠侯——班超。當年班超立功西域、萬里覓封侯的事蹟，就如遠處閃閃發光的燈塔，吸引著一代又一代的有志青年學習班超的精神，披荊斬棘，奮勇直前。

我們知道，要實現理想，就要付出非比尋常的代價。每一個男人都有遠大的抱負，實現抱負的郤鳳毛麟角、寥寥無幾。

以沙場建功來說（後面會談到為什麼要舉這個例子），一將功成萬骨枯，即便打了勝仗也是殺敵一千、自傷八百。人們常說的馬革裹屍還，那算是運氣好的——運氣差的連屍骨都找不到。如果有人像班超一樣，不但沒有死在戰場，而且還獲得封侯，那實在比今日買彩券中千萬巨獎的機率大不了多少。

就如今天的彩券還是有人買，當時的打仗也照樣有人去。不是不怕賠本不怕死，只是因為回報太高、誘惑太大。

依據吳思先生的「血酬定律」，當收益大於生命的價值時，就會有人不惜以生命為代價換取回報。

那麼，沙場建功的回報在當時到底有多大？

要搞清楚這個問題，首先需要談一下東漢的用人取士制度。關於這個問題，完全可以寫一篇論文或一本專著，只在此簡單介紹。

東漢時期，實行的用人取士制度是察舉征辟制。所謂察舉，就是由州、郡等高級地方長官，在自己的轄區內進行考察，發現人才後以「孝廉」、「茂才」（原為「秀才」，因避漢光武帝劉秀的名諱改為「茂才」）等名目，舉薦給中央政府，經過考核後任命為官（如曹操、袁術等猛人）。所謂征辟，則是由皇帝或中央政府直接徵聘有聲望的人出來做官（牛人袁紹走的就是這條路）。

察舉和征辟，中心思想是任人唯賢、唯才是舉，理論上來說只要你品德高尚、才華出眾，就能獲得舉薦或征辟，出仕為官。這相對於戰國以前實行的貴族世襲制來說，無疑是社會的一大進步。

政策是由人訂的，也是要靠人來執行的。而馬克思主義哲學告訴我們，人的主觀能動性是無窮的。

什麼算孝廉？什麼是茂才？就如同我們通常所說的高矮胖瘦一樣，沒有可以量化的具體標準，基本是有資格舉薦的人事部門領導說了算，說你是孝廉你就是，不是也是；說你不是茂才你就不是，是也不是。

望子成龍是父母的心願，出人頭地是兒子的欲望。但兒子偏偏不爭氣不夠舉薦資格，這可怎麼辦？尤其是一些世代為官的幹部家庭，要是兒子當不上幹部，維持家族的繁榮昌盛後繼無人，這絕對是對不起祖宗的嚴重問題。但官員親自舉薦兒子既不厚道又有輿論壓力，急得這些幹部團團轉。

為解決這個難題，有人創造性地想出了一個辦法：我舉薦你兒子，你舉薦我女婿。

對啊，成交！

於是，一些國家幹部為了自己的族人、親戚、門生能夠做官，結成利益共同體，以維護既得利益，往往相互之間產生默契，採取這種方式。

這看起來是一種雙贏的交易，可以說是古往今來、長盛不衰的社會潛規則。在吏治腐敗的時代更是司空見慣、愈演愈烈。到了東漢末年，社會吏治已經極其敗壞，當時就有一首民謠痛斥這種現象：「舉秀才，不知書；舉孝廉，父別居；寒素潔白濁如泥，高第良將怯如雞。」（《抱朴子》）。

一個好端端的察舉征辟制，就這樣被人廢掉了，最終演變成被官僚貴族集團完全壟斷的內部遊戲，與平民無關。

俗話說人往高處走。每個人都想改變自己的命運，尤其是處在社會下層的平民百姓。此路不通走別路。因此，在那萬惡的舊社會，沙場建功就成為平民階層博取功名唯一可行的道路。

成功了，你就成為新的貴族，抱負得以施展，青史可以留名。一人得道，雞犬飛升，不只是你，你的家族也從此改變窮困潦倒、受人欺壓的命運，進入上流社會。

當然，追求沙場建功多數情況下是失敗，失敗的代價就是失去寶貴的生命。用一部電影裡的臺詞來說比較恰當：一步天王，一步死亡。

很殘酷，但只有這一條路。

給你，你會怎麼選？

實現理想的代價太沉重，改變命運的機率太渺小。所以大多數人還是選擇了平淡，在平淡的生活中漸漸放棄了自己年少的理想，忘卻了自己遠大的抱負，甚至美其名曰自我安慰，說這是「成長」。

偉人之所以是偉人，就在於他們不同於一般人。

他們不是不知道實現理想的代價有多大、不是不知道實現抱負的機率有多小，但哪怕只有萬分之一的希望，他們還是會付出百分之百的努力去爭取。

即使所有的努力都是白費，到生命逝去的時候，依舊沒有實現自己的理想，他們也無怨無悔。

因為他們認為生命的意義在於價值而不是長度。人，終究是要死的。死，不足畏；生，不足惜。

重要的是這僅有一次的生命，你做了什麼。

人活著除了生存，或多或少還是有所追求的。很多人很多時候，是謀求生存與理想兩者間的平衡點。對於普通人來說，為了生存利益向生活妥協更多一些，甚至有些人完全放棄了自己的理想。

但對於偉人來說，堅持追求理想更多一些，甚至有些人純粹為了理想而活著，為了實現他們的理想，甘願放棄一切，乃至寶貴的生命！

人生很多時候，是態度決定高度。理想會不會實現是個能力問題，自己有沒有去努力是個態度問題。

劉備就是這樣的人。為了實現心中的理想，只要有萬分之一的希望，他就會付出百分之百的努力去爭取。

就算不能證明我行，至少也要證明我不行。

唯一缺少的，是一個證明的機會。

此時的劉備，以及他的兄弟們，都在等待，等待一個可以改變命運、可以施展抱負的機會。

另一個男人的選擇

當劉備和他的兄弟們在漫無止境的等待中，恣意揮霍大把青春的時候，另一個男人也在等待。

這個男人同樣不是一個甘於平淡的人。不過他選擇的是另一條路——造反！

他的名字是張角。

東漢末年社會問題很多，概括起來主要是宦官當權、朝政黑暗、吏治腐敗、土地兼併十分嚴重、貧富分化非常懸殊、下層人民生活艱難（其實每個黑暗的時代都大同小異）。很多人，尤其是窮苦人民對社會非常不滿。

張角正是一個對社會極其不滿的人。同時，他也是一個十分博學的人，不但對道教的五行學說等知識頗有研究，對醫學也有一定的造詣。

當劉備還是個小學生時，張角已經是個「大仙」了。他自稱為「大賢良師」，在老家冀州鉅鹿（今河北巨鹿）一帶，建立了太平道組織，發展了一批早期會員。

張角的太平道，與一本叫做《太平經》的道教著作有著密切的聯繫。當時道教常見的內容，比如陰陽五行、長壽成仙、治病養生、通神占驗、讖緯神學、災異符瑞、善惡報應等，《太平經》裡自然應有盡有。但它之所以被張角選中奉為神書，是因為書中還有代表平民階層利益，反對統治階級欺壓百姓，主張自食其力，宣揚周窮救急的思想。太平道的得名，以及教義、口號、章程等等，都是張角根據《太平經》創設的。

《太平經》裡有一句話：「眾星億億，不若一日之明也；柱天群行之言，不若國一賢良也。」這句話的意思是，天上雖然有很多星星，卻比不上一個太陽的光亮；天地間雖然有無數生命的活動，卻比不上一位賢良的作為。張角的稱號「大賢良師」，就是根據這句話得來的。

很明顯，張角認為自己是這個世界捨我其誰、當仁不讓的救世主。

自封為皇帝、救世主的人歷朝歷代都有不少，群眾不是那麼好糊弄的，要讓群眾相信你是救世主，先給一個理由好不好？拜託！

真正讓群眾相信張角、讓太平道盛行起來的，不是《太平經》裡誘人的教義和張角的口號，而是幾場極其可怕的大瘟疫。

瘟疫是古代人們對一些烈性傳染病的統稱，有點像近幾年的「非典」（即「SARS」和「甲流」（即「新流感」）。不同的是，古代醫療技術沒有今天這樣發達，既沒有預防疫苗，也沒有專治醫院，瘟疫來臨是非常可怕的。一個人一旦被傳染，往往只能眼睜睜地躺著等死。所以發生瘟疫往往導致大面積人口的不正常死亡，許多地方成為人間地獄，慘絕人寰。

據《後漢書》記載，張角生活的年代，發生的大規模瘟疫非常頻繁：

桓帝元嘉元年（一五一）正月，京都大疫。二月，九江、廬江大疫。

延熹四年（一六一）正月，大疫。

靈帝建寧四年（一七一）三月，大疫。

熹平二年（一七三）正月，大疫。

光和二年（一七九）春，大疫。

五年（一八二）二月，大疫。

尤其是後面的幾次瘟疫，「大疫」前面已經沒有了用作定語的「京都」或「九江、廬江」的字眼——意謂著這五次瘟疫是全國性的大災難。

這幾場大瘟疫發生的時間，正是張角這位「救世主」廣泛活動的時候。他憑藉自己在醫學方面的造詣，帶領他的兩個弟弟張寶、張梁及大批弟子，走向災情嚴重的地區，以中醫加符水、咒語的方式，為窮苦人民「治病」（窮人看病自古就是個大問題）。在「治病」的同時，他自然會順便廣泛宣傳《太平經》中反對剝削、主張平等的觀念。

張角給窮人「治病」沒有什麼可大驚小怪的，問題奇就奇在，經他「治療」之後，病人好了很多（病者頗愈）。

不但免費（考慮到傳教因素，其實也不算免費）替窮人治病，而且醫好了很多人，到這時候，即使張角不想當這個「救世主」，窮苦老百姓都不會答應。

翻身做主，改變命運，就全指望你了，張角大仙！

造反的水準可以有多高

張角成為大批窮人心目中的「救世主」，用今天的話來說就是有了堅實的群眾基礎，東漢政府的麻煩大了。

為了建立起自己心目中的太平世界，張角將推翻腐朽的東漢政權的行動提上了議事日程，做了一個堪稱完美的起義策畫。具體分為以下幾個步驟：

第一步，加強組織建設。將青、徐、幽、冀、荊、揚、兗、豫八州（今華東、華北、華中一帶）的信徒，分為三十六部，稱做「方」，各部任命了領導幹部，以加強管理便於行動。大方統領一萬多人，小方也有六、七千人。

起義就是造反，一向是要掉腦袋的，除了少數人，大多數人還是不願意蹚這趟渾水，除非是沒飯吃活不下去了才會鋌而走險。所以歷史上的農民起義，很少是有組織的，今天米脂的李自成沒飯吃了就今天起來造反，明天定邊的張獻忠沒飯吃了就明天起來造反，一般沒有什麼協調，事先也不會到處跑來跑去搞串聯。張角是牛人，他造反造出了風格、造出了水準，利用宗教組織農民起義，在這方面取得了零的突破。

後來元末的明教紅巾軍、清代的洪秀全太平天國等，都可以算是張角的徒子徒孫。但他們發動起義的方法，比起老祖師張角那可差得不是一星半點。

第二步，確定起義時間。農民起義大多是被逼上絕路的，什麼時候活不下去什麼時候造反，因此幾乎不可能提前確定時間。但牛人就是牛人，這一點張角照樣開創了新紀元。

張角為起義找出了理論依據。他根據五行相生相剋的學說，推定漢朝是火德，代漢而興者應當是土德；土德是黃色，所以自稱為「黃天」，讓起義者全部頭戴「黃巾」（也便於分辨敵我）。

為了進一步自圓其說，張角決定以一個全新的開始，完成這一輪朝代更替。由於天干以「甲」為首，地支以「子」為始，因此他選擇了即將到來的甲子年甲子日。張角決定在這一天——漢靈帝中平元年（一八四）三月五日（農曆），三十六方一起動手，讓東漢政府領教一下什麼叫驚天動地、措手不及。

第三步，提出起義口號。中國人歷來講究名正言順，做什麼事都要有個名頭，就連造反也不例外。西漢吳楚七國之亂，明明是造反，還要喊著「清君側、誅晁錯」的口號（可惜晁錯做了替罪羊）。後來明朝的燕王朱棣為了奪取皇位，更堂而皇之地發明了「奉天靖難」的口號。

張角自認為正義的革命事業就更需要一個口號了。他的想法是，東漢政權氣數已盡，新的黃天就要取代漢朝，再加上起義時間，因此一個響噹噹的起義口號橫空出世——「蒼天已死，黃天當立；歲在甲子，天下大吉！」

這個口號不但簡潔明瞭、音韻鏗鏘，具有古典詩歌的美感，而且站在天人感應、五行相生相剋的高度，非常有號召力（要知道在那個時代人們很相信這套理論）。

第四步，策反宦官內應。張角不愧是張角，雖然沒看過《無間道》、《風聲》之類的電影，同樣知道間諜的巨大利用價值。他派手下的一個大頭領馬元義，策反了中常侍（太監中的高級幹部）當中的封諝、徐奉等人做為內應。

中常侍是皇帝身邊的大紅人，權勢熏天，日後權傾朝野的兵馬大元帥大將軍何進，正是死在了這幫閹人手裡。

然而，幹部的級別有多高、薪水有多厚與是否忠誠可靠從來就沒多少聯繫。當然，他們的飯碗是政府給的，為了明天還能端上這個飯碗，他們會維護政府——但如果有個更大的飯碗擺著面前，那就難說了。

這樣的大人物，張角都能策反，實在是不服不行啊！在幾千年的農民起義當中，這一點也是零的突破，不但前無古人而且後無來者（難度太高了）。

第五步，書寫起義暗號。除了以上幾步以外，張角的信徒還用石灰，在京城洛陽及州郡官府的大門或牆上書寫「甲子」的暗號。

如果說前四步都很有必要、堪稱完美的話，那麼這一步我認為是畫蛇添足，大大的敗筆。明明已經有口號約定起義時間了，為什麼還要書寫暗號？怕自己人不知道，就不怕官府看見？如果是張角所下的命令，那麼他實在有點自信過頭，也太不把東漢政府放在眼裡了；或許不是張角的命令，是手下人太激動了自作主張？試問暗號寫明白了還叫暗號嗎？我們知道，楊子榮[1]與土匪對暗號也只是口頭回答而已。總而言之，這個舉動有點多餘了。

1 楊子榮（一九一七—一九四七），一九四五年參加八路軍，曾化妝為匪徒探查敵情，並擒獲匪首立下大功。

張角的起義策畫，在中國幾千年的農民起義中，是絕無僅有的，不僅有理論的依據，還有嚴密的組織、既定的時間、高水準的口號、重量級的內應（這個雷人），甚至有寫明的暗號（這個……），最可怕的是有群眾基礎。

可以說，張角的組織建設十分出色，策畫做得非常詳細（甚至有點過了），準備工作堪稱完美。

萬事俱備，只欠等待。剩下的時間，對於張角來說主要是等待，焦慮而又興奮的等待。

當耶穌遭遇猶大

盼望已久的西元一八四年，在張角的期盼中姍姍來遲。

這是一個意義重大的年分。如果說東漢王朝的滅亡是由於自身的腐敗，一直在走下坡路，那麼在這一年，張角給它助推了一把，東漢王朝自此失控，迅速墜向深淵，三十多年後終於走到了盡頭。

歷史何其相似，近七百年後，一個叫黃巢的落第秀才，率領一撥私鹽販子在山東起義，幾年後攻破長安，從此大唐王朝名存實亡，三十多年後也終於走到了終點。

中國歷史上，最輝煌的兩個朝代，多少人推崇備至的漢、唐帝國，以極其相似的方式滅亡。

當然，張角看不到故事的結束。他依舊在焦慮而又興奮地等待著故事開始。很快他就興奮不下去了，只剩焦慮。

隨著起義時間（三月五日）的到來，張角的部下開始展開行動。長江一帶的幾萬信徒，向信徒較為密集的鄴城（今河北臨漳）一帶移動，準備集中起來幹一件驚天動地的大事。

馬元義也多次到京城洛陽活動，主要是與封諝和徐奉等幾個內應聯絡，落實內應工作的細節，準備裡應外合一起動手，以迅雷不及掩耳之勢完成朝代更替。

一切都在按計畫進行，離三月五日愈來愈近。

如果沒有意外，張角幾乎要得手了。

正如前面我們說過的，這個世界充滿了意外。這一次的意外事件，是由一個叛徒啟動的。

有信任就會有背叛，有耶穌就會有猶大。張角扮演了救世主耶穌的角色，猶大的扮演者是他的一個弟子——唐周。

許多人以此來指責張角識人不明，未免有點強人所難了。耶穌區區十二個門徒，就有一個猶大；張角眾多弟子，藏著一個唐周也不足為奇。

識人是一門非常高深的學問，從古至今，再高明的領導，也有看走眼的時候。所以只能說純屬意外，用某小品演員的話來說就是：防不勝防啊！

唐周背叛了張角同志領導的革命事業，在二月的某一天（大約是下旬），向東漢政府告發了張角及馬元義的圖謀。

東漢政府雖然腐敗，統治階級內部矛盾也很大，但得知即將大難臨頭的消息後，以兄弟鬩於牆而禦外侮的精神，緊密團結在以漢靈帝劉宏陛下為首的領導集團周圍，採取了應急措施：

第一、立即抓捕馬元義，並在京城洛陽車裂（五馬分屍）示眾，以震懾張角信徒。

第二、命令有關部門全力搜查洛陽附近的張角信徒，本著寧可錯殺千人絕不放走一個的原則，幾天之內捕殺一千餘人。

第三、嚴令冀州官吏，全力抓捕主犯張角及其親屬。

一時間，腥風血雨，黑雲壓城。

得知起義計畫洩露後，張角與他的弟弟張寶、張梁及其他骨幹成員，召開了緊急會議商量對策。討論的結果沒有分歧——不能再等了，動手吧！

隨後，張角派人星夜通知各方頭領，提前起義時間，盡快發動起義。

於是，中國歷史上著名的黃巾起義爆發了。

二月底的一天，張角號稱「天公將軍」，張寶稱「地公將軍」，張梁稱「人公將軍」，帶領各地信徒同時起義（組織紀律性很強）。起義軍頭戴黃巾，到處燒燬官紳府邸，殺戮貪官污吏（一些清官也免不了玉石俱焚）。

由於起義是有組織、有計畫、有準備的，而政府卻來不及做好應對措施，所以剛開始的時候，許多州郡城池失守，地方長官紛紛逃亡，恨不得爹娘多生幾條腿。

短短十來天時間，黃巾起義已經導致「天下回應，京師震動」（《後漢書》）。

亂世的開始

馬克思說過：反動統治階級從來不會自願退出歷史舞臺。

毛澤東指出：一切反動的東西，你不打，他就不倒。這也和掃地一樣，掃帚不到，灰塵照例不會自己跑掉。

東漢政府雖然十分腐朽，但同樣不願意退出歷史舞臺。以漢靈帝劉宏陛下為首的中央政府，為對抗以張角為首的黃巾起義軍，迅速進行了以下部署：

第一、晉封外戚何進（漢靈帝劉宏的大舅哥）為大將軍，統率中央禁衛軍——左右羽林五營士卒，駐紮京城洛陽周圍，以確保京師安全。

第二、任命八關（函谷關等洛陽周圍要地）都尉，加強守衛，構成京師周邊防線。

第三、下令各地修理軍械，緊急備戰，力求穩住局勢。

第四、大赦天下犯人，唯有張角例外，用來爭取民心。

第五、擒賊先擒王，派遣北中郎將盧植（劉備的老師）領兵攻打張角。另外，由於潁川郡（今河南登封、寶豐、尉氏、鄢城一帶）離洛陽不遠，派遣左中郎將皇甫嵩、右中郎將朱儁率軍首先攻打潁川郡的黃巾軍，解除對京師的威脅。

第六、下令上起公卿下至平民，有錢的出錢，有力的出力，進行全國總動員。這一招太狠了，政府明令不論豪強地主，還是平民百姓，都可以參與鎮壓黃巾起義軍，要讓張角起義軍陷入人海戰爭的汪洋大海。

東漢政府雖然很腐朽，但朝中還是有人才的，這些應對舉措包含軍事、政治、經濟等多個方面，可操作性很強。從軍事上來說，首先鞏固京城防務，立於不敗之地，然後分兵出擊、各個擊破，前方將領又都是猛人名將。因此，不能不承認應對有方、舉措得當，幾乎可以與張角的起義策畫相媲美。

老子的哲學告訴我們：好事往往會變成壞事。正是這個近似完美的策略，最終斷送了東漢江山。

問題出在第六個狠招。舉國動員、全民參與的人海戰爭開展起來很容易，威力很巨大，效果很明顯，但幾千年以來統治者很少有這麼幹的，只因為有一個足以致命的弱點——很難善後。

有事的時候把群眾發動起來不難，等到事情搞定要讓他們各回各家繼續種田，就沒那麼容易了。他們中間的許多人（主要是那幫擁有私家部下的地主豪強和平民階層中想建功立業或升官發財的勇敢分子），經過殘酷戰爭的洗禮，見識了政府的軟弱無能，心中的欲望之花開得正豔，將不會再對政府俯首貼耳、唯命是從。

在政府的倡議下，為求自保的地方豪強紛紛組織或擴充地主武裝，想要立功的有志青年紛紛參軍效力，另有所圖的人也紛紛展開行動。

一個天昏地暗、英雄輩出的亂世三國，正式拉開了序幕。

這場人民戰爭對於交戰的雙方——東漢政府與黃巾軍來說，都是輸家，真正的贏家是乘時而起、尾大不掉的各地軍閥。

一八四年十月，起義軍領袖張角，帶著功業未竟的無比遺憾在廣宗病逝，傳奇的一生畫上了句號。

利用宗教形式組織的農民起義有個不治之症，一旦信奉的「救世主」撒手歸天，士氣人心就要受到極其沉重的打擊。黃巾起義正是這樣，「救世主」張角一死，人心動搖，士氣大挫，起義迅速失敗（各地零零星星的戰鬥還在繼續），徒為他人做嫁衣。

如果要評選對東漢末年乃至三國時代政局影響最大的第一推手，答案不是曹操，更不是我們的主人公劉備，而是這位張角。這正如希特勒之於第二次世界大戰之後的世界兩極格局一樣，美國和蘇聯確實很猛，但他們只不過是在納粹德國的屍體上站立起來罷了。真正打破舊世界、開創新時代的人，乃是張角。只可惜，這個新時代不是張角夢寐以求的「黃天」，而是一個不世出的亂局。

東漢王朝做為另一個輸家，輸得更徹底，在這場戰爭中失去了對地方的有效控制，終於名存實亡、奄奄一息，在仰人鼻息之中，苟延殘喘。

割據州郡、有槍便是草頭王的軍閥豪傑，才剛剛登場。

亂世，是屬於他們的時代。

兄弟們，出發

當張角領導的黃巾起義軍轟轟烈烈地鬧革命的時候，劉備意識到，自己等待了N年的機會終於來了。

在漫長的等待中，幾度春秋，這一年劉備已二十四歲。從十七歲大學畢業，到二十四歲，已經懷才不遇整整七年了。

人生能有幾個七年？再等下去劉備要抓狂了！

在等待中，劉備根據男人二十歲「冠而字」的傳統，為自己取了字——玄德。玄德二字，出自《老子》，意思是最高深玄妙的德性。

劉備的等待也不是漫無目的的。從他招攬結交的人才——以關羽和張飛為代表——可以看出，他是想走沙場建功這條路，以軍功起家。

做為皇族，劉備即使對社會有很多的不滿，內心深處還是一如既往地傾向於中央政府。這注定他不會像張角一樣去造反鬧革命，而是要維護和改良這個混濁的世界。

但一個草根平民，要想實現自己心中的抱負，首先要博取上位。

劉備等待的正是這樣一個依靠自己的努力能夠博取上位的機會。

黃巾起義就成為劉備最好的機會。投身鎮壓黃巾起義的戰爭，不只是實現抱負的唯一道路，而且帶有保家衛國的正義性質。

因為說來可笑，在黃巾軍戰士和太平道信徒心目中是「救世主」的張角道長，在劉備眼裡卻不過是一個反賊，天字第一號的大反賊。

得知中央政府發出號召群眾踴躍參軍、為國出力的通知後，劉備立即召集結交的兄弟和鄉親們商議從軍的大事。其實商不商議不重要，不管別人去不去，他是一定要去的。與大夥兒商議，只是為了號召更多人跟他一起去。人多力量大，不是一句空話，特別是在打仗的時候。

為了號召大夥兒跟著自己從軍，劉備免不了要說些上可報效國家、下可拯救百姓的口號。不過這是一個在許多人看來比較扯淡的口號，國家關我什麼事？拯救百姓？還是先拯救自己比較靠譜。所以這樣的口號，除了以天下為己任而懷才不遇的有志青年，並沒有多少市場。

有句話說：「君子喻於義，小人喻於利。」但大多數人是介於君子和小人之間的，並不是純粹的君子，也不是地道的小人，所以要義利結合，曉之以大義，動之以實利，才能取得最好的效果。因此，劉備還需要為大夥兒指出比較實際的好處——可以博取功名、改變命運。

前面已經說過，沙場建功幾乎是當時平民階層改變命運的唯一可行的道路。可以說，黃巾起義不只是劉備的機會，也是無數個張備、李備、王備們的機會。

機會已經到來，只要有足夠的勇氣，你就可以邁出這關鍵的一步。

雖然不知道前方是深淵還是坦途，不知道最後的終點會在哪裡，但可以肯定的是，如果不邁出這一步，你連起點都沒有。

無法統計當時到底有多少人跟著劉備從軍，只能斷定關羽、張飛、簡雍等鐵桿兄弟，跟著劉備邁出了這意義重大的一步。

劉備這幾年的苦心經營，終究沒有白費。

當劉備帶領兄弟們和一群鄉里子弟踏上征途的時候，心中不禁感慨萬千。即便是帶頭大哥，劉備也和身後的兄弟們一樣，看不見前方的道路，也不知道在這個風雲變幻的亂世之中，做為有著皇族身分的賣過草鞋上過大學的特殊平民，他和他的這幫兄弟，究竟能不能幹出一番事業。

能夠確定的是，眼前的這條路，必然充滿曲折充滿艱險，這一去必然有一些兄弟回不了家鄉，也許他自己也不能活著回來。

劉備再度回首遠望家鄉的方向，家門旁邊的那棵大桑樹依舊枝繁葉茂，像極了皇帝的車蓋。

既然選擇了遠方，便只顧風雨兼程。

也許我們還會回來的。

兄弟們，出發！

第二章

飄泊

劉備主要活動區域示意圖

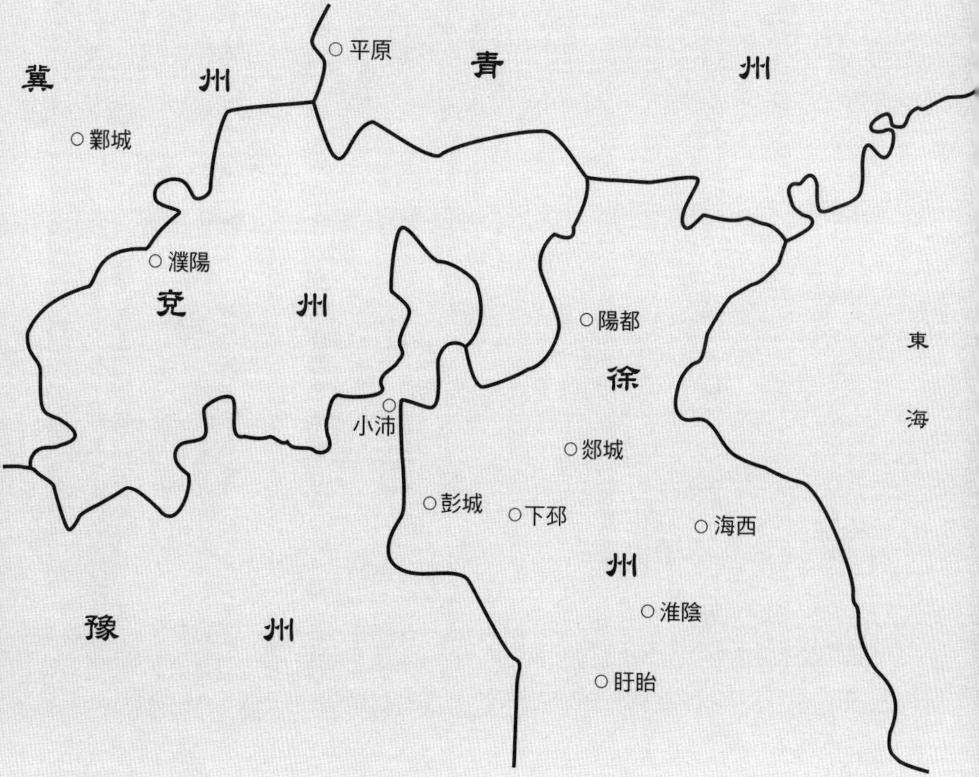

這時的劉備與曹操比起來，簡直就是小巫見大巫，根本不是一個重量級的選手。

但劉備還是來了，義無反顧地來了。

輸不丟人，怕才丟人。

失敗算什麼？大不了從頭再來，再大不了成仁取義。如果失去了勇氣，就失去了所有的一切，以及一切的可能。

出來混，就不怕死。沒有勇氣的人，根本不配摻和到血雨腥風的亂世中來，老婆孩子熱炕頭，才是你該過的日子。

自信人生二百年，會當水擊三千里。

搏擊長空，不計生死，只為了心中的抱負！

活著最重要

在黃巾起義中，投身戰場渴望建功立業的人有成千上萬，曹操、孫堅等人正是在這場戰爭中奠定了割據稱雄的基礎。

劉備卻是一個例外。

不是劉備不想打出一片天地，實在是心有餘而力不足，一群不會打仗的泥腿子，加上草根出身的低起點，在血雨腥風的無情戰場，在看重門第出身的時代，這一切注定了他要走的路還很長很長。

目標太高，起點太低。在這個風雲變幻的亂世，劉備似乎只是一個無足輕重、可有可無的棋子。

重要的是，他依然堅定地走在自己挑選的人生路上。

即使全世界放棄了你，你也不要放棄你自己。

相信未來，堅持到底，總會有希望。

劉備堅持了下去，哪怕這代價是蹉跎歲月年華虛度的漫長等待，哪怕這境遇是寄人籬下流離失所的無盡飄泊。

從軍之後，劉備先是跟著政府軍中一個名叫鄒靖的將軍作戰。

需要指出的是，劉備從軍有一定的獨立性質，他和他的兄弟們更像是一群志願者，配合政府軍作戰，而不是被收編到政府軍當中。

可見，劉備一出道就有著自立山頭的想法。

不過這僅僅是他一個人的想法。一群不會打仗的泥腿子，摻和到政府軍當中混飯吃，在別人眼裡這是不折不扣的瞎折騰加窮折騰。

不折騰這句話是有道理的。尤其是在打仗的時候，折騰來折騰去，弄不好就把大好的一條性命折騰沒了。

劉備轉戰到青州平原（今山東平原西南）一帶，進一步體驗了戰爭的殘酷。

一次敵我雙方在野外遭遇，二話沒說，直接開打。由於是遭遇戰，兵法謀略陣形之類的統統沒有用，最有用的只有一樣——誰的人馬更多，誰更狠更玩命。

事實證明，政府軍是不一定靠得住的。在起義軍的瘋狂進攻之下，領頭的將軍不明白這遭遇戰怎麼打，但有一點他是明白的——再不撤退弟兄們就要拚光了。

等政府軍撤（說「逃」應該更準確一些）到安全地帶，大家驚魂甫定，重新歸隊，清點人數，發現一仗下來很多人不見了。

對於關羽、張飛等劉備的兄弟們來說，最在乎的不是戰鬥減員多少，而是一個人的生死——劉備。因為劉備也不見了。

這下麻煩大了。

關羽、張飛等人立即分頭尋找，有一撥人馬順著逃跑的路線原路返回，又找回到戰場上。

與有後勤保障的政府軍不一樣，起義軍一向很忙的，沒人發工資，吃的、穿的、用的都要自己動手，因此一般都是管殺不管埋。此時的戰場，起義軍已經走遠，只剩下斷戈殘劍，屍橫遍野，血映殘陽，寒鴉哀鳴。

就在關羽、張飛等一幫兄弟快要絕望的時候，一個受傷的人從屍體堆裡爬了起來。原來他是在裝死。

這個人正是劉備。

這件事透露出一個強大的信號：劉備一生都在信守著一個著名的軍事原則——打得贏就打，打不贏就跑。

劉備戎馬一生，運用這個原則的次數已經多得無法統計，從平原到徐州，從新野到夷陵，都留下無數他倉皇逃跑的足跡。因此現在有人稱他為「劉跑跑」。

不只是劉備自己，劉備手下的重要員工，比如關羽、張飛等人，也跟著他跑遍了大半個中國。

我們有理由相信，戰場上常敗不死的人，除了運氣好之外，還有更重要的一點——他們沒有硬拚，沒有抱著必死的決心做無謂的犧牲。如果在沒有勝利希望的戰局下，仍然堅持到底死戰不退，別說你是歷史上血肉之軀一個腦袋兩條胳膊的關羽關將軍，即便是傳說中神勇無比羽化成仙的武聖「關聖帝君」，照樣是玉石俱碎倒地成鬼。

打得贏就打，打不贏就跑，跑不掉就裝死，甚至暫時投降，是個行之有效、屢試不爽的好方法。劉備是這樣做的，也教導關羽、張飛等弟兄們這樣做，不要太在意一場戰鬥的勝負，不要太心疼一座城池的得失，這一切都不重要。

最重要的是活著。

只要活著，就有希望。哪怕輸得一乾二淨，只要活著，就有翻盤的機會；哪怕是被人打得趴下了，只要活著，就有從頭再來的機會。

如果無謂的犧牲了，就不再有任何可能，心中的抱負也就永遠無法實現。

所以有時候死並不光榮，活著才真的偉大。當然，活著不是苟且偷生的活，活著是為了從頭再來，笑到最後。

這一頓鞭子打了誰

劉備帶領弟兄們幾番出生入死，雖然沒有立下拿得出手的豐功偉績，但起碼也是忠心耿耿為國家出力替政府效勞，沒有功勞也有苦勞，何況他多少還算有所斬獲。

因此黃巾起義被鎮壓以後，劉備終於從臨時志願者轉正成了國家幹部，當上了中山國（漢代實行郡國並行制，國與郡同一級別）安喜縣（今河北定州東南）的縣尉。

縣尉是個什麼官呢？詳細點說縣尉是縣令手下的官職，掌管一個縣裡治安捕盜一類事務，類似於今天的縣公安局長兼武裝部長。在今天來看是個不小的官職，不過在當時只能算是小官。

小官也是官，好歹算是混進公務員隊伍了，說明那麼多仗沒有白打、那麼多兄弟的血沒有白流。

好好幹吧！平凡的崗位照樣能幹出不平凡的事業，幹好了也是很有前途的。

但人生不如意者，常十之八九。沒過多久，劉備的這份公務員工作就幹到頭了。不是劉備像孫悟空一樣心氣太高，看不上這麼一個芝麻綠豆大的小官，而是政府不讓他幹了。

東漢政府下達公文，命令全國各地淘汰一部分因建立軍功而混進公務員隊伍的人——

淘汰的正是像劉備這樣的人。

當然，鑑於人的主觀能動性是很強的，要想保住公務員編制也不是沒有辦法。一是讓後臺出來說句話，朝中有人好做官嘛！《西遊記》告訴我們，沒後臺的妖怪都在孫悟空的金箍棒下當場死翹翹，有後臺的卻都被各路神仙接走了，可見後臺很重要。

二是出錢，有錢能使鬼推磨。東漢末年買官賣官也是司空見慣了，比如曹操他爹曹嵩同志就是花一億萬錢買的太尉官職。連位列三公的太尉都能用錢買到，還有什麼官職不能買？很難說這次淘汰官吏是不是政府創收填補財政赤字的又一次大好機會。

可劉備既沒有後臺，也沒有錢。

得知這個消息之後，劉備非常鬱悶、非常惱火，這不僅僅是他被開除出公務員隊伍的問題，還意謂著政府根本就不待見他們這幫人，需要的時候招呼一聲流血流汗不當人使，用完了就一腳踢開。

朝廷上下貪官污吏滿地走，而像他這樣一心報國、忠正廉潔的有志青年卻報國無門、懷才不遇。

在這樣的世道，要成一點事真的很難。

即便是他們死心塌地地為政府出了那麼多力、流了那麼多血、死了那麼多兄弟，照樣還是從哪裡來回哪裡去。

一切的一切，原來都是毫無意義的無用功。

實在太氣人了！

幾天後，中山國的督郵（郡國的檢察官）來到了安喜縣辦理公事，其中一項重要的工作就是罷免劉備等人的官職。

劉備想見一見督郵大人的願望極其迫切。對於劉備一類的草根來說，這個時代就是一個徹頭徹尾的「被」時代，被忽悠，被利用，被罷官，還有很多很多的「被」等待著他們。但即便是被罷官，他也想罷個明白，給督郵大人說個清楚，自己是漢室宗親，有報國安民的遠大抱負，有出生入死的功勞苦勞，做這個縣尉不只是完全夠資格，簡直就是大材小用（事實上也確實如此）——說不定還有保住公務員編制的一線希望。

便鼓起勇氣厚著臉皮前去求見。

卻被無情地傷害了。

在督郵大人下榻的星級賓館門口站立了N久之後，劉備得到的回覆是：督郵大人身體不舒服，不能見客。

劉備是個明白人，曉得督郵大人這時候生病，明顯是裝出來的，真正的原因是督郵大人壓根兒就不想接見一位幾個時辰後就要被免職的小官——不，嚴格來說已經是個草民。

督郵大人認為接見這樣一個草民，不只浪費時間，簡直是浪費感情。因此，督郵大人合情合理地拒絕了一個草民的不合理要求。這是他多年以來養成的良好習慣，絲毫不覺得這有什麼不妥當的地方。

劉備很生氣，後果很嚴重。

他怎麼也按捺不住心中的那把無名之火。出了那麼多力，流了那麼多血，死了那麼多兄弟，卻依舊不受朝廷待見，甚至不受一個督郵待見。奈何不了朝廷，奈何不了社會，還奈何不了你一個小小的督郵嗎？

他氣沖沖地回到縣尉辦公室，帶上了辦公印章，叫上了兄弟們，第二次去找督郵。賓館門口的辦公人員不明白劉備為何去而復返，他只明白一點——來者不善。因為劉備身後跟著一票肌肉男，這幫人手裡還拿著繩子、棍子和鞭子等凶器。劉備帶著兄弟們奪門而入，衝進了督郵休息的房間，把正在床上的督郵大人綁成了一個粽子，扔了出來。

然後，劉備鄭重其事地將縣尉的印章掛在督郵大人的脖子上，不就是要拿走印把子嗎？給你，老子不稀罕。

接著，劉備把督郵大人綁在了拴馬的柱子上，掄起馬鞭劈頭蓋臉地抽了下去，打得督郵大人哭爹喊娘、哀號不斷。

鞭打加杖擊，足足持續了一百多下之後，劉備拔出配劍準備給督郵大人一個痛快的了斷。

一樁草民殘殺國家幹部的特大命案，眼看似乎已無法挽回。

片刻之前還目中無人的督郵大人，此刻早已屁滾尿流，眼看就要因公殉職，他說出了一句話，挽救了自己的生命，「我也不想罷你的官，只是奉命行事啊！」

是啊！這個可恨的傢伙也不過是個供人驅使的棋子罷了，不是他的錯。算了，饒他一命吧！

劉備收起凶器，上馬揚鞭，開始了亡命江湖的流浪生涯。

鞭打督郵這筆帳，後來被羅貫中同志運用乾坤大挪移神功記在了張飛身上，似乎粗暴的行為較符合張飛粗野的形象，而劉備打人則有損其仁義的形象。

其實，即使張飛參與了這次暴力事件，他也只是一個從犯，真正的主謀只有一個——劉備。

仁義只是劉備的第二屬性，他的第一屬性是男人。而任何一個男人都是有尊嚴的，即便他只是個無名之輩。

當一個男人的努力成為徒勞，付出被人無視，尊嚴被人踐踏，他的憤怒只是順理成章、水到渠成的事情。

真實的劉備，正是這樣一個有血有肉和有著喜怒哀樂的男人。

積累人脈有好處

揚鞭東指即天涯，借問何處是我家？

衝動從來都是要付出代價的。在打了一頓解氣的鞭子之後，劉備付出的是亡命江湖的代價，在顛沛流離中遠遠地逃離中山國，再考慮重新找工作的事。

考慮到找其他工作實在太難，繼續從軍還算有點工作經驗，而且這也是實現抱負唯一比較靠譜的道路，劉備帶著他的兄弟們再度從軍。

好在亂世中，從軍的工作一直有相當大的人才缺口，找工作遠遠沒有今天的大學畢業生這麼艱難。劉備先後在丹陽（一作丹楊，今安徽宣城）、下邳（今江蘇睢寧西北）一帶參加工作，隨軍作戰，又立下了一些戰功，終於當上了高唐縣（今山東禹城西南）的縣尉（與這職位真是有緣）。

可惜好景不長。同樣的職位，他一樣沒能幹多久。不同的是，這次不是政府不讓他幹，而是起義軍不讓他幹了。

也許是由於劉備在高唐縣的縣尉任上工作出色，也許是前任縣令因公殉職有了空缺，他很快升遷為縣令。但是年景不好，趕上這麼個亂世，大家混口飯吃都不容易，很多人沒飯吃只好去造反。到最後，起義軍的人數比他手下的地方部隊多出了N倍，他這個由武裝部長升遷的縣令，根本無法管理當地的治安。

更加讓人想不到的是，劉備居然被起義軍趕出了縣城。別說是起義軍鳩占鵲巢，劉備回不了高唐縣，就是起義軍主動把城池讓出來，他也回不去了。丟城失地，這責任如果追究下來也夠嚴重的。他只好再一次逃亡。

在這亂世之中，飄泊似乎是他的宿命。

對於逃亡的辛酸，劉備漸漸有了深刻的體驗。為早日結束不愉快的逃亡生活，他決定去投奔一個猛人。

按理說，劉備這樣一個資深流浪者兼畏罪潛逃者，是不招猛人待見的。但他相信，這一個猛人一定是個例外。

劉備如此有信心是有原因的。因為早在十多年前，他和這個猛人就有了不一般的交情。

這個猛人正是劉備的師兄公孫瓚。

當年大學畢業分別後，劉備為找工作犯愁，公孫瓚師兄卻是一點也不愁，他本來就是個公費定向生，打哪裡來回哪裡去，繼續回遼西做他的公務員。

只是出了一點小小的意外。當年的太守大人——公孫瓚的岳父，已經換成了今天的太守劉大人。

一朝天子一朝臣，一代新人換舊人。要想獲得新任劉太守的青眼，公孫瓚需要從頭再來。

公孫瓚的確是金子，他又發光了，而且這一次更加光彩奪目。

不久，劉太守犯事了，做為犯罪嫌疑人被逮捕進京，聽候中央政府處置。按照相關法律規定，原來的同事再不能與犯罪嫌疑人有任何接觸。

但公孫瓚為了劉太守（這時候已經是犯罪嫌疑人），拿出業餘的演技，裝扮成趕囚車的馬伕，一路照顧劉太守的飲食起居，千里迢迢從遼西一路長途跋涉到了京城洛陽。

一個犯人，你說這麼做犯得著嗎？大多數人都不會這麼做的。甚至有人認定公孫瓚這麼做也就是一場行為藝術。

不過即便是行為藝術，這哥們也真捨得下本錢，太讓人感動了。更讓人感動的還在後邊。

到了洛陽之後，犯罪嫌疑人劉某的罪名弄清楚了，政府對他的處罰是流放到日南郡。日南郡在什麼地方？顧名思義是在太陽南邊，確切點說是在今天的越南中部，那可是相當的遠。最可怕的是越南那個地方，在東漢時代根本就是千山鳥飛絕、萬徑人蹤滅的蠻荒之地。被流放到日南郡的人，不論你原來從事什麼職業，身世有多麼顯赫，往往意謂著一個相同的結果——有去無回。

如果這是一場行為藝術，那公孫瓚的表演也該結束了。流放的是犯人劉某，公孫瓚大可不必陪著去送死，完全可以回老家去繼續當公務員，前途還是一片光明。把劉大人一路悉心照顧到了洛陽，不管往日有多少深情厚誼，也算是仁至義盡了。

回去吧！兄弟你已經送得夠遠了。

這次，公孫瓚的確出了洛陽城向北方走去。出人意料的是，他在不遠處的北芒山停了下來。

然後，感動世人的一幕出現了——公孫瓚拿出祭奠祖先的祭祀用品，擺在北芒山上，向著家鄉遼西的方向，撲通一下跪倒在地，雙手捧起酒杯說道：「做兒子需要盡孝，做臣子需要盡忠，因此我應該跟隨劉太守到日南去。此去凶多吉少，在此向祖宗辭別。」（昔為人子，今為人臣，當詣日南。日南瘴氣，或恐不還，與先人辭於此）

公孫瓚說完向著遙遠的家鄉猛磕了幾個響頭，慷慨悲泣，轉身而去，大有當年荊軻易水別太子壯士一去不復返的氣概。

不要說犯人劉某，所有見到這一幕的人都被感動得唏哩嘩啦一塌糊塗，認定公孫瓚是舉世無雙的忠臣孝子（忠孝可是那個時代的普世價值）。

隨後，公孫瓚跟隨犯人劉某踏上了前往日南的不歸之路。

但公孫瓚終究還是回來了，不只是他，犯人劉某也回來了。回來的原因不是日南的可怕只是個遙遠的傳說，而是在路上發生了意外——犯人劉某得到政府赦免，不用流放到日南去了。

此後，公孫瓚聲名遠播，很快被舉薦為孝廉（可說是貨真價實的一個），從此升遷之路一發不可收拾。

短短幾年之內，當劉備還在漫漫人生路上無盡地飄泊時，公孫瓚已經受封都亭侯，拜為中郎將，成為威震北疆的「白馬將軍」，是幽州一帶的實力派人物。

幾年之後，一代猛人曹操懼怕猛人袁紹，而之前讓袁紹有點怕的人，卻是他公孫瓚。

從上面的事蹟可以看出，公孫瓚是一個相當重情重義的男人。當年他與劉備的結交，可以說是人以群分的一個註腳。

劉備正是看準了這一點，才決定前去投靠公孫瓚的。

此時公孫瓚剛好處在用人之際（請注意這一點），見到老同學後，立即向中央政府上了一封表奏，推薦劉備擔任別部司馬。

這時的中央政府，隨著董卓率兵進入洛陽，實際上已經成了董卓的政府。董卓看各地軍閥不順眼，各地軍閥看董卓更不順眼。但大家都是出來混的，互相要給幾分面子。

董卓先給了公孫瓚面子，加封他為奮武將軍，薊侯。公孫瓚就不能不給董卓面子，有什麼事就給董卓打個報告。但也只是通報一聲，走個形式而已，事情該怎麼辦還是由他公孫瓚說了算。

因此，公孫瓚讓劉備出任別部司馬，董卓沒有不准的道理——准不准劉備都得上任，不批准只是自打自的臉。

別部司馬不再是縣尉一類不入流的官職，而是不隸屬某一郡的相對獨立的中級武官，每年年薪一千石（郡太守是兩千石），與縣令相等。

劉備在老同學公孫瓚的幫助下，從此事業更上層樓，成為國家的中級幹部。

劉備以親身經歷告訴我們，積累人脈是有好處的。

不過，吃人的嘴軟，拿人的手短。劉備既然接受了公孫瓚的大禮，自然也要給老同學出力。

劉備給公孫瓚幹的活主要是帶兵與袁紹作戰。

因為此時的公孫瓚，已經與關東諸侯盟主袁紹結下了梁子。

一塊地埋下仇恨的種子

公孫瓚與袁紹結下梁子，要從皇帝說起。

當時東漢政府的皇帝是董卓擁立的漢獻帝劉協，即位時只有九歲。皇帝是個不懂事的小毛孩子，又是奸臣擁立，所以有很多人不服氣。

牛人袁紹就非常不服氣。你董卓可以擁立皇帝，我袁某人也可以；你董卓擁立一個不懂事的小屁孩玩弄於股掌之上，我袁某人就正兒八經擁立一個有才有德的好皇帝，看誰玩得過誰。

袁紹看中的皇帝候選人是時任大司馬、幽州牧的劉虞。

劉虞的確是才華出眾、德高望重。何況他還有著漢室宗親的身分——上推五代就是著名的東漢光武帝劉秀（他與皇帝的關係可比劉備親近得多）。

如果來一個民主選舉，劉協vs.劉虞，劉虞勝出的把握那是相當大的。

可是那時代不實行民主選舉，皇帝更是不能隨隨便便換來換去。對於袁紹的提議，有許多人不同意，不少人很生氣。

其中最重要的是兩個人不同意，一個人很生氣。

第一個不同意的人就是當事人劉虞。劉虞拒絕的大義凜然。正因為劉虞德才兼備，所以他一心忠於中央政府，於是義正詞嚴地回絕了這個建議。當事人不同意，總不能霸王硬上弓吧？這就沒戲唱了。

另一個不同意的人是袁紹的弟弟袁術。袁術拒絕得極其齷齪。雖然袁術冠冕堂皇地拒絕這個建議，其實他是心裡藏著不可告人的小九九——自己當皇帝，所以不希望有一個明君出現。這件事為袁紹、袁術兄弟反目埋下伏筆。

很生氣的人正是公孫瓚。在公孫瓚看來，天下隨便哪個人當皇帝他都沒意見，唯獨劉虞不能當皇帝。因為公孫瓚和劉虞之間結下梁子已非一朝一夕（這件事我們到後邊再說）。總而言之，在公孫瓚看來，如果讓仇人劉虞當了皇帝，那不是明擺著要他公孫瓚的性命嗎？袁盟主你做事太不考慮兄弟們的感受了，這是對我極大的藐視。

遭到袁紹藐視，公孫瓚的心裡已經有點不痛快了。

成大事者有一個重要品質，就是能忍，忍常人所不能忍。

公孫瓚認為自己是成大事者，所以心裡不痛快不算大問題，忍一忍就風平浪靜了。但公孫瓚與袁紹的矛盾升級，卻是由一塊風水寶地——冀州引起的。

冀州既不是袁紹的，也不是公孫瓚的，而是另外一個人的。這個人是韓馥。

說起來亂世中人們普遍奉行的原則是——天下為公。所謂天下為公的意思是，你的東西不是你一個人的，而是天下人的，大家都有份，所以也可以是我的。到底是誰的，不是看現在捏在誰手裡，而是看槍桿子握在誰手中。

可是韓馥沒有拿得出手的槍桿子，袁紹有，公孫瓚也有。

這就麻煩大了，童子懷金，路人起心。

袁紹想占有冀州的欲望非常強烈。因為說起來十分慚愧，大名鼎鼎的關東諸侯盟主袁紹，其實只是一個小小的渤海太守（怕臉上無光，後來自個給自個封了個車騎將軍），還在冀州牧韓馥的管轄範圍之內。更為慚愧的是，袁紹這個當帶頭大哥的，連手下弟兄們的吃飯問題都解決不好，眼看就要斷糧了。

迫切歸迫切，袁紹卻不想用武力解決問題。因為動武損兵折將不說，還要毀了他的名聲。要知道袁紹本就是靠名聲起家的，如果名聲搞臭了，那也就玩完了。

孫子兵法講：不戰而屈人之兵，善之善者也。

袁紹希望韓馥乖乖把冀州讓給他。這樣既能得到實際的好處，又能進一步提高名望。

韓馥的東西，憑什麼白白送給你袁紹？這不是白日做夢嘛！

正應了一句廣告詞：一切皆有可能。袁紹手下的謀士逢紀令人嘆為觀止地攻克了這個難關，讓異想天開的美夢成了伸手可及的現實。

逢紀的策畫是，袁紹先派人去誘惑對冀州欲望很強烈的公孫瓚，說好兩家一起到韓馥手裡搶冀州，事成之後一人一半；只要公孫瓚一起兵，韓馥一定十分害怕；此時再派人去遊說韓馥，他必然會乖乖就範。

這樣一來，袁紹得到冀州就不是當強盜搶別人東西，而是眾望所歸接受讓賢。事情做得十分漂亮，形象自然更加光輝。

不出所料，接到袁紹盟主一起搶冀州的建議後，一向蒙頭實幹的公孫瓚二話不說立即動手了。這年頭有槍就是草頭王，不搶白不搶。

公孫瓚正大光明地帶著軍隊進入冀州，公開宣稱是前去討伐罪大惡極的董卓、解救處在水深火熱之中的皇帝，實際上卻是假公濟私，強行占有韓馥的冀州。

很快，公孫瓚就發現自己被結結實實地當猴耍了。

當公孫瓚和他的將士們還在冀中平原上餐風露宿的時候，袁紹已經從韓馥的手裡半推半就、勉為其難地接受了冀州。

公孫瓚興高采烈地過來，垂頭喪氣地回去，實在太鬱悶了。

這件事不但侮辱了公孫瓚的人格，而且侮辱了他的智商。但他只能嚥下這口惡氣，因為袁紹不是韓馥，不是那麼好欺負的。

如果事情就此打住，做為一個以成大事者自許的人，公孫瓚還是能夠忍受的。

偏偏最後的導火線被引爆了。

公孫瓚的憤怒

袁紹、袁術兄弟反目成仇，波及範圍之大，受害人數之多，影響了整個東漢時局。很多人都有意無意地被捲了進去，其中就包括公孫瓚。

這件事又與老仇人劉虞脫不了干係。

劉虞的兒子劉和在長安（這時皇帝劉協已經被董卓綁架到了長安）中央政府當幹部，

回幽州時路過袁術的地盤，受到主人的熱情招待。

被人熱情招待本是一件好事，但劉和很快發現事情有點不對勁了——袁術太熱情了，熱情得想讓遠方的客人永遠留下來。

袁術提出了一個要求，讓劉和給他爹寫封信，意思是讓劉虞派兵過來聯合進攻長安，好去解救已經成為人質的皇帝（直接說去擴張地盤有點不好意思）。要是不答應的話，呵呵，劉公子你就在我這裡永遠地住下去吧！

劉虞收到兒子的信後，立即跟主抓軍事的同事公孫瓚商議，主張派出幾千騎兵前去幫助袁術。

公孫瓚很清楚袁術心裡打得是什麼算盤，他彷彿已經看到了這些騎兵的光輝前景——肉包子打狗，有去無回。做為一個靠軍功起家的將軍，公孫瓚非常心疼這幾千騎兵，就指出袁術這人一向不靠譜，想阻止劉虞做傻事，不要白白賠了兵馬。

劉虞何嘗不清楚袁術的為人，但他不能不照辦——兒子在袁術那裡，名義上是貴賓，實際上就是人質。袁術的意思很明確：要兵，還是要兒子，你自己選。

劉虞心一狠，選擇了兒子。

這下公孫瓚要抓狂了，不僅幾千人馬沒有留住，還要得罪袁術。本來得罪的人就夠多了，再多一個袁術，這以後的日子該怎麼過？

公孫瓚想來想去想出了一個主意，自己派兵搶先一步去幫助袁術，說不定還能培養一些感情；順便勸說袁術乾脆收編了劉虞派去的兵馬，以解心頭之恨（這就有些不厚道了）。

正是在此時，公孫瓚做出了一個重大決定，選擇了自己的立場，堅定地站到袁術那邊去，共同對抗袁紹陣營。

於是，公孫瓚主動派去一千多騎兵幫助袁術。因為既然要與袁術培養感情建立合作關係，又要找機會陰劉虞一把，責任非常重大，所以他派遣堂弟公孫越帶兵前往。

正所謂當局者迷，旁觀者清。公孫瓚阻止劉虞派兵時預料得一點都沒錯，公孫越等人果真成了肉包子，到袁術那裡就有去無回了——公孫越本人被袁術派去隨孫堅攻打袁紹的部將周昂，結果中流矢光榮犧牲。

公孫瓚得知弟弟戰死非常悲慟。雖然他堂弟的死牽扯到的人很多，劉虞、袁術、孫堅（這位猛人很快就在劉表的襄陽城下掛了）都有責任，但無比悲慟中的公孫瓚，還是堅定不移地把這筆帳算到了袁紹頭上。在他看來，如果不是袁紹多事，派遣周昂奪了孫堅的城池，就沒有袁術派孫堅攻打周昂這件事；不攻打周昂，他弟弟就不會死（余弟死，禍起於紹）。

舊恨又加新仇，公孫瓚徹底憤怒了。老虎不發威，你當我是病貓。

漢獻帝初平三年（一九二）初，公孫瓚調集步騎軍隊總共三萬多人，在清水河畔集結，準備大舉進攻袁紹。著名的界橋（在今河北威縣東清水河上）之戰就此開始，公孫瓚與袁紹長達八年的戰爭就此拉開序幕。

搶錢搶糧搶地盤的運動，從此轟轟烈烈推向高潮，一發不可收拾。

一個男人的魅力

劉備正是在此前後加入公孫瓚陣營的。

公孫瓚與袁紹開戰以後，雙方互有勝負。初期公孫瓚處於戰略主動地位，巨馬水之戰大勝之後，乘勝南進，占領了青州的平原（今山東平原西南）一帶。

劉備受公孫瓚委派，會同田楷（公孫瓚任命的青州刺史）等人，在青州平原附近與袁紹軍隊作戰，前後立下了不少戰功，被公孫瓚任命為代理平原縣令，後來又兼任平原相。

漢朝實行郡國並行制，國與郡同一級別，做為地方一把手的國相與郡太守也是同一官階，年薪都是兩千石。

劉備在老同學公孫瓚的提攜下，從此邁入了高級地方幹部的行列。

若干年前的一介草民，終於擺脫了天生的草根命運。

此時劉備才三十出頭，正是大好年華，不用說他心裡是怎一個意氣風發，準備大展手腳，好好幹一番事業。

劉備在平原任上做的工作，歸納起來就是兩手抓，兩手都要硬，一手抓對外防禦戰爭，一手抓對內經濟建設。

戰亂年代，地方幹部最重要的工作是保疆守土。如果再像擔任高唐縣令時一樣，把城池給弄丟了，那可就不好交代了。

劉備也把這一任務當成了當前工作的重中之重。本著有難同擔有福同享的精神，任命關羽、張飛擔任別部司馬，分別帶領軍隊抵禦外敵侵略、維護地方和平。

此外，劉備還花大力氣抓地方經濟建設，努力恢復遭到戰爭破壞的國民經濟。戰亂年代日子不好過，他就與群眾同甘共苦、共度時艱。

劉備已經飄泊了七、八年，難得有這麼一個相對安穩的機會，可以施展心中的抱負、實行儒家仁政，因此幹得十分用心。

劉備出身平民家庭，對民間疾苦深有體會，所行舉措大多對症下藥，很能解決實際問題。他的努力得到了群眾的廣泛認可，取得了萬眾歸心的良好效果（眾多歸焉）。

群眾很高興，劉備很高興，但有一個人不高興。

這個人叫劉平，是當地的豪強地主。

劉平不高興的原因很簡單，他看不起劉備。一個賣草鞋的草民成了他的父母官，這是地主劉平絕對難以容忍的。

為了讓這個賣草鞋的草民從他的眼前永遠消失，劉平派出了一個刺客。

但這次刺殺卻未遂。

刺殺未遂的緣故不是劉備防範太嚴刺客沒有下手的機會，也不是刺客身手太差不能得手，而是刺客根本就沒有動手——他被劉備雷到了，因為劉備的魅力。

這件匪夷所思的刺殺未遂案的過程是這樣的：當刺客喬裝改扮混進劉備的辦公室之

後，劉備以人民公僕為人民的服務精神，不僅絲毫沒有懷疑這個不速之客的來意，而且對他非常尊重、非常友好、非常熱情。

劉備的「善下人」，不論對什麼身分的人都給予禮遇，不是刻意為之，而是一種做人原則。他能夠具有這種良好特質，除了個人修養之外，還與家庭出身和成長環境有關。他出身平民階層，生長在平民中間，一方面沒有傲人的資本，另一方面更能對平民給予理解和尊重。

但不是每一個平民出身的人都能具備這種優良特質。一朝富貴就忘本、一旦得志便猖狂的人，想必大夥兒也司空見慣、習以為常了。

此時劉備就習慣性地給予刺客禮遇，在他眼裡這個刺客和其他的百姓沒有什麼不同，都是需要關愛的子民。

刺客卻非常不習慣這些禮遇。他習慣的是權貴的蔑視、習慣的是世人的冷漠。在他看來眼前的這個國家幹部，比別的長官大人好得不是一星半點。難道就為了一點金錢，我就要殺死這個難得的好幹部？不，我不能無恥到這個地步！

於是，四分之一炷香之後，原本為刺殺劉備而來的刺客，毅然決然地決定自首。他說出了事情的原委，供出了雇主劉平，還表達了他對劉備的敬佩，以及差點鑄成大錯的痛悔之情。隨後離去。

這個有點離譜的刺殺故事，再一次印證了劉備的魅力有多大。

在劉備的成功之路上，尤其在事業發展的前期，吸引人才，留住人才，不是靠待遇

（經常是出生入死一起飄泊的待遇），不是靠薪酬（基本開不出薪水），更不是靠企業制度（制度還沒有建立，招牌還沒有打響），靠的是真心待人和人格魅力。

正因為以真心待人，加上超群的人格魅力，劉備才得以白手起家，一步一個腳印走向成功。

甚至在關鍵時刻，他的魅力挽救了他的性命。

你太壞了，我要離你遠點

劉備在平原任上幹得十分漂亮，贏得了不少人心民望，可他的上司公孫瓚師兄卻在一條歧路上漸行漸遠漸無窮。

當初公孫瓚與袁紹在界橋開戰的時候，憑藉一篇討袁檄文，指出袁紹犯有不忠、不孝、不仁、不智等十大罪狀，一下子搞臭了袁紹的名聲；外加公孫瓚軍馬雄壯，威震河北，所以冀州的許多城池都望風響應（《後漢書》），占有很大的優勢，把一代猛人袁紹整得怕怕的。但短短一年多時間，公孫瓚已經喪失了人心，處在劣勢。

馬克思主義哲學告訴我們：內因是事物發展的主導因素。導致公孫瓚失去人心的，同樣也主要是他自己的所作所為。

公孫瓚以軍功起家，根據以往的經驗，打幾場仗就能升一次官，仗打得愈來愈多，官就做得愈來愈大。在這種好戰喜功思想的主導下，他漸漸演變成為一個好戰主義者，走向了一個極端——窮兵黷武。戰亂年代，老百姓日子非常不好過，都希望能過幾天安穩日子，可公孫瓚讓他們深深地失望了。這是失去了下層百姓的擁護。

公孫瓚性格還有點缺陷，貴族子弟要是有才氣和名聲，他就不爽，把他們困在冰天雪地受苦（幽州比較冷），不但不重用他們，還不讓他們有好日子過。公孫瓚這樣做有他的依據：貴族子弟和有才氣名聲的人，我讓他們當了幹部，他們會以為是理所當然的，不會感激我。因此公孫瓚重用的大多是庸才，他認為重用這樣的人會對他感恩戴德、死心塌地。這樣做又失去了上層人士的擁護。

這幾種作法雖然使公孫瓚失去了民心，但冰凍三尺非一日之寒，有個日積月累、潛移默化的過程，不至於立即改變局勢。

真正讓公孫瓚臭名遠揚、眾叛親離的原因，是他殺了一個人，一個讓他忍了很久的人——劉虞。

自從劉虞被東漢政府任命為幽州牧，成了公孫瓚的同事和上司，兩個人就尿不到一個壺裡。

兩個人的矛盾最初是由工作上的分歧引起的。劉虞是個和平主義者，而公孫瓚則是個好戰分子。兩個人對於北方少數民族的策略截然相反，劉虞主和，公孫瓚主戰。

劉虞德才兼備，新官上任三兩下就平定了叛亂，安撫了少數民族。朝廷上下皆大歡喜，非常滿意。除了公孫瓚。

公孫瓚何止是不歡喜，簡直是鬱悶至極。此前為了平定叛亂，他親自上戰場，差點連命都搭進去了，結果劉虞一來就把叛亂搞定，把功勞全占了，他一個奮武將軍不就成了擺設，還奮個什麼？何況劉虞還是個和平主義者，不但現在且今後也不準備打仗了——不讓打仗，不就把他的升官之路給堵上了嗎？這樣搞下去，以後就沒得玩了。

不行，絕對不行。公孫瓚開始處心積慮地破壞劉虞的和平計畫。

劉虞給北方少數民族賞賜物資（那邊比較窮）給點好處，公孫瓚就派一撥人馬裝成強盜過去打劫；劉虞希望建設和諧社會加強民族團結，公孫瓚就抽空去少數民族那裡殺人放火；劉虞請公孫瓚參加會議，公孫瓚就裝病不去。

客觀評價，兩個人鬧矛盾，公孫瓚應該承擔主要責任。

後來袁紹想擁立劉虞當皇帝，公孫瓚當然十萬個不答應。劉虞雖然明確不同意自己當皇帝，但他認為袁紹是為了國家用心不壞，因此和袁紹一直保持著友好關係。

敵人的敵人是朋友，敵人的朋友是敵人。根據這一原理，公孫瓚將劉虞和袁紹視為共同的敵人。

再加上給袁術派兵的事和堂弟公孫越的死，公孫瓚和劉虞更加勢同水火，互相看不順眼，互相恨得咬牙切齒，互相要讓對方死翹翹。

先動手的是劉虞。

初平四年（一九三），劉虞瞅準公孫瓚的大部隊與袁紹在冀州一帶作戰、後方大本營薊城（今北京大興）空虛的機會，集合大批幽州守軍進攻公孫瓚。

忍了那麼久，雙方終於徹底撕破臉了。多年的恩怨，即將有個了斷。

公孫瓚得知敵眾我寡形勢不好，就在東邊城牆上挖了個洞，打算萬一頂不住了就當一回老鼠，來個抱頭鼠竄。

不過劉虞的軍隊開到城外的時候，善於用兵的公孫瓚發現敵軍雖然數量很多（《後漢書》記載有十萬人，並不可靠），素質卻不高，也就是一群不會打仗的烏合之眾，連最基本的排兵布陣都不會，根本就沒有戰鬥力。而且劉虞是個仁慈的領導，命令部隊只殺公孫瓚一人，不許騷擾百姓。薊城郊外都是民房，劉虞禁止士兵焚燒，士兵們就一擁而上混雜在民房中間仰攻城池。卻久攻不下。

一看是這種局面，經驗豐富的公孫瓚決定不當老鼠了，他瞅準戰機順風放火焚燒民房，在民房附近的劉虞軍隊頓時大亂。隨後，他率領幾百個久經戰陣的精銳戰士突擊劉虞中軍陣營，將劉虞的軍隊殺得大敗而逃。

劉虞兵敗後倉皇逃到了居庸城（今北京居庸關），準備長期抗戰。沒想到，他所想像的長期，只有區區三天。

三天時間，公孫瓚就攻克了居庸城，把劉虞連同他的老婆孩子一起抓了俘虜，押送到薊城。

公孫瓚抓獲劉虞，有很多種處理方式，可以軟禁，可以關押，可以放走，但他選擇了最簡單直接的一種——殺死。

不為別的，只因他是公孫瓚，重情重義的公孫瓚。而重情重義往往意謂著快意恩仇、意氣用事。忍了那麼久，只有殺了劉虞，才能出盡心中的惡氣。

此時，由於董卓被王允、呂布等人幹掉了，為體現普天同慶皆大歡喜，中央政府派了一個叫段訓的使者來幽州給劉虞和公孫瓚加官晉爵，讓他們也歡喜歡喜。

不過歡喜的只有公孫瓚一個。他以劉虞想當皇帝大逆不道的理由，脅迫段訓殺死劉虞。動手前，他還玩了劉虞一把，說你要是真命天子，老天爺就應該下雨救你這個兒子；既然老天不下雨，就只能說明你該死。

從此，公孫瓚獨霸幽州，看起來無比強大。

其實，公孫瓚殺死劉虞的時刻就注定了他必將失敗的命運。

看起來贏了，實際上卻是輸了，輸得一敗塗地。

因為他徹底輸掉了人心。

得人心者得天下，從來就不是一句空話。

公孫瓚很快就嘗到了失道寡助的滋味。不只是劉虞的許多部下如鮮于輔、閻柔等人紛紛聯合袁紹進攻他，更重要的是他的許多部下也離心離德，紛紛離去。

這其中包括兩個人，一個是趙雲，另一個就是劉備。

趙雲，字子龍，是常山真定（今河北正定南）人，他來公孫瓚手下工作的時間，與劉備差不多。

此時，袁紹已經從韓馥手中接過了冀州牧的大印。常山隸屬冀州管轄，按理說應該站到袁紹那邊去，但常山的士民卻推舉趙雲率領本地鄉勇前去幫助公孫瓚。

因此公孫瓚見到趙雲非常高興，帶著幾分得意的口氣說道：「聽說你們冀州的人民都想投靠袁紹，怎麼唯獨你能迷途知返呢？」他想要的答案是將軍你英明蓋世、是正義的一面旗幟、比袁紹那傢伙強得不是一星半點之類的奉承話。

公孫瓚注定要掃興一回，因為站在他面前的是趙雲。雖然此時的趙雲只是一個無名之輩，但他從來就不是一個睜著眼睛說瞎話、只管阿諛奉承溜鬚拍馬的人。

趙雲朗聲回答：「現在天下大亂，我們還搞不清楚究竟誰是誰非。為解救百姓的倒懸之苦，家鄉父老經過商議，決定追隨仁政，並不是覺得你比袁紹強啊！」（天下訩訩，未知孰是，民有倒懸之厄，鄙州論議，從仁政所在，不為忽袁公私明將軍也。）

幾句話透露出亂世中人們對仁政的渴望，以及趙雲希望追隨明主的心情。仁政是古代社會的理想政治，只要有可能實現仁政，許多人就會不避險難上下求索。

趙雲投效公孫瓚期間，被分配的工作是帶領騎兵隨同劉備作戰。

劉備和趙雲成了同事，自然免不了有許多公私往來。時間一久，這兩個大男人竟然惺惺相惜，成了知音。

公孫瓚殺死劉虞之後，臭名遠播。趙雲終於發現上當受騙，來投奔的不是仁政，更不是明主，而是暴政加昏君。

於是，趙雲藉著哥哥去世的機會，向公孫瓚請假，說要回家一段時間操辦喪事。孝道是當時社會的普世價值，公孫瓚沒有不准的理由。

做為趙雲的知音，劉備明白趙雲為什麼要走，也知道他不是請假一段時間，而是黃鶴一去不復返。

劉備送別趙雲的時候，兩個大男人互相拉著手，依依不捨。

劉備知道趙雲的心思，趙雲也知道劉備的心思。

送君千里，終有一別。最後分別的時刻，趙雲對劉備許下承諾：「終不背德也。」放心吧！你已是我選中的明主，是仁政的希望，終有一天，我會追隨你的。

趙雲揮一揮衣袖瀟灑地走了，劉備卻瀟灑不起來。

因為劉備是帶頭大哥。做為帶頭大哥就要為兄弟們的吃飯問題操心，不能帶著兄弟們餓肚子。你甩手走了，兄弟們怎麼辦？

再者說來，出生入死混了這麼久，才混上了這個平原相，要是甩手不幹了，多年的心血不就白費了嗎？

所以劉備注定不能甩手不幹，而只能找機會跳槽。

跳槽離開以前的同學兼現在的老闆公孫瓚，是不是有點不厚道？

似乎是有一點，但也僅僅是一點而已。

是的，他曾經幫助過我、提拔過我，但我也給他出過力為他分過憂，他發薪水我幹活，互不相欠。

道不同不相為謀，我們之間的分歧已經愈來愈大。

最重要的是，他已經走上了一條不歸路，而我不能跟著他一條道走到黑。

因為我還有自己的理想。

該選擇的時候要選擇，該離開的時候要離開。

欲伸大義於天下，就不能拘泥於小義。

出名要趁早

拿定了跳槽的主意之後，劉備開始留意外邊的機會。

不久，一位名聞天下的人向劉備求救，這個人就是孔融。

孔融，字文舉，兗州魯國（今山東曲阜）人，是孔子的二十世孫。

孔融的名氣不是一般的大，別說當時，即便是現在，我們聽到這個名字照樣是如雷貫耳。

實在太有名了。小學一年級語文課本上的「孔融讓梨」的故事，就是他的一個小小故事。

那時，孔融才四歲（一說是七歲），不過是我們上幼稚園的年紀。

出名要趁早。孔融用自己的實際行動為這句話做了最佳詮釋。

孔融讓梨只是個起頭，此後他的傳奇經歷才剛剛開始。

孔融在十歲時做的一件事，真正讓他名揚天下。這一年，孔融跟著他爹來到了京城洛陽。時任河南尹（類似今天的北京市長兼市委書記）的李膺身價很高，不隨便見客，能見到他的只有兩種人：當世名人或世交之家。

十歲的小朋友孔融卻異想天開要見一見李膺。他跑到李膺家的大門口，說是李大人世交子弟求見，便進去見到了李膺。

李膺雖然收到了孔融的名片，又見到了孔融本人，可是上看下看不認識眼前的這個小屁孩，左思右想不記得與孔家是世交，就問孔融所謂世交之家的緣故。

孔融腦筋一轉別出心裁地答道：「我祖上是孔子（這是真的），你祖上是老子（老子雖然姓李，但李膺未必是老子後代），當年孔子曾問禮於老子，這樣說來我們兩家N年以前就是世交了。」

這個回答，最令人稱奇的不是孔融頭腦靈活、思維奇特，以玩太極的方式回答了問題，真正的厲害之處是搬出了祖宗——既亮明了自己的身世，又捧高了李膺的身分。因此，李膺聽後非常高興，滿座的賓客也驚嘆不已，都說這個小孩果真天賦異稟，實在是了不起。

故事到此並沒有結束。此時，來了另一個高級幹部——太中大夫陳煒，別人給他轉述了孔融的精采回答後，他對這個有鑽空子、拍馬屁之嫌的小屁孩有點厭惡，指著孔融的鼻子說道：「別看小時候很聰明，長大了很可能是個傻蛋。」（小時了了，大未必佳）

話音未落地，孔融昂首挺胸，針鋒相對地回敬一句：「按您這麼說，您小時候一定很

聰明吧？」（想君小時，必當了了）

說得陳煒大人面紅耳赤，啞口無言。

說得滿座客人開懷大笑，心服口服。

李膺也很開心，大笑著做出一個著名的人才論斷：孔融長大「必為偉器」（《後漢書》）。

李膺沒有看錯，孔融長大後的確成為一代名儒、文章宗師，而且忠於漢室，剛正不阿。

關於孔融的趣聞典故，流傳下來的還有很多。

曹操挾天子以令諸侯時，孔融看不慣曹操的很多作為，隔三差五地就罵曹操一頓，而且還罵得十分藝術、十分高雅、十分有水準，基本都是將歷史典故翻陳出新，絕對不帶一個髒字。更絕的是曹操讀的書不算少，但有時候被孔融罵了，卻照樣聽不懂。

曹操以為，人世間最丟臉、最鬱悶、最痛苦的事莫過於此。

比如，曹操打敗袁紹後，兒子曹丕貪戀美色，奪了袁紹兒子袁熙的老婆甄氏當小妾。孔融知道後，就給曹操寫去一封信，說武王伐紂成功後，把妲己賜給了周公當小妾（武王伐紂，以妲己賜周公）。曹操也算是博學多才飽覽群書，可壓根兒沒聽過這事，有點懷疑是不是自己孤陋寡聞沒見識，就特意請教孔融這個典故出自哪本書。孔融輕輕一笑，回答說：「以你的兒子曹丕強娶甄氏這件事來看，也就差求不多。」（以今度之，想當然耳）一句話把曹操氣得差點暈過去。這是「想當然耳」典故的來歷。

再比如，曹操後來遠征烏桓，孔融認為這是窮兵黷武，就嘲諷說，周武王時代肅慎（周朝時北方的一支少數民族）不進貢，蘇武牧羊時被丁零（漢朝時北方的一支少數民族）

偷走了幾隻羊，曹將軍你本事很大，希望你一併向這些少數民族算清舊帳，把他們統統抓捕歸案，我等著你的好消息。

類似的事情實在太多了，後來曹操被罵得實在招架不住，還專門寫信求饒。最後，曹操還是嚥不下這口惡氣，把孔融全家給殺了。但就在臨上刑場的時候，孔融不滿十歲的一雙兒女又留下了「覆巢之下，安有完卵」的成語。

一家三口都這麼有才、這麼早熟，真是不服不行啊！

世間有劉備

向劉備求救時，孔融正擔任青州北海（治今山東昌樂西）相。他這個北海相的官職，也是靠罵人罵來的。

當時董卓把持中央政府，倒行逆施，引起很多人不滿，以孔融的性格自然免不了又指桑罵槐、顧左右而言董卓一番。

於是，董卓就送了他這個官做。

當然，以德報怨從來都不是董卓的做事風格，不是他不想殺孔融，而是恨得咬牙切齒卻又不敢殺，這與不敢殺盧植的原因是一樣的——名氣太大了。董卓讓孔融去北海做官，與日後曹操送禰衡到劉表那裡的用意也是一樣的——借刀殺人。

因為當時北海一帶的黃巾軍鬧騰得非常厲害，在董卓看來，派去的地方官十有八九會被黃巾軍就地解決。如果孔融鴻運高照、逢凶化吉沒有因公殉職，那也不可能治理好地方，這樣一來，孔融的名聲就算毀了。做為一個大名人，孔融最尊貴的就是名聲，毀了他的名聲看他還怎麼混？

孔融到北海上任後，他的主要工作也是兩手抓，一手抓內政，一手抓國防。

抓內政的一手很硬。孔融召集人民群眾，加快城市建設，新築了幾座城池；同時繼承老祖宗孔子遺風，狠抓教育，廣泛建立學校；還重視人才，先後薦舉了鄭玄（盧植的師兄）、彭璆、邴原等人。內政建設頗有成效，得到地方官民的一致肯定，孔融因此被人尊稱為「孔北海」。

抓國防的一手很軟。董卓沒有算錯，孔融到北海後確實沒過上幾天安穩日子，黃巾軍一直在北海想來就來、想走就走，跟在自己家似的，拿孔融一點不當外人。

孔融雖然文才很好，名氣很大，可是術業有專攻，打仗不是他的強項，加上黃巾軍實在太多，因而幾次三番吃敗仗，到後來居然被起義軍趕出了政府所在地，只好跑到都昌（今山東昌邑西）臨時安了個家。

孔融想在都昌避避風頭，偏偏黃巾軍頭領管亥不答應，率領黃巾軍把都昌城圍了個水泄不通。

形勢如此危急，孔融不能坐著等死，只好派遣猛人太史慈突圍而出，找人求救。

孔融要找的人正是平原相劉備。

孔融當時已是舉世聞名，而劉備混在各路軍閥間還沒有顯山露水，知道他的沒有幾個。

因此，當劉備從殺出重圍的太史慈那裡，得知如雷貫耳的孔融孔北海，正盼星星盼月亮般地盼著自己前去救命時，驚喜之下說了一句流傳甚廣的話：「孔北海竟然還知道世間有個劉備呀？」（孔北海乃復知天下有劉備邪）

這句話被好多人認為是劉備名氣太小的印證，其實理解為孔融名氣實在太大更恰當些。這樣的事例，在我們的生活中也時有發生：一個在業界小有名氣的人，得知仰慕已久的業界巨頭不但知道有自己這一號人物，而且主動向自己尋求幫助，到這時還能保持淡定不激動的差不多就是下蛋的公雞了。這句話記載於《後漢書．孔融傳》，很明顯，作者范曄也是用來強調孔融的名氣有多大。

驚喜之後，劉備毫不猶豫，帶上能夠調動的三千主力軍隊，前去都昌救援孔融。

既然大名人孔融如此信任劉備，將個人的生死和城池的存亡全部寄託在劉備身上，劉備就不能辜負他的信任。何況在這個風生水起的亂世，只有一刀一槍才能拚殺出一個明天、才能證明自己在這個亂世中的堅強存在。

當劉備的軍隊到達都昌城下時，圍城的黃巾軍看形勢不對，本著好漢不吃眼前虧的精神撒腿走人了。

這件事雖然沒有給劉備帶來實惠，卻為他的跳槽簡歷添上了濃墨重彩的一筆。

從此，劉備不但結識了大名人孔融，成了他的救命恩人，並且在全國人民心目中樹立起急公好義、見義勇為的良好形象。

榜樣的力量是無窮的。此後他人有難了，自然也會想到找劉備幫忙。

在亂世三國，最不缺少的就是哭喊著滿世界找人救命的難民。很快，下一個向劉備求救的難民出現了，他的來頭更大——徐州省長兼軍區司令員（徐州牧）陶謙。

真假陶謙

陶謙，字恭祖，揚州丹陽（今安徽宣城）人，生於西元一三二年，是東漢末年的老一代軍閥，曾任幽州刺史。

中平五年（一八八）冬十月，青州、徐州一帶的黃巾起義再度爆發，陶謙被中央政府調任為徐州刺史。上任後他很快就將起義軍趕出了徐州，後來升任徐州牧。

陶謙其人在史書中的記載褒貶不一、相差很大，乍看起來就如同人格分裂，或者是八竿子打不到一塊兒的兩個人。到底哪一個才是歷史上的陶謙呢？上千年來真偽難辨、謬種流傳。

根據陳壽《三國志》及採用《三國志》內容的《後漢書》記載，陶謙親近小人，疏遠君子，甚至還曾聯合自稱「天子」的反賊闕宣（這個問題很嚴重），徐州之亂，實際上是他埋下的禍根。

但根據《三國志》注文，裴松之引用的《吳書》記載，陶謙「性剛直，有大節」，算得上是一個好幹部。

那麼，為什麼陶謙在史料中的形象會有天壤之別？

這一切源於一個人的意外死亡，這個人就是曹操他爹、大太監曹騰之子（當然是養子）、當過皇帝（由他的孫子曹丕給他追封）的曹嵩。

以上幾部史書關於陶謙的記載，疑點最大的事件是曹嵩之死：《三國志．武帝紀》、《後漢書．曹騰傳》、《後漢書．應劭傳》都記載曹嵩被殺，是由陶謙指使部將幹的，由此判斷謀殺曹嵩的元兇就是陶謙。而《後漢書．陶謙傳》、《吳書》則記載是陶謙的部下貪圖錢財，擅自襲殺了曹嵩，實際上陶謙並不知情。《三國志．陶謙傳》甚至對這一事件避而不談。

如此褒貶不一，如此相差甚遠，如此諱莫如深，當然不只是史書作者不了解事情真相那麼簡單，背後真正的原因是史書作者的立場問題。

在分析陶謙的歷史形象之前，先說點題外話。可能大夥兒跟我一樣，有類似的親身體驗：隨著我們讀的書愈來愈多，有時候就會發現，同一個人同一件事在不同的史料中的記載出入很大，甚至截然相反。遇到這種情況的時候，我們究竟應該相信哪種說法呢？或者乾脆就認為歷史是不可知的，將書扔到一邊，放棄了對真相的尋找呢？

我的看法是，歷史是可知的，雖然找出歷史真相確實比較困難，但真相確實是客觀存在的，而且眾多的說法之中唯有一個真相。只要我們有了正確分析史料的方法，那麼我們就有了一雙找出真相、明辨是非的慧眼，這對我們讀古代史甚至當代史，以及其他書籍，都會有很大的幫助。

所以在這本書中，我除了依據史料寫出關於三國、關於劉備的一些歷史故事之外，也想把我分析歷史的一些方法和心得介紹給大家，當然我也不能保證我的分析就是完全正確的。如果你自己已經有了屢試不爽的分析方法，那麼恭喜你，可以直接跳過這一段。

真假陶謙這件事，就可以做為我們分析歷史的實戰演習。

既然幾種史料互相矛盾，就說明至少有一種史料是錯誤的，也就是說在你眼皮子底下有人公然造假了。那麼造假的人是誰呢？造假的目的又是什麼呢？我們不能放過任何一個壞人，要把造假的人揪出來。

首先可以確定，史書編著者是最大的造假嫌疑人。

所有史書，其實都有編著者的傾向、立場在其中，尤其是官方修史比私人著書的政治傾向更加明顯。比如唐朝官方史書一定會說李世民被逼無奈，才發動玄武門政變殺死親兄弟逼退老父親，清朝修的《明史》則一定會向崇禎皇帝身上潑髒水。這是一種慣用的統治手段，幾千年以來，從不例外。

《三國志》當然也不例外。《三國志》雖然屬於私人著書，但做為晉朝政府認可的史書，《三國志》只能以晉朝承襲的曹魏為正統，視蜀漢、孫吳為僭偽政權，因此書中自然也免不了有一些對曹魏集團領導人的褒美之辭。另外，陳壽寫《三國志》時，已有曹魏王沈所寫的《魏書》，關於曹魏的許多史料即來源於此。如果《三國志》中關於陶謙的內容也是沿襲《魏書》的話，那麼王沈造假向陶謙身上潑髒水的動機就更加明顯了。

其次需要討論的問題是，造假的目的是什麼？

從宏觀上來說，官修史書或官方認可的史書，造假的目的肯定是為統治者拔高形象、給統治者臉上貼金。比如說劉邦是他母親與天神發生外遇的結晶、朱元璋生下來紅光滿屋等等。

但從微觀上來說，具體到某一件事的造假，肯定有直接的目的，不然為什麼偏偏要給這件事注水呢？比如說劉邦是他母親與天神發生外遇的結晶、朱元璋生下來紅光滿屋，就是為了告訴你，他們兩人都是天生不凡，和咱們普通人不一樣。

前面說過，關於陶謙的內容，史書記載最可疑之處在於曹嵩之死。有句話說欲蓋彌彰，愈是遮遮掩掩的地方，愈是見不得光的，所以曹嵩之死就是我們找出真相的最佳突破口。

曹嵩之死影響很大，最直接的後果是導致曹操在徐州屠城，這是曹操人生的一大污點。因此，可以斷定造假的直接目的就是為曹操開脫屠殺徐州百姓的責任。但徐州屠城是人盡皆知的史實，瞞是瞞不住的，怎麼辦？那就只好發揮主觀能動性找出正當的理由了。於是，《三國志》為了找出一個合理的藉口，就將曹嵩之死的責任推到陶謙頭上，以便使曹操「師出有名」。

我國的傳統是道德高於一切，以道德代替法律，因此許多殘酷的事，如果以道德的名義去施行，就相對合理。比如曹操在徐州屠城，若說是為父報仇，便可以得到一定的同情。《後漢書．應劭傳》甚至將曹嵩被殺時間，放到曹操第一次攻打徐州之後，似乎這樣就一併解答了陶謙為什麼要殺曹嵩的問題——陶謙被曹操打了一頓，想報仇雪恨，殺不了曹操就殺了曹操他爹。

因為有這一層深意，所以《三國志》與《後漢書》中關於陶謙和曹嵩之死的記載，可信度並不高，反倒是孫吳官方修的《吳書》旁觀者清。孫吳政權與陶謙沒有多少直接利益衝突，早年孫堅與陶謙雖然結成聯盟都站在袁術陣營，但後來到孫策時期，孫策又與陶謙翻臉。因此，《吳書》也沒有為了褒美陶謙而歪曲事實的必要，相對來說記載更為真實可信。

再者，只要是造假，就一定有破綻，只要我們細心觀察、認真分析，是可以找出造假的證據的。

《三國志》和《後漢書》的〈陶謙傳〉都有相似的自相矛盾之處，是刻意向陶謙身上潑髒水的直接證據。

這些自相矛盾之處，都是為了說明陶謙如何如何親近小人、疏遠君子。其中最為滑稽的一條是，陶謙疏遠名士琅邪人趙昱，所以就舉薦他為茂才，讓他做了廣陵太守（廣陵太守琅琊趙昱，徐方名士也，以忠直見疏）。

我們可以想一想，陶謙把整個徐州一年只有一個的茂才名額給了趙昱，還讓趙昱擔任廣陵太守這樣重要的高級地方官，能算是疏遠君子嗎？如果算是，那麼後來曹操讓陳登擔任廣陵太守，難道也是疏遠君子？在徐州任上，陶謙前後選拔了陳登、麋竺等人做為高級官員，陳登、麋竺是世人公認也是《三國志》作者承認的正直君子，這是重用君子，還是疏遠君子？

識人是一門高深的學問，好領導也難免會有看走眼的時候，我們不能因為一個領導用了幾個小人，就簡單否定他的為人。

比如說，即使陶謙用了笮融、曹宏等幾個小人，也只能說他既用了君子也用了小人，有失察之過，並不能證明他專門親近和重用小人。《三國志》和《後漢書》只記載陶謙用了小人，不記載他同時也用了君子，很明顯是選擇性失明。

除了當事人的證詞自相矛盾之外，我們還可以聽聽旁觀者的意見。旁觀者就是當時的人民群眾，雖然他們已經不能開口陳述證詞了，但我們可以從他們生前的所作所為看出他們的意見。他們的所作所為很重要的一點是，從遭受戰亂的其他地方拖家帶口來到徐州過日子（流民多歸之）。群眾的眼睛是雪亮的，如果陶謙不是個好幹部，徐州治理得不好，那麼為什麼群眾偏偏要從大老遠的動亂地方跑到徐州避難，這不是飲鴆止渴、只求速死嗎？

這樣綜合分析，相信歷史真相已經離我們不遠了。

根據對史料的篩選分析，我們可以還原一下曹嵩之死的真相。

罪魁禍首叫張闓，是陶謙手下的一個中級軍官（都尉）。有天，張闓同志無比激動地見到了錢。按理說張闓是國家中級幹部，工資水準不低，見到一點錢也沒有什麼好激動的，令張闓激動的是錢的數量——足足裝有一百多輛大車！

張闓活了這麼多年，從來沒見過這麼多錢，他在心裡大致估算，別說一輩子就是十輩子也賺不了一車，何況眼前有一百多車，那夠多少輩子賺的？張闓數學不好算不清楚，他只知道心裡癢得難受。雖然那錢是有主的，但張闓最終禁不起誘惑，不管三七二十一，帶領手下士兵們製造了東漢末年一樁駭人聽聞的殺人搶劫案。之後，張闓帶著贓物跑到淮南逍遙去了。

這是人為財死、錢能害身的一個鮮明例證。

張闓逍遙去了，他的領導陶謙卻逍遙不起來，而是大禍臨頭了。

因為受害人不是一般人，是曹操他爹。

徐州殤

曹操怒了。

按照曹操的人生哲學，從來只許他對不起別人，不許別人對不起他（寧我負人，毋人負我）。得知老爹曹嵩和弟弟曹德等全家人慘遭殺害後，他二話不說決定起兵報仇。兇手張闓已經跑了，但跑得了和尚跑不了廟，陶謙跑不了，徐州更跑不了。

不久，即使放在中國五千年歷史中來看，照樣罪惡昭著、慘無人道的一幕出現了。

> 初平四年（一九三），曹操擊（陶）謙，破彭城傅陽。（陶）謙退保郯，（曹）操攻之不能克，乃還。過拔取慮、睢陵、夏丘，皆屠之。凡殺男女數十萬人，雞犬無餘，泗水為之不流，自是五縣城保，無復行多。初三輔遭李傕亂，百姓流移依（陶）謙者

皆殲。（《後漢書．陶謙傳》）

……

每次讀到這些內容，都有種無語的感覺。

再多的言語也難以說清如此的罪惡，再多的辯解也難以掩蓋這樣的事實（曹操屠城還有多次）。

曹操是個爭議很大的人物，尤其在當代，曹操少守拘束、活出真性情的個人主義風格，符合很多人的口味，很受一些人的推崇。

但我們同時也不該選擇性地忘記曹操的罪惡。屠殺幾十萬人口，堪比南京大屠殺（如果以所占當時全國人口的比例來計算，則有過之而無不及），罪行令人髮指。

曹操為報家仇可以理解，乘機攻城掠地可以理解，追究兇手張闓的責任可以理解，甚至不論陶謙知不知情追究其連帶責任也可以理解，但無論如何，責任追究不到手無寸鐵的徐州百姓頭上。不分男女老幼全部殺光，實在是罪大惡極。

我雖然讀的書不多，明白的道理不多，但至少還分得清善惡，起碼還知道濫殺無辜不是豐功偉績，屠戮婦嬰不是不得不為，而是十足的殘酷與暴虐！

任何一個人，哪怕再貧窮、再愚昧，也不是生來被濫殺的。

當然，我們不必因此就將曹操一生的所有作為全盤否定。應該就事論事、實事求是，在看到他的一些功績的同時，也不必迴避和掩飾他的罪惡，應當正視歷史。

歷史就是歷史，任何矯情和掩飾，終究都是徒勞的。

有人將曹操稱作「可愛的奸雄」，恕我愚鈍，我實在看不出曹操可愛在何處。對於當時的徐州人民來說，不論是慘死於屠刀之下的，還是僥倖逃出的，曹操對他們來說更談不上可愛，而是深入骨髓的可怕、咬牙切齒的可恨。

擔任徐州牧的陶謙對曹操就是又怕又恨。人民都快被殺光了，他還牧個什麼？而且曹操要殺的人首當其衝的就是他。

第一輪大屠殺於興平元年（一九四）春天結束。停止屠殺的原因，不是曹操忽然良心發現要放下屠刀回頭是岸，而是因為沒有軍糧了。任你殺父之仇不共戴天，士兵們照樣不可能餓著肚子打仗幹活的。因此，曹操只好帶著軍隊回到根據地兗州度春荒去了。

徐州迎來了一段時間的安寧。

這是暴風雨到來之前短暫的安寧。

沒過幾個月，到了夏糧即將成熟的時候，可怕的曹操又捲土重來。

陶謙打不過曹操，只好滿世界找人救命。

不用說，陶謙和大夥兒想到一塊去了——想到了不久前見義勇為救過孔融的劉備。陶謙不是傻子，他清楚曹操的軍隊不是沒有多少戰鬥力的黃巾軍，找一個平原相劉備救命還遠遠不夠，他還滿世界找別人。但前來救他的除了劉備，就只有青州刺史田楷了。

這一場戰爭，對於陶謙陣營來說是抵抗殺戮的正義戰爭。

令人遺憾的是，有正義不一定就有勝利。

此時，曹操手下已經是猛將如雲，粗略統計有：夏侯惇、夏侯淵、曹仁、曹純、曹洪、樂進、李典、于禁、典韋等人，另外曹休、曹真等幾個年輕人正在茁壯成長著——看看這些名字就知道有多猛。高級謀士有荀彧和程昱。此外，曹操已經收編了青州軍，兵力更加強大。

當然，最可怕的是曹操本人。在英雄輩出的三國時代，論打仗用兵無人能出其右。

這時的劉備與曹操比起來，簡直就是小巫見大巫，根本不是一個重量級的選手。但劉備還是來了，義無反顧地來了。

輸不丟人，怕才丟人。

失敗算什麼？大不了從頭再來，再大不了成仁取義。如果失去了勇氣，就失去了所有的一切，以及一切的可能。

出來混，就不怕死。沒有勇氣的人，根本不配摻和到血雨腥風的亂世中來，老婆孩子熱炕頭，才是你該去的地方。

自信人生二百年，會當水擊三千里。

搏擊長空，不計生死，只為了心中的抱負。

劉備此去，是平生第一次對抗曹操，試圖從曹操的屠刀之下救出受苦受難的陶謙和徐州人民。

遺憾的是，劉備與陶謙、田楷合在一起三打一群毆，卻仍然不是曹操的對手。

曹操手下的青州軍，是亂世中官軍土匪化、土匪官軍化的鮮明例證。青州軍正是由當年陶謙趕出徐州的黃巾軍組成的，是名副其實的「還鄉團」，與曹操一樣為著報仇而來。上下同仇，兵將同欲，戰鬥力極其剽悍。很快，曹操大軍如蝗蟲般席捲徐州，一路攻城拔郡，殺到了東海郡的郡治郯城（今山東郯城）。

不能再退了，郯城是徐州政府所在地。郯城一丟，徐州就大勢已去。

既然來給人幫忙，就不能看著人家挨打不出力。劉備率軍與陶謙的部將曹豹（這個名字比較好記）在郯城東邊合力截擊曹操，想給他來個以逸待勞，希望能就此遏止曹操的攻勢。

但戰鬥的結果了無新意，勝出者又是曹操。

劉備心有餘而力不足，與曹操過招，他還有很長很長的路要走。

每戰必敗的陶謙要抓狂了。當年項羽寧死不回江東，陶謙顯然沒有項羽的氣概，他打算跑到老家丹陽避難，儘管這會給他的家鄉父老帶去滅頂之災。

人間悲劇眼看又要上演。陶謙、劉備、田楷，個個有心殺賊、無力回天，都不是這個時代的救世主。

歷史的精采就在於，時不時會有一些偶然在看似必然的時候出現，以出人意料的方式改變歷史進程。

就在徐州人民快要絕望的時候，歷史再一次出現了偶然，讓一個男人意外地當了一回救世主。

這個男人就是呂布。

一個選爹的男人

呂布是一個十分特別的男人。

他的特別不只在於驍勇善戰（「三國群英傳」一類遊戲裡邊的設定，呂布的武力之高都是三國無雙），神箭無敵，手中一桿畫戟，胯下駿馬赤兔，被人稱作「人中有呂布，馬中有赤兔」，甚至獲得「飛將」的榮譽稱號（當年的李廣將軍曾獲此殊榮）。

他最為特別的地方在於他可以選爹。

我們知道，一個人生來，父母、家庭、出身都是不能由自己選擇的。但呂布輕蔑地將這一常識踩在了腳下，他想讓自己的爹姓呂就姓呂，想讓自己的爹姓董就姓董。

他選爹的標準很簡單，也很實用，就兩個字——利益。

這是一個為了利益可以把道德、仁義、誠信統統踩在腳下的人。忠孝在別人眼裡是社會的普世價值，甚至人生的終極價值，在他眼裡不過是一坨臭狗屎，離得愈遠愈好。

呂布很早就在政府機關混。在政府機關混的人，除了皇帝本人，別人總會有領導、有老闆。像袁紹、曹操、孫堅、劉備等人，都有過老闆，有的人還前前後後一共有過N個老闆。別人與老闆有了矛盾的時候，一般是跳槽走人，或者翻臉明著幹。但呂布的作法非常簡單，直接玩陰的，趁你不備，給你一刀，撂倒放翻，拿著人頭找新老闆邀功要賞錢。

呂布的第一任老闆——丁原，就是這麼掛的。

呂布的第二任老闆兼爹——牛氣沖天的董卓，也是這麼掛的（不吸取教訓的後果），死後成了一盞燈——天燈。

從此呂布的反覆無常、忘恩負義、不擇手段，更是天下知名，漢朝人都知道。

呂布被董卓的員工李傕、郭汜等人趕出長安之後，騎著赤兔馬一路從關中地區跑到了河南、山東一帶，在大好河山轉了一大圈，先後找袁術、袁紹打工，都非常不受歡迎（可以理解）。

呂布此時的狀態，概括起來就是，從歷史風流人物淪落為喪家之犬，事業陷入人生低谷。

凡事總會有例外。就在呂布人見人罵的時候，曹操手下的員工陳宮看上他了。

當然，陳宮看上的不可能是呂布人盡皆知的人品，也不是呂布英俊帥氣的外表，而是呂布無人能比的戰鬥指數。

因為，陳宮也決定當一回叛徒，讓老闆曹操死翹翹。

陳宮為人正直剛烈，不是像呂布一樣換老闆就跟換衣服一樣隨便的人。但這一次是個例外，是陳宮一生中第一次當叛徒，也是最後一次。

陳宮之所以要當叛徒，是因為他被曹操傷害得太深了。

事情要從幾年前說起。陳宮生在亂世，是一個有理想、有抱負的大好青年，也想追隨一位明主建功立業，以期定國安邦，博得一個青史留名。幾年前，陳宮選中的明主是曹操。

但陳宮後來極其鬱悶地發現自己被無情地欺騙了。他看到曹操肆無忌憚地屠殺手無寸鐵的徐州百姓，將人命看得比雞犬還輕，這樣的人根本不是他心目中的明主。

於是，陳宮開始懷疑自己的人生選擇，繼而想到了報復，報復曹操這個欺騙了自己感情和信任、肆意屠殺百姓的罪人。

然而，要報復別人並不是一件很容易的事。尤其是要報復強大的曹操，絕對是一項高難度高風險的活動。因此，陳宮需要多拉幾個人下水，他先拉上了陳留太守張邈等人，然後又找到了正在落魄當中寂寞無聊的呂布。

為了說動呂布入夥，陳宮拿曹操的地盤——兗州做為誘餌。

陳宮很有信心。

不為別的，只為他了解呂布這個人肯定是禁不起誘惑的。

果然，呂布一接到陳宮和張邈的邀請，立馬就乘著曹操帶領主力軍隊在徐州攻打陶謙的機會，帶兵偷襲了曹操的大本營濮陽。大本營一丟，其餘兗州郡縣紛紛投降，只有三座城池還在曹操的控制之下。

在徐州連連得手、意氣風發的曹操傻眼了，徐州剛吃下一半，自己的兗州已經城頭遍插呂布旗。如果不回去鞏固根據地，這還真成了猴子掰玉米，掰一個掉一個，成了全天下人的笑話。

但曹操就是曹操，分得清輕重緩急，拿得起也放得下，決定先放下徐州，回去找呂布算帳。

天上掉下個徐州牧

不管呂布是為人還是為己、有意還是無意，總而言之是他幫了陶謙的大忙，解救了命懸一線的徐州百姓。

來徐州殺人的曹操回去跟呂布拚命了，來幫忙的劉備和田楷也該從哪裡來回哪裡去了。劉備卻沒有走。他早已有了跳槽的打算，現在機會來了，並且是一個絕好的機會。

年過花甲的老幹部陶謙十分欣賞見義勇為的年輕人劉備，幾次向他伸出橄欖枝。攤上這麼一個天下為公的世道，曹操今天回去了不代表明天不來，曹操不來也不代表別人不來。陶謙很需要劉備這樣德才兼備的年輕人為他打工。

劉備剛來時，陶謙就贈送了四千嫡系丹陽精兵給他，實在慷慨至極。要知道，劉備當時的嫡系部隊一共也才一千多點人馬。

離別的笙簫悄悄吹起的時刻，陶謙又一次真心實意地挽留劉備。

一個其實不想走，一個一直在挽留。

最後的結果不言自明。劉備辭別了田楷，徹底離開了原來的老闆公孫瓚師兄，開始為新老闆陶謙打工。

劉備跳槽是帶著自己的團隊來的，做為新老闆，陶謙需要給他一個合適的位置。根據挖人才的慣例，只能給劉備更高的職位和更好的待遇。鑑於劉備跳槽前已經是太守一級的高級幹部，因此陶老闆向遠在長安的中央政府表薦劉備為豫州刺史。與以往一樣，表薦只是形式，中央政府沒有不批准的道理。更何況此時地方實力派人物隨意任命幹部已是家常便飯，打個招呼那已經是給你面子。

劉備就這樣成功跳槽，當上了豫州刺史，邁入封疆大吏的行列。不過同時還有一位袁術任命的豫州刺史——郭貢，而劉備治下的豫州，僅僅是徐州西邊一個名叫小沛（今江蘇沛縣）的城池及附近的一小塊土地，實在有點名不副實。

從地圖上來看，隸屬豫州的小沛像一隻鐵臂擋在兗州和徐州之間。由此可以看出，陶謙任命劉備做豫州刺史，駐軍小沛，主要是為了讓劉備幫他抵擋在兗州的曹操。

不過對於劉備來說，做為一個打工仔，要想混出個名堂，不論給哪個老闆打工他都得努力幹活。所以不管是幫公孫瓚打袁紹，還是幫陶謙擋曹操，這些都不是問題，問題在於跟誰混更有前途。

既然跟著公孫瓚只能等待末日，那就只好跟著陶謙搏一個未來了。

這一年，劉備三十四歲，在亂世打拚已整整十年。

這一年，陶謙六十三歲，來徐州上任已整整六年。

在東漢時代，能活六十三歲已經很夠本了。年底時，陶謙病危，眼看撐不住了，需要盡快定下接班人。鑑於兩個兒子陶商、陶應都不成器，歲數一大把了還沒出仕，陶謙還是中意於年輕有為的劉備。

臨終前，陶謙給徐州政府祕書長（別駕）糜竺留下遺囑，指定劉備為接班人，說：「非劉備不能安此州也。」

一個將死之人這樣做，當然不是為了自己，而是為了徐州的百姓，他希望劉備能夠帶領徐州百姓脫離戰亂苦海，過上安定幸福的生活。

隨後，陶謙同志撒手人寰、駕鶴西去。

然而在小沛的劉備，見到前來迎接他去徐州上任（此時的徐州，治所已從遭受戰爭破壞的郯城遷移到了下邳）的糜竺等人，卻明確地表示了他的意見：不幹。

一般來說，碰到天上掉下個大餡餅的好事推辭不要的，大多數情況是作秀，小部分是另有原因，還有就是兩者兼有。

劉備就是兩者兼有，既是禮節性地推辭，也是不敢貿然接受。

匹夫無罪、懷璧其罪的道理，劉備是明白的。在家天下的時代，他一個外人繼承陶謙這麼大一筆遺產，眼紅的人有N多。如今的徐州，不只是惹怒了曹操，還有一個不懷好意的鄰居——袁術。與他們兩位比起來，自己的實力還差得很遠。槍桿子裡面出政權，沒有槍桿子，只拿個印把子，不頂事啊！

劉備一說不，糜竺傻眼了。不只是老領導陶謙有遺囑，而且也實在沒別的人選啊！你劉備說自己不夠格，那誰夠格？數來數去就是你了。

於是，徐州政府官員輪番上陣展開勸說。

最堅定的是下邳人陳登。俗話說，下菜要看客，說話要看對象，投其所好，才能收到最佳效果。陳登就從建功立業的角度誘惑劉備，「如今大漢朝廷衰落，天下大亂，要想建立一番功業，正趕上大好時機。我們徐州富得很，有上百萬的人口，劉使君你就勉為其難當了這個徐州牧吧！」言外之意是當上了徐州牧，你就能大展手腳，幹出一番大事業。

既然陳登把話說到劉備心坎上了，劉備也就坦誠說出了心底的擔憂，「袁術是我們的鄰居，他家世世代代是國家高級幹部，名望高，勢力大，要不讓他當這個徐州牧吧！」言外之意是我當了徐州牧，袁術會生氣，後果很嚴重，他過來打我們怎麼辦？

陳登先從正面回絕了讓袁術當徐州牧的提議，「袁術為人驕橫，不是個能成大事的人。」（公路驕豪，非治亂之主）隨後指出劉備的擔心完全是多餘的，「我們徐州要錢有錢、要人有人，可以徵募十萬大軍，這樣一來從大的方面講，可以匡扶大漢朝廷，拯救人民群眾於水火之中，建立春秋五霸的功業；從小的方面講，也足夠割據稱雄，保衛疆土，在青史留下一個響噹噹的大名，難道還怕他袁術不成？」最後，他還強調這事沒有商量的餘地，劉使君你不答應也得答應。

為了讓救命恩人的事業更上一層樓，大名人孔融也不辭勞苦勸說了劉備一番。孔融說話一向比較直接，這次也不例外，他首先指出袁術是一個非常不靠譜的人，至於他家的牛人祖宗們早就死翹翹了，還在乎他們幹什麼（塚中枯骨，何足介意）？接著，孔融以大學問家的身分，從天人感應的角度下了斷語，「今日之事，百姓與能，天與不取，悔不可

追。」（《三國志》）

既然話說到這份上了，劉備不再推辭，走馬上任，當上了徐州牧。

有人認為，劉備當上徐州牧，是拉攏日後的大舅哥麋竺演的一場雙簧戲，所謂的陶謙遺囑，純屬弄虛作假。這未免將麋竺的能量看得太大了，當時的形勢下，如果沒有陶謙的遺囑，一個政府祕書長是很難服眾的；再者，陶謙有兩個兒子，臨終之前不會只有麋竺一個人在身邊，如果是麋竺的一面之詞，那很容易被人揭穿；加上劉備又遠在小沛，不可能武力脅迫徐州幹部乖乖就範。何況陶謙的嫡系丹陽派手中不但有兵，而且占據重要職位，真要鬧起來，劉備也要大費周折才能擺平。

當然，認為劉備虛構遺囑的人是有一些根據的——按照許多人的生活經驗，一個人想要得到什麼東西只能自己去搶去爭取，沒有人願意把自己的東西白白送給別人。其實這個依據是不完全正確的，只是一般情況，不包含特殊情況。

幾千年歷史長河中，特殊情況發生過不少，歷史因此才更加精采。拿遠的說，大理國九位皇帝放著皇帝不當非要當和尚；拿近的說，微軟總裁比爾蓋茲裸捐（【all-out donation】意指把特定範圍的個人資產全部捐出）五百八十億美元。在一些人眼裡，這當然是不可思議的了。但不論別人怎麼懷疑，事實就是事實，無可爭辯。

世事之所以如此紛擾，除了利益糾纏不清、矛盾不斷之外，還有一個重要的原因是，人與人之間的差異很大，每個人的想法都不一定相同。因此，對於同一件事，不同的人想法也不相同。

徐州不是只有幾座城池的小地方，而是當時全國十三州之一，管轄東海郡、廣陵郡、琅琊國、彭城國、下邳國共五個郡（國），六十二個縣。根據漢順帝時期（一二六—一四四）人口普查的數字，共有人口約兩百八十萬，是名副其實的大地方。

什麼叫暴發戶？現在的劉備就是。

當上了徐州牧，劉備和他的弟兄們都很高興。

奮鬥了整整十年，終於混出頭來了。

現在的劉備，不再是涿縣街頭擺地攤賣草鞋的貧窮少年，不再是懷才不遇報國無門的有志青年，不再是寄人籬下飄泊無根的亂世浮萍，他終於有了自己的地盤，成為一鎮諸侯，發展前景一片大好。

但劉備清楚，在這樣一個天下為公的時代，他這個徐州牧能當多久，還是個未知數。

抱大腿要抱粗的

就算是天下掉下的徐州牧，既然掉在了自己手裡，當然不願意分給別人。

這是既得利益者的通病。

為了保證徐州今天明天以及永遠捏在自己的手裡，劉備展開了一系列鞏固政權的外交活動。

第一步，找袁紹入夥。當時徐州的地緣政治很複雜，除了東邊是大海以外，三面都有鄰居，而且這些鄰居個個都很生猛：北邊的冀州和青州是袁紹，西北的兗州是曹操，南邊的揚州是袁術。各地軍閥主要分為兩大陣營：一派是袁紹、曹操、劉表等人，一派是袁術、公孫瓚、孫策等人。此時袁紹不僅取得對公孫瓚戰爭的主動地位，實力進一步增強，而且有著討伐董卓關東諸侯聯盟盟主的名頭，占有政治上的優勢。

抱大腿要抱粗的，劉備決定找帶頭大哥袁紹入夥。他與陳登等人商量了一番，派人前去冀州向袁紹盟主彙報接任徐州牧的前因後果，順便表達了想與袁紹加強交往以求互相幫助的意思。

雖然劉備給公孫瓚打工時，長期與袁紹對著幹，但除了腦袋進水的人之外，大家都明白，沒有永遠的朋友，也沒有永遠的敵人，只有永遠的利益。尤其在亂世之中，多交一個朋友起碼是減少了一個敵人，如果這個朋友還能在關鍵時刻幫上忙的話，那可真是賺大發了。

袁紹是個有頭腦的ＣＥＯ，知道生意怎麼做穩賺不賠。他當即表示支持劉備接任徐州牧，對劉備派來的使者說：「劉玄德弘雅有信義，現在徐州人民願意擁戴他，那是眾望所歸啊！好事好事，我袁某人舉雙手贊成。」

劉備從此成了袁紹一方的小兄弟。這時，袁紹忙著向幽州擴張搞定公孫瓚，曹操還在收拾呂布穩定兗州根據地，加上這一層同盟關係，劉備可以暫時不必擔心他們兩人跟自己過不去。

第二步，舉薦孔融為青州刺史。劉備當上徐州牧，就有了舉薦和任命高級地方幹部的權力。他使用這項權力的處女秀，是舉薦新結識的好朋友北海相孔融升任青州刺史，一方面進一步加強與孔融深厚的革命友誼，另一方面保障徐州北邊門戶青州握在自己人手裡，這樣晚上睡覺才能睡得踏實點。

可是在風生水起的亂世三國，踏實睡覺對許多人來說注定是一種奢侈。劉備也不例外，因為沒過多久一個人就拍馬跑到徐州來了。

這個滿世界亂跑的人就是呂布。

呂布是被曹操從兗州趕出來的。

兗州的東南邊就是徐州，呂布跑來這裡簡捷方便，赤兔馬跑起來也就是一溜煙的工夫。此外，曹操是呂布的死敵，袁紹、袁術兄弟兩人雖然經常對著幹，但對呂布的態度卻是難得的一致——不歡迎。

除了徐州，呂布無處可去。而徐州的主人——劉備的實力相對最弱。

所以呂布不請自到，到了才給主人劉備打個招呼：兄弟我落難了，到你這避避風頭吧！

這下輪到劉備頭大了。

劉備雖說當了徐州牧，畢竟底子太薄、根子太淺。

先說軍事實力。劉備此時手下的嫡系將領，有史可考的只有關羽、張飛兩人。原來的嫡系軍隊只有一千多人，加上陶謙送的四千丹陽兵，不算戰鬥減員，能打仗的部隊也才五

劉備

千多點。其他徐州的部隊很難說是真心擁戴劉老闆，只能算是混口飯吃。和平年代你發餉我當差，日子也就混過去了，關鍵時刻靠不靠得住，還要打個大大的問號（下文就見分曉）。

再說文臣幕僚。劉備原先的文臣恐怕只有簡雍一個，在小沛時選拔了豫州潁川許縣人陳群、陳郡扶樂人袁渙，到徐州上任時又選拔了青州北海人孫乾，這幾人在徐州都是人生地不熟，沒有多大影響力。劉備真正能依靠的，是麋竺和陳登兩人。

麋竺，字子仲，是徐州東海人，祖上幾代都是大富商，相當有錢，家裡光奴僕家丁就有上萬。陶謙在任時，麋竺就擔任徐州政府祕書長（別駕），不論在當地官僚集團還是豪強地主中間，都有一定的聲望。關鍵的是，麋竺很看好劉備，後來甚至放著曹操舉薦的太守不做，死心塌地、矢志不渝地追隨劉備一生。

陳登，字元龍，是下邳本地人，少有才名，可以說是文武全才。陶謙在任時，陳登擔任主管屯田事務的徐州農業廳長（典農校尉）。需要注意的是，當時的農業絕對是國民經濟的基礎產業加龍頭產業，陳登這個農業廳長的地位比今天的農業幹部高得不是一星半點。陳登亦相當看好劉備，所以全力促成劉備接任徐州牧。兩、三年後，陳登歸順曹操擔任廣陵太守，與別人聊天評價當世名人時，依舊非常推崇劉備，「博聞強記，奇逸卓犖，吾敬孔文舉（孔融）；雄姿傑出，有王霸之略，吾敬劉玄德。」

堂堂的封疆大吏徐州牧劉備，能夠依靠的只有這點少得可憐的資本。

東漢後期，各地的豪強地主勢力非常龐大，地方幹部也大多從他們中間選拔。他們要錢有錢、要人有人、要地位有地位，是當時社會的中堅力量。外來領導要想站穩腳跟，必須獲得他們的支援。而要想獲得他們的支持，也不是一句話的事情，需要有時間和策略來逐步經營。比如今天到李莊主莊中喝場酒，明天到王縣令家裡吃頓飯，一來二去加強交往才能建立起深厚的革命友誼。

劉備到徐州上任畢竟才半年時間，還來不及做出多少成績、籠絡多少人心。再加上他底子太薄、起點太低，也不被這些人中的大多數看成一支潛力股。

所以徐州雖大，劉備能夠掌握的力量，卻十分有限。

就在此時，興平二年（一九五）夏，呂布不由分說地闖進徐州來了。

打不是好辦法。雖說呂布是灰溜溜地被曹操趕出來的，但他手下還有高順、張遼等一幫精兵猛將。以曹操的軍事實力加軍事謀略，打呂布都打了整整一年，雖然勉強把呂布趕出了兗州，曹操自己卻也是傷亡慘重，累得元氣大傷。以劉備的實力，想要幹掉呂布實在有些不現實，能夠預期的結果頂多也就是兩敗俱傷，成為一對相爭的鷸蚌。

看來只能和，給呂布一座城池安身。呂布人盡皆知的人品，劉備是很清楚的，只要呂布不在徐州鬧事，他就很滿足了，壓根兒沒指望呂布能聽自己的話，更別想關鍵時刻讓呂布幫上什麼忙。

於是，劉備前去與呂布約會。按照傳統習慣，吃頓飯喝場酒是免不了的，聯繫聯繫感情、套套近乎也是必須的，然後再討論討論分地盤過日子的事情。

劉備分給呂布的地盤，在下邳西邊，很可能就是原來劉備待過的地方——小沛。

得也匆匆，失也匆匆

袁術袁公路之心，當真是路人皆知。

眼看著大好的徐州，被一個賣草鞋出身的窮小子占著，四世三公出身的袁大公子心中一百個不痛快，更癢得難受。劉備算什麼人？用袁術的話來說，我出生以來，還沒聽說過世界上有劉備這麼一號人物（術生年已來，不聞天下有劉備）。

於是袁術便自稱「徐州伯」，意圖不言自明。

劉備和他手下的徐州幹部，非常確定袁術在打徐州的主意，不確定的只是時間。

建安元年（一九六）六月，袁術終於動手了，從淮南起兵攻打徐州。

這是劉備上任徐州牧以來第一次外敵入侵。他不能讓剛剛過了兩年和平生活、對他滿懷期待的徐州人民失望。

保衛疆土是地方幹部義不容辭的責任。面對強大的袁術侵略軍，劉備很快調兵遣將，親自率軍前去抵抗，留下鎮守徐州省會下邳城的心腹大將是張飛。

劉備率軍在淮陰（今江蘇淮安）、盱眙（今江蘇盱眙東北）一帶與袁術作戰，雙方互有勝負，進入相持階段。

當時的袁術很強大，是反袁紹聯盟的邪惡軸心，後來還過了一把「皇帝」癮。劉備能在戰場上頂住袁術的進攻，一方面說明袁術雖然牛氣沖天、實力雄厚，打起仗來卻只有學前教育程度；另一方面說明擔任徐州牧一年多時間，劉備已經今非昔比，腰桿粗了不少。

這是劉備早期最為輝煌的時刻，他與袁術的這場戰爭也被稱為「爭盟淮隅」。如果能打敗袁術，劉備將成為舉足輕重、左右時局的實力派人物，有希望虎視中原、問鼎天下。

但歷史沒有假設。劉備終究還是敗了，敗得慘不忍睹、一塌糊塗，經歷了事業發展中最為艱難的時刻。

此時，曹操將飄泊了整整六年的漢獻帝劉協連哄帶騙地弄到許（今河南許昌），開始了挾天子以令諸侯的時代。中央政府控制在自己手裡，曹操很高興，高興之餘想讓天下的諸侯一起高興高興。

在讓天下諸侯盡開顏這件事上，曹操沒有搞出新花樣，他的辦法還是老辦法——大面積的加官晉爵，各地諸侯接受了中央政府任命的官職，也就等於接受了曹操安排的官職，這樣曹操在中央的地位就算得到大家的認可，人人滿意，皆大歡喜。

劉備得到的官職爵位是鎮東將軍、宜城亭侯。受封宜城亭侯，標誌著劉備從此不再是平民，正式成為新的貴族。

但劉備的徐州牧身分，卻沒有得到「中央政府」的認可。這說明曹操不想讓劉備在徐州站穩腳跟，不想讓對徐州有不良企圖的人（比如呂布）死心，想讓他們去打徐州的主意，自己好乘機當一把漁翁。

另一個人也想讓呂布打徐州的主意。這個人就是在戰場上討不到便宜的袁術。車路不通走馬路，不能正面突破只好曲線救國。

袁術雖然對呂布的為人很反感，卻不反感呂布給自己幹活，尤其是在他需要幫助的時候。他給呂布寫了一封情意綿長的信，中心意思是憶往昔崢嶸歲月稠，看未來攜手共進好，我給你二十萬斛（一斛是十斗）軍糧，你幫我抄了劉備的老窩下邳，以後還有好處多多。

禁得起誘惑就不叫呂布。呂布一向有奶便是娘，一合計既能搶徐州，又有軍糧賺，這樣都不幹，傻子加笨蛋。

呂布二話不說立即起兵，水陸東下，前去偷襲徐州省會下邳城。

就在此刻，下邳城已經亂成了一鍋粥。

亂成一鍋粥的起因是張飛與下邳相曹豹不和。

史料沒有記載兩人不和的原因。不過分析起來，很可能是因為曹豹不願意聽張飛的指揮。曹豹是陶謙的嫡系老員工，資格很老，打仗也沒少出力，有劉備在還能鎮得住，張飛就差遠了。更何況曹豹已經是兩千石的大官，而張飛在平原時還只是個別部司馬，在後來跟劉備到許都時才被曹操封為中郎將（也是兩千石），此時張飛的官職絕對不可能比曹豹高。

資歷又淺，官位又不高，憑什麼讓我聽你的？

憑什麼？憑我手中的刀！

張飛很生氣，後果很嚴重，一怒之下砍了曹豹。

曹豹一死，下邳城立即大亂，張飛的嫡系部隊和曹豹的丹陽兵劍拔弩張、一觸即發。尤其是曹豹的丹陽兵非常害怕，主將曹豹都被張飛砍了，他們這些當小兵的會不會被砍呢？恐懼的眼神中流露出一致的看法——會。於是丹陽兵在下邳城西白門內堅守軍營，嚴防死守邪惡的張飛率領部隊前來殺死他們。

不只是曹豹的丹陽兵很緊張，其他丹陽籍幹部也很擔心，要是張飛來一個大清洗，弄不好就玉石俱焚了。為了保證生命安全，一些丹陽籍幹部決定來一個賣主求生，中郎將許耽連夜派出一個叫章誑的司馬，前去請呂布來攻打張飛，說好呂布一到西白門就打開城門列隊歡迎。

呂布不請自到。此時他的軍隊已經悄悄摸到了下邳城西四十里的地方。半路上見到一點也不張狂的章誑哭著喊著前來求救，呂布就跟打了雞血似的，信心大增。

呂布沒想到，幹一票見不得光的搶劫活動，居然還有這麼多人又給糧食又當內應地盼著自己去幹，感情自己搶徐州是順天應人的正義行為？遇到這種機會還不下手，那還真是沒天理了。他立即下令連夜急行軍，到下邳城裡再開早飯。

章誑沒有誑呂布，一切都按計畫進行。

清晨的太陽升起時，呂布已經高高興興地坐在了下邳城的城樓上，得意地看著他的人馬進入城池，打跑張飛、俘虜了劉備及將士們的老婆孩子，一臉偷腥得手的笑容。

劉備看到本該鎮守大本營下邳城的張飛，以及他屁股後面的一群殘兵敗將，才知道後院起火，一夜之間下邳已經到了呂布的手中。

張飛一路失魂落魄跑來見劉備，不是為了逃命求生，而是為了求死——他要死在劉備的面前。

劉備看著追隨自己十多年的張飛，心中感慨萬千。

不只是張飛，所有的兄弟們這麼多年跟著自己，飄泊流浪，出生入死，沒有幾天安穩的日子。他們不是為了榮華富貴，只是為了我。

兄弟們能為我付出生命，我就不能為他們不計較一座城池？

起來吧！張飛兄弟，不要自責。

我本就一無所有，如今不過回到起點而已，這沒什麼大不了，不過是從頭再來。

心還在，夢就在。

重要的是，兄弟仍舊在身旁，路依然在前方。

挺住意謂著一切

攘外必先安內。現在大本營丟失，劉備抵抗外敵入侵的戰爭不能持續下去了。他當即決定撤軍回下邳，趕走忘恩負義的呂布，奪回徐州根據地。

然而，劉備想奪回徐州，手下的士兵們卻不這麼想。

客觀來說，亂世中許多人當兵只是為了混口飯吃，指望著能夠多活幾天，不被別的拿刀之人隨隨便便殺死，運氣好的話打幾仗不死，發幾個軍餉，順手撈點錢財，再討個老婆過日子，僅此而已。

失去了徐州的徐州牧還有多大含金量？跟劉備是混口飯吃，跟呂布也是混口飯吃，現在劉老闆生意賠本了，為什麼一定要跟著他？最關鍵的是，許多將士的家就在下邳，親人是死是活都得看新任呂老闆的臉色。

帶兵打仗絕對不是現代影視劇裡邊喊一聲「弟兄們，跟我衝啊！」那麼簡單，帶好了是指哪打哪、戰勝攻取；帶不好就是潰散譁變、造反禍亂。因為當兵的也是人，不是冷冰冰的武器軍械。

只要是人，就有著自己的思考和欲望。

現在回去打下邳，在許多士兵們眼裡就是去找死——不是自己死，就是自己的家人死。

根據地丟失已經是軍心不穩，很多人更是對奪回徐州不抱多大希望，加上沮喪、低落、疑懼的情緒蔓延開來，後果非常嚴重。

所謂「兵敗如山倒」，並不是因為取勝的一方愈戰愈勇、銳不可擋，而是因為失利的一方徹底喪失了信心。信心一失，鬥志全無，迎來的結果就是大軍崩潰、四散逃命。

當劉備帶領軍隊逼近下邳的時候，喪失信心的士兵們大部分選擇了逃跑和背叛。家人在下邳的將士們紛紛跑到新上任的呂老闆那裡，求呂老闆行行好不要為難自己的家人，再給一口飯吃，讓自己改換門庭繼續從事當兵的工作。

大軍潰散，仗是沒法打了，劉備只好帶領剩下的將士們另找出路。他的目的地是相對比較富庶的廣陵郡，打算先安頓人馬吃飽肚子，再圖東山再起。只要手中有人馬，就可以從頭再來。

有句話說英雄所見略同。劉備看上了廣陵，袁術也看上了廣陵。

劉備從淮陰前線撤退之後，袁術也沒閒著，乘機帶兵殺到了廣陵一帶。

於是，劉備在廣陵不可避免地遭遇了袁術。此時的劉備軍隊，已經是一群殘兵敗將，惶惶如喪家之犬，根本禁不住袁術的打擊，又吃了一個敗仗。

在廣陵落腳看來是沒戲了，繼續跑吧！

在路上，似乎才是這個時代永恆的主題。

劉備跑到海西的縣城（今江蘇灌南縣東南）一帶，出現了比士氣低落、不堪一擊更為嚴重的問題——沒飯吃了。

丟了根據地，接連吃敗仗，逃命時哪顧得上軍糧輜重？不用說早丟得一乾二淨。

一路不斷吃敗仗、一路倉皇逃命的情況下，還能跟著劉備不拋棄不放棄的將士們，應該說是碩果僅存、忠心耿耿的最後一批死黨了。

死黨們禁得起失敗、禁得住打擊，但禁不住沒飯吃——沒飯吃，死黨用不了幾天就會成為餓死的同黨。

劉備和他的死黨，遇到了前所未有的生存危機。

眼看著劉備最後剩下的這點死黨也快要瓦解了。隊伍瓦解後，將士們孤零零地四散逃命找吃的，被呂布或袁術的小股部隊輕而易舉地解決掉，或者像李自成一樣被幾個地主武裝甚至小混混幹掉。

劉備的命運似乎已經無法挽回。

末日即將來臨。

就在這危急關頭，一個人站了出來，他力挽狂瀾，扶大廈於將傾，挽救了劉備和死黨們的命運，從此奠定了他在劉備集團中無人可比的地位。

這個人就是麋竺。

正是前往小沛迎接劉備接任徐州牧的政府祕書長麋竺。此時的劉備軍中，除了麋竺，沒有人能力挽狂瀾。

不為別的，只為麋竺有過億的財產、上萬的奴僕家丁。

大富翁麋竺裸捐了。

他把家裡成堆的糧食全部捐出來當作軍糧，家裡上億的財產全部拿出來充作軍費，然後在奴僕家丁中選拔了兩千多人入伍參軍，甚至還把正在妙齡的妹妹嫁給了劉備。

不能說麋竺決定裸捐的時候沒有絲毫的猶豫，但他終究這樣做了，在危難之際挽救了劉備集團的命運。

讓飽受飢餓折磨的劉備軍隊有了飯吃，這不是什麼雪中送炭，而是地地道道的臨死救命。挑選兩千多人參軍，是把一萬多個奴僕家丁中的全部青壯年男丁一併送了出去，毫無保留。

糜竺送糧和送人，分別具有重要的經濟和軍事意義，把妹妹嫁給劉備則主要是政治意義。

這次丟失徐州，也是史書記載中劉備第一次丟失老婆孩子，他們全部落到呂布的手裡。糜竺知道做為一個男人丟了老婆孩子後內心深處難言的痛苦，他把妹妹嫁給劉備，就是給劉備傳達這樣一個資訊：老婆沒了可以再娶，孩子丟了可以再生，千萬不能失去信念。

一個失去信念的人，只會是一個隨波逐流沒有明天的人。而劉備，不應該也不能成為這樣的人，因為在誓死追隨的死黨們眼裡，他才是拯救這個亂世的不二人選。

劉備，生死兄弟在看著你，天下蒼生在等著你，你怎能隨波浮沉！

再苦再難，再痛再累，也要挺過難關！

百折不撓，堅忍不拔，才能走向成功！

所幸的是，面對如此沉重的打擊，劉備依然沒有失去信念，他已經在思考下一步該怎麼走。

有了糜竺的裸捐，軍隊暫時度過了生存危機。但這樣下去不是長久之計，必須謀求一塊立足之地。

放眼天下，現在可以去哪裡？何處才是立足之地？

劉備說出了他的想法：去徐州，找呂布。

關羽、張飛、糜竺等人，統統被雷到了，個個驚得目瞪口呆。

劉備堅定的目光讓他的員工相信自己沒有聽錯，但他們都不敢認同這個決定。剛剛被呂布趕了出來，再回去求和，呂布會答應嗎？即使呂布答應了，那劉備這臉往哪擱？

劉備認準了呂布會答應，因為他身上有著一樣東西——徐州牧的大印。如今大印對他來說已經一文不值，但對於呂布來說完全是價值連城——沒有大印的徐州牧，說白了就是個假冒偽劣產品，或者說是一個搶了別人東西的強盜。

至於臉面，劉備認為這不是問題。早在N年前，在涿縣街頭擺地攤賣草鞋的時候，他就認識到，跟生存問題比起來，面子問題根本就不是個問題。

君子報仇，十年不晚。遲早有一天，呂布會為他的忘恩負義付出代價的。目前必須忍辱負重、必須咬牙挺住，挺住才是男人，挺住意謂著一切！

大夥兒不再有爭議，因為除此之外沒有更好的選擇。

於是，劉備派人前去下邳向呂布求和。

事情的進展比劉備預料的還要順利。不只是因為呂布迫切想要劉備手中的大印，當個實至名歸的徐州牧，還因為呂布被人玩了一把。

玩呂布的人是袁術。

呂布偷襲徐州得手後，滿懷期待地派人向袁術索取事先說好的二十萬斛軍糧。但袁術給呂布生動地上了一課，讓他明白這個世界上背信棄義、厚顏無恥的人，從來不是只有他呂布一個。

袁術以為驢子既然走到了目的地，就不需要在嘴邊吊個胡蘿蔔了。不過，話不能說得太直接，藉口還是要找一個的。他的藉口是，給軍糧可以，先把徐州分我一半——我們兩人聯手打敗了劉備奪了徐州，功勞一人一半，徐州也應該一人一半。

吃到嘴裡的肉，呂布怎麼可能吐出來給別人？回答得很乾脆，不給。

袁術心裡十分清楚呂布不會給，他已經自力更生地去分地盤了——帶領軍隊開到了廣陵一帶。

呂布不但被袁術玩了一把，還被袁術搶了一頓，著實有點鬱悶。但一向快意恩仇的呂布此時也只能隱忍不發，他明白此刻還不到與袁術算帳的時候。因為他剛剛占領徐州，事業處在上升期，正在忙著擴軍，加強對地方的控制，攘外必先安內，小不忍則亂大謀啊！

正在此時，劉備找上門來了，不但表達了不計前嫌與呂布再度合作的美好願望，而且一併表達了合作的誠意——亮出了呂布求之不得的徐州牧大印，這意謂著他正式承認了呂布徐州牧的身分。

徐州，以前是我劉備的，今後就是你呂布的。不是你搶的，而是我甘願讓給你的。

接受讓賢，還是自甘墮落以強盜自居，你呂布自己選。

實際上，呂布沒得選。即便是做強盜，也希望能為臉上貼金，來一個名正言順，這是人性的弱點。後來曹魏逼迫漢獻帝「禪讓」，晉朝威逼曹魏「禪讓」，都是出於同一種心理。

劉備理解這種心理，所以親自導演了把徐州「讓」給呂布的這一齣戲，並擔任第一男主角。第二男主角當然由呂布出演，袁術則友情客串了一把。

在呂布看來，劉備簡直太夠哥兒們了，自己搶了他的東西，他不但不記仇，還心甘情願、面帶微笑跑來幫自己，比袁術靠譜千倍萬倍。啥也別說了，趕緊與劉備攜手合作共建和諧社會吧！

雙方各取所需，很快談妥了合作條件：劉備讓出了徐州牧的大印，承認了呂布的徐州牧身分；呂布則承認劉備豫州刺史的身分，送回劉備及部下的老婆孩子，分小沛給劉備駐軍；雙方簽訂同盟條約，共同抵抗用心不良的邪惡軸心袁術。

幾天後，收到徐州牧大印的呂布，高高興興地派人以送別刺史的禮節，敲鑼打鼓熱熱鬧鬧地把劉備集團骨幹成員的老婆孩子，送到了下邳附近的泗水邊上。

劉備和他的員工接到了失散的家人，隨後前往小沛過日子。

這是劉備二進小沛。

變臉遊戲

當了一年半徐州牧、驚險了幾個月，劉備再次回到了小沛。

看起來地盤依舊是小沛，官職依舊是豫州刺史，似乎白幹了一年多，一直在原地踏步。

實際上，劉備得到了很多。

任何努力與奮鬥，不論最後的結果是成功還是失敗，都不會是白費的。在這個過程中會成長很多、收穫很多，這些收穫甚至比得到城池、軍隊、金錢等實惠更為重要、更有價值。

對於此時的劉備來說，疾風知勁草，患難見人心，他收穫了真正能夠並肩戰鬥、生死與共的兄弟們，此後的人生路上，他們一直不離不棄，直到生命的終點。

他還發現了自己策略的失誤、用兵的不足，認真吸取教訓，總結經驗，盡量避免今後跌倒在同一個地方。

他還得到了聲望，以獨立的一鎮諸侯的身分，前去對抗強大的袁術，甚至沒有敗在袁術的手下，這讓袁術及天下更多人知道了世間有劉備。

他還讓世人看到了他的胸懷和抱負，接受落難的呂布，後來再向背後捅刀子的呂布求和，能屈能伸，胸襟廣闊，志存高遠，是真正的大丈夫。

這一切，在他未來的人生路上，發揮著不可忽視的作用，支撐著他一步步走向成功。

歸去來兮回到小沛的劉備，當前的第一要務是休養生息、養精蓄銳。但有一個人不答應——袁術。

袁術的做事風格一向是趕盡殺絕，所以他搶了南陽，殺了太守張諮；搶了揚州，殺了刺史陳溫；現在要搶徐州，也不打算放過損兵折將東躲西藏的劉備，還想乘機拿下劉備的

「豫州」地盤。

很快，袁術派遣大將紀靈率領三萬人馬，氣勢洶洶地前來攻打劉備。

劉備連著吃了幾個敗仗，此時的兵力只有幾千人，大部分是麋竺剛剛動員的泥腿子莊稼漢，用來跑跑腿嚇唬嚇唬人是可以的，拿出來打仗就有點不靠譜了。

沒辦法，劉備只好向呂布求救，希望他看在剛剛簽訂同盟條約的分上幫兄弟一把。

呂布手下有人勸說不要救劉備，反正看他不順眼，不如借袁術的刀殺了他（將軍常欲殺備，今可假手於術）。

呂布說了——不。

呂布以實際行動證明，一個人的智商並不總是發揮穩定波瀾不驚。「愚者千慮、必有一得」這句話是有道理的。

此時呂布就非常明白「脣亡齒寒」這句話的含意。他剛剛搶了劉備的徐州，人心不服，實力其實並不雄厚。而袁術現在是牛氣沖天，孫堅同志冒著生命危險搶來的傳國玉璽已經到了他的手裡，正在張羅著當「皇帝」。袁術先打劉備，只不過是柿子揀軟的捏罷了，等消滅了劉備，下一個就輪到他呂布了。何況袁術如果拿下小沛，從地理上來看，他呂布就處在袁術的包圍圈中，成了案板上的肉，只能等死。因此救劉備，也就是救自己。

劉備的存亡，呂布可以高高掛起、漠不關心；但呂布自己的生死，他不在乎誰在乎？

不過呂布不準備大動干戈。這不符合呂布一向直來直去的做事風格，說明他既想救劉備，又不想與袁術翻臉。

人生，很多時候就是一對矛盾，最後的突破口就是矛盾的平衡點。

最終，呂布帶了一千步兵、兩百騎兵前往小沛救援劉備。

劉備迷惑了。呂布帶著這麼點人，明顯不是來打紀靈三萬大軍的。但不攻打紀靈怎麼救自己？

呂布創造性地解答了這個問題。他的辦法是請交戰雙方的首腦人物劉備、紀靈等人前來喝酒。

喝酒解決問題，一向是中國人的優良傳統。

呂布在酒座上要紀靈和劉備給他個面子，不要打仗了，和平多好啊！他給出的理由是：「劉備是我弟弟，你們打我弟弟，我不能不管啊！我一向不喜歡打架，只是很喜歡勸架（這個似乎說反了）。」

對於呂布的提議，劉備當然舉雙手贊成。不贊成的是紀靈，他需要一個更好的理由。

呂布給了他更好的理由。他派人在百步之外的軍營門口立了一桿戟（很可能就是呂布的兵器），扔下一句話：「如果我一箭射中戟上的小支，你們就各回各家別打了；如果射不中，你們就繼續玩，我絕不插手。」

藝高人膽大，呂布如此自信，把自己的利益（這個是主要的）和劉備的生死存亡全押在小小的一支箭上來賭是有原因的——他就是神箭手。

呂布氣沉丹田，舒展猿臂，開弓如滿月，一箭射去，正中畫戟小支。

這是真正的百步穿楊神技，簡直是帥呆了，驚豔全場！

薛仁貴三箭定天山，呂奉先一箭解徐州！

呂布展示神箭術，既是做為打賭的一種方式，也是藉機宣示自己的武力——你紀靈要是給臉不要臉，沙場之上我取你性命易如反掌。

在呂布的神箭術面前，紀靈將軍深深地明白了一個道理——愛和平就是愛自己，只好順著這個臺階悄悄走人。

誰說呂布就不會用計謀、使策略、玩平衡？正如曹操不是絕對的暴力，劉備不是絕對的仁義，呂布也不是絕對的有勇無謀，只是程度不同罷了。

世間事莫不如此，最難把握的就是一個度字。

此時的呂布將度把握得很好。他給劉備的度是有一口飯吃，安心過小日子，不能乘機發展勢力威脅到自己。

很明顯，劉備做得有點過頭了，他很快突破了呂布的度。

劉備在小沛駐軍之後，憑藉自己的名聲和人望，上演著斬草不除根、春風吹又生的生動案例，不但失散的人馬陸續回來不少，又不斷招聘新員工，很快召集了上萬的軍隊。

這讓呂布很不爽。這個心情我們要理解，畢竟搶了別人的東西，主人弱小時還好辦，一旦強大起來好日子便到頭了，就得拿了我的給我送回來，吃了我的給我吐出來。

為了今天明天以致永久性地占據徐州，呂布需要把準備爬起來的劉備再打趴下。

於是，劉備與呂布短暫的蜜月時期草草結束。風雲突變，和風細雨已過，即將到來的是狂風暴雨。

劉備很快得到消息，呂布親自率領大軍前來攻打小沛。同盟條約簽訂還沒幾個月，不久前還弟弟長弟弟短叫得親熱、特意跑來救他的呂布，現在又翻臉過來要揍他，這變臉速度那叫迅雷不及掩耳，讓劉備措手不及。

劉備很鬱悶，他能夠迅速拉起一支隊伍，卻沒有時間把這支隊伍帶成一支精兵，一群烏合之眾根本禁不住呂布百戰之師的打擊。

為了保存實力，劉備審時度勢，主動放棄小沛，重新上路，開始又一輪的飄泊。

兩個男人的牽手

天地之大，豈無容身之處？

理論上來說，只要人活著，路總會走出來的。但擺在劉備面前的實際問題是，離開小沛，又該走到哪裡去？

經過一番思考，劉備決定投靠曹操。

促使他做出這個選擇的，有幾個因素：一是小沛的西邊就是曹操的兗州，不用在路上流浪太久。二是自從呂布偷襲了曹操的兗州，兩個人就成了死敵；現在呂布又成了劉備的敵人，敵人的敵人可以做朋友，這是他們成為盟友的政治基礎，可以為打倒呂布的同一個夢想並肩奮鬥。三是此時的曹操實際上已經是中央政府總理，事業做得比較大，依附曹操也就是歸順中央，聽起來名正言順，也許還能混個更高的官職。

投靠他人，總是有風險的，小命捏在別人手裡的滋味是非常不好受的。劉備心中也難免有所不安，拿不準投靠曹操究竟是步步生機，還是暗藏殺機。不過，他決定賭一把。

人生很多時候，就是個賭博的過程。前怕狼，後怕虎，那就只能原地踏步。要敢於與狼共舞，才能成長為一匹新狼；要敢於入穴擒虎，才能打敗可怕的猛虎。

接到劉備的入股申請書後，輪到曹操選擇了。他要選擇的是乘機殺了劉備，還是扶持劉備攻打呂布。

殺了他。謀士程昱勸說曹操。

不能殺。謀士郭嘉勸說曹操。

程昱的理由是，劉備是英雄，還很得人心，這樣一個人是不會長期給你打工的（終不為人下），早點殺了省事。程昱明白曹操要的是整個天下，建議他除掉一個潛在的競爭對手。

郭嘉的理由是，程昱說的很對，不過，你要想得到天下，就必須招攬天下人才。劉備毫無疑問是個人才，他一來腦袋就掉了，以後還會有人才來歸順嗎？郭嘉同樣明白曹操要的是天下，建議他為大局著想，不能「除一人之患，沮四海之望」（《三國志》裴松之注引傅玄《傅子》）。

程昱和郭嘉果然不是混飯吃的，這兩個意見都各有道理、深藏玄機，就看當領導的曹操怎麼拍板了。

大家都知道曹操選擇了郭嘉的意見——其實這也是曹操自己的意見。做為一個有頭腦很自信的老闆，曹操從來不會盲目聽從別人的意見。此時的劉備還沒有引起曹操足夠的重視，沒有料到他是此後幾十年跟自己爭天下的不二人選。

如果曹操採納了程昱的意見，三國的歷史就要改寫了。

所謂一言興邦，一言喪邦，的確不是危言聳聽。

劉備、曹操，這兩個都想亂世稱雄的男人，終於各有所思、滿臉堆笑地暫時性握住了對方的手。

曹操與員工討論要不要讓劉備腦袋搬家的事，劉備當時一無所知，他只知道曹操不但接受歸順，而且相當熱情，以中央政府的名義任命他為豫州牧。

世人聞名的「劉豫州」，自此橫空出世。

劉豫州上任之後的第一件事，是回到豫州政府臨時省會小沛去，回到老地方召集流亡將士，蓄積力量，以牽制呂布。

劉備的實力禁不起呂布的打擊，曹操是明白的。曹操不只是給了劉備豫州牧的大印，還慷慨地給了他許多軍需物資，送了他一些軍隊，以增強他的抗擊打能力。

劉備回小沛一切順利，沒有受到呂布的阻撓。因為這時的呂布又向曹操講和了，所以沒有為難他。

這是劉備三進小沛。

在此期間，劉備幹掉了兩個從歷史風流人物墮落為流寇的人——楊奉和韓暹。

漢獻帝奇貨可居時，不只曹操，楊奉和韓暹兩人也混水摸魚當了一回綁匪。這兩個小綁匪幹了超出自己能力範圍的事，不出意外地被更大的綁匪曹操趕跑了。他們一路從洛陽跑到了徐州、揚州一帶，為了吃飽肚子，沒少幹搶劫百姓傷天害理的事。他們政治立場簡單點說就是沒有立場，一會兒跟著袁術打呂布，一會兒又跟著呂布揍袁術，只為了混口飯吃。到最後，袁術和呂布都不待見他們了，他們又來找劉備打呂布。

不是所有的人都是那麼好忽悠的。

劉備很清楚自己有幾斤幾兩，也明白自己所處的位置。一方面實力不夠，打呂布的結果只能是被呂布打；另一方面楊奉和韓暹是曹操的敵人，做為曹操的盟友，他是不能與這兩人合作的。

但劉備答應合作了，而且答應得非常爽快。他告訴使者，楊奉、韓暹兩位將軍的提議很好，我早就想幹掉呂布報仇雪恨了，請他們兩位到我這裡來，有好酒好肉招待，見面後再詳談計畫、簽訂合同。

楊奉得到消息後，帶著人馬高高興興地來到小沛，吃到了久違的好肉，喝到了久違的美酒，還沒來得及消化就明白過來了——原來這是送行酒。他明白得實在太晚，腦袋很快就被人實施了人工分離。

劉備不只要了楊奉的腦袋，還收編了他帶來的軍隊。

親密的戰友楊奉死後，剩下黃巾軍出身的韓暹大將軍一個人，心灰意冷，孤苦伶仃，四處都是敵人，帶了十幾個親信打算回到并州老家去養老，沒想到半路上被一個小小的縣令給幹掉了。

劉備除掉楊奉和韓暹，是向曹操投桃報李，以鞏固雙方的革命友誼。

擔任州牧以後，便有了舉薦茂才的資格。做為豫州牧的劉備，將這一年只有一個的寶貴名額，給了袁紹的大公子袁譚。不用說，這是一種政治投資。

十多年跌跌撞撞摸爬滾打，劉備的政治水準也在不斷提高。

劉備、曹操、呂布，三個各懷鬼胎的男人，度過了一段難得的和平歲月。

亂世中和平不是常態，戰爭才是。美好的和平時光主要是做一件事：招兵買馬，養精蓄銳。一旦兵練精了、馬餵肥了、刀磨快了，就該進行新的征戰了。

回到小沛的劉備也沒有閒著，在這段寶貴的和平時光裡，抓緊時間發展實力。

戰爭年代，四條腿的馬是摩托化部隊（騎兵）的必備裝備，實在比兩條腿的人還難找。

老闆劉備下達了招兵買馬的任務指標，手下的員工就得想方設法完成任務，完不成是要挨板子的。為了不被打板子，員工們充分發揮主觀能動性，想盡一切辦法開展工作，不可避免地幹出了一些違法的事情。

比如打劫。

其實亂世中有槍就是草頭王，上上下下都在當強盜，打劫實在是個尋常得掉渣的事情。可是這一次劉備的幾個士兵幹了一件十分尋常的打劫案件，卻引發了非同尋常的嚴重後果。

他們搶了呂布買來的馬匹。

按理說大家都是熟人，搶一些馬匹沒什麼大不了的。因為劉備要搶的只是馬，不是特意要搶呂布的馬，完全可以說是一場誤會啊！把馬送回去，然後再賠個禮道個歉，最多再額外加點精神賠償，事情就可以了結。

可這次麻煩大了。劉備連解釋的機會都沒有，呂布直接就派人打了過來。因為善變的呂布又和曹操翻臉了，他再與當了「皇帝」的袁術好上了，正想與袁術聯手對抗曹操陣營，先拿臥榻之側的劉備開刀。他缺的只是一個出兵的理由。

現在劉備終於給了他理由。

那就不用再等了，直接開打吧！

開仗之前，呂布還要順應時代潮流，玩一把文字遊戲，發表一篇討劉檄文。當然，起草檄文的不可能是呂布自己，而是他手下的員工袁渙。

袁渙是劉備第一次擔任豫州刺史的時候舉薦的茂才，後來幾經曲折到了呂布的手下打工。呂布也明白袁渙是個難得的人才，就讓他起草一篇精采的檄文來辱罵劉備，以提高自家威風，打擊劉軍士氣。

呂布沒有想到的是，袁渙不但是個人才，而且還是個有骨氣的男人，刀架在脖子上也不寫文章罵劉備，還給呂布擺事實講道理，說道：「能夠羞辱別人的，只有自己的德性，而不是靠罵人。因為對方要是君子，你罵他他也不在乎；對方要是小人，你罵他他就會反過來罵你，反而自取其辱。再說我以前是劉備的員工，今天是你的員工，兩者之間沒有什麼差別，如果今後我不在你手下幹了，再反過來罵你，你覺得這事能幹嗎？」（渙聞唯德可以辱人，不聞以罵。使彼固君子邪，且不恥將軍之言；彼誠小人邪，將復將軍之意，則辱在此不在於彼。且渙他日之事劉將軍，猶今日之事將軍也，如一旦去此，復罵將軍，可乎）幾句話說得呂布十分羞愧。

袁渙寧死不罵劉備，一方面是因為當時社會的潛規則——不能忘恩負義辱罵提拔過他的老領導；另一方面是因為他有高風亮節，寧死不做違心事，這也證明了劉備識拔人才的眼光之精準。

呂布起草討劉檄文的工作雖然罷手了，但武力攻打劉備的決心卻沒有動搖。

建安三年（一九八）春夏之交，呂布派出中郎將高順（猛人）和北地太守張遼（這個大家很熟悉）率軍攻打劉備。

多次丟失根據地的劉備，老是被打得跑來跑去，此時還沒來得及在小沛站穩腳跟，禁不住高順和張遼統領的精銳部隊的輪番進攻——高順的陷陣營、張遼的精騎兵，在三國時代都是戰鬥力極其剽悍的軍種。

情急之下，劉備一邊堅守小沛，一邊向曹操求救。

劉備等來的救兵由夏侯惇帶領，正是一向由夏侯惇統領的青州兵。夏侯惇是曹操手下的第一大將，曹操派他來救劉備，說明了對劉備的重視，當然也是對呂布的重視。

事實證明，曹操還是高估了劉備的抗擊打能力，低估了呂布軍隊的打擊能力。英勇善戰的夏侯惇將軍，在這次戰役中被高順部隊射中左眼，留下了受傷不下火線的光彩事蹟，當然也留下了獨眼龍的不光彩殘疾。遺憾的是，雖然夏侯惇付出了一隻眼睛的慘痛代價，卻也沒能換回救援小沛的勝利（可見高順和張遼的含金量）。

高順和張遼圍城打援的策略非常成功。先解決了夏侯惇的援兵，劉備的小沛就成一座孤城，破城只是時間問題。

九月，小沛城被攻破，劉備倉皇突圍，向西逃去。他又一次迫不得已地丟棄了老婆孩子。

實在是沒辦法啊！在這種情況之下，連霸王也得別姬。

親人的生死，表面看起來要聽天由命看呂布夠不夠仁慈，實際上要看劉備能不能跑出一個新天地。

對於劉備的家人來說，如果劉備掛了，他們就沒有多少利用價值，按照慣例不是被殺就是做奴僕。如果劉備還活著，他們就有希望，起碼是有利用價值的人質，只要綁匪腦袋沒進水就不會被撕票。如果劉備愈來愈強大，他們的價值也會愈來愈大。

強大才是硬道理。這是亂世的生存法則。

任何一個人都逃不脫這個法則。

包括他們的親人。

有今天，才會有明天

劉備倉促逃出小沛後，跑到梁國（今河南商丘南）一帶，遭遇了率領大軍東征呂布的曹操。

曹操是在得到夏侯惇兵敗的消息之後，決定親自率兵東征，徹底蕩平呂布，消除肘腋之患，然後再與袁紹決戰。袁紹此時已經基本搞定公孫瓚，留給曹操的時間不多了。

在歷史舞臺風流了近十年的呂布，人生的時間更是不多了，已經進入倒數計時狀態。劉備遇到曹操後，也隨同前去攻打呂布。曹操看中的當然不是劉備軍隊不堪一擊的戰鬥力，而是他在徐州的人望，用來安撫徐州人心。要知道曹操曾經屠殺徐州百姓，當地的群眾是不可能列隊歡迎他殺過去的。

於是，躊躇滿志的曹操帶上一敗再敗的劉備，向著徐州進軍。在曹操軍中，劉備對曹操用兵的才能與殘酷有了進一步的體驗。

建安三年（一九八）十月，攻破彭城（今江蘇徐州），屠城。隨後，直達呂布的大本營下邳。在下邳野外大破呂布縱橫天下的精銳騎兵，擒獲呂布猛將成廉。進逼城下，合圍。聽從荀攸、郭嘉計謀，決泗水、沂水淹城。

淹城月餘後，眼看頂不住了，呂布的員工侯成、宋憲、魏續等人綁起寧死不降的陳宮，向曹操投降，當了一回俊傑——所謂識時務者為俊傑。

外有曹軍圍城，內部軍心不穩，呂布明白大勢已去，只好走下白門樓，出城投降（注意是主動投降）。

自此，呂布被俘，徐州平定，時間是建安三年十二月——從出兵到大獲全勝只用了三個月時間。

曹操面臨又一次選擇——要不要讓呂布的腦袋搬家。

曹操愛才，他愛呂布驍勇。

呂布怕死，他向曹操求生。

呂布以一貫的大大咧咧的口氣對曹操說：「讓曹公你最憂心的也就是我呂布了，今天我服了你，天下再沒有誰讓你憂慮。今後你帶步兵，讓我給你帶騎兵（呂布的特長），平定天下就是小菜一碟。」（明公所患不過於布，今已服矣，天下不足憂。明公將步，令布將騎，則天下不足定也）

呂布以為曹操會合情合理地答應自己的合理要求。

曹操確實有些猶豫，招降納叛一直是他的特長，用人唯才不重德是他的習慣。他雖然清楚呂布有著令人髮指的人品，但也喜愛呂布讓人首屈一指的武力。

曹操在猶豫中打量著呂布，如同打量一頭獵物。在他看來，這個獵物是一隻猛虎，可以傷人的猛虎。日後究竟會不會只傷別人不傷自己，他有些拿捏不準。

劉備也在打量著呂布，他認為這是一個死人，一個早就該死的人。

三個各有所思的男人，兩個坐著，一個站著，相互打量著對方。

呂布猜不透曹操的心思，當然也摸不著劉備的心思。求生的欲望促使他向劉備求救，希望看在轅門射戟的分上，為自己說句好話。

劉備處事一直很低調，尤其在曹操的手下他必須保持低調。但現在躲也躲不掉，不得不表明自己的觀點，甚至是立場。

話一旦說出就沒有收回的餘地，擁曹還是挺呂，或者明著擁曹暗中挺呂，甚至心懷鬼胎，都可以從他所說的話中聽出端倪。

做為政治人物，立場決定生死。一旦擺明立場，往往命懸一線，此時要死的可能是呂布，也可能是他劉備。

說是如履薄冰，如臨深淵，一點都不誇張。

最終，劉備只說了一句話，保全了自己，置呂布於死地：「曹公你難道不記得丁原和董卓是怎麼死在呂布之手的嗎？」（明公不見布之事丁建陽及董太師乎）

這句話讓曹操醍醐灌頂，使呂布百口莫辯，給呂布翻雲覆雨的一生畫上了血色休止符。

至於劉備為什麼這麼做，有很多種不同的推測和理解。

在我看來，劉備這麼做，主要是基於兩個基本常識。

一是人不是健忘的動物。期望別人只記得自己的好、不記得自己壞的人，還是省省吧！劉備不會忘記，呂布是如何對待以前的老闆及每個有恩於他的人，這些人都被他背叛，甚至殺死。最終劉備也成為受害者之一，他經過十年打拚，付出無數努力，死了無數兄弟，方才有了徐州，成為一方諸侯。而呂布偷襲徐州，毀了他的心血，斷送了他的事業，讓他經歷了事業發展中最艱難的時刻，直到現在都還沒走出低谷。劉備不是沒想過報仇，只是一直沒有等到機會。

二是有今天，才會有明天。明天聽起來很誘惑，但只有今天才是抓得住的。至於呂布明天會成為朋友還是敵人，明天可不可以借呂布這把刀殺了曹操，劉備都算不準，但他清楚一件事——今天他在曹操的手掌心，如果還想有一個明天的話，必須要獲得曹操的信任。在曹操舉棋不定的時候，點醒曹操，來表明自己與曹操同心同德同志，從而獲得信任，是當前的第一要務。

人，終究是跳不出利益的。推崇仁義如劉備者，忘恩負義如呂布者，同樣跳不出利益。為了利益，也許會相視一笑泯恩仇。同樣為了利益，誣陷造謠打壓排擠，更是數不勝數。以德報德，以直報怨。劉備此時，只是實話實說，既沒有違背自己做人的原則，又可以報仇可以爭取明天，他沒有理由不這麼做。

希望愈大，失望愈大。呂布主動走下白門樓投降，是出於強烈的求生欲望。於是，極其失望的呂布就死得非常幽怨，在生命的最後時刻不停地罵罵咧咧，與他高大魁梧、英勇善戰、帥氣俊朗的形象形成了強烈的對比。

與呂布形成強烈對比的，還有陳宮。陳宮用自己的行為，詮釋著四個字的最佳含意——只求速死。

雖然曹操一再對陳宮表達既往不咎的誠意，但陳宮顯然對曹操徹底失去了信心。

最後曹操不得不搬出陳宮的家人，希望陳宮看在家人的分上活下來。活著多好啊！既可以孝敬父母，又可以安享天倫，為什麼一定要死呢？

陳宮不清楚這算是曹操的要脅還是請求，曹操究竟是可憐他還是需要他可憐，他只在生命的最後關頭再次展示了自己的智商——不是一般的高。

陳宮的回答是：「我聽說以孝治天下者不絕人之親，仁施四海者不乏人之祀。我家人是死是活，你就看著辦吧！」

看起來陳宮給曹操出了一道選擇題，家人的生死由曹操自己選擇。

實際上曹操別無選擇，除了孝治、仁政。

只為這是那個時代的普世價值。個性張揚如曹操者，也不敢違背這個價值觀，至少不敢公然違背。

曹操在這次戰役中收穫很大，不但除掉了心腹之患呂布，將徐州納入自己的勢力範圍，而且收降了張遼等一批猛將（高順不投降被殺），袁渙、陳群（此二人都是劉備識拔的人才）等一批文臣。

劉備卻沒有得到失去的徐州——曹操留下守衛徐州的將領是車冑。他的收穫只是救出了被呂布俘虜的老婆孩子。

劉備甚至失去了小沛，徹底沒有了地盤，被曹操帶回許都，成了籠中之鳥。

鷹擊長空，大鵬展翅，似乎成為一個遙不可及的夢想。

但只要有明天，就有希望。

第三章

蟄伏

劉備主要活動區域示意圖

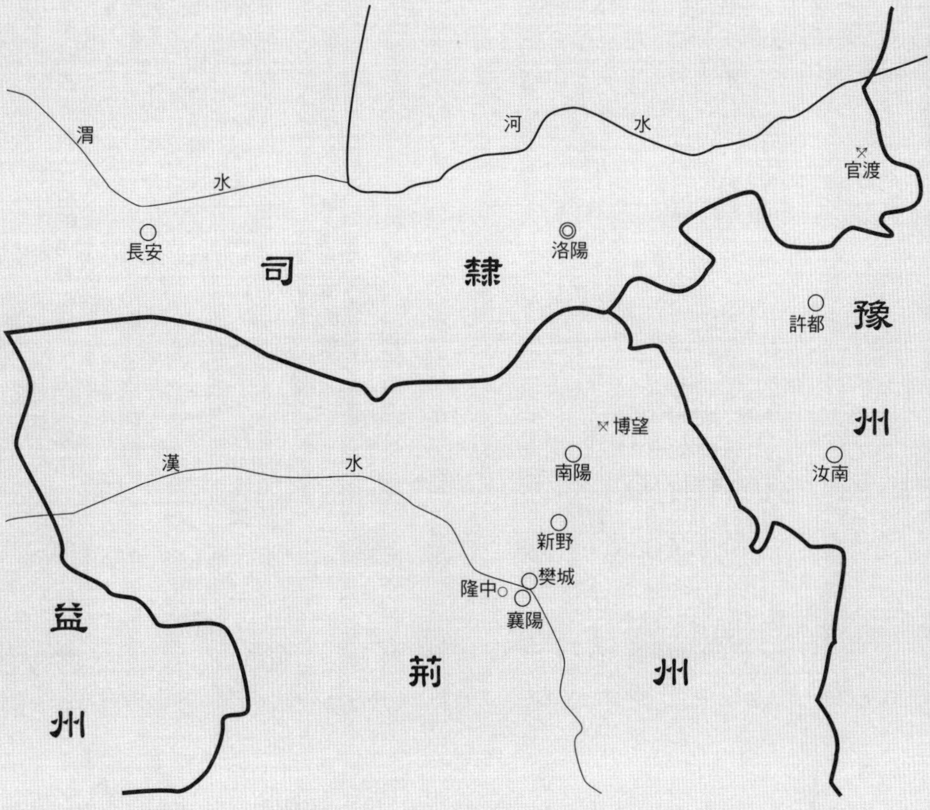

雖然關羽前去尋找劉備不可能有過五關斬六將的傳奇經歷，但這無損於他的光輝形象。有情有義，重承諾輕生死，真乃大丈夫也！

關羽如此光輝的行為，讓後人景仰了一千八百多年。值得關羽做出如此行為的劉備，同樣值得後人景仰。

自古英雄惺惺相惜，一個英雄絕對不會敬重一個狗熊。一千年前是這樣，一千年後還是這樣。

這個世界上，沒有無緣無故的恨，同樣沒有無緣無故的愛。

皇帝也無奈

徐州會戰後，劉備帶著手下的兄弟們跟隨曹操得勝還朝，來到東漢帝國中央政府臨時所在地許都，時間是建安四年（一九九）初。

劉備確實得到了曹操的信任和禮遇，他被曹操以中央政府的名義加封為左將軍。前、後、左、右四將軍，在當時是僅次於大將軍、驃騎將軍、車騎將軍、衛將軍的將軍職銜，不算五星上將起碼也是四星上將。關羽、張飛也被加封為年薪兩千石的中郎將。此外，曹操還與劉備出同車、坐同席，恩寵無比。

曹操給劉備這麼大面子，給高職位，開高工資，當然是有目的的——收服劉備的心，讓他心甘情願地為自己幹活。

但金鱗豈是池中物。時機不順時，可以蟄伏一時，等待時機。一旦時機到來，必然會乘風破浪，騰空而起。

能潛伏在波濤之內，方能升騰於宇宙之間！

劉備在許都蟄伏的歲月，見到了這個國家名義上的最高領袖漢獻帝劉協。人生其實很精采，人生其實很無奈。對此，劉協陛下深有體驗。因為他是一個被綁架了一生的皇帝。

劉協當了整整三十年皇帝，此前已經是十年茫茫，此後還有茫茫二十年。他當皇帝時間之長，在東漢歷史上僅次於開國皇帝光武帝劉秀。

劉協陛下以親身經歷告訴我們，當皇帝並不總是一件令人心曠神怡的事情。三十年當中，劉協沒有做過一天真正的皇帝。他的角色只是一個傀儡，充其量只是一個人人可居的奇貨。他的命運只是被人綁架。

生命不息，綁架不止。第一個綁匪是董卓，這是劉協悲慘命運的開始。確切點說，他的不幸不是從此刻開始的，因為董卓要綁架的不是叫劉協的一個小屁孩，而是一個皇帝——做為東漢帝國權力象徵的皇帝。所以，生不逢時，生不擇地，生在衰落的帝王家，才是他一切不幸的源頭。

凡事開頭難。有了第一個綁匪，就會有N個。董卓完了是李傕，李傕完了是楊奉，楊奉完了是曹操。

綁匪走馬燈似地換了一撥又一撥，劉協的身分卻雷打不動一如既往——依舊是人質。做為人質的劉協，一路跟隨綁匪走遍了祖國的大好山河。從洛陽到長安，從長安到洛陽，最後在許都才算定居下來。

在路上，劉協不只習慣了跋山涉水、翻山越嶺，還見慣了血雨腥風、刀光劍影，甚至回到洛陽的時候還住過露天賓館，餓過肚子。

劉協當傀儡皇帝的時間之長，人生路程之曲折，在中國五千年歷史長河中恐怕只有清末的光緒皇帝才有得一比。不過他最終沒有死在綁匪的手裡，這比被親姨媽慈禧毒死的光緒皇帝，要幸運很多。

沒有人能隨隨便便成功，也沒有人會隨隨便便認輸。歷史上的很多傀儡皇帝，其實都不甘墮落，也都在想方設法與命運抗爭，甚至不惜付出生命的代價。

劉協也不例外。來到許都定居後，雖然不用再飄泊流浪、不用再餓肚子，但他的煩惱卻愈來愈大。

吃飯問題解決後，總會有新的問題產生，這是人類的通病。即便是皇帝也概莫能外。此時的劉協不再是一個不懂事的小屁孩，他已經十九歲，成為一個血氣方剛、滿懷理想的年輕人。做為皇帝，又過了親政的年齡，本該政由己出號令天下，但實際情況卻令他絕望。把持政權的曹操，壓根兒沒有一點讓他主政的意思，只是想利用皇帝這塊金字招牌，需要的時候拿出來用用，還是很能忽悠人的。

在來許都之前，即使年紀還小，即使幾經危難，有些時候劉協還能參與發號施令（比如長安賑濟災民），讓世人見識了他的膽氣與聰慧。現在他卻只能眼睜睜看著曹操一個人洗牌出牌，根本不帶他玩，國家大事壓根兒沒他的事，即便他是皇帝。

一個登基已有十年的皇帝。

這是一個皇帝的恥辱，更是一個帝國的悲哀。

無奈的劉協為了拿回皇帝的尊嚴、為了挽救他的帝國，召見了他的一個（皇帝的老婆有N個）岳丈——車騎將軍董承。由於皇宮內外都有曹操安插的間諜，因此他沒有將意圖直接告訴董承，只是冒著生命危險（一點都不誇張）賞賜給了他一條衣帶。

一條藏著密詔的衣帶。

密詔的意思很明確——誅殺曹操。

這是一件難度係數很高、風險很大的事情，董承需要找一些膽略過人又忠於皇帝的人結成同盟。

不用說，這樣的人是國寶級珍稀動物，十分稀缺。

抉擇

身負重任的董承想到了一個人——劉備。

在董承眼裡，劉備就是一個貨真價實的國寶級珍稀動物，是誅殺曹操的不二人選。有膽識，有才略，又忠君誠信，找這樣的人應該靠譜。尤其是皇族的身分，他劉備要是胳膊肘向外拐，那天底下能夠信得過的還有誰？

便找劉備入夥。

便輪到劉備抉擇。

這一次抉擇，對於劉備而言，重要性甚至超過了若干年後的東聯孫權。因為他將徹底決定自己的政治立場。

以往在諸侯混戰中，打打和和主要是為了眼前利益、是為了爭奪土地。劉備與袁紹在平原一帶作戰，不是他們之間有什麼深仇大恨，只是為了利益；與呂布在徐州周旋，同樣不是私人仇恨，最主要的還是利益。沒有永遠的朋友，沒有永遠的敵人，只有永遠的利益。因此，今天打得頭破血流，明天還可以坐在一起喝酒。這在亂世中是司空見慣的尋常事。

但這一次不一樣。一旦參與董承的密謀，就注定今生成為與曹操你死我活不共戴天的政敵，再無和解的可能。

這一步走出去，就沒有回頭路。

雖然受皇帝密詔誅殺曹操是正義的事業，但誰的地盤誰做主，在曹操的地盤上自然由曹操說了算，給你安一個謀反的罪名誅滅三族絕對沒商量。

面對殘酷的現實，只要是大腦沒有問題的人，大多都會瞻前顧後、愛莫能助的搖頭擺手，不明著答應下來暗中跑去告密都算是良心發現了。

難能可貴的是，劉備最終決定參與密謀。

這種形勢下參與密謀，差不多就是找死。這需要極大的勇氣，更需要對皇帝無比的忠誠。

劉備做為一個主動摻和到亂世之中的人，野心肯定是少不了的，但他具有的不僅僅是野心。野心之外，劉備還有著自己的原則，比如忠君、仁義。正因為有這些原則，他沒有隨波逐流，沒有成為董卓、呂布一樣肆行無忌、曇花一現的亂世煞星，留下了傳奇的故事，更留下了廣為傳頌的口碑。

參與密謀這件事盡顯劉備梟雄本色。換作別人，亂世中打拚了十多年沒有打出一個局面，慢慢就會心灰意冷，放棄自己的理想。再說左將軍的高官厚祿，曹操的恩寵信任，榮華富貴已經應有盡有，沒必要再去打打殺殺，為一個影子都看不到的所謂理想去提著腦袋過日子。

就這麼過吧！挺好的，沒必要再折騰了。

但劉備偏偏說了不。

曹操，不論是為了大漢江山，還是為了我自己，我都要除掉你。

哪怕前面是死路一條，也硬是要闖一闖；哪怕只有萬分之一的機會，也要付出百分之百的努力去爭取。

這樣的密謀注定不會有多少人參加，最後也逃脫不了失敗的結局，參與密謀的董承、种輯、吳子蘭、王子服等人後來全家老小都被曹操一鍋燴了。

在當時的社會，忠君是人們的普世價值，甚至是一部分人的終極價值，就如西方電影中人們對於自由和民主的追求，執著而無畏。所以，參與密謀的人雖敗猶榮。

也許會有人說他們不識時務，但我們不應該否定他們的行為。

不畏強權，不畏死亡，明知不可而為之，捨生取義，這正是中華民族幾千年以來最為寶貴的民族精神。

從蘇武到顏真卿，從文天祥到林則徐，從「人生自古誰無死，留取丹心照汗青」，到「苟利國家生死以，豈因禍福避趨之」，這樣的精神光照五千年華夏歷史，響徹長城內外大江南北的神州大地！

一個民族，一個國家，要想向前發展，要想屹立世界，除了關注形而下的吃飯、生存問題之外，必然需要一些人關注精神世界，叩問人生真諦！

唯有如此，強權暴力可以征服他們的肉體，卻征服不了他們的精神！

唯有如此，中華民族才繁衍至今，生生不息！

劉備等人雖然密謀幹掉曹操，但終歸力量對比懸殊，只能潛伏下來等待機會。在白色恐怖的籠罩下，劉備和他的同志們成為了一群地下工作者。

功夫不負有心人，機會終於來了。

這個機會的發現者是傑出的地下工作者關羽同志。

當時，曹操組織了一場高級別的娛樂健身活動——打獵。參加人選除了曹操自己，還有皇帝劉協及許多高級幹部，劉備也在其中。

百忙之際，別出心裁地組織一場大規模高級別的娛樂健身活動，曹操的動機絕對不是鍛鍊身體、千金買笑那麼單純，他真正的目的是向中央政府的上上下下宣示自己的軍力，讓他們俯首帖耳，該幹啥就幹啥，千萬不要有非分之想。否則，我要殺你，也就和殺一隻兔子沒什麼兩樣。

有劉備的地方，就有關羽和張飛。

關羽就在此時，發現這是殺曹操的最佳時機。因為他不是一般人，而是關羽——可以在百萬軍中取上將首級的關羽！只要他馬在胯下、刀在手中，再加上張飛協助，取曹操的腦袋也就和殺一隻兔子沒什麼兩樣——拍馬過去，手起刀落，搞定。

關羽便向劉備提議，此時動手，讓綁匪頭目曹操停止呼吸。

他卻驚奇地遭到了劉備的阻止。因為劉備有的不僅僅是忠君和野心，還有清醒的政治頭腦。此時動手，他們三人聯手殺死曹操不難，難的是如何善後？曹操被殺，曹操手下的員工必然大開殺戒，不只是他們三人要死，皇帝也可能被一起幹掉，然後再把殺皇帝的罪名安在他們頭上，人世間最痛苦的事情莫過於此了。

這件事不只反映出劉備非凡的政治素養，還反映出他與關羽之間的親密無間。《三國演義》中描寫劉備參與密謀時，為了防止洩密甚至瞞著關羽和張飛，實在是誤解古人了。

劉備與關羽、張飛之所以產生打不散、分不開的深情厚誼，除了劉備的魅力，除了事業的感召，同樣離不開他們互相交心，一個人有什麼事、什麼想法都會告訴另外兩人，而不是藏著掖著。你把別人當兄弟，別人也才把你當兄弟，最終三人的關係比親兄弟還鐵。

人與人之間的交往是相互的，任何人都沒資格要求他人無條件付出一切，無條件服從自己，成為自己的附庸。

自負的代價

阻止了關羽動手，劉備只能繼續潛伏、繼續等待機會。

等待的過程依然是漫長而痛苦的。

傑出的地下工作者劉備，在等待中成為一個小地主。他在家中的菜園裡讓僕人們種蔬菜，有時候也會親自動手。這麼做當然不是劉備已經有了綠色食品或不勞動者不得食的先進觀念，而是為了讓曹操知道他沒有實際工作很無聊，無聊中就種菜，沒有召集賓客、養練死士，不會圖謀不軌。

說到底，這是一種行為藝術，用來掩飾參與密謀的不安、掩飾多疑的曹操對自己的懷疑。

事實證明，劉備的行為藝術很有成效，曹操的胸懷已經對他敞開。

梅子初黃的季節，曹操在府中擺下酒宴，邀請劉備共論天下英雄。

在曹操的話裡，天下英雄只有兩人——唯使君與操耳。

其實很多時候，一個人的話並不可靠，可靠的是心。

在曹操的心裡，天下英雄有，且只有一人。

只有他——曹操！

這個時代的英雄，只能有他曹操一個人，別人都不配也不要想當英雄。

唯使君與操耳，這句話的重音一定要落在後半部分。話裡曹操拿劉備來陪他一起成為英雄，與我們今天常見的酒座上的客套話一樣，無非是客氣客氣、恭維恭維。當然要恭維別人，也不能太離譜，比如把一個炒股賠得精赤條條的人吹成股神，把一個五音不全從來不著調的人說成歌后，這讓別人聽起來就不是誇人而是罵人了。

此時在曹操眼裡，劉備也就只能算個疑似英雄、候補英雄，說他是英雄，不至於太離譜，但也只是湊合湊合，千萬不可當真，誰當真誰天真。

年屆不惑的劉備，早已過了很傻很天真的年紀，但這次卻不折不扣地天真了一回，只有一個原因——他心裡有鬼。心裡有鬼的人都非常敏感，聽到曹操這句話的時候，他緊張得連筷子都掉地上了。

劉備以為完了，再好的行為藝術終究瞞不住一雙慧眼。別出心裁當個小地主，韜光養晦裝成種菜的，還是被識破了，曹操的話明明白白是說：我知道你劉備是英雄。言外之意：小樣（就你那樣之意），你別給我裝了！

緊急關頭，發揮作用的主要是人的下意識。劉備不放棄不認輸的一貫作風，讓他下意識地繼續裝下去。恰好此時下起雷陣雨，半空裡打起一個響雷，他立刻裝成膽小如鼠狀，說道：「哎呀呀，這雷聲真是太大了，把我嚇了一跳，連筷子都掉了，見笑見笑，呵呵，呵呵。」

這套把戲很容易被看穿，縱橫亂世多年、出生入死N回的劉備，豈是聽到打雷就哆嗦的孬種？

但曹操偏偏就信了。這正說明他此時並不懷疑劉備，他這句話不是用來試探劉備的反應，而是自我抒情。也許他根本就沒有在意劉備的拙劣表演，只是藉著幾分酒力，正在醞釀詩意，暢談風雨人生，遙想輝煌未來。

曹操是個非常自信以至於有些自負的人。曹操的自負，使他相信呂布偷襲兗州時魏種不會背叛，相信在宛城睡張繡的嬸嬸時張繡不敢反抗，相信南下荊州時可以連孫權一起收拾。

歷史最終證明，這一切都錯了，錯得太離譜了。

在一個自信以至於有些自負的人看來，任何人所做的一切都逃不過他的眼睛，所以任何人都別想在他面前耍把戲。而且他能對一個人推心置腹，就說明對這個人有著足夠的信任。他如此信任的人，應該對自己感激涕零才對，怎麼可能背叛他呢？

說到底，曹操此時壓根兒不相信劉備會「背叛」他。

自負，是要付出代價的。曹操的自負，很快造成了更為嚴重的後果。

號稱「仲家皇帝」的牛人袁術，在淮南實在混不下去了。

鑑於曹操和孫策等鄰居都很生猛，還有原來的員工雷薄、陳蘭，現在都成了強有力的競爭者，都想吞併他的地盤、結束他的性命，袁術想來想去，覺得天底下只有哥哥袁紹可以依靠。雖然兄弟倆鬧了N年彆扭，但說到底只是為了地盤和權勢，並沒有什麼深仇大恨。

袁術終於大徹大悟了，地盤不要了，皇帝不當了，只有一個樸素的念頭——活下去。便想跑到哥哥袁紹那裡混口飯吃。

袁術在淮南生意賠光了，他哥哥袁紹的生意卻賺大了。袁紹此時的地盤是冀、青、幽、并四州，儼然是天下最大的諸侯，是名副其實的NO.1。袁紹在這年四月徹底解決掉了公孫瓚，正準備拿曹操開刀。剛烈驍勇的一代猛人公孫瓚，在易京樓親手砍死老婆孩子，然後放火自焚，死也死得壯烈——這是他一貫直來直去的風格。

袁術要想跑到袁紹那裡，兩點之間直線最短，最近的是前往青州。而且青州當家的袁紹長子袁譚，已經向叔叔袁術發出邀請，讓他過去蹭飯吃。

從淮南到青州，考慮到當時還沒有飛機等先進交通工具，袁術明顯也不是會飛的超人，所以他必須走陸路過徐州。

徐州已經是曹操的地盤，袁術要路過，曹操不答應。

曹操準備在半路上當一回劫匪，幹一票殺人越貨的勾當。此時的曹操家大業大，破落戶袁術的那點家當他當然是看不上眼的，他想要的東西有且只有一樣——傳國玉璽。

袁術準備將傳國玉璽做為見面禮送給袁紹，以徹底化解兄弟倆往日的仇恨，一舉奠定自己在新集團的地位。袁紹此時已經牛氣沖天，以曹操的話來說正「刻璽於北方」（〈蒿里行〉），要是得到貨真價實的傳國玉璽，那可不是鬧著玩的。

鑑於這次行動如此重要，只能成功，不許失敗，曹操需要嚴格挑選劫匪頭目。最終，他挑中的頭目是在徐州一帶轉戰多年、熟悉地理民情、又有與袁術作戰經驗的疑似英雄——劉備。

這是一個讓程昱、郭嘉等謀士和後世無數的曹迷們扼腕痛惜、後悔莫及的決定。

曹操一般情況下考慮問題比較周詳，這次選中劉備，腦袋突然進水的可能性不大。除了信任劉備之外，應該還有以下考慮。

一是劉備究竟能不能為我所用，必須用實踐來檢驗。曹操這次派劉備出去，類似於納投名狀，幹得好表現不錯，以後就可以放心了。不然將劉備軟禁在許都，既發揮不了作用，需要時時提防，又不能為天下諸侯樹立一個學習的好榜樣。畢竟被軟禁起來提前進入養老狀態的命運，諸侯們還是不大喜歡的。

二是劉備幹掉袁術後，沒有其他出路。此時曹操的敵對勢力，最強大的就是袁紹。而袁術已經與袁紹講和，這次去投靠袁紹就是要把玉璽和皇帝的稱號讓給袁紹。劉備要是幹掉袁術，或者阻撓了袁術的計畫，必然也得罪袁紹。劉備要在徐州站住腳，南北能聯合的只有袁紹和袁術，得罪了這兩兄弟，就會孤立無援。這樣一來，劉備即使離開他曹操，也沒什麼出路。

三是劉備要想「背叛」，並不容易。曹操並不是單獨派劉備領兵去徐州，還派遣了朱靈、路招兩位將軍做副手，他們可以起到監視、牽制劉備的作用。再者，徐州守將車胄也是曹操的部下。劉備到徐州後，既無地盤，又無糧餉，孤軍無依，四面皆敵，想離開曹操拉起人馬單幹並不是一件很容易的事。

四是即使劉備「背叛」，也不可怕。曹操有著足夠的自信，萬一劉備真的「背叛」，也能一舉蕩平，所以不足為慮。

劉備，就放你出去幹點活吧！不信你真的要背叛我。如果你真的要背叛，那就只有死路一條，我不相信你能折騰出一個什麼明天。自己的路要自己挑，走陽關道還是獨木橋，你劉備自己選。

暫時擁有不等於一直擁有

劉備在許都的幾個月，如坐針氈，度日如年。做為一隻籠中之鳥，曹操要取他的性命，是不費吹灰之力的。密謀洩露或者失敗的那一天，就是他腦袋搬家的時刻。前去截擊袁術，是劉備逃出曹操手心的最佳機會。

建安四年（一九九）夏，劉備率軍離開許都。劉備此時的官銜爵位是左將軍、豫州牧、宜城亭侯，此後曹操把持的中央政府再沒有對他有過任何封賞。

多日的蟄伏終於換來了搏擊風浪的機會，幾個月的困頓之後終於得到了寶貴的自由。

仰天大笑出許都，劉備豈是種菜人！

從此，劉備終其一身，都以幹掉曹操恢復大漢江山（不過後來他自己成為了「大漢」的天子）為奮鬥目標，雙方再無和解的可能。甚至劉備去世後，他的後繼者依舊繼承遺志，以攻滅曹魏為己任。

不過面對強大的曹操，劉備要實現他的理想，注定還有很長的路要走。徹底與曹操攤牌，亮出自己的立場，劉備必將承受空前猛烈的打擊。這是他一生事業的嚴冬。

但走過嚴冬，前方必然是春暖花開的季節！

劉備有驚無險逃出許都前往徐州的心情是忐忑不安的。在血雨腥風的亂世，注定有很多人的心情跟劉備一樣忐忑。

比如袁術。袁術的心情十分忐忑是有原因的，他並不清楚劉備來徐州的主要目的是幹私活開展武裝割據，只知道劉備出征的宣傳口號是給曹操打工前來收拾他的。

面對擋住去路的劉備，袁術眼看北逃是沒希望了，只好灰溜溜地返回淮南。此前袁術已經是日薄西山、眾叛親離，這時候做為一個跑都沒處跑的人，淒涼狀況可想而知。

殘兵敗將居然就絕糧了。

破落戶袁術居然還想吃蜂蜜。

在袁術看來，六月盛暑，天氣熱得厲害，吃點蜂蜜降溫去火、清熱解毒實在是再好不過了。他家幾輩子都是高級幹部，一向養尊處優，現在他又做了「仲家皇帝」，吃蜂蜜實在是稀鬆平常得有些掉渣的事情。

但在袁術手下的炊事兵看來，大夥兒都吃不上飯了，老闆還想吃蜂蜜，實在是不近人情、不關心員工死活，給這樣的老闆打工真是太窩火（有委屈或煩惱不得發洩而不痛快）了。所以他冒著生命危險沒好氣地頂了一句：「蜂蜜是沒有的，只有麥屑三十斛。」話外音：你愛吃就吃點麥屑，不吃就拉倒。

事實證明，胸襟狹窄對身體是非常不好的。袁術想吃蜂蜜而不可得，破落到這個地步實在鬱悶得受不了，哀嘆了半天，最後大叫一聲：「我袁術怎麼就混到了這步田地！」（袁術至於此乎）居然吐了一斗多鮮血，就這麼掛了。

袁術吐血身亡後，樹倒猢猻散。弟弟袁胤帶著袁術的屍體和老婆孩子，投奔廬江太守劉勳，後來當了孫策的俘虜；袁術的女兒也在日後淪落為孫權的宮女。

一代「皇帝」落得如此下場，真是一個莫大的諷刺！

世人矚目的傳國玉璽，被袁術的員工徐璆搶走，後來獻給了中央政府，落到曹操手中。曹操終於如願以償，封徐璆做了太常，位列九卿。

傳國玉璽，孫堅擁有過，袁術擁有過，但他們最終都沒有笑到最後，只不過是為他人做嫁衣。甚至可以說，猛人袁術就是被一塊玉璽給廢掉的。

世上的東西，暫時擁有從不意謂著一直擁有。

曹操任命的徐州刺史車冑，一定非常同意這句話。因為徐州暫時是他的，但很快就變成劉備的了，甚至他一直擁有的大好腦袋也被強行實施了人工分離。

截擊袁術的任務完成後，按理說也該班師回朝領功受賞了。劉備卻在徐州省會下邳城住了下來，只打發副將朱靈、路招回許都。朱、路二人雖然肩負著監視劉備的重要使命，但官大一級壓死人，主帥劉備怎麼幹他們沒辦法，如果強行奪權或違抗命令，很有可能要掉腦袋。兩人一合計，自己也就是打工混口飯吃，犯不著為了工作把性命搭進去，於是灰溜溜地跑回許都向老闆曹操彙報情況。

隨後，劉備殺死了曹操任命的徐州刺史車冑。史書上雖然沒有說明劉備殺車冑的具體方式，但不是《三國演義》中進城之前由關羽幹掉的，而是在進城之後動手的，可以推測與殺楊奉的方式一致——在酒宴上擒殺。這是流血最少最簡單的方式。

從此，劉備再度成為下邳城的主人，他還想進一步成為整個徐州的主人。

在劉備心裡，從陶謙手裡接任徐州牧時，徐州就一直是他劉備的徐州。後來被忘恩負義的呂布搶走，再後來又被霸權主義者曹操占領，已經整整三年了。

屬於我的東西，我一定要拿回來。

殺車冑就是為了奪回失去的徐州。誰擋道就殺誰。

為了保衛革命成果，劉備親自率軍前往小沛駐軍，以防備曹操進攻。

這是劉備四進小沛。

下邳城做為後方基地，需要留一員大將鎮守。此時劉備最信賴的將軍只有關羽、張飛二人。鑑於上次張飛守城沒有搞好內部團結，被呂布偷襲得手，這次劉備吸取教訓改派關羽留守下邳。

同時，劉備派遣孫乾前去聯合袁紹，表示願意團結在以袁紹盟主為核心的抗曹陣營周圍，一起對付曹操。至於袁術之死和玉璽落空兩件事，劉備應該有所解釋。

成大事者有一個重要品質是向前看不往後看。袁紹顯然更看好與劉備夾擊曹操的合作前景，為了表達合作誠意，他特意派遣一撥騎兵前往小沛支援劉備。

徐州百姓連年遭受戰亂，體會了曹操殘酷暴虐的屠城殺戮、呂布無信導致的兵連禍結，心中的天平更加傾向於劉備。占領徐州後，地方勢力紛紛背叛曹操歸順劉備（比如昌豨等人），這是人心向背的明證。

在此大好形勢下，劉備很快拉起數萬軍隊，增強了武裝割據的實力。

曹操當然不會放任劉備星星之火發展成燎原之勢，他派遣劉岱、王忠二人率軍圍剿小沛。這個劉岱不是討伐董卓時期的兗州刺史劉岱，他的職位是司空府祕書長（司空長史）。這時候曹操還沒有當丞相，而是司空，擔任祕書長的劉岱必然是曹操的親信，而且他已經因功封為列侯。此時夏侯淵、曹仁、曹純、曹洪等猛人還沒有封侯，可見這個劉岱雖然比較陌生，但絕對不是一個草包。王忠的官職是中郎將，名頭同樣不大，卻是一個非常生猛的人物——史書記載王忠曾經吃過人（《三國志》注引《魏武故事》）。

順利逃出牢籠奪回地盤，又迅速拉起幾萬軍隊，劉備感覺非常良好，信心滿得爆棚，壓根兒沒把劉岱、王忠二人放在眼裡，誇下海口，「像你們這樣的來上一百個，也不能把我怎麼地；即使曹操親自前來，誰勝誰負也非常不好說。」（使汝百人來，其無如我何；曹公自來，未可知耳）

劉岱、王忠二人被劉備看扁也只能怪自己不爭氣，他們圍剿小沛的軍事行動沒有取得任何進展，以失敗告終。

不過頂住了第一輪進攻，對於劉備來說，真正的挑戰才剛剛開始。因為下一個剿總司令，就是曹操。

收留你需要理由

建安五年（二〇〇）正月，董承等人謀殺曹操的計畫洩露，在許都的同黨全體被誅滅三族。

漏網之魚只有一條——劉備（歷史上馬騰並沒有參與密謀）。曹操終於發現自己遠遠小看了劉備。劉備早在許都時就已經「背叛」了——那正是他信任和籠絡劉備的時候。

在我信任他的時候，他想的是怎樣除掉我。更可怕的是，他的城府深不可測，我竟然一點蛛絲馬跡都沒有看出來，還對他推心置腹暢談人生煮酒論英雄。

這一切不僅挑戰了曹操的底線，還侮辱了曹操的智商。

曹操終於對劉備有了重新認識：這不是一個能夠為我所用的人，而是一個真正的梟雄，絕對不能放過他。

曹操決定親率主力部隊圍剿劉備，卻遭到了將領們的一致反對。反對的理由是：具備實力與曹公你爭天下的人，只有大鱷袁紹。現在袁大鱷已經率領大軍浩浩蕩蕩殺過來了，哪裡顧得上劉備這樣一條小魚？做事要分得清輕重緩急啊！

曹操只好與郭嘉一起給員工做通政治工作：不錯，做事要分得清輕重緩急。不過，現在的急是劉備，緩是袁紹，「夫劉備，人傑也，今不擊，必為後患。袁紹雖有大志，而見事遲，必不動也。」（《三國志．武帝紀》）

隨後，曹操派遣部將前去官渡（今河南中牟東北）防備袁紹進攻，自己則率領主力部隊東征劉備。

劉備沒有想到袁紹以兒子有病為藉口延緩了大軍南下，更沒有想到曹操真的會放著大鱷袁紹不顧，親自前來收拾他，等到偵察兵報告曹操本人到來的時候，才倉促迎戰。

劉備剛剛集合起來的烏合之眾，對陣曹操久經戰陣的精兵猛將。

戰鬥的結果了無新意，劉備再次大敗，再次當了逃跑將軍。套用一句話來形容這場戰役比較恰當：不是劉軍無能，而是曹軍太狠。

這一場戰役中，曹操生擒了劉備手下的一員將領夏侯博。夏侯博同志在三國史料中，只有這一個鏡頭，此前沒有音信，此後也無消息。不過，鑑於陳壽寫《三國志》時手抖一下胡亂添一個名字的可能性很小，可以斷定夏侯博其人在三國歷史上是真實存在過的。而且能被記入《三國志．武帝紀》，露臉的時間與關羽一樣早，可以推測夏侯博同志雖然不被人們熟悉，但在當時劉備軍中，毫無疑問是一員大將。這樣的一員大將，被曹操生擒之後就在人間蒸發了，最大的可能只有一個——不投降被殺。

擊潰劉備、擒殺夏侯博之後，曹操並沒有停止攻勢，而是乘勝率軍直取劉備的大本營下邳。下邳守將關羽，同樣沒有頂住曹操無比凌厲的進攻風暴，甚至連同劉備的老婆孩子全部做了俘虜（這是劉備第三次丟失老婆孩子）。

攻占下邳後，徐州大勢已定。小規模的地方勢力，掀不起多大風浪。

關羽頂不住曹操的進攻並不意外，意外的是他竟然投降了曹操。

依曹操的邏輯，只要他看上眼的東西，他就想要，不管主人是誰。土地、天下自不必說，任何一個意圖亂世稱雄者都想擁有，曹操更不例外；此外，別人的女人（比如張濟之妻），他想要；別人的人才，他想要；甚至別人的兒子，他也想要（生子當如孫仲謀）。

關羽這樣難得的人才，曹操當然想要，收降關羽後著實高興了一陣子。

世事總是峰迴路轉。日後關羽被人廣為傳頌的忠義品質，正是由於這次投降才更加光輝奪目。

當然，沒有人能未卜先知。

劉備也不例外。得知關羽投降的消息，劉備比下邳再次失守、老婆孩子再次被俘更為意外和傷心。

多少年恩若兄弟，多少年情深義重，多少年風雨同舟，我們都一起挺了過來。卻沒有料到，終究邁不過生死這一關。

自己的路要自己挑，每個人都有選擇的權利。此後天涯路遠，唯願彼此珍重！

不過劉備不會傷心太久，因為他沒有時間。目前壓倒一切的任務是盡快找一個可以容身的地方，如果再次落到曹操手裡，他連投降的機會都沒有，等待他的結果只有一個——死亡。

劉備只能繼續跑路。對於劉備來說，跑路是沒有問題的，問題在於跑路的方向。

方向很快定為袁紹，這是劉備的最佳選擇。首先，兩人有著共同的敵人曹操，不久前又締結盟約，這是合作的政治基礎；其次，從劉備接任徐州牧到奪回徐州，劉備做為一支獨立的力量存在時，都與袁紹保持著良好的關係，這是合作的感情基礎；再次，在劉備看來袁紹能夠打敗曹操；最後，到青州路途較近。路途近這一點很重要，要知道亂世中到處是兵匪（兵匪難分），勢單力薄之時長途跋涉，交通不便吃苦受累不說，還很有可能像韓暹大將軍一樣被名不見經傳的小人物幹掉。

現在劉備選擇投靠袁紹沒有問題了，問題在於，袁紹會收留落難的劉備嗎？

一個人能不能被別人收留，最關鍵的不是看收留的人是否胸襟廣闊、心懷慈悲，而是看被收留的人是否有價值。

這如同今天的人們找工作，不是看老闆有多慈悲，而是看應聘者能否創造價值。

袁紹認為劉備很有價值。草根階層出身，竟然攪得這個亂世風生水起，劉備是唯一一人。折騰了十幾個年頭，跌宕起伏N多次，卻一直沒有被整趴下，劉備還是唯一一人。雖然一次次失敗、一次次落難，但名頭卻愈來愈大，人心卻愈聚愈多，劉備更是唯一一人。

這樣一個人，不是有沒有價值的問題，而是價值大到了什麼程度？今天跌倒了，明天會不會以一個更為強大的姿態重新站起？

袁紹說不準，他說得準的只是隆重歡迎劉備。

隆重歡迎是個什麼概念？正確答案是：袁紹命令手下員工沿途列隊歡迎，親自出城兩百里迎接。

一個敗軍之將，能夠受到天下的NO.1這樣的禮遇，確實是個奇蹟。禮遇之高，可以與N年以後劉備三顧茅廬相提並論。

劉備是在袁紹長子青州刺史袁譚的護送下前往袁紹的大本營鄴城（今河北臨漳西南）的。劉備初任豫州牧時，舉薦袁譚為茂才，為今日之事埋下了伏筆。

多交朋友，廣樹恩義，往往會收到意想不到的效果。

承諾的分量

劉備加入袁紹集團的時候，官渡之戰即將打響。

袁紹、曹操兩大集團劍拔弩張、摩拳擦掌，即將進行一場大決戰。這一場決戰不只決定袁紹、曹操的生死存亡，還將決定當時的政治格局、決定中國向何處去。

袁紹和曹操都在調動一切可以調動的力量投入決戰。他們如同兩個超級賭徒，拿著所有的籌碼，一舉定輸贏。輸的人將失去所有的一切，包括他們的生命。贏的人將贏得更多的地盤，贏得亂世中NO.1的地位，甚至贏得整個帝國。

這一場決戰不分正義邪惡，只為了簡單的四個字——成王敗寇。

劉備此時做為袁紹的員工，也在召集流亡將士備戰。憑藉劉備強大的感召力，一個多月時間，失散的將士陸續回來了一些。讓劉備最為高興的，是意料之外一個人的到來。

這個人便是趙雲。

趙雲在平原辭別劉備後，兩人分別已有了六個年頭。劉備不清楚趙雲在老家做什麼，趙雲卻能打聽到劉備在哪。當時的新聞傳播事業雖然遠不及今天這麼發達，但劉備的知名度愈來愈高，要打探他的行蹤並不困難。

趙雲就是得知劉備流落到袁紹軍中後，特地趕來加盟的。

趙雲選擇在這個時間前來加盟，除了鄴城離他的家鄉常山路途不遠之外，還有一個重要原因——公孫瓚在一年前死了。趙雲雖然早就離開了公孫瓚，雖然早就選中了劉備做老闆，但為了使自己「不事二主」，也為了使劉備免去挖別人牆腳的嫌疑，直到公孫瓚兵敗身死之後，他才投奔劉備。

可見，趙雲是一個深受忠義思想薰陶的人，也是一個思慮周詳有大局觀的人。

趙雲踐行了六年前給劉備的承諾——終不背德也。從此趙雲一生追隨劉備，多次出生入死，在青史上留下了鼎鼎大名。

剛剛遭受殘酷打擊的劉備缺兵少將，連關羽也投降了曹操，見到趙雲時的驚喜可想而知，於是又把持不住發生了兩個大男人睡在一張床上的曖昧故事。

趙雲來到後，為劉備做的第一項工作是作弊。劉備讓趙雲招聘了幾百個新兵回到鄴城，說是被打散的老部下回來找組織，兩個人聯手矇了袁紹一把。

劉備這樣做，是為了保住自己的親信部隊，保持一定的獨立性。他早已不甘寄人籬下，給別人打工。

經過十多年打拚，劉備已經心懷天下，翦滅群雄、一統河山才是他此時的抱負。理想雖然遙遠，但只要付出努力，總會不斷接近，以至實現。

不久，劉備隨同袁紹進軍黎陽（今河南浚縣東北）。

建安五年（二〇〇）四月，曹操親自率軍救援遭到袁紹軍隊圍攻的白馬（今河南滑縣東），戰爭進一步升級。

袁紹大將顏良在白馬迎戰曹操。曹操派遣新近投降的關羽和張遼二將帶頭衝鋒。用剛收降的將領作戰，是曹操慣用的方法，用意主要是鑑定他們的成色，是騾是馬拉出來遛遛就知道了，反正死了也不足惜，誰讓你是新來的。

關羽以實際行動證明了自己的成色是足赤的。擒賊先擒王，關羽看準敵軍主帥顏良的位置，立即策馬衝鋒，直取顏良。可憐河北名將顏良，還沒有看清楚來人是帥哥還是醜男，大好頭顱已經成為關羽的戰利品。

關羽襲殺顏良後，策馬返回，所向披靡，如出入無人之境。

關羽此舉成為百萬軍中取上將首級的教科書式的戰例，令無數人拍手叫絕。

曹操就帶頭拍手叫絕。關羽的表現實在太精采了！擒賊先擒王，殺死主將後，戰鬥很快獲得勝利。大戰在即，初戰告捷，對於振奮軍心士氣意義重大。曹操非常開心，立即上表加封關羽為漢壽亭侯。

關羽終於從一介草民博取封侯拜爵，邁入新貴的行列。

成為大漢漢壽亭侯的關羽，卻絲毫沒有功成名就的喜悅。在離開劉備的日子裡，他更加明白自己這麼多年的飄泊與奮戰，並不是為了得到榮華富貴，只是為了一個人——劉備。曹操雖然對他很有感覺，他卻在曹操身上找不到絲毫的感覺，找不到與劉備在一起時無話不說、親密無間、如同兄弟的感覺。

一定要找到劉備，回到他的身邊。

不過，關羽首先要搞清楚的是，劉備是生是死？如果活著，又在何處？

關羽沒有等太久，答案很快揭曉了。

顏良被殺、白馬解圍後，曹操實施堅壁清野的策略，將白馬一帶的百姓強行遷徙到黃河南岸，所有能帶走的財物也全部帶回。

為報這一箭之仇，袁紹揮軍渡過黃河進擊曹操軍隊，派遣大將文醜與劉備兩人帶領五、六千軍隊前去追趕。曹操將大批輜重財物做為誘餌，引誘文醜軍隊上鉤四散掠奪，乘機縱兵出擊，又大破袁軍，陣斬文醜。劉備的逃跑技術實在是沒得說，又在敗軍之際逃命成功。

史書沒有記載文醜究竟死在誰的手裡，雖然關羽此時正在曹操軍中，但由關羽或其他大將斬殺文醜的可能性很小。因為如果是大將斬殺了文醜，是一件非常光彩、非常值得炫耀的事情，在他們的傳記當中或是別人的談話中，往往會有一些記載。而文醜之死卻沒有相關記載，所以十之八九，河北名將文醜是死在幾個無名小卒手裡的。

即使關羽沒有陣斬文醜，他在這一仗中仍然收穫很大——確切知道了劉備的下落。

關羽一心想離開曹操回到劉備身邊，這已經是個人盡皆知的祕密。早在上白馬前線之前，曹操發現關羽並不想安心為他幹活，就派與關羽私交不錯的張遼前去試探。

關羽對朋友實在是沒得說，恨不得把心都交出來，對張遼毫不隱瞞說出了真心話：「我知道曹公對我很好，但我受劉將軍厚恩，誓以共死（可見桃園結義未必是真，盟誓卻未必是假），絕對不會背叛他。我終究不會留在這裡，不過要在立功報答曹公之後才會離開。」

聽了關羽的真心話，輪到張遼為難了：如果將實情告訴曹操，怕曹操會殺了關羽，是對朋友不義；如果不告訴曹操實情，又有欺君之罪，是對老闆不忠。張遼左思右想，還是認為「忠義」二字「忠」字在先，於是向曹操報告了實情。

得知一切之後，曹操的作法顯示出一個成大事者的寬廣胸懷。他不但沒有殺關羽，反而更加敬重關羽，給予高度評價：「事君不忘其本，天下義士也。」（《三國志》注引《傅子》）

襲殺顏良之後，曹操意識到關羽離開自己的時間不遠了，於是賞賜更加豐厚。換做別人，感到曹操如此廣闊的胸懷，受到曹操如此盛情的厚待，再考慮一下寄人籬下的劉備的莫測前途，與代表中央政府的曹操的發展空間，忘掉劉備歸順曹操，是一件順理成章、天經地義的事情。

關羽，之所以被世人傳頌了一千八百多年，正因為他此時的決定。

決定離開曹操，前去尋找劉備。

雖然跟隨曹操有享不盡的榮華富貴，博取功名如拾草芥，我卻毅然離去，因為這些不是我最看重的。

雖然追隨劉備前途莫測，要成就一番事業實在太難，我卻毅然前往，因為我最看重的是兄弟情義，即便付出生命也在所不惜。

生命誠可貴，功名價更高。
若為情義故，兩者皆可拋。
當年曾誓以共死，說到就要做到。
這一句承諾，力重千鈞。

兄弟重逢

幾天後，關羽將曹操賞賜的所有財物全部擺放整齊，還寫了一封類似於辭職書之類的書信，然後拍馬前去，尋找那個生命中最重要的人——劉備。

你。

哪怕山高水遠、路途艱險；哪怕江湖險惡、生死莫測，不管你在哪裡，我一定要找到

關羽尋找劉備，被後人演義成千里走單騎、過五關斬六將的傳奇故事，幾乎是地球人都知道。

那麼這些膾炙人口的故事是否在歷史上真的發生過？我們可以做一個小小的辨別。在《三國志》的〈關羽傳〉、〈先主傳〉（劉備）、〈武帝紀〉（曹操）中都有關羽辭曹歸劉的記載，但這些記載有所出入。

〈關羽傳〉：奔先主於袁軍。

〈先主傳〉：（袁）紹遣先主將兵與（劉）辟等略許下。關羽亡歸先主。

〈武帝紀〉：公（曹操）還軍官渡。（袁）紹進保陽武。關羽亡歸劉備。

據〈關羽傳〉來看，關羽是從曹操軍中直接前往袁紹軍中尋找劉備。

據〈先主傳〉來看，關羽找到劉備的時候，劉備已經受袁紹派遣在汝南一帶開展工作。

據〈武帝紀〉來看，關羽是在兩軍陣前離開，前去尋找劉備，但沒有說地點在哪裡。

綜合分析，可以得出以下結論：

第一、關羽前去找尋劉備的時間，必然在曹操擊斃顏良、文醜的兩次戰鬥之後，在劉

備從汝南回到袁紹軍中之前。

第二、關羽是直接從前線離開曹操的，不可能帶上劉備被俘虜的老婆孩子。大戰一觸即發，前後轉戰多處，曹操與將領們不會帶著家眷上前線，更不會帶上劉備的家眷，他們應該是被軟禁在許都。日後可能是曹操做人情做到底，主動放他們回去的。

第三、關羽找到劉備的地點。這也是疑問最多的一點。關羽出發的地點是曹操軍中，這可以確定，但找到劉備的地點是在哪裡？按〈關羽傳〉記載，似乎是在袁紹軍中找到劉備；但按〈先主傳〉記載，似乎是在汝南一帶才找到劉備。我的看法，是在汝南一帶。因為仔細體味〈關羽傳〉中「奔先主於袁軍」一句話，並不是明確說明在袁紹軍中找到了劉備，只是關羽出發時是先去袁紹軍中尋找的，而這個時候，劉備很快就被袁紹派到汝南開展工作了。關羽是個有頭腦的人物，剛剛殺了袁紹大將，他不可能冒冒失失直接跑到袁紹軍中，應該會在半路上打探確切消息。關羽得知劉備南下汝南後，然後追蹤前去找到劉備，這才與〈先主傳〉的記載相吻合。

第四、關羽到汝南一帶才找到劉備，路程雖然遙遠，可以誇張一下稱為千里走單騎，但過五關斬六將是絕對不會發生的。因為按地理來看，這一路上根本沒有演義中所說的洛陽關、滎陽關等關隘，而且關羽基本是跟隨劉備的路線南下的，劉備帶領一撥軍隊尚且一路通行無阻，關羽單人匹馬也不會受到多少攔阻。如果真要發生守關將領率領軍隊擋住去路的情況，畢竟雙拳難敵四手，關羽再神勇無比，也不可能一而再、再而三地斬關奪隘得手。不過，關羽在路上遇到攔路搶劫馬匹財物、專門幹些殺人越貨勾當的綠林好漢一類人物，然後搞定這些人物繼續趕路，倒是很有可能。

雖然關羽前去尋找劉備不可能有過五關斬六將的傳奇經歷，但這無損於他的光輝形象。

有情有義，重承諾輕生死，真乃大丈夫也！

關羽如此光輝的行為，讓後人景仰了一千八百多年。

值得關羽做出如此行為的劉備，同樣值得後人景仰。

自古英雄惺惺相惜，一個英雄絕對不會敬重一個狗熊。一千年前是這樣，一千年後還是這樣。

這個世界上，沒有無緣無故的恨，同樣沒有無緣無故的愛。

人與人之間的交往從來都是相互的，除了父母對子女的愛（這正是其偉大之處），其他交朋友、談戀愛等等都是一樣。一個交心，一個不交心，注定做不了知心朋友；一方將心向明月，一方明月照溝渠，注定成不了愛人。所以，癡迷不悔誓將滿腔熱血融化冰霜堅持單相思的同學，還是回頭是岸吧！

劉備值得關羽等人付出一切，必然有內在的原因。雖然史書上記載不多，但字裡行間我們可以讀出一些，諸如劉備的魅力、事業的感召、相契的性情、深厚的情義等。

民間流傳的故事中，劉關張兄弟三人失散後，在古城相會。史書卻沒有相關記載，張飛很可能一直在劉備身邊保駕護航，並沒有失散。

有沒有先失散再重逢不重要，重要的是他們歷經艱難困苦一路走了過來，走過了十多個春夏秋冬，從三個意氣風發的青年走成了三個壯志雄心的中年人；他們還將繼續走下去，從三個年屆不惑的中年人走成三個烈士垂暮的老人，最終走到生命的終點。

今生，他們永不相負，永遠是兄弟！

劉備與關羽重逢之時，正受袁紹派遣轉戰至袁紹老家汝南一帶，聯合劉辟等人的黃巾軍，一同開闢敵後抗曹根據地。曹操前線吃緊，後方自然空虛。在劉備等人的進攻下，一些縣城紛紛響應。

劉備建立的敵後根據地沒能堅持多久。接到後方被侵擾的報告後，曹操派遣曹仁率領騎兵前去掃蕩。劉備此時的軍隊大部分是袁紹資助的，兵將之間不熟悉，也沒什麼感情，打仗勁不往一處使，很快被曹仁打敗。

劉備只好再次回到袁紹的正面戰場——雙方正在官渡豪賭。

經過半年多與袁紹的親密接觸，再回憶一下多次與曹操打交道的慘痛經歷，劉備已經判斷出賭局的結果：袁紹必敗無疑。為保存實力謀求發展，他決定離開袁紹，拉上自己的人馬單幹。

不論是之前離開公孫瓚，還是此時離開袁紹，都表明劉備不甘心長期為別人打工，更表明他看人看到骨子裡了，對他人的作為和時局的走向有著清醒的預見。

劉備更清醒的是，袁紹盟主雖然為人比較寬厚，但絕不是開政府招待所的，不能想來就來、想走就走。要想脫身，必須找出一個說得過去的理由。

於是，他建議袁紹聯合荊州牧劉表，南北夾擊曹操，並提議這個計畫由他前去執行。

對袁紹來說，這個計畫非常誘人。他在前線進展並不順利，急需要劉表能幫他一把。而且曹操也在死撐，後方十分空虛，劉表如果派遣大軍進攻許都，一舉端了曹操老窩是很有希望的。

面對如此誘人的計畫，袁紹卻很猶豫。猶豫的原因不只是袁紹一向做事都很猶豫，更因為他已經N次派人前去聯合劉表了，劉表嘴上說沒問題，但就是不出兵。別人說不動劉表，你劉備能嗎？

劉備給出的答案是：能。

袁紹：給個理由先。

我和劉表都姓劉，都是帝室之後。

你有把握？

沒有，但值得一試。世上很多事，只有努力爭取才會有成功的希望，不試一試，怎麼知道不成功——就算不能證明我能行，你至少應該證明我不行。

正面戰場進展不利，袁紹迫切需要爭取劉表，成功的機率再低也值得一試，最終同意了劉備的計畫。

劉備帶領自己的老部下又一次上路，轉戰到達汝南，聯合黃巾軍頭目龔都等人，再度拉起了幾千人的隊伍，重新建立起敵後根據地。

但說服劉表出兵的策略卻泥牛入海沒有一點進展。

不為別的，就因為他是劉表。

一個騎牆看風景的男人

劉表，字景升，兗州山陽高平（今山東魚臺東北）人，是漢景帝的兒子魯恭王劉餘的後代。

在三國亂世中，劉表是一個十分特別的男人。

劉表的特別之處不在於出身皇族（這個時候皇族滿地走），也不在於他長得很帥（袁紹也是相當的帥），而在於他在亂世之中一直充當好好先生，騎牆看風景長達十多年之久。別人轟轟烈烈地開展搶錢搶糧搶地盤的運動，殺得你死我活、天昏地暗，但這一切似乎離他很遙遠。只要別人不來找他的麻煩，他絕不會找別人麻煩。甚至有人（比如張濟）在別的地方實在混不下去了，來他的地盤幹點殺人搶劫的勾當，他仍然毫不生氣，還一個勁地說對不起，讓你的兄弟們餓肚子都是我的錯。

只能說劉表生錯了時代。他這樣的好好先生，最擅長的就是和稀泥、玩平衡，名氣又大，長得又帥，在和平時代可位列三公（賈詡語：「表，平世三公才也。」）。但生在亂世，心不狠，手不辣，又沒有野心，注定是為他人做嫁衣裳，不會闖出個什麼名堂。

說劉表政治立場不堅定，那是抬舉他了，事實上他根本沒有政治立場。不論綁架皇帝的是李傕還是曹操，他都一絲不苟、兢兢業業地派人前去進貢。這也罷了，可說是一片丹心向皇帝。但劉表在向曹操進貢的同時，還與袁紹一直保持著友好關係。而曹操和袁紹，早就勢不兩立，劉表卻依舊兩不相幫，站在襄陽城頭看風景。

官渡之戰時，曹操和袁紹分別在天平的兩邊，保持著短暫的平衡。此時劉表舉足輕重，只要他選擇加入哪一方，很可能立時打破平衡，改變天下格局。

如果要做一番事業、占一把便宜，此時是千載難逢的大好機會。

年輕有為的江東集團ＣＥＯ孫策，就想偷襲許都，用自己的力量決定中國向何處去。不過他在出兵之前，意外地死在了幾個刺客手裡。

劉表卻依舊優哉游哉地騎牆看風景，沒有一點要抓住機會參與博弈的意思。他的行為贏得了所有亂世梟雄的驚嘆。

曹操驚嘆了。曹操驚嘆劉表經營數千里大好河山、十餘萬水陸軍隊，只是為了給他人做嫁衣裳（適足為吾奉矣）。這是一種什麼精神？是一種毫不利己、專門利人的天下為公的精神，著實令人嘆為觀止。

袁紹驚嘆了。袁紹想不通在這樣一個亂世，劉表坐擁荊州地方數千里、帶甲十餘萬，竟然滿足於當一個土財主，沒有一點把生意做大的念頭。這是一種什麼定力？是一種泰山崩於前我自巋然不動的定力，著實令人百思不解。

劉備驚嘆了。劉備驚嘆劉表做為漢室宗親，眼看天下大亂、黎民遭難，竟然無動於衷，只一門心思守著眼前的一畝三分地，不思進取，終日置酒高會、玄談無為。這是一種什麼狀態？是一種低著頭過自己的日子、閉上眼看世間的痛苦，胸無大志、得過且過的狀態，著實令人唾棄不已。

但劉備很快就停止唾棄了。停止的原因不是劉表突然改變風格讓他刮目相看，而是他需要到劉表那裡避避風頭。

建安五年（二〇〇）九、十月間，當劉表一如既往地騎在牆頭看風景的時候，曹操終於在官渡大敗袁紹，前後殺死七、八萬袁紹將士（包括坑殺大批降卒），取得了對袁紹作戰的決定性勝利。

苦戰之後，曹操與袁紹雙方都需要休整一段時間，期間分別鞏固後方根據地。

威脅曹操後方的，又是劉備。劉備在汝南再次建立敵後抗曹根據地，開始曹操顧不上，只派了一個叫蔡陽的將軍領兵前去打劉備，結果被劉備輕輕鬆鬆幹掉了。

建安六年（二〇一）九月，曹操騰出手來親自進攻劉備。

所謂人貴有自知之明的含意是，一個人最重要的特質是搞清楚自己到底有幾斤幾兩。

劉備此時就非常有自知之明。區區幾千人馬，大半還是剛剛招聘過來的烏合之眾，根本打不了硬仗，幹掉菜鳥蔡陽不難，想幹掉猛人曹操就有點不靠譜了。

於是，劉備派遣麋竺、孫乾前去聯合劉表，然後主動撒腿走人，以免被曹操幹掉。

劉備就是在這種情況下，前往劉表的荊州避風頭。這是他生命中的第N次跑路。

但絕不會是最後一次。

曹操當然不願意就這麼眼睜睜看著劉備到荊州過日子，卻也沒辦法。因為啃骨頭需要一塊一塊下手，必須先集中精力趁熱打鐵徹底搞定袁紹，不能讓袁紹死灰復燃，所以只能先放劉備一馬。相信曹操是抱著跑得了初一跑不了十五、秋後再算帳的想法，率軍返回許都的。

劉備跑到荊州的時候，經過多年摸爬滾打，劉豫州、劉使君的名頭已經非常響亮，遠遠不是孔融找他救命的那個階段了。因此劉表親自到襄陽郊外迎接，待他如上賓。賓主見面，握手擁抱、久仰失敬之後，劉表還送給他一些軍隊，把新野劃給他駐軍。

新野位於荊州北部，可以說是荊州的北大門。雖然劉表沒有把生意做大的念頭，但守住現成的一畝三分地還是必須的。他讓劉備駐軍新野，與陶謙讓劉備駐軍小沛的目的是完全相同的，都是為了讓劉備替他們抵禦可怕的曹操。

天下沒有免費的午餐，要想在別人手下吃口飯，就得給別人出力幹活。對於很多人來說，沒有第二種選擇。

當然也包括此時的劉備。

我們不是同路人

在荊州，劉備很快發現自己成了三陪男——陪劉表一起騎牆看風景，還陪吃、陪聊。

劉備雖然有些鬱悶，但也沒辦法，客隨主便嘛！荊州是劉表的地盤，誰的地盤誰做主。主人要一起看風景、開酒肉大會、吃飽了沒事幹海侃（指漫無邊際地聊天）聊天，劉備受到邀請，不能給臉不要臉。說到底這是一種官場交際，不過順便認識一些荊州名士，也算是有一點收穫。

劉表「座談客」（郭嘉評語）的稱呼不是白拿的，只空談不幹事的風格在他做荊州牧時得到了發揚光大。從這個意義上來說，劉表實在是開一代風氣之先，後世所謂的魏晉風流、玄談無為，在劉表這裡已經是司空見慣。

不過劉表他們海侃的話題，並不是今天常見的八卦新聞或低級趣味，而是很有品味的。

二十多年後，曹丕繼承他爹的事業，做了曹魏老闆，由吏部尚書陳群制定了一種官吏選拔制度——九品中正制（又名九品官人法）。九品中正制的核心內容，就是由州郡專門的人才評論員——中正，以家世（這個在實際操作中最重要）、道德、才能把士人分為九個品級，然後給以相應的官職。這個制度，對中國古代政治產生了深遠的影響，魏晉六朝時期「上品無寒門，下品無勢族」的門閥世族政治，正因為九品中正制的實行才名正言順、枝繁葉茂。

但早在東漢後期，人才評議就在社會上流行起來。評論曹操為「治世之能臣，亂世之奸雄」的許劭（字子將），評論十歲孔融「高明必為偉器」的李膺，還有橋玄、何顒等人，都是當時著名的人才評論專家。

可見，曹丕後來推行九品中正制，並不是獨創，而是順應時代潮流，討好世家大族，維護既得利益。從戰國以前實行的貴族世襲制，到漢朝時候的察舉征辟制，再到隋唐之後的科舉考試制，古代用人制度不斷完善，漸趨公平，一定程度上為平民階層打開了出仕之門。而九品中正制，實際上是恢復貴族世襲制，是開歷史倒車，注定不受普遍擁護，注定激化社會矛盾，注定後患無窮。

歷史告訴我們，任何政治制度的出臺，都有背後的利益集團，不過是這些利益集團的訴求在政治上的體現罷了。

面對洶湧而來的時代潮流，劉表做為「八俊」之一，自然也不甘落後。他在荊州時期海侃的主要內容，正是人才評論。

有一次，劉備陪著劉表又與一群人海侃。

當時在座的名士應該不在少數，但有史可考的除了劉備與劉表，只有一位叫許汜。許汜同志當時的身分是陪客，確切點說是一個配角。

一群人侃來侃去，把全天下的牛人們侃了個遍。徐州下邳人陳登（字元龍）是個牛人，自然難免被他們評頭論足。

不過提起陳登，許汜同志很不以為然，說道：「陳元龍是湖海之士，身上有一股驕狂之氣（豪氣不除）。」

劉備一聽許汜的發言，更不以為然。要知道劉備在徐州時，與陳登交往密切，甚至惺惺相惜，很清楚陳登的為人。但劉備沒有立即反駁許汜，而是禮貌地請主人劉表先發言。

劉表模稜兩可地回答：「要說你說的不對吧！許君你是個好人，應該不至於說假話；要說對吧！可陳元龍名重天下，難道他的名聲是靠忽悠得來的？」劉表這一番不置可否的發言，完全符合他一貫騎牆看風景的特色。

劉表發言後，劉備進一步追問許汜：「你認為陳元龍驕狂，能否舉例說明？」

許汜一看有了傾訴對象，立即打開話匣子，有些委屈地說出了傷心的往事：「曾經有一次，我路過下邳，見過陳元龍。他居然毫無待客之道，連話都不跟我說，自個兒在大床上高臥，讓我睡在下床。」許汜的敘述中可能有所隱瞞，隱瞞了他當時與陳登談論的話題，這是他被鄙視的關鍵因素。

聽到許汜對陳登的不滿，劉備終於露出了他的真面目，他不是像劉表一樣的好好先生，只會空談無為，而是有雄心壯志且一直在努力奮鬥的亂世英雄劉備！

他應聲說道：「許君你一向被人稱為國士，現在天下大亂，帝王流離失所，大家都希望你能憂國忘家，有救世濟民的抱負。可是你卻只知道置辦房產田地過自己的日子（求田問舍），沒有一句上得了檯面的言語，這正是胸有大志的陳元龍非常鄙視的行為，他怎麼會和你說話？假如當時是我，我要睡在百尺高樓上，而讓你睡在地上，哪裡只是區區上下床之間的差別？」（欲臥百尺樓上，臥君於地，何但上下床之間邪）

一番話說得許汜無地自容，羞愧得說不出話來。

事實證明，劉表確實是個出色的好好先生，為了打破許汜的尷尬，他把劉備的話當作一個笑話，聽後放聲大笑。

劉備提起陳登，想起往日共事的崢嶸歲月，對他的英年早逝（陳登死時為二〇一年，享年三十九歲）十分痛惜。隨後，劉備說出了他對陳登的評價：「像陳元龍這樣文武兼備、膽志超群的俊傑，只能在古人中尋求，當今之世很難有人能與他相提並論。」（若元龍文武膽志，當求之於古耳，造次難得比也）

這是「求田問舍」典故的來歷。

這件事至少透露出兩個資訊。一，劉備不是一個絕對喜怒不形於色的人，雖然城府很深，卻是一個性情中人，敢於當面指責別人（許汜可不是他的手下），更不是不看對象對所有人都一味寬厚，而是有雙識人的慧眼，給予區別對待。二，劉備與劉表等座談客根本不是一路人，他在內心深處是看不起這些人的，只是礙於情面一般不表現出來罷了。

還有一件事，更能證明劉備與劉表的差別。

劉備在荊州無事可幹，除了陪聊，還要陪吃。

一次酒肉大會上，眾人酒足飯飽之際，劉備去上了趟廁所，回來卻流起了眼淚。

劉表看到後覺得很奇怪，連問這是為什麼？難道……？

劉備流眼淚的緣故，當然不可能是在廁所裡發生了什麼意外事件，而是他在上廁所的時候又看了一次大腿。

當然是劉備自己的大腿。按理說，劉備也是四十好幾的老男人了，兩條大腿沒有什麼值得好看的。

但劉備偏偏就看了，而且看出了不同，看出了奧妙——大腿粗了，內側長肉了（髀裡肉生）。

對於養尊處優的劉表來說，很難理解大腿內側長肉代表著什麼，但對於半世騎馬作戰、一生顛沛流離的劉備來說，這有著深層的含意：他已經很少騎馬了。

不騎馬意謂著不打仗，在亂世中不打仗就意謂著劉備無所事事、虛度光陰。

劉備慨嘆「髀裡肉生」，與後來蘇軾說的「早生華髮」，岳飛說的「白了少年頭」，雖然時間、地點不同，意義卻完全相同。

蘇軾、岳飛二人說這話時，很是感慨，很是悲傷，劉備當然也不例外。他已經是四十好幾的人了，還過著寄人籬下、無所事事的日子，「日月若馳，老將至矣，而功業不建。」（《三國志》注引《九州春秋》）忍不住流下幾行熱淚。

劉表卻非常不理解劉備。

你劉備是一年三百六十日，多是提劍馬上行。

我劉表是一年三百六十日，多是騎牆看風景。

白天不懂夜的黑，恕我不懂你的心。

我認為守著自己的一畝三分地過日子很美，你卻流幾行眼淚說心很累。

兩個志不同道不合的人走到了一起，這日子到底該怎麼過？

有吵有鬧過日子

有一個日常生活中很常見的現象：兩口子過日子免不了磕磕碰碰、有吵有鬧，卻也不至於翻臉，更不至於離婚，幾十年就這麼過下去慢慢變老了。如果兩口子一點都不吵鬧，反而讓人覺得有點不正常。

歷史證明，劉備與劉表在荊州也是這麼有吵有鬧過日子的。

劉備初來時，劉表做為荊州家長，給他劃分新野做為自留地，雙方也算是和和美美，有個蜜月期。但蜜月期一過，劉表心裡就不爽了——好多人才都跑到劉備那裡去了（實在是魅力擋不住啊）。

劉表著實有些失落——這不是意謂著我不如他劉備嗎？再說，他劉備在我的地盤上招攬這麼多人才到底想幹什麼？

於是，劉表開始防範劉備。

但兩個人還不至於翻臉，劉表只想限制劉備發展實力，讓他不要威脅到自己，最好能為我所用、幫我幹活。

為了證明劉備究竟能不能為我所用，劉表決定做一個實驗——出兵攻打曹操。

雖然《三國志》記載「劉表使劉備北侵」，實際上這場戰役不是劉表主動發起的。建安八年（二〇三）八月，曹操揚言南征劉表（很可能是個幌子），軍隊進駐到了西平（治今河南西平西）一帶。

兵來將擋，水來土掩。劉表自然不明白曹操的心思，眼看曹操打上門來了，只好派遣劉備前去擋刀子。

在我這裡吃了兩年飯，兄弟你也該為我出把力了，我倒要看看你究竟能不能給我幹點活。

劉備很清楚自己的兵力不一定擋得住曹操，但他更清楚劉表的用意，明白這次必須要聽話。要是不聽話，以後就別想在荊州混了。

所以，劉備擬訂的應對策略是：一要出兵，二要保存實力。這樣才能向劉表有個交代，也不至於讓自己損失過大。

這個策略十分英明。

此時袁紹已死，兩個兒子袁譚和袁尚在河北為誰當老大的事爭得不可開交。劉表保持著騎牆看風景的一貫風格，兩不相幫，毫不偏心，給兄弟倆各寫去一封信，苦口婆心地勸說兩人放下屠刀，和睦相處。

事實證明，一個向來說話不算數的人，時間長了，他的話就會被人當作空氣，不會再有人聽從。

鑑於劉表此前口頭答應與袁紹夾擊曹操，卻沒有一點實際行動，袁氏兄弟吸取他爹的教訓，雖然分歧很大到了用刀劍對話的地步，但對劉表的態度卻是難得的一致——就當他是空氣，依舊打得難分難解。

曹操眼看有機可乘，立即放棄劉表，跑到河北當漁翁去了。留下對抗劉備的將領，是曹魏名將夏侯惇、于禁、李典等人。

建安八年秋冬之際，劉備已經率軍進逼南陽郡葉縣附近，後來與夏侯惇、于禁、李典等人相持於博望（博望並不是「坡」，而是一個縣，位於今河南方城縣西南）。

劉備需要保存實力，所以他在博望深溝高壘，並不主動出擊。

在曹魏第一大將夏侯惇的心中，從來沒有把常敗將軍劉備當作一回事。而劉備的保守戰術，在夏侯惇看來，更是信心不足、膽小怯戰的鮮明例證。

雙方相持了一段時間，一天夏侯惇突然驚喜地發現劉備悄無聲息地跑了，跑之前還把軍營也燒了。

在夏侯惇看來，劉備明顯是落荒而逃。他認為常跑將軍劉備在戰場上逃跑很正常，不逃跑才不正常，所以他毫不遲疑立即率軍要將剩勇追窮寇。裨將軍李典則認為劉備無緣無故退軍逃跑，一定有埋伏，勸夏侯惇保持淡定，衝動是魔鬼，千萬不要追擊。

夏侯惇認為，小將李典到底不如自己這個統帥，見識差得不是一星半點，根本不在一個層次上。你不去立功就拉倒，不要攔著老子。他不但拒不聽從李典的建議，還把李典留下守衛軍營，自己和于禁率軍前去追擊劉備，想要一舉抓獲劉備，克竟全功。

劉備的一雙眼睛早就在暗中盯著夏侯惇，如同盯著他的獵物。等到獵物鑽進了埋伏圈，劉備立即揮軍殺出，埋伏的人馬一起動手，很快打敗曹軍。幸虧李典帶兵前來救援，否則日後的曹魏大將軍夏侯惇同志很有可能要在博望為國捐軀了。不過，這一戰後來被羅貫中同志移花接木，記到了諸葛亮名下，所謂初出茅廬第一功——火燒博望。

打敗夏侯惇之後，眼看曹操已經回到北方，劉備決定見好就收，率軍返回新野。

經過這一場戰役，劉備在荊州的聲望值和人氣指數上升很快，荊州上上下下都認識到他不只是名頭大，能量確實也很大。

對於劉備來說，更為重要的是，他取得了荊州地區一把手劉表同志的信任，此後在荊州過日子蹭飯吃就不用發愁了。

回軍不久，在劉表的安排下，劉備前往與襄陽城僅一水之隔的樊城駐軍。

劉備聽話的表現讓劉表很滿意，但劉表的親信大將蒯越、蔡瑁等人卻很不滿意。

他們不滿的心情非常容易理解，本來劉表最倚重的就是他們幾個，在荊州的地位僅次於劉表。現在來了個劉備，要跟他們搶飯碗爭權力，他們自然不答應。

便想除掉外來戶劉備。

但一把手劉表不同意這樣做。劉表本質上是個儒生，性格和善，幾十年如一日地當好好先生，連張濟過來打秋風他都能忍，何況是聽話的劉備？兵者不祥之器，非君子之器。除非威脅到自己，劉表是不想動刀兵見血光的。

蒯越、蔡瑁幾個碰了一鼻子灰很鬱悶，鬱悶完了決定找機會先斬後奏。他們料定只要殺了劉備，生米做成熟飯，劉表就沒轍了。難不成再把他們幾個全殺了？那劉表找誰幹活。更何況蔡瑁的妹妹現在成了劉表的繼妻，劉表又是出了名的怕老婆，只要蔡夫人晚上在枕頭邊使勁吹吹風，他們殺了劉備不會有什麼嚴重後果。

主意已定，只等下手的機會。

蒯越和蔡瑁以實際行動告訴我們：只要用心去找，機會總會有的。

下手的機會就是宴會。鑑於劉備經常到襄陽城與劉表陪吃陪聊，蒯越、蔡瑁等人決定把一次酒肉大會搞成鴻門宴，由他們來扮演一回范增。

劉邦的扮演者自然是他的玄孫劉備。

劉備能在亂世中摸爬滾打、起起伏伏幾十年不死，除了運氣好（這個必須得承認）之外，也離不開他對人心、對局勢看得透徹，眼看情況不妙就當機立斷做出應急措施，裝死、逃跑、跳槽都是採用過的方式。

事實證明，劉備對劉表及蒯越、蔡瑁等人的心思還是有一定認識的，他在宴會上比較警惕，發覺情況有些不對勁（《三國演義》中說是伊籍報信，是很有可能的），就以上廁所為藉口溜了出去，再以迅雷不及掩耳之勢翻身上馬，二話不說直奔襄陽城外。

劉備此時的坐騎，名叫的盧。這是一匹青史留名的馬。

能夠青史留名的人，不是一般的人。同理，能夠青史留名的馬，也不是一般的馬。三國時期載於史書的名馬有呂布的赤兔，曹操的絕影、爪黃飛電等，當然還有劉備的的盧。

據傅玄的《乘輿馬賦》序文記載，的盧馬原來歸曹操所有（不是陳武），不過是一匹懷才不遇的馬，沒有人認出牠是一匹千里馬。如果沒有遇上劉備，牠很有可能要辱沒於奴隸之手、駢死於槽櫪之間了。

劉備依附曹操的時候，曹操對劉備很不錯，讓他到養馬場挑選好馬。

劉備先在一百多匹上等馬當中看了又看，沒有一匹中意的，然後到普通馬中間挑選。的盧馬（當時應該還沒有名字）就在普通馬中間，瘦骨嶙峋其貌不揚，沒有人看得上，但劉備偏偏選中了的盧馬。一起陪同劉備挑馬的人都忍俊不禁偷著樂，認為這哥們真是不識貨，放著好馬不挑挑劣馬。

等到後來劉備逃往荊州時，騎著的盧馬，逃跑的速度那叫一個風馳電掣，追兵根本望塵莫及，人們這才服了劉備的眼光——不只是看人準，看馬也準啊！

這次劉備遇難，也多虧了的盧馬。劉備逃到襄陽城西，面前有一條叫檀溪的河流，擋住了去路。眼看後面追兵已近，劉備只好冒險縱馬跳入河中，想渡河逃命，不料水流太急，在中流沉溺，幾乎要淹沒水中。

劉備命懸一線，情急之下不禁叫道：「的盧啊，今天就靠你了，加把勁！」（今日厄矣，可努力）之後令人驚奇的一幕出現了：的盧馬一躍三丈，載著劉備渡過檀溪順利脫險（《三國志》注引《魏晉世語》）。

東晉史學家孫盛對這件事提出了嚴重質疑，認為如果發生如此不愉快的事件，劉備怎麼會與劉表相安無事，一直沒有發生大的衝突？

我認為，雖然傅玄的文章運用了誇張的修辭手法，但劉備在襄陽差點遇害這件事完全有可能發生。

理由一：劉備不能跟劉表翻臉。翻臉了劉備沒地方可去，又要過起飄泊無依的生活，所以只能忍著。裝作沒這回事，是他最好的選擇，不可能要求劉表給個說法。

理由二：這次不愉快事件不是劉表主使。劉表並不想除掉劉備，否則劉備逃得了初一終究逃不了十五。《魏晉世語》的記載也明確了這一點。

理由三：蒯越、蔡瑁確實與劉備不合，互相看不順眼，矛盾很大，後來劉表一死他們就分道揚鑣了。所以蒯越、蔡瑁謀殺劉備是很有可能的。一次謀殺不成功，劉備必然會加強戒備；同時，劉表雖然不至於嚴肅處理他們，但免不了要批評一番，他們應該有所收斂。

總而言之，劉備在荊州劉表的屋簷下，始終是矮著頭，有吵有鬧、湊湊合合過日子。

這一湊合，就湊合了整整七年。

人才如何選擇老闆？

雖然這七年中，劉備蟄伏荊州，沒什麼事情可做，但他並沒有閒著。

除了三陪之外，劉備在做一件很有意義的工作。

亂世中什麼最貴？人才，絕對是人才。

和平年代人才影響的也就是GDP、經濟增長率等等，亂世中人才影響的則是多少萬人掉腦袋、天下姓劉還是姓項的重大問題。

劉備所做的有意義的工作正是招攬人才。

並不是像一些人所說，劉備摸爬滾打了大半輩子，事業一直處在低谷，痛定思痛，直到這個時期才認識到人才的重要性。其實劉備一直很重視人事工作，從年少時期組織少年團隊到亂世打拚一向禮賢下士，這些無一不是為收服人才而努力。

但令劉備無比氣餒的是，許多人才卻不重視他。

這也是為什麼劉備身邊人才不多的原因：不是他不重視人才，而是人才看不上他。

東漢初年的名將馬援對光武帝劉秀說過一句亂世名言：「當今之世，非但君擇臣，臣亦擇君。」

的確，在大一統的時代，士人要想當官，老闆沒得選。只有一個皇帝、一個朝廷，等於只開張一家壟斷公司，人才全由老闆隨意挑選，不幹也得幹，想幹未必讓你幹；要當隱士，做閒雲野鶴，得家裡有房有地有糧有錢。亂世卻不一樣，老闆往往不止一個，以三國來說，就有曹老闆、袁老闆、孫老闆、劉老闆等N個，有了選擇的餘地。這就與今天的大學生就業一樣，成了雙向選擇。

有了選擇性的時候，到底選哪一個老闆？這裡邊的差異是非常大的。

選擇的差異歸根結柢來自於人的差異。

如同今天找工作一樣，應聘者要考慮薪酬待遇、發展前景、企業文化、工作環境等因素，當時的人才選老闆同樣要考慮這些因素。但每個人最看重的東西並不一樣，有些人更看重薪酬待遇，有些人更看重發展前景，有些人看重與老闆的私人感情，還有一些人看重企業的特色——雖然亂世中各個老闆本質上都是鬧革命打天下，但還是有所差別的，比如曹操相對傾向於霸道，劉備則相對傾向於仁義。

當然，每個人看重的因素也不是涇渭分明的，往往交織在一起，最後做決定是多種因素綜合起作用的結果。

現在，我們不妨從找工作的角度，給三國時代的老闆們做一個鑑定。鑑於有些老闆的成色實在太差，我們先篩選出袁紹、曹操、孫策孫權兄弟、劉備這幾位大哥級的老闆。

第一回合，論實力。

袁紹大佬的實力原本是最雄厚的，所以他麾下的人才也最多，連荀彧、郭嘉等猛人起初也在他手下打工。但他在官渡被曹操打敗後，開始走下坡。後來曹操老闆兼併了袁老闆的公司，就成為天下第一，地位無人能夠動搖。孫氏兄弟占據江東，割據稱雄，但還沒有逐鹿中原的實力。劉備老闆公司倒閉好幾次，勉強能夠依附別人重組公司，更沒法和曹老闆同日而語。

所以，第一回合勝出者是——曹老闆。

第二回合，論業績。

曹老闆憑藉首先宣導討伐董卓、搞定呂布袁術等老闆的一系列出色表現，贏得不少分數，業績十分輝煌。尤其是搞定袁老闆之後，已經被公認為最剽悍、最能幹的ＣＥＯ。孫策老闆的業績也不錯，可惜英年早逝，接任的孫權老闆還沒幹出多少成績，並不為人所知。倒是劉備老闆，愈挫愈勇，百折不撓，憑藉打不掉的勇氣、打不完的魅力、打不散的團隊，雖然業績不夠突出，聲望值卻上升很快。

第二回合，最終勝出者還是——曹老闆。

第三回合，論出身。

東漢魏晉南北朝，是一個很看重門第出身的時代。在這方面，袁紹老闆有著先天性優勢，四世三公的家族地位，除了皇帝無人能比。曹老闆雖然也是高幹宦官子弟（需要指出他爹是養子），但比起袁老闆那還是有一定差距的。孫老闆是小公務員後代，與劉老闆差不了多少。不過，世間已無袁老闆之後，這幾個老闆中間出身最好的就是曹老闆了。

第三回合勝出者依舊是——曹老闆。

第四回合，論政治背景。

起初袁老闆被推舉為討伐董卓各路諸侯的盟主，占據政治優勢。但建安元年，曹老闆搶到漢獻帝做公司名譽董事長兼公司形象代言人之後，頓時萬眾矚目，而袁老闆立即黯然失色，孫氏兄弟和劉老闆等其他諸侯更是自慚形穢。

第四回合的勝出者，毫無疑問是——曹老闆。

第五回合，論企業特色。

袁老闆和孫老闆的企業特色不是很明顯，只是亂世稱雄、謀求霸業。相對來說，袁老闆行事比較猶豫少斷，孫策老闆比較威猛躁急，年輕的孫權老闆的特色還不為世人熟悉。曹老闆的企業特色很明顯，為人多謀略善用人，少拘束重實用，在他帶領下的企業，軍隊戰鬥力非常強悍，屠城殺降樣樣都幹，震懾性很大。但如郭嘉所說，很多地盤都是「徒以威服」，可以說是傾向於暴力強權。劉備老闆的特色也很明顯，思想正統，行事穩重，注重道德建設，仁義之名遠播，但同時的負面效果是少權變見事遲。總體來說，劉老闆傾向於儒家仁政。

第五回合，曹老闆和劉老闆平分秋色。

通過對四大老闆的比較，可以看出曹老闆得分最多，他的企業優勢最大。所以，很多人才首選的就是曹老闆。就連劉備識拔舉薦的袁渙、陳群、田豫等人，後來都投奔曹操，成為曹魏名臣。

這個完全可以理解，與今天的人們找工作一樣，大多數人都是希望飯碗穩定的，所以哪個老闆開的薪水高，工作有保障，投資風險小回報高，大多數人就會選擇哪個老闆。

此外，與老闆的私人感情，也是個很重要的砝碼。比如曹操決定單幹討伐董卓時，首先過來幫他拉起隊伍的就是夏侯惇、夏侯淵、曹仁等本家兄弟；劉備起兵時的班底也是自己早年結交的關羽、張飛等兄弟們。

不過人才選擇老闆，也不是看中哪個就選擇哪個的。除了想投奔老闆的主觀願望是否強烈外，還有一個非常重要的客觀限制因素——地域。

地域因素在今天已經比較薄弱了，但古代交通不便，鄉土意識又很重，地域因素絕對是一大局限。很多人就近選擇在當地開張的老闆那打工，比如河北人才多選擇袁紹袁老闆，江東人才多選擇孫老闆。項羽所說「富貴不歸鄉里，如衣繡夜行」，也代表了一大批人的觀念：做官最好能榮歸故里，如果家在曹老闆的地盤，自己卻在孫老闆那裡打工，有家難回，宦遊的滋味可是很不好受的。再者，亂世中跑來跑去找老闆風險很大，搞不好就在路上出個意外被人幹掉（參見韓暹大將軍的悲慘遭遇），那可真是冤枉到家了。

因此，即使江東或荊州的人才更加看好曹操老闆，但在機遇到來（比如曹老闆把生意擴大到江東和荊州）之前，這些人也就湊合著在孫權老闆和劉表老闆的公司幹了。但從他們的內心來說，這絕不意謂著他們欣賞孫權老闆、劉表老闆多於曹老闆，只是機緣巧合而已。

如同今天的大學生畢業，有些畢業生非常看好一個企業，可是這家企業偏偏此時不招聘新人或要求有工作經驗，這些畢業生只好先去別的企業打工，但心裡很有可能還在想：等到時機成熟，我立刻就跳槽。

這樣一分析，我們會發現，劉備老闆的劣勢非常明顯。

劉備此時沒有地盤、沒有資本，租借別人的地盤開張，幾乎算不上一個獨立運營的公司。他的公司倒閉了N次，換地域重新開展了N次，連自己的老婆孩子都丟了N次，憑什麼讓人才跟著你瞎折騰？連飯都吃不飽，生命都沒保障，還談什麼理想和發展？

此時劉備與曹操比起來，可以說劉備開的是一個發展前景不明朗、幾次關門停業的私營小公司，而曹操開的是壟斷性國企，甚至是政府機關。

以今天找工作的情況來看，絕大多數人都會首選公務員或大國企。當時也是一樣，注定很多人會選擇曹操。畢竟混來混去沒前途，說不定哪天就會有掉腦袋的局面，正常人都是不喜歡的。

前期跟著劉備一路走過來的人，最主要的不是為了得到官職爵祿，而是如清代史學家趙翼所說的「以性情相契」（《廿二史箚記》），也就是情投意合，相互之間如朋友、如兄弟，一起並肩奮鬥，創造未來。

這些人與劉備相識相知、患難相隨，是經歷了一些時間和風雨的。至於其他的人才，與劉備沒什麼深厚的友誼和深入的了解，所以在選擇老闆的時候，自然很少考慮到他。

在發展前景不明、多次飄泊逃難的條件下，劉備之所以能夠吸引一部分人才，並且留住這些人才，除了天生的領導氣質加後天的學養形成的個人魅力之外，更為關鍵的是他走的是人間正道——堅守仁義原則、立志為國為民，在道德高於一切的我國古代社會，劉備這樣的君主毫無疑問是最為理想的。此外，劉備對兄弟義、對臣下禮、對百姓仁，會用人，能團結人。概括起來，也就是三個方面：一是個人特質好，二是走的路子正，三是以真心待人。

值得一提的是陳登。陳登曾說：「雄姿傑出，有王霸之略，吾敬劉玄德。」劉備評價陳登是「若元龍文武膽志，當求之於古耳，造次難得比也」。

可以說，劉備與陳登是惺惺相惜。然而，這兩個男人最終卻擦肩而過，沒有走到一起。劉備遭到呂布偷襲丟了徐州後，陳登成了呂布的員工，後又與他爹陳珪投效了曹操，再出任廣陵太守。直到最後劉備再沒有在徐州站穩腳跟，一直流離失所，到陳登英年早逝時（二〇一年），劉備還是前途黯淡、寄人籬下。

這與古往今來一些相愛的人不能在一起的故事有點相似。正如癡情的祝英台一直在等梁山伯有了功名前來迎娶，但她終究沒有等到那一天，而是造化弄人許配給了馬文才。

畢竟能拋棄現有的高官厚祿（比如廣陵太守的職位），乃至拋開一切，不計代價跟著幾乎一無所有的劉備同生死、共命運，需要太多太多的勇氣。

因為難得，所以珍貴。能夠做到這一點的人，其眼光和魄力著實令人敬佩。

關羽、張飛、簡雍、孫乾、糜竺、趙雲、陳到，以及一些湮沒於歷史塵埃中的無名英雄，都值得我們尊敬。

世人能看到他們青史留名的彪炳功勛，卻往往忽略了他們跟隨劉備創業時的艱難困苦。他們也許動搖過、矛盾過，但終究挺了過來，堅持於自己的信念，不拋棄，不放棄。

一個團隊要想發展，除了有一個好領導，也必須有一撥這樣信念堅定矢志不移的好員工。

另一個蟄伏的男人

劉備在荊州蟄伏的時候，許多男人也在蟄伏。其中最為著名的，就是世人皆知的臥龍——諸葛亮。

諸葛亮和當時的皇帝劉協有一個巧合——同年生，同年死。他生於一八一年，字孔明，祖籍徐州琅琊陽都（今山東省沂南縣），父親諸葛珪，做過太山郡丞，但不幸早死。

父親去世之後，諸葛亮長兄諸葛瑾已在京城遊學，諸葛亮與弟弟諸葛均則隨叔父諸葛玄過日子。大約在曹操攻屠徐州前後，諸葛玄被袁術委派做豫章（今江西南昌）太守，諸葛亮兄弟兩人為躲避戰亂，就隨叔父到豫章生活。但沒過多久，中央政府任命朱皓擔任豫章太守，諸葛玄這官就當不下去了，只好前往荊州找老朋友劉表混口飯吃（一說諸葛玄因兵亂民反死於豫章一帶）。

於是，諸葛亮兄弟兩人也來到了荊州，在襄陽城西二十里的隆中置辦了一些田產，過起了小地主的生活。雖然諸葛亮曾說「躬耕於南陽」，但他親自趕著耕牛種地的可能性不大，他的主要工作是讀書交友，此外算算收成，分配一下勞動成果，安排一下明年的生產任務，倒是很有可能。

諸葛亮所讀的書，從其一生行事作風與當時的社會現狀來看，主要是儒學。但他讀書往往「觀其大略」，類似於後來的陶淵明所說「好讀書不求甚解」，不是死讀書，而是會讀書。觀其大略的讀書方法，效率當然很高，因此他涉獵的書籍必然很多。從劉備後來給劉禪的遺詔中可以看出，諸葛亮除儒學外，還比較注重申不害、《韓非子》、《管子》、《六韜》等法術和兵書等諸子百家著作（聞丞相為寫《申》、《韓》、《管子》、《六韜》一通已畢）。此外，諸葛亮後來改進連弩、發明木牛流馬、做八陣圖等等，正是此時廣泛涉獵課外書打下良好基礎的結果。

諸葛亮所交的朋友，見於歷史的有徐庶（字元直）、石韜（字廣元）、孟建（字公威）、崔州平等人。這幾個也都是有理想、有抱負的大好青年，只是蟄伏一時，並不想當一輩子隱士。他們經常在一起切磋學問、談論理想，諸葛亮評價朋友們以後出仕做官可以做到郡守、刺史這樣的級別（事實也確實如此），而他自己則自比為春秋戰國時期的管仲和樂毅。

管仲和樂毅是兩個大名鼎鼎的人物。管仲輔佐齊桓公九合諸侯、一匡天下，在政治、軍事、經濟方面都有建樹，被稱為「春秋第一相」。孔子曾評價說：「如果沒有管仲，我

們很可能成為亡國奴被蠻人統治。」（微管仲，吾其被髮左衽矣）

樂毅輔佐燕昭王振興燕國、攻滅強齊，眼看就要大功告成，卻遭到新任老闆燕惠王的懷疑，被免去了前線總司令的職務，導致功敗垂成。樂毅的事蹟流傳下來的不多，但根據司馬遷的評價、諸葛亮將他與管仲一起當作偶像等事例來看，他的才能遠不只在軍事方面。

與今天的社會一樣，人們聽到一個沒有做出過什麼成績乳臭未乾的年輕人，居然自比為管仲和樂毅這樣的古代良臣名將，許多人都會不以為然、嗤之以鼻，認為他在吹牛皮。只有與諸葛亮交往密切、彼此了解的這幾個朋友，認為這絕對不是吹牛，而是即興開講的實話實說節目。

這樣一個有才學有抱負的人，自稱「苟全性命於亂世」，倒有幾分可能，畢竟當時人口下降極其迅猛，四、五十年間全國人口下降約三分之二，能活下來的人確實不容易；但說是「不求聞達於諸侯」，就完全是謙虛了。

不求聞達，豈不空負平生所學！

男大當婚，女大當嫁。諸葛亮到了談婚論嫁的年齡，小夥子身高一八四公分（身長八尺），長得一表人才，人見人愛，學問又好，當真是一個很有前途的大好青年。

估計諸葛亮從隆中走過，會有「耕者忘其犁、鋤者忘其鋤」，男女老幼齊刷刷行注目禮的效果。其中一位很有眼光的人——黃承彥，決定先下手為強，在最短的時間內搞定這個東床快婿。

黃老先生也不找什麼媒人，而是親自上陣去找諸葛亮，說小夥子，咱倆商量個事情，我看你很不錯，讓我的閨女給你做媳婦怎麼樣？他還為女兒做了一番介紹：家有醜女（真的），黃頭黑色（也是真的），而才堪相配（可能是誇大其詞，廣而告之）。

按理說，小帥哥諸葛亮又不是娶不到媳婦，幹嘛找個醜老婆？但他一口答應了，留下了「莫作孔明擇婦，正得阿承醜女」的笑談。

愛美之心，人皆有之。諸葛亮答應這門婚事，可以說明兩件事情：一是他不怎麼看重女色，二是他看重黃承彥的身分。

因為黃承彥不是一般的人。他是劉表的連襟、蔡瑁的妹夫。劉表的原配夫人逝世以後，迎娶了荊州豪族蔡諷的小女兒。而蔡諷的大女兒，正是黃承彥的老婆。

諸葛亮在亂世之中背井離鄉來到荊州，人生地不熟，要想立足，要想發展，必須取得當地名士的認可和幫助。藉助黃承彥邁入荊州上流社會，是條終南捷徑。

何況這個橄欖枝是黃承彥主動伸過來的，諸葛亮只需要順水推舟接住即可。同時，如果諸葛亮拒絕了這門親事，那麼很有可能要得罪黃老先生。兩相比較，接住橄欖枝是他的最佳選擇。

有所得必有所失，怎樣抉擇最終取決於自己最看重的是什麼。

很明顯，諸葛亮不是風流才子，他看重的不是女色而是發展。從他自比管仲和樂毅就可以看出，他這一生志在建功立業、青史留名。

此外，諸葛亮的二姊嫁給了荊州名士龐德公的兒子。龐德公對當時的顯學——評論人才，也是很有研究。人稱諸葛亮為臥龍，龐統為鳳雛，司馬徽為水鏡，正是龐德公做出的人才鑑定。

諸葛亮有了與劉表和荊州名士的這一層關係，再加上大哥諸葛瑾已經在孫權那裡做官而且很受信任，他要想出仕當幹部，那也就是一句話的事情。

但他選擇了繼續蟄伏隆中，過著耕讀生活，靜觀天下之變。這說明劉表和孫權，都不是他想要的老闆。

剩下可供選擇的老闆，就只有曹操和劉備了。

地球人都知道，諸葛亮最終選擇了寄人籬下幾乎一無所有的劉備，放棄了已經基本統一北方威震天下的曹操。

那麼，這究竟是為什麼？

選擇你，不是為了自己

一千八百多年來，無數的人對這件事有無數的理解，可以說是仁者見仁，智者見智。我們可以從以下幾個方面加以分析：

第一、諸葛亮的為人。諸葛亮之所以深受歷代知識分子的推崇，一個重要的原因就在於他是一個地地道道的知識分子，是榜樣，是尺規。這個榜樣和尺規，主要是指高風亮節、功業卓著。在諸葛亮這樣的楷模身上，古人提出的人生三不朽——立德、立功、立言，都有值得稱道之處。以位列第一的立德來說，儒家的忠孝仁義，就是他們畢生踐行的標準。做為一個有眼光、有頭腦的知識分子，諸葛亮當然看得出曹操把持的中央政府已經不是大漢的政府，要想踐行忠義，自然不能投靠曹操為虎作倀。

第二、諸葛亮的理念。諸葛亮一生推行的治國理念是內儒外法，實行儒家的仁政；而曹操實行的卻是霸者之政、強權政治。道不同不相為謀，兩個分歧太大的人走到一起注定不會長久。除非一方只領薪水不幹實事，但這明顯不是諸葛亮想要的結果，他不僅要做事，而且要做大事。

一個人做什麼決定，最根本的因素是內因，在於其為人，在於其理念。可以說，以上兩點是諸葛亮不選擇曹操的最根本的因素。

第三、劉備的魅力。在我國古代社會，道德高於一切，君主的道德品質尤其重要。有一個賢德的君主做為領袖，則上行下效，就能使官風廉正，官風正則民風厚，最終實現和諧社會。而在道德方面，劉備占有壓倒性的優勢。有著皇族身分的劉備，參與了誅殺曹操的密謀，這是對大漢朝廷難得的忠誠。這在感情上就與深受忠孝思想影響的諸葛亮等人拉近了一層。此外，劉備在平原、徐州任上實行仁政，仁義之名遠播，這對於崇尚內儒外法的治國理念、同樣推崇仁政的諸葛亮來說，吸引力是巨大的。再者，劉備禮賢下士，被稱為天下英雄，在當時名頭不小，這一點諸葛亮也必然會有所考慮。

第四、劉備的空間。雖然劉備聲望很高，但此時除了手下有一批雷打不散的人外，沒有多少實力，可說劉備還處在困境當中。諸葛亮如果能輔佐劉備脫離困境、站穩腳跟、發展壯大，乃至克竟全功一統天下，這個過程中間大有可為。同時，劉備手下有一流武將，卻沒有一流的治世能臣，可以說留給諸葛亮大展身手的空間是非常廣闊的。

選擇追隨劉備，既符合諸葛亮的政治理念推行儒家仁政，又有一展胸中抱負、不負平生所學的空間。因此，諸葛亮自然更加傾向於劉備。

有一種說法認為，諸葛亮選擇劉備主要是看上了發展空間。依據是赤壁戰前諸葛亮出使東吳，張昭挽留他跳槽到孫權手下打工，他推辭了，給出的理由是：「孫權是個很不錯的老闆，不過不能充分發揮我的才能，所以我還是不跳槽了。」（孫將軍可謂人主，然觀其度，能賢亮而不能盡亮，吾是以不留）

這個依據其實根本禁不起推敲，約幾個朋友在酒場飯桌上隨便侃侃就行了，拿出來忽悠人，就有點不負責任了。

試想，諸葛亮怎麼可能當著孫權員工的面說人家老闆不好？何況此時諸葛亮代表劉備一方有求於孫權，說孫權不好不是沒事找抽（意為自找麻煩）嗎？諸葛亮注定只能說孫權是個好老闆，然後再找一個委婉的理由拒絕。大家都是聰明人，理由編得太離譜是沒人會相信的，因而諸葛亮以發展空間為理由來拒絕。這的確是一個原因，但絕對不是最重要的原因。

打個比方說，現在的年輕人談戀愛，尤其是學生時代的早戀，拒絕對方最常用的理由是：我現在不想談戀愛。其實大多數情況不是真的不想談戀愛，而是不想和你談，但直接說「我看不上你」實在太傷人了，因此換一種委婉的說法而已。可不能會錯了意，否則就要鬧出笑話了。

再者，說諸葛亮在曹操手下發展空間不如劉備，不過是以後來人的眼光看問題。以諸葛亮當時的視角來看，他是一個以管仲、樂毅自比自視甚高的人，怎麼可能認為自己不如曹操手下荀彧、賈詡、郭嘉之流？更關鍵的是，謀士運籌帷幄決勝千里的奇謀高論，是經史書記錄之後，才被後人認識的，這些機密當時絕對不會披露出來，諸葛亮怎麼知道荀彧、賈詡、郭嘉到底有多猛？自信人生二百年，會當水擊三千里，誰比誰強多少啊？不去曹操手下試一試，怎麼知道到底有多大發展空間？

同時，諸葛亮到劉備手下的發展空間就一定比曹操大嗎？劉備實力弱小，能不能折騰出一個明天非常不好說。但曹操卻是家大業大，儼然是天下的NO.1。如果主要考慮發展空間為了自身利益，相信絕大多數人都會選擇曹老闆（事實也正是如此）。

而諸葛亮，終究選擇了劉備，明顯不只是為了自己的發展空間那麼簡單。

如果說諸葛亮事先算準了在曹操那裡沒有多少發展空間，算準了在劉備手下雖然歷經危難，最終卻能全面掌權，立下豐功偉績，那還真是把諸葛亮當神不當人了。

諸葛亮選擇劉備，從根本上來說，是他的為人特質和政治理念所決定的。諸葛亮與劉備在很大程度上是志同道合：同樣崇尚德治，同樣重視做人，同樣推行仁政，同樣致力於匡扶大漢江山。

做為一個志存高遠的大好青年，諸葛亮選擇老闆，絕對不可能只是為了自己個人的飯碗，更是為了心中遠大抱負，為了天下黎民蒼生！

一旦加入劉備陣營，諸葛亮的理想就會隨著劉備事業的發展而實現，也會隨著劉備的失敗而消亡。以目前的形勢來看，失敗的可能要遠遠大於實現的機會。但只要有一線希望，他就會付出最大的努力去爭取，即使付出自己的生命也在所不惜！

苟利國家生死以，豈因禍福避趨之！

近人尚有如此抱負，況諸葛武侯乎！

雖然諸葛亮已經選定了老闆，但他還不急於出山。前面說過，此時人才與老闆是雙向選擇，他選了劉備，劉備會選他嗎？是將他當作一般員工，還是以國士待他，能重用他？能確定劉備會接受他的治國策略嗎？

在解決這些疑問之前，諸葛亮依舊蟄伏於隆中。

他此時才二十多歲，有足夠的時間和耐心等待答案。

三顧茅廬

劉備卻不能等了。

時光如梭，歲月蹉跎，轉眼已是建安十二年（二〇七），在荊州從事三陪工作的劉備，已經四十七歲。按照當時人的平均壽命來看，這個年齡完全可以說是步入老年，說不定哪天眼一閉就再也不睜了。可是理想在哪裡？功業在哪裡？奮鬥了二十多年，結果還是兩手空空。

任何一個男人，內心深處都不會甘於碌碌無為。

劉備更是如此。所以他悲嘆髀裡肉生，甚至忍不住訓斥許汜一類求田問舍的人，可這都不能解決問題。

他能幹的只有招攬人才。雖然這也不能解決實際問題，但聊勝於無，總算對事業有所幫助。

只要付出努力，總會有所收穫。

劉備的努力，就沒有白費。史載「荊州豪傑歸先主者日益多」，其中有一個人，叫徐庶，字元直。

徐庶與關羽有點類似，年少時酷愛擊劍運動，也是一個血氣方剛、見義勇為的少俠，同樣有一次為朋友報仇而殺了人。在逃亡的路上，雖然徐少俠用白泥抹臉、披頭散髮，但畢竟化妝技術不專業，最後還是被公安幹警抓捕歸案。徐少俠怕連累朋友和家人，在審訊時本著打死也不說的精神閉口不言。徐少俠這麼義氣，他的朋友也不是孬種，知道他被抓獲後，不知是上下打點，還是武力劫獄，總之費盡周折把他救了出來。此後，徐少俠逃到荊州隱姓埋名，棄武從文，折節向學，結交了諸葛亮、崔州平、司馬徽等一些朋友。

做為一個一向慧眼識人才、真心待人才的老闆，劉備見到徐庶後，非常器重，很快感動了徐庶。徐庶被感動的一個標誌事件，是向劉備推薦他的好朋友諸葛亮，「諸葛孔明者，臥龍也，將軍豈原（願）見之乎？」

招攬人才，一向是多多益善。劉備老闆雖然公司不大，實力不雄厚，但管一撥員工吃飯，還是沒有問題的。他立刻表示願意招聘新員工，說：「那你快去找他吧！然後一起回來上班。」（君與俱來）

知己就是知己，還是徐庶清楚諸葛亮的心思。徐庶告訴劉備，「這個人不是一般人，最好是老闆你自己去請他。」（此人可就見，不可屈致也。將軍宜枉駕顧之）

招個員工要老闆親自去請？這多少有點出人意料了。

不過劉備還是答應了。早在平原時他就養成了禮賢下士的好習慣，不分貴賤都給予很高的禮遇，曾經把一個無名刺客都感動得一塌糊塗。何況是大名鼎鼎的臥龍？

臥龍先生，只要你真的是個人才，我就是親自跑一趟也無所謂。

我的誠意，你會感受到。

精誠所至，金石為開。希望你不要讓我失望，今後加入我的團隊，為了我們共同的目標，一起披荊斬棘乘風破浪！

劉備去請諸葛亮出山，去是肯定去了，但具體細節，存在不少爭議。

《三國志．諸葛亮傳》的記載是「凡三往，乃見」，意思很清楚：去了三次，才見到。雖然「三」這個詞在古代往往是個約數，指多次，但前面加個「凡」字，在這裡明顯是個確數，就是指一共三次，不是一些人推測的不止三次。

出山二十年後，諸葛亮在〈出師表〉中明確提到：「先帝不以臣卑鄙，猥自枉屈，三顧臣於草廬之中，諮臣以當世之事，由是感激，遂許先帝以驅馳。」以諸葛亮的為人處世來看，他不是個好擺譜愛虛榮的人，不至於誇大其詞，往自己臉上貼金。何況僅僅過了二十多年，一些當事人還活得好好的，諸葛亮睜著眼睛說瞎話的可能性實在太低。

綜合這兩點，三顧茅廬確鑿無疑。

但偏偏有另一種說法，出自魚豢的《魏略》和司馬彪的《九州春秋》，認為是諸葛亮自己跑去求見劉備，結果沒有得到重視。劉備再現了當年編草鞋的風采，正拿著犛牛尾巴編織工藝品（在電影《赤壁》中似曾相識）。後來諸葛亮獻計，劉備把荊州一帶的流動人口組織起來，該收稅就收稅，該出力就出力，該徵兵就徵兵，從此實力大增。劉備這才重新認識了諸葛亮，開始重用他。

這個說法似乎能自圓其說，不但描繪了劉備編犛牛尾巴的細節，這似乎符合劉備年少賣草鞋的經歷；又寫出了諸葛亮得到重用的原因，這似乎更符合常理，否則讓一個天下梟雄三番五次去請一個寸功未立乳臭未乾的年輕人，會讓許多人（比如魚豢先生）覺得不可思議。

然而這個說法，實在是禁不起推敲的。

從古至今，史書都是人寫的，有著作者的立場與褒貶在裡面。即使孔子作《春秋》，還有所謂一字褒貶的春秋筆法在其中，並且被歷代歷史學者奉為圭臬。

《魏略》和《九州春秋》的作者分別是曹魏純臣魚豢與晉朝宗室司馬彪。關於這一事件的記載，司馬彪的《九州春秋》是沿襲魚豢的《魏略》。所以，值得重點分析的是魚豢先生，他就是最大的造假嫌疑人。

之所以稱魚豢為曹魏純臣，是因為他一生忠於曹魏，在晉朝取代曹魏之後，他就不再做官；而且他的《魏略》一書，記載歷史終止於曹魏實際上滅亡（二五四年司馬師廢齊王曹芳）的時候，並不延續到司馬炎取代曹魏。可見，魚豢是以魏國遺臣自居的。而蜀漢與曹魏一直是敵國，站在曹魏的立場，魚豢先生通過虛構劉備編草鞋一類的活動和諸葛亮自己求見，來貶低敵國君臣，就非常可理解了。

除立場之外，魚豢先生的造假水準實在不怎麼高明，存在著明顯的漏洞。

其一，劉備在踏上奮鬥之路後，還在編製草鞋一類的手工藝品，除了《魏略》之外沒有任何史料記載，可以說是孤證。孤證歷來難以令人信服，何況一個熱中於編草鞋的領導，怎麼可能有那麼多人死心塌地終生追隨？又怎麼會獲得天下英雄的稱號？即使早年確實編過草鞋，但劉備走上亂世稱雄之路後一定不會重操舊業，甚至諱莫如深。魚豢的這個記載恐怕想當然的成分居多。

其二，此時劉備是寄人籬下，劉表對他並不十分信任，管理荊州流動人口帶來的實惠，怎麼可能讓劉備得到？劉備擴展實力，正是劉表所忌，防範牽制還怕做得不夠，不可能坐視劉備大規模擴軍。

其三，魚豢關於劉備之子劉禪的記載，也非常不靠譜，說是出生在徐州，後來流浪到漢中，還被人販子賣過幾次等等，這是魚豢有意詆毀敵國君主的另一個證據。也就是說，在詆譭劉備集團這件事上，魚豢先生是一個慣犯。

孔夫子有句話說「學而不思則罔」。我們在讀書的時候，也需要多做思考，才能得到書中的智慧，才能形成自己的思想。相信在讀歷史書的時候，尤其是遇到記載出入很大的事件，加以分析，加以辨別，養成勤於思考的習慣，學會辨別真偽的方法，我們就會逐步做到透過現象看本質，去偽求真，融會貫通，舉一反三。下次遇到哪個人又寫書或者寫論文來蒙我們，我們就不會那麼容易上當了。

《魏略》和《九州春秋》關於諸葛亮自行求見劉備的記載，歷代文人學者大多都能見到，但相信這個說法的人卻很少，可信度太低是一個重要因素。

三顧茅廬的歷史真相，是禁得起推敲的，不會因有不同說法而被掩埋於歷史塵埃之中。

一場特別的面試

劉備前兩次去隆中都是無功而返，沒有見到諸葛亮。

白跑兩趟的緣故，不是諸葛亮故意躲著不見試探劉備，而是他有事出門不在家。諸葛亮交際範圍很廣，禮尚往來，今日拜會小崔，明天看望老孟，是很正常的。何況那個時代手機、網路之類的通訊工具統統的沒有，朋友聚會不可能像今天一樣事先預約，家人當然也搞不清楚諸葛亮什麼時候回來。所以劉備撲空兩次絲毫不值得奇怪。

劉備不知道諸葛亮什麼時候在家，諸葛亮就更不知道劉備什麼時候前來拜訪。以諸葛亮一向忠直謹慎的行事風格，他也不可能躲著不見劉備。所以，劉備三顧茅廬是在第三次如願以償，終於見到了諸葛亮。

這是一場特別的面試。

劉備做為一個求賢若渴的老闆，親自前去面試以招聘人才，同時也接受人才的面試。諸葛亮做為一個擇主而事的良臣，在接受老闆面試的同時，也在面試老闆。

久仰失敬，請坐看茶，一通客套話說完之後，兩個人都準備說點有含金量的話了。為了不洩露出去，甚至屏退了閒雜人員。

劉備做為前來拜訪的客人，為表達自己的誠意，他先開口請教：「漢室傾頹，奸臣竊命，主上蒙塵。孤不度德量力，欲信（伸）大義於天下，而智術短淺，遂用猖蹶，至於今日。然志猶未已，君謂計將安出？」這句話拋磚引玉，有三層含意：一、今日天下大亂；二、我想重整河山；三、我該怎麼做？

諸葛亮隨即應答，說出了流傳千古的一段話。

「自董卓已來，豪傑並起，跨州連郡者不可勝數。曹操比於袁紹，則名微而眾寡，然操遂能克紹，以弱為強者，非惟天時，抑亦人謀也。今操已擁百萬之眾，挾天子而令諸侯，此誠不可與爭鋒。孫權據有江東，已歷三世，國險而民附，賢能為之用，此可以為援而不可圖也。荊州北據漢、沔，利盡南海，東連吳會，西通巴、蜀，此用武之國，而其主不能守，此殆天所以資將軍，將軍豈有意乎？益州險塞，沃野千里，天府之土，高祖因之以成帝業。劉璋闇弱，張魯在北，民殷國富而不知存恤，智能之士思得明君。將軍既帝室之胄，信義著於四海，總攬英雄，思賢如渴，若跨有荊、益，保其岩阻，西和諸戎，南撫夷越，外結好孫權，內修政理；天下有變，則命一上將將荊州之軍以向宛、洛，將軍身率益州之眾出於秦川，百姓孰敢不簞食壺漿以迎將軍者乎？誠如是，則霸業可成，漢室可興矣。」

這就是著名的隆中對策。

諸葛亮的對策，準確地分析了當時的天下形勢，指明了劉備今後的發展戰略，並且突出了重視人才和謀略的思想，可操作性很強。

能在倉促之間說出這樣一番高水準的策論，除了諸葛亮不是一般的人才之外，很重要的一點就是他早已做了充分的準備。諸葛亮至少是在得知劉備第一次前來拜訪自己以後就開始準備的，甚至在他看中劉備的時候就預先策畫。

凡事未雨綢繆，總會有所幫助。

劉備在荊州多年的蟄伏時期，也許自己苦苦思考得出的發展策略，恰好與隆中對相近，此時是不謀而合；也許他自己還沒有明確的方向，此時是恍然大悟。

劉備究竟是不謀而合，還是恍然大悟，我們無法確定，能確定的是他做為一個識貨的老闆，非常認同隆中對，連連稱善。因為以當時的局勢來看，這是他最好的發展方向。

一些人批評隆中對在日後並沒有確切落實，不過是諸葛亮書生空談。這就實在有點站著說話不腰疼、雞蛋裡頭挑骨頭了。

計畫永遠趕不上變化。這個方略日後能不能實現是另一回事，起碼有一個明確的發展路線，總比盲目亂闖要強得多。

事實上，劉備此後的發展方向就與隆中對大體上相符。能達到這個程度，已經非常難得。

歷史證明，有實力的人容易找工作。諸葛亮輕鬆通過了劉備的面試。劉備也通過了諸葛亮的面試。在面試中，諸葛亮不僅確認選定劉備做為老闆，而且解開了他的疑慮——老闆能夠三顧茅廬，果真是求賢若渴；能夠認同我的策略，必然會重視我、重用我。那麼，就此出山吧！去為了我們共同的目標，一起並肩奮鬥！

從此，我們是君臣，更是戰友！

馬植杰先生對劉備三顧茅廬及日後對待諸葛亮的事蹟評價極高，認為「像劉備這樣虛懷求賢、屈身訪賢、慧眼識賢、誠心用賢、臨終託賢的一系列行為見識在中國古代封建帝王中是極其難得的，古代的人也已經認識到：才智之士幾乎到處都有，可是能夠識賢用賢的君主卻累世難見，像劉備這樣對待諸葛亮的事，確實應當給以高度的評價。」（《三國史》）

這一年，諸葛亮二十七歲，這是他生命的中點。此後整整二十七年，諸葛亮都在跟隨劉備艱苦創業，直到生命終止的那一刻。

這一年，劉備四十七歲，經過大半輩子的摸爬滾打之後，即將迎來人生的轉捩點。

風雨過後，才會有彩虹。在看到彩虹之前，他們還要一起面對一場更為殘酷的暴風雨。

第四章 轉折

劉備南撤及赤壁之戰示意圖

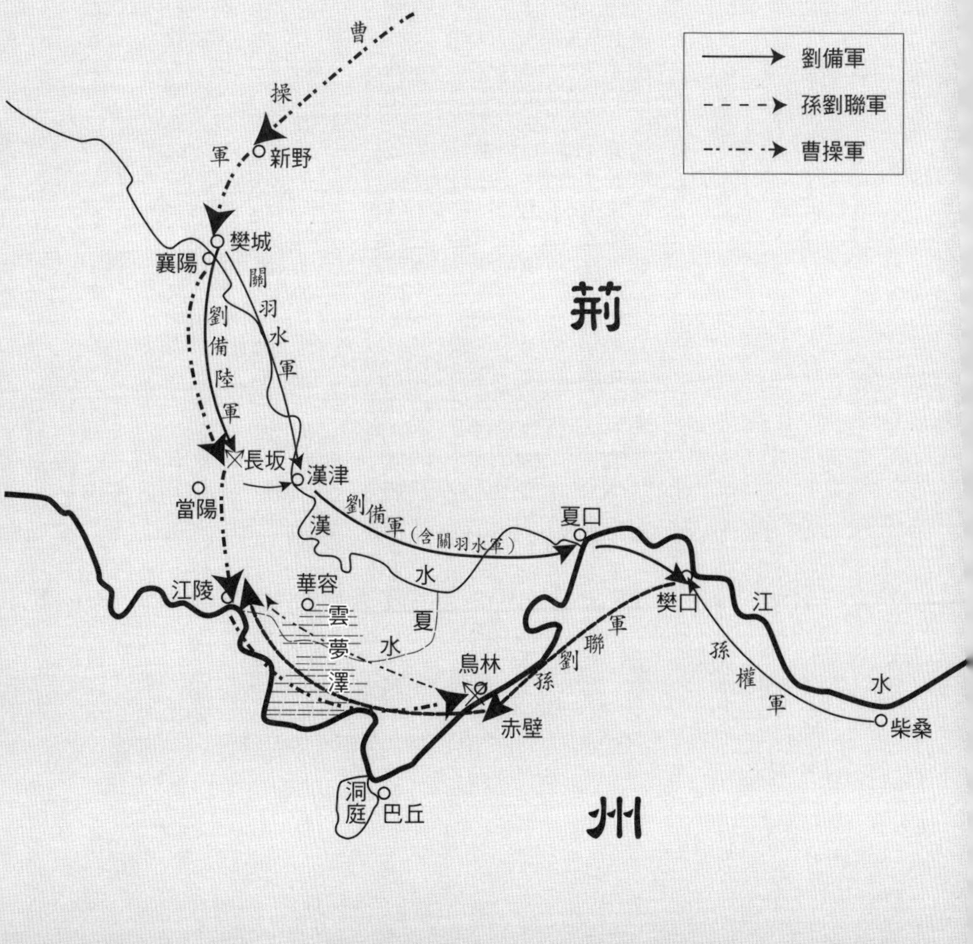

有一位員工忍不住向劉備提出建議，應該放棄百姓，輕軍前進，直達江陵，否則曹軍一到，必敗無疑。

劉備當然明白一旦曹軍趕到敗局無可挽回，但他更明白人心的重要。

十多萬百姓背井離鄉，隨我前進，我就這樣拋棄他們？

不，絕不！失敗沒有什麼可怕的。自從起兵以來二十四年，我敗多勝少，事業卻一點一點發展，理想卻一步一步接近，能夠得來今天的成就，靠的不是某一場戰役的勝利，靠的是人心和道義。

正因為人心和道義，十多萬百姓才一心追隨我前進。如果在危急關頭置百姓於不顧，今後將何以立足？

只要得到人心、立足道義，仗打敗了還可以從頭再來，隊伍打沒了還可以從零再拉。失去人心，背棄道義，才是徹底的失敗，意謂著二十多年的不懈奮鬥全部付之東流，更意謂著自己一生堅持的信念原來一直是錯的。

人，尤其是偉人，是靠信念活著的。失去信念，是他們生命不能承受之重。

關鍵不在計謀而在人心

建安十三年（二〇八）春正月，曹操北征烏桓徹底掃清了袁紹父子的勢力，勝利班師回到大本營鄴城，並開掘了一個人工湖泊——玄武池，用來訓練水軍。只要不是「蛋白質」，都知道曹操的下一個目標一定是荊州。

劉表雖然人品好，但他不是蛋白質，他明白自己的末日即將來臨。他很鬱悶，也很後悔。

劉表同志是輕易不後悔的，但這一次他是真後悔。因為曹操已經劍指荊州，他再也不能優哉游哉地騎在襄陽城頭看風景了。

劉表後悔的一個標誌性事件，是向劉備認錯。

不為別的，只為劉備的一個計謀，這是劉表改變被收拾命運的最後一次機會。

一年前，曹操親自率領主力北上遠征烏桓，後方空虛。劉備向劉表提出建議，率軍進攻許都，來一個螳螂捕蟬、黃雀在後，抄了曹操的老窩。

曹操的手下，果然是有人才的，還不止一個，而是一撥。這一撥人才都料到劉備會抄後路。

關鍵時刻，郭嘉剛剛地站了出來，以實際行動再一次證明了什麼叫頂尖謀士，什麼叫高水準。

郭嘉認為，最關鍵的不在於計謀，而在於人心。劉備的計謀不錯，可惜劉表絕不會採用，因為劉表的心不是信任劉備的心，而是猜忌劉備的心。劉表做為一個資深座談客，他關心的從來都不是遠在千里之外的許都，只是自己的一畝三分地荊州。劉備倒是志存高遠、心懷天下，但在劉表的猜忌之下只能做做三陪，別的什麼也做不成，絲毫不足為慮。

郭嘉的發言，打消了眾人的顧慮，包括曹操在內，都對他報以欽佩的目光。世界上最難知的就是人心，而郭嘉的一雙眼，看人看到骨髓裡去了，不論是什麼人心，在他眼裡如掌心紋路，一覽無餘。

事實證明，郭嘉又一次對了。

不出所料，劉表又一次錯了。

事後，劉表向劉備認錯，「不聽你的建議，坐失了大好機會，如今我是後悔莫及啊！」劉備當然也很鬱悶，但他明白鬱悶從來都於事無補，應該更多地向前看，只好安慰劉表，「如今天下亂成一鍋粥，兵連禍結，機會多多，一次沒抓住機會不要緊，以後能抓住就好，不必後悔。」

事實上，劉備抓住了以後的機會，劉表卻沒有。

因為有人不由分說殺了過來。

率先殺過來的人不是曹操，而是江東集團ＣＥＯ孫權。

自從猛人孫堅死在襄陽城下，江東孫家就琢磨著如何讓劉表從這個天底下消失——所謂不共戴天之仇。富二代孫權接班後，一準備停當就帶上一票人馬到荊州搞實戰演習，完了順手牽一些百姓回去。

這樣的日子情願也罷不情願也罷，說實話劉表已經習慣了。但這一次不一樣，劉表的江夏（今湖北武昌）被孫權攻克並慘遭屠城（似曾相識），太守黃祖因公殉職。黃祖是劉表的老弟兄，當年的孫堅正是被他帶著一票人馬幹掉的，他常年鎮守江夏對抗江東孫氏，把守著荊州的東大門。

這下北有曹操、東有孫權，劉表再也瀟灑不起來了。

劉表人品再好志氣再小，直接交槍投降的事他還是幹不出來的。他準備派遣一個親信帶兵前往江夏，收拾殘局，再造一個堅固的東大門。

派出的親信是長子劉琦。

按理說，劉琦做為長子是不應該外出的，應該待在家裡等著接班。尤其是這個時期，劉表同志年事已高，說不定哪天就嗚呼哀哉了，可荊州不能沒有一把手啊！

劉琦不想去江夏，卻不能不去。因為如果他待在襄陽，不但接不了班，還有可能陪著他爹共赴黃泉。

只為劉琦還有一個不一般的弟弟——劉琮。

其實劉琮本人倒沒什麼不一般，不一般之處在於他的老婆——是劉表繼妻蔡夫人的侄女。有了這一層關係，蔡夫人與哥哥蔡瑁、外甥張允等人，毫無疑問齊刷刷地堅決站到了劉琮一邊。

雖然劉表在選拔接班人問題上同樣騎牆不定，但蔡瑁主外掌握軍隊，蔡夫人主內枕邊吹風，吹來吹去硬是把劉表吹了個回心轉意，答應讓劉琮做唯一接班人。劉琮成為接班人以後，為了保證順利接班，不出現意外情況，他的同盟自然將劉琦視為眼中釘。

大公子劉琦也不是傻蛋，他感到自己不但不可能成為接班人，而且生命安全也受到了嚴重威脅。為了活下去這個樸素的念頭，他找到剛剛加入劉備陣營的諸葛亮求救。但請教多次，諸葛亮就是扭扭捏捏推來推去不出一計。

諸葛亮這樣做，倒不是把劉琦當作外人。此時蔡瑁、蒯越、張允等人結成了同一戰線，擁戴劉琮打壓劉琦。劉備與劉琦做為蔡瑁一夥兒共同的敵人，在感情上非常接近。也正因為如此，劉琦才敢找劉備的員工諸葛亮為自己出謀畫策。

諸葛亮不出計，是基於一貫的做事原則——謹慎。疏不間親啊！怎麼說劉琦、劉琮都是親兄弟；再者隔牆有耳，支持劉琦就是反對劉琮，難保不洩露出去。萬一計謀洩露，劉備一方的處境將更加艱難。

人的創造力是無窮的。在強烈的求生欲望驅使下，智商平平的劉琦創造性地想出了一個讓諸葛亮開口的方法。他邀請諸葛亮一起到自己府中的後花園春遊。春色滿園，風景宜人，兩人坐在花園中的閣樓上邊看風景邊聊天，非常愜意。

諸葛亮正在不亦樂乎的時候，劉琦命令手下將上樓的梯子去掉，隨後哭喪著臉向他求救：「今天這個地方上不至天，下不至地，只有你我二人，你說的話天知地知你知我知，絕對沒有第三個人知道。現在你可以給我出個主意了吧？」

劉琦如此有誠意，諸葛亮要是還不出主意，就有點不近人情了，他含蓄地說了一句：

「君不見申生在內而危，重耳在外而安乎？」

兩人都是聰明人，明白這句話的含意，是在家待著很可能像春秋時期晉國太子申生一樣被幹掉，而跑到外邊就能保全性命，說不定還能像晉文公重耳一樣曲線救國，最終當上老闆。

因此，在黃祖死後，大公子劉琦發揚風格，主動爭取前往死亡之地江夏出任太守。

對於很多人來說，離權力愈遠愈安全。

比如劉琦。他一旦離開荊州政治中心襄陽，就等於放棄與劉琮爭當接班人。蔡瑁等人自然也樂見其成，不會從中阻撓；何況以劉琦的用兵才能，會不會成為又一位因公殉職的江夏太守，蔡瑁以為實在是不可說，不可說。

諸葛亮出山以後，就一直心向劉備。他的這一妙計，實際上是計中計。對劉琦來說，出任江夏太守，雖然也很危險，但至少不用生活在陰影之中，可以暫時保住性命；對於劉備來說，就多了一個有力的幫手，日後可以聯手對抗荊州實力派蔡瑁、蒯越等人。畢竟一個手握兵權的太守，比一個不受寵信的公子，力量那叫不可同日而語。

於是，劉琦同志帶著幾分僥倖、幾分惆悵，前往江夏彌補黃祖的空缺。從能力來說，公子劉琦並不比太守黃祖強多少。只要江東的風浪一來，劉琦很可能成為下一個因公殉職的高級幹部。

在亂世三國，平靜不是常態，戰爭才是。

不久，果然起風了，這次的風浪比以往任何一次更加猛烈。

風從北方來。

靠得住的只有心

建安十三年（二〇八）七月，曹操統率大軍南征荊州，劉表的好日子徹底到頭了。不過，出人意料的是，曹操大軍還沒到開到荊州，劉表就已經撐不住了，躺在襄陽城裡奄奄一息。

大公子劉琦得到老爹病危的消息，急忙從江夏趕來探望。蔡瑁等人怕劉表見到劉琦節外生枝，竟然阻攔劉琦，不讓他們父子見最後一面。劉琦只好哭著喊著傷心欲絕地回到江夏。

劉備也從樊城過江探望劉表。劉表見到劉備後，將荊州託於劉備，提議自己死後由劉備接任荊州刺史。這就是「劉表託國」。

關於劉表臨終託國，很多人表示懷疑，就連為《三國志》做注的裴松之也提出了質疑。但這一說法，分別出自王粲的《英雄記》、王沈的《魏書》、孔衍的《漢魏春秋》三書。尤其是《英雄記》的作者是「建安七子」之一的王粲，此時他正寄寓荊州，雖然沒有得到劉表的重用，但處在同一時代同一城市，能夠耳聞目睹，他的記載更能接近事實。何況王粲一直心向曹操，後來勸說劉琮投降，被曹操任命為丞相府祕書（丞相掾），封為關內侯，他對於敵對勢力劉備一方，應該不會虛構這一事件進行褒美。因此，我們有理由相信，以上三書的記載雖然在細節上略有不同，卻能證明劉表至少說過讓劉備代理荊州的話。

不過在這個世界上，靠得住的從來就不是一個人說的話，而是一個人的心。

劉表說這句話的時候，荊州已經形勢危急，他將荊州託於劉備，用意是讓劉備更好地保衛荊州，以劉備一貫的作風，想必不會虧待自己的兒子與舊人。當然，劉表也可能只是用語言試探一下劉備，大家互相謙讓一番就完事了，誰都不必當真，誰當真誰天真。至於劉表究竟是出於哪種心思說出讓劉備代理荊州的話，我們已經無法知曉。

劉備也未必明白劉表真實的心思，但是否明白一個將死之人劉表的心思不重要，重要的是他明白蔡瑁、蒯越等荊州實力派的心思——絕對不會同意自己代理荊州。即使劉表是真心的，劉表一死，蔡瑁、蒯越等人必然會改弦更張擁立劉琮。如果鬧到這一地步，就只能靠槍桿子說話了。而以劉備手中的槍桿子，想要壓制蔡瑁、蒯越等人，難度是非常高的，最大的可能性是重蹈徐州的覆轍——外敵（徐州是呂布，現在是曹操）一到，內部立刻分裂，投降的投降，背叛的背叛，蔡瑁、蒯越就是曹豹、申耽——照樣是得而復失。

在一個地方跌倒一次，是教訓；在同一個地方跌倒兩次，是悲哀。

劉備明白要了荊州也是白要，即使劉表是真心實意也不能要。

荊州我想要，卻不是現在。

成大事者的一個重要特質就是能忍，忍常人所不能忍。劉備隱藏起自己的欲望，對劉表的提議進行了一番推辭。《魏書》記載劉備的回答是：「您（劉表）的兒子很好，可以當好接班人，您就安心養病吧！」（諸子自賢，君其憂病）

有人勸說劉備乾脆要了荊州，這麼一塊大好地盤，不要白不要，要了不白要啊！劉備再次拒絕，而且從道德層面說出理由：「此人（劉表）待我厚，今從其言，人必以我為薄，所不忍也。」

當然，劉備的話同樣未必可靠，可靠的只有心——一顆知己知彼的心。

八月，坐擁荊州近二十年、一生騎牆看風景的劉表在襄陽病逝。

隨後，富二代劉琮被蔡瑁等人擁立為荊州牧。

劉表的遺產總共是荊州牧、鎮南將軍、成武侯三份，劉琮繼承了最大最實惠的荊州牧，怕哥哥劉琦不高興，就把成武侯的封號送給劉琦，也算是門戶開放利益均霑了。以自我為中心考慮問題的方式，明顯是有問題的。在劉琮眼裡利益均霑的好事，在劉琦看來完全是拿他尋開心。

分家產分到這麼個空頭封號，大公子劉琦當然不高興。按照公理來說，他做為長子，理應繼承荊州牧，可現在明顯是公理靠不住。

公理都靠不住，還有什麼靠得住？拳頭，劉琦以為靠得住的只有拳頭。雖然自己的拳頭不怎麼硬，他還是抱著試一試不認輸的心態，決定起兵討回一個公道。

但劉琦很快就發現自己錯了，而且錯得太離譜。當然不是靠拳頭解決問題的思路錯了，而是碰到了一個更大更硬的拳頭。

這個更大更硬的拳頭就是曹操。此時曹操的大軍已經浩浩蕩蕩地開進荊州地盤，首先進入北部的新野。劉琦只好無可奈何地收回自己脆弱無力的拳頭，將解決遺產繼承問題的時間無限期後延。

領導也鬱悶

風景永遠在彼岸。事先對荊州牧一職心往神馳、垂涎三尺的劉琮，如願以償後很快就發現，當領導並不總是一件令人心曠神怡、妙不可言的事情，很多時候領導也鬱悶。荊州牧的位子還沒坐幾天，就惹得親哥哥不高興，員工們也不高興——蒯越、韓嵩、傅巽等人正爭先恐後地發表勸降宣言。

勸劉琮抓緊時間投降曹操。

以蒯越來說，他是跟隨劉表多年的老部下，深受劉表信任，兩人的交情是不一般的。但實際上，蒯越一幫人根本不看好劉表，他們在劉表手下做官，主要是為了自己的切身利益——官職俸祿。相對而言，他們更看好曹操，只不過之前曹老闆的生意還沒擴張到荊州，只好給本地的劉表老闆打打工。

現在跳槽的機會來了，而且是一個絕好的機會——荊州被曹老闆兼併之後，他們這幫人肯定加官晉爵。投降得愈早，他們的收益愈大；投降得愈晚，他們的物資財產和生命財產就愈沒有保障。

這筆帳，他們在心裡早就算得清清楚楚。是的，劉表老闆對我們還算不錯。但你發薪水我幹活，我們的交情只是薪水面前的那點交情。除此之外，你要是還以為有點什麼別的，還是勸你趁早洗洗睡，睡著了再做夢。

交情再好，好不過一個錢字。這個道理，我懂，你不懂。

投降吧！投降吧！

一時之間，投降的聲音縈繞在新任荊州牧劉琮的耳朵裡，揮之不去。

沒有哪個做老闆的，在預期收益不高的情況下，心甘情願自己的公司被人兼併。

富二代劉琮也不例外。蒯越等人投降了，可以繼續當國家幹部，很有可能還要升官。他劉琮投降了，還能做荊州地區的一把手嗎？絕對不可能。

年輕人劉琮說出了不願投降的想法後，老江湖傅巽看出劉琮之所以不想投降，是因為對不投降的預期收益還抱有一絲幻想——以為不投降就可以繼續做荊州地區的一把手。

傅巽決定立即讓劉琮從幻想中清醒過來。

傅巽從三個方面分析問題：第一、投降曹操就是歸順中央政府，不投降曹操就是反抗中央政府、就是叛逆，這個罪名你背得起嗎？第二、一個人最重要的特質是有自知之明，對抗曹操，一定會輸，這個結果你認識清楚了沒有？第三、即使讓劉備抵抗曹操，同樣會輸，這個想法你也別抱太大希望。

給劉琮當頭澆了一盆冷水後，傅巽接著問老闆：「你覺得你比起劉備怎麼樣？」（將

軍自料何與劉備）

劉琮倒是個坦率人，承認自己比不上劉備。

傅巽如此循循善誘，是把劉琮往圈套裡引，他早就為劉琮量身訂做了一個兩難命題：如果劉備打不過曹操，你即使想打，也打不過；如果劉備能打敗曹操，肯定不會讓你當老闆，而是要當你的老闆。

最後，傅巽為劉琮指明出路：形勢如此嚴峻，不論採取哪種方式，這個老闆最終你都當不成，還不如直接投降曹操。投降後雖然當不了老闆，但好歹能混個一官半職，可以繼續做國家幹部。

傅巽把收益算清楚後，僅僅當了一個月老闆的劉琮，終於明白怎麼走都是死胡同，無奈之下同意當一回俊傑、識一回時務，向曹操上表投降。

時間是建安十三年（二〇八）九月。

劉琮決定接受曹操集團兼併，按理說應該通知公司全體員工，讓大家上下一心，統一思想，統一行動，改頭換面，重新做官。但劉琮偏偏沒有讓劉備知道消息。

這個可以理解，劉琮明白劉備是不可能投降曹操的，自己投降後，劉備很有可能會帶人殺過來，至少也會痛罵自己一頓。劉琮不打算自找沒趣。

等到曹操大軍開進荊州地盤，劉備左看右看，看不出劉琮這邊出兵抵抗的一點動靜。別人來搶東西，主人無動於衷，這唱的是哪一齣？莫不是已經投降了吧？

劉備急忙派人前去詢問新任領導劉琮。劉琮這才派了一個叫宋忠的人，給劉備傳達投降曹操的意思，並建議劉備同志一起接受曹操收編，曹老闆已經答應不計前嫌、量才任用等等。

劉備怒了。這叫什麼人？做的什麼事？漢朝人都知道我與曹操早就結下了深仇大恨，你裝什麼蒜？既然你們要投降，好歹大家一個鍋裡吃飯的，你不能早點打個招呼嗎？現在曹操都殺到家門口了，你才告訴我，實在太不厚道了。

劉備拔劍出鞘，有一股想砍了宋忠的衝動。但人到中年的劉備，早已不是鞭打督郵時血氣方剛的那個年輕人了，他強壓住火氣，訓斥宋忠，「就是砍了你，我也不能解恨，臨別之際殺你，我還覺得是恥辱！」（亦恥大丈夫臨別復殺卿輩）

從劉備罵走宋忠的話中（臨別），可以看出劉備又一次決定跑路。樊城北邊有曹操大軍逼近，南邊劉琮在襄陽已經投降，劉備在夾縫中根本無法生存，撤退是正確的選擇。

鬱悶的劉備，只好召開緊急會議商議對策。當然，主要是商議撤退的目的地和怎麼落實的問題。

撤退的目的地很快確定下來——江陵（今湖北荊州市）。江陵是東周時期楚國都城所在地，秦漢時期一直是南郡政府所在地（襄陽隸屬南郡），按今天的標準來看就是大城市，既是戰略要地，又是軍械糧草等戰略物資的囤積地，還是水軍基地，有好幾萬水軍駐紮。

劉備如果趕在曹操之前占據江陵，就能擺脫被夾擊的不利形勢，以空間換取時間，組織有效抵抗。

此外，曹操縱橫北方靠的是什麼？精銳的步騎兵。如果能迫使曹操在長江一帶依賴水軍作戰，就能在一定程度上化解曹操的優勢，扭轉不利局勢。

至於撤退的方式，有人建議，既然劉琮不仁，就別怪我們不義，乾脆打進襄陽城活捉劉琮這小子，然後號召荊州軍民一起撤到江陵。

史書記載劉備大義凜然地拒絕了這個建議，「劉荊州（表）臨亡託我以孤遺，背信自濟，吾所不為，死何面目以見劉荊州乎！」意思是劉表對我不錯，我不能做對不起他的事。

劉備這句話更像是外交辭令，有些實際問題是省略不講的，講的只是冠冕堂皇的理由。他省略的是可行性問題——襄陽城不是想打就能打下來的，很可能兩方人馬拚死拚活、相爭不下的時候，曹操已經開開心心地當了漁翁。即使在曹軍到來前打下襄陽，自己的損失肯定不小，還怎麼抵抗曹操？

收起這個念頭吧！還是抓緊時間跑路比較實際。

歷史不是個小姑娘

劉備來到荊州，過了長達七年的穩定生活。雖然這七年不像在徐州時大起大落不斷征戰，沒有幹出多少成績，但除了招聘諸葛亮等一批荊州人才，收服許多荊州士民的人心之外，他還有一樣可喜的收穫。

兒子。

劉備此前可能有過兒子，但生在風起雲湧的亂世，過著顛沛流離的生活，嬰兒活下來的機率實在太小。在荊州的第六年——二〇七年，劉備有了兒子劉禪，乳名阿斗。對於一個已經四十七歲的父親來說，老年得子的喜悅是不能用言語來形容的。

歷史人物也罷，心懷天下也罷，他們的天倫之樂與普通人沒有什麼不同。

除了劉備之外，關羽、張飛等骨幹成員也在這段難得的穩定歲月中生兒育女。以關興、張苞的年齡推算，他們很有可能也是出生在這個時期。

亂世中穩定的歲月，終究有個盡頭。

在路上，才是這個時代永恆的主題。

經過一番準備，劉備再次上路——從樊城出發向江陵跑路。

這次跑路是有計畫、有目標的戰略撤退。兵分兩路，陸路由劉備自己統領，謀臣有諸葛亮、徐庶等人，大將有張飛、趙雲等人，直趨江陵，路程約五百漢里（下同，單位都是漢里）。水路由關羽率領，戰船數百艘，軍士約一萬人（哪來的這麼多水軍，後面會有交代），沿漢水南下，前往江陵會師（進軍路線請看下文），路程約一千幾百里。

陸路距離最短，水路迂迴曲折。但水軍順水行舟的速度，可達步兵的三至四倍。步兵一天行走三、四十里，水軍一天可行駛一、兩百里。

按照這個計畫，水陸兩軍，差不多可以同時到達江陵。

關羽率領的水軍，還承擔了運輸軍需物資的任務。劉備在樊城駐軍多年，囤積的物資不少，這次戰略撤退，能帶的家當自然都要帶上。古時候陸路運輸不便，依靠水路運輸物資在情理之中。

管理學有個規避風險的理論——雞蛋不能放在一個籃子裡，否則籃子一翻，全部完蛋。正是這個分兵策略，最終挽救了劉備集團的命運。

襄陽在樊城的南邊，只隔著一條漢水。劉備南撤的第一站就是襄陽。年輕人諸葛亮來到劉備集團才短短一年時間，不像關羽、張飛等老員工，已經歷過N次有驚無險的跑路。這是諸葛亮平生第一次跑路。

第一次，總會有些不習慣。諸葛亮不認為跑路能跑出一個新局面。惶惶如喪家之犬，樊城守不住，江陵就能守得住嗎？既然免不了與曹操一戰，晚打不如早打，不如就在襄陽決戰。否則跑到江陵一帶，士氣喪盡，加上人生地不熟，這仗還怎麼打嗎？

路過襄陽時，諸葛亮忍不住向劉備提出建議，攻打襄陽吧！拿下荊州省會襄陽，就能號令整個荊州，然後利用荊州的人力物力與曹操開戰，勝算比直接跑路大一些。

劉備又一次否決攻打襄陽。

諸葛亮的做事原則是絕不輕言放棄，劉備的原則卻是分清輕重、明於取捨。

這正是一個辦事能臣與出色領導之間的差別所在。

劉備將自己多年的人生體驗告訴諸葛亮，活著永遠是最重要的，只有活著才有可能。船到碼頭自然直，車到山前必有路，人生的精采就在於機鋒處處，看起來山窮水盡，實際上柳暗花明，前提是必須活著才能抓住這些機鋒。跑路能跑出一個新天地嗎？能，而且是大有可能。有失才有得，有得必有失。心懷天下，就不能太在乎一城一地的得失。眼睛只盯著襄陽、只盯著荊州，會把自己繞進去，最終輸得一乾二淨。襄陽以後再說，目前壓倒一切的任務是跑路。

老闆拍板，這事就這麼定了。

劉備路過襄陽時，駐馬城下呼喊劉琮。劉備既然不打算攻打襄陽，呼喊劉琮的用意多半是回憶往日的崢嶸歲月，訓斥幾句你爹屍骨未寒就將荊州基業拱手送人的懦夫行徑，再叮囑幾句好自為之一類的話，然後你走你的陽關道，我過我的獨木橋，彼此相忘於江湖。

富二代劉琮卻十分緊張，連登上城樓見劉備的勇氣都沒有。劉琮的害怕有他的道理，自從決定投降曹操之後，他就成為曹操陣營的人，正式與劉備化友為敵。現在劉備帶著大批軍隊來到襄陽城外，這就等於一個仇人帶了一票人馬操著傢伙站在家門口，誰知道究竟要幹什麼？

劉備多年收服荊州人心的努力，在此時發揮了意想不到的效果。劉琮在襄陽城裡無動於衷，襄陽士民卻紛紛出城追隨劉備。

疾風知勁草，歲寒見後凋。在時間就是生命的撤退途中，劉備又做出了一件讓荊州軍民十分感動的事情——前去劉表墓前祭奠拜別。

雖然劉備與劉表不是同路人，兩人的交往過程中也發生過一些不愉快的往事，但整體來看七年時間相處得還算融洽。在危急關頭劉備不忘舊恩，到底是重情重義之人。

有人認為這不過是劉備用來收買人心的一場行為藝術。我只想指出一點，群眾的眼睛是雪亮的。如果劉備是假仁假義，荊州人民不會自願跟著他走，歷代人民更不會頌揚他長達一千八百多年。

人民群眾從來就不是好忽悠的。同樣是草根出身的皇帝，劉邦推翻暴秦建立漢朝之後，他的員工和後代開始使勁寫書給他美化形象，卻仍然在民間被罵作流氓無賴；朱元璋驅逐蒙元（當時蒙古與漢人並不是一家人）建立明朝之後，他的員工和後代照樣使勁寫書給他美化形象，卻依舊在民間被罵作殘忍暴君。

歷史不只是文人集團統治階級所書寫的白紙黑字，它同時存在於歷代人民的心中。白紙黑字可以被篡改、可以被抹掉，人心中的歷史，卻永遠也不會輕易改變。

也許在口耳相傳中，人心中的歷史會有些失真、會有些誇張，逐漸會演變成傳說甚至神話，但絕對不會被黑白顛倒。人們絕對不會稱讚曹操是仁主，也不會相信劉備是暴君，這只是一個小小的例子。

即便是呂思勉先生，為曹操辯護的時候，說世人批評曹操「只能認為是一些人程度低下，不足以認識英雄」（《三國史話》），卻也不能否認《三國演義》裡邊尊劉貶曹的觀點是「和大多數人的心理相合」，所以才流行甚廣的。

呂思勉先生認為大多數人「程度低下」，我在這裡無意多說什麼，只想指出一點，每個人心中的英雄標準是不一樣的，我們不能強求所有人的觀點都和自己一樣，更不能認為別人的觀點與自己不同就是「程度低下」。

有人說，歷史是任人打扮的小姑娘。我要給這句話加一個字——書，歷史書是任人打扮的小姑娘，可以寫，可以略，可以篡。但歷史本身並不是個小姑娘，比如人心中的歷史，就很難被抹殺、很難被篡改，所以有時候反而更可信賴。

不論日本的教科書怎麼寫，南京大屠殺是歷史存在。

不論清廷的紀錄怎麼記，光緒帝是死於砒霜劇毒。

歷史書的記載未必可信，人民心中往往有歷史真相。

為什麼要追隨你？

在劉備南撤的途中，出現了中國歷史上一個極為罕見的現象——大批荊州百姓拖家帶眷、扶老攜幼趕來追隨劉備。

劉備帶領軍隊向南撤退，沿途百姓不斷從四面八方趕來加入隊伍。隊伍愈來愈龐大、愈來愈臃腫、愈來愈緩慢，到當陽（今湖北當陽）境內時，大約有十餘萬百姓加入隊伍，離開家園，踏上漫漫的旅途，走向未知的遠方。

類似的情景，在西晉滅亡五胡亂華大批人民渡江南遷時沒有出現，在靖康之難北宋滅亡後大批人民逃離北方時也沒有出現。

這是人心向背的一大標誌，是劉備深得人心的如山鐵證。

這麼多荊州人民，不是不希望擁有安定幸福的生活，不是不在乎自己的田產房屋，不是不知道跟隨劉備前途莫測，但他們還是毅然用自己的雙腿做出了選擇。

人民選擇逃離，必然與曹操的殘暴有關。曹操屠城的往事，也許他自己已經淡忘，但人民不會忘記。荊州是逃難者的樂園，來自徐州的難民對曹操的暴行更是沒齒難忘。

卻不全是因為曹操屠城。如果只是懼怕被殺，那麼可以四散逃命，為什麼他們偏偏選擇追隨劉備？而劉備恰恰是最危險的人物，曹操絕不會放過他。

這麼多百姓選擇追隨劉備，一個更為重要的原因是他們（至少其中的一部分）愛戴劉備，願意冒著生命危險追隨劉備。

人們有從眾心理，一批人追隨劉備南撤，就會帶動更多的人。所以，加入劉備隊伍的人民愈來愈多。

現在有一些曹迷不顧荊州人民自願追隨劉備的史實，認為是劉備妖魔化曹操，強迫人民南遷、拿百姓當人質做肉盾，根本就是扯淡，不值一辯。雖然跟隨劉備的人民最終的結局十分悲慘，但事發之前，誰又能未卜先知料定這些人民會慘遭不幸？

人生的可能性有很多種，答案也有很多種，但能夠得到的答案，只是親身實踐的那一種。在實踐之前，所有的可能性都沒有確切答案。歷史同樣如此。

歷代研究歷史的學者，很少對人民自願跟隨劉備這件事提出質疑。三國歷史有著太多的疑團，許多事件的記載出入很大，甚至相互矛盾，但這件事卻沒有爭議，因為這雖然難以令人相信，卻是不折不扣的史實。

這個世界上，從來就沒有無緣無故的愛，也沒有無緣無故的恨。

劉備之所以能夠贏得這麼多百姓的愛戴，以及後世廣泛的頌揚，與正不正統沒有多少關係，而在於他有著非凡的人格魅力，一貫作風踐行仁義，地地道道深得民心。

建立漢、唐、宋、明等大一統朝代的開國皇帝很多，卻沒有誰有過這樣感人的事蹟；建立像蜀漢一般規模割據政權的帝王更多，卻沒有誰贏得民間如此廣泛的頌揚。

後世對劉備的頌揚，並不是開始於《三國演義》。在《三國演義》出現之前，早在唐代至北宋時期，劉備及其他三國重要人物的民間形象已經基本成型。唐代詩人李商隱有一首〈驕兒詩〉，就描述了小兒對三國故事的癡迷情形，說道「或謔張飛胡，或笑鄧艾吃」。北宋時，三國故事更加普及，成為茶館酒肆說書人的重要題材之一。蘇軾在筆記小說《東坡志林》中記述：「塗巷中小兒薄劣，其家人所厭苦，輒與錢令聚坐聽說古話，至說三國事，聞劉玄德敗，顰蹙有出涕者，聞曹操敗，即喜唱快。以是知君子小人之澤，百世不斬。」

尤其值得注意的是蘇軾的評論——君子小人之澤，百世不斬。國家會滅亡，朝代會興替，唯有仁德、忠義一類如今天所謂的普世價值，永遠存在於世人的心中！

而劉備，在許多人心中就是仁義的化身！

從襄陽至江陵，陸路約五百漢里，按照正常的行軍速度，步兵十多天可以到達江陵，騎兵四、五天就能到達。

劉備的軍隊，絕大多數是步兵，再加上十多萬荊州人民，行軍速度愈來愈慢，史書記載「日行十餘里」。影響行軍速度的主要因素是跟隨劉備的人民，這些百姓拖家帶口、扶老攜幼，除了帶上金銀細軟等值錢的家當，還少不了糧食衣物，推著獨輪車，甚至還有可能趕著耕牛緩慢前進。

隊伍走了好多天，才到達當陽一帶。照這樣的蝸牛速度，什麼時候才能到達江陵？如果半路上被曹操的追兵趕到，既無險可守，倉促之間又不能組織起有效的抵抗，就只有被動挨打的份了。

有一位員工忍不住向劉備提出建議，應該放棄百姓，輕軍前進，直達江陵，否則曹軍一到，必敗無疑。

劉備當然明白一旦曹軍趕到敗局無可挽回，但他更明白人心的重要。

十多萬百姓背井離鄉，隨我前進，我就這樣拋棄他們？

不，絕不！

失敗沒有什麼可怕的。自從起兵以來二十四年，我敗多勝少，事業卻一點一點發展，理想卻一步一步接近，能夠得來今天的成就，靠的不是某一場戰役的勝利，靠的是人心和道義。

正因為人心和道義，十多萬百姓才一心追隨我前進。如果在危急關頭置百姓於不顧，今後將何以立足？

只要得到人心、立足道義，仗打敗了還可以從頭再來，隊伍打沒了還可以從零再拉。失去人心，背棄道義，才是徹底的失敗，意謂著二十多年的不懈奮鬥全部付之東流，更意謂著自己一生堅持的信念原來一直是錯的。

人，尤其是偉人，是靠信念活著的。失去信念，是他們生命不能承受之重。何況根據正常的行軍速度，劉備認為曹軍追上自己的可能性很小。

於是，面對部下的建議，劉備說出了一句感動歷史的千古名言：「夫濟大事必以人為本，今人歸吾，吾何忍棄去！」

危難之際見真情，這句話表明了劉備的真實心境，感動了當時所有聽到這句話的人，也感動了古往今來無數看到這句話的人。

一百多年後，晉人習鑿齒看到這句話的時候，就被深深地感動，並寫下了著名的評論：「先主雖顛沛險難而信義愈明，勢逼事危而言不失道。追景升（劉表）之顧，則情感三軍；戀赴義之士，則甘與同敗。觀其所以結物情者，豈徒投醪撫寒含蓼問疾而已哉！其終濟大業，不亦宜乎！」

在習鑿齒看來，劉備如此重情重義、信義昭著，在危急時刻依然堅持一貫的原則，根本不是靠小恩小惠收買人心的行為比得了的，必然深得人心，日後終成大業是順理成章、水到渠成的事。

的確，這樣一個人不得民心，誰能得民心？這樣一個人不成功，誰又能成功？劉備，即將走出人生的低谷，大踏步走上成功之路。

不過在此之前，他還要接受一次極為殘酷的考驗。

因為他即將遭遇一支天下無雙的軍隊。如果用兩個字來形容這支軍隊，那麼就是——恐怖！

恐怖的虎豹騎

這支軍隊的名字叫做虎豹騎。

它是曹操手中一把鋒利無比的寶劍。

《三國志》惜墨如金，尤其不注重戰爭描寫，其他兵種能在正文甚或裴松之的注文中出現一次，已經是莫大的榮幸，可以稱得上是精銳，比如陶謙的丹陽兵、公孫瓚的白馬義從、高順的陷陣營等等。但虎豹騎僅在《三國志》正文中就出現了三次，可見是精銳中的精銳。

有關虎豹騎的史料記載非常缺少，《三國志》裴松之注引王沈的《魏書》記載：「（曹）純所督虎豹騎，皆天下驍銳，或從百人將補之。」由此可見，虎豹騎的士兵稱得上是百裡挑一，其他軍隊中帶領百人（一個連隊）的頭目，在虎豹騎中只能充當一名普通士兵。

悲哀嗎？不，一點也不悲哀，相反是無上的光榮。因為你加入的是一支天下無雙的常勝鐵軍！

虎豹騎不只是精銳王牌，還是曹操的親兵。史料記載虎豹騎的統領將軍前後有曹純、曹休、曹真三人——都是曹操非常重視的曹氏將領。其中曹休「使領虎豹騎宿衛」，可見曹操將這支部隊當作禁衛軍，那是相當的信任。

比較有趣的是，曹純去世後，選拔新任虎豹騎統領的時候，曹操說道：「曹純這樣的人才，非常難得，一時之間選不出第二個。我看還是由我本人親自擔任虎豹騎統領吧！」（純之比，何可復得！吾獨不中督邪？）於是曹操親自上馬，兼任虎豹騎統領。可見曹操對虎豹騎是何等重視！

在冷兵器時代，騎兵取代戰車以後，就成為新興的摩托化部隊，可以說是今天的主戰坦克。鑑於當時的戰爭，陸戰占據絕對重要的地位，因此擁有一支精銳騎兵，是每一個意圖亂世稱雄者的夢想。後世的成吉思汗縱橫歐亞大陸，正是依靠精銳騎兵。

組建騎兵的前提條件是擁有大批優良的戰馬，而戰馬在亂世中無比金貴。官渡之戰前，戰馬正是曹操迫切想要卻又得不到的東西。這也沒辦法，曹操起家的地盤是河南、山東一帶，這個地方只能長莊稼，不長駿馬。

借問駿馬何處有？曹操惆悵望北方。

在河北經營多年的袁紹，與北方游牧民族首領的關係搞得很好，弄點馬匹回來不算太難，他手中握有不少讓曹操羨慕不已的騎兵。

官渡之戰後，曹操將袁紹投降的士兵全部坑殺，而袁紹的一萬多匹戰馬卻是高高興興的照單全收。

曹操正是利用這些馬匹，組建起威震三國的虎豹騎。虎豹騎其實是由虎騎和豹騎兩支精銳騎兵組成的，不過習慣上並稱而已。

虎豹騎的數量不會太多，大約在五、六千到一萬之間。兵貴精而不貴多，善於用兵的曹操深諳此道。何況組建和維持這樣一支精銳部隊的經費是非常高昂的，即使曹操想擴大數量，恐怕也是心有餘而力不足（否則也沒必要設置發丘中郎將和摸金校尉專門盜墓了）。

從虎豹騎橫空出世的那天起，這支軍隊就與「百戰百勝」幾個字畫上了等號。建安九年，曹純「督虎豹騎從圍南皮」，破斬袁譚。建安十二年曹操北征烏桓，曹純率領虎豹騎陣斬烏桓單于蹋頓。後來，在渭水擊破西涼馬超軍團的仍然是虎豹騎；曹操與劉備爭奪漢中時，虎豹騎同樣在陣前立下赫赫戰功。這些戰役，都是三國歷史上著名的硬戰。

總而言之，虎豹騎的戰鬥力極其剽悍，是名副其實的攻無不克、戰無不勝。曹操正是揮著這把利劍，方才縱橫天下，統一北方，奠定曹魏霸業。

虎豹騎能夠發揮出如此恐怖的戰鬥威力，是與身上的一件小小的裝備分不開的。這件小小的裝備雖然不起眼，卻在騎兵發展史甚至戰爭史上具有劃時代的意義。這件裝備就是——馬鐙。

關於馬鐙（雙馬鐙）對騎兵的影響，及其發明的時間，是不是由中國人發明，這些問題說起來至少可以爭論幾天幾夜。只在這裡做簡單介紹。

我們知道，根據幾何原理，三角形最具穩固性。騎馬也是如此，騎馬者只有藉助馬鞍（高橋馬鞍）和馬鐙，臀部支撐於馬鞍上，雙腳支撐於馬鐙上，構成三個支撐點，才能更好地保持平衡，才能達到人馬合一的效果，在馬匹急速奔馳的時候不會輕易掉下，在戰鬥中也更能保持身體的靈活性與揮動兵器的力量。

在馬鞍和馬鐙發明之前，騎著近似於裸身的馬匹是一件非常痛苦的事情（大夥兒最好不要去嘗試）。這是騎兵出現之前，中、西方為什麼都用馬來拉戰車而不直接騎馬作戰的一大原因。

但戰車比起騎兵，有很大的局限性。最大的弱點是對地形要求很高，地形不平坦不行，有條小河小溝也不行。在戰車時代，雙方打仗一般要提前選擇一個平原地形，然後才能開戰。打著打著，不小心車輪子一損壞（一般是木質的），那就完蛋了，等著當俘虜吧——春秋時代N個國君就是這樣當了俘虜，你說冤不冤？另外，使用戰車也十分不經濟，組裝一輛戰車一般需要四匹馬，而車上只有三名甲士，一人負責遠程攻擊——射箭（稱車左或甲首，是戰車的指揮人員），一人負責近程保護——持長戈或長矛（稱車右或參乘），還有一名非戰鬥人員——御者，也就是專門的司機。可見，花費四匹馬及大量的木材，才能擁有兩名高速機動的戰鬥人員，比起一人一馬的騎兵實在太浪費了。

戰國中期，趙國武靈王趙雍，從北方匈奴人那裡學會了騎馬作戰，並加以推行，這就是著名的「胡服騎射」。此後，中原各國紛紛傚仿，騎兵逐漸興盛起來。

值得注意的是「騎射」兩個字。這表明當時的騎兵，絕對不是今天反映春秋戰國時期戰爭場面的影視作品中，常見的騎上戰馬揮動大刀長槍往來衝突的精采景象，而是騎馬射箭（甚至下馬射箭），只能算是輕騎兵。

當時騎兵的作用，在我國的一項傳統遊戲當中有一定的體現，這個遊戲想必很多朋友都玩過，就是——象棋。小小的象棋中，蘊藏著古人的智慧及當時的軍事特徵。下過象棋的朋友都知道，象棋中最牛的主戰兵種還是車，而馬只能叫做「拐子馬」，只能從側翼發動進攻，不但對車作戰沒有優勢，就是正面遇上步兵（兵和卒）也擋不住，完全不是重騎兵時代衝突敵陣、勢不可擋的場面。

正是因為馬鞍與馬鐙還沒有發明出來。這時候的騎兵，主要是利用馬的快捷優勢，進行一些偵察、騷擾、包抄、偷襲和追擊的任務，配合步兵軍團進行戰鬥，騎兵單獨對步兵作戰並不占優勢。秦始皇兵馬俑中，騎兵的數量很少，而且分布在遠離主陣的側翼，就是明證。兵馬俑二號坑中出土的與真馬大小相似的陶馬，馬身上其他馬具齊備，唯獨缺少高橋馬鞍與馬鐙。

據考古研究，在中國發現的表現高橋馬鞍的文物，年代最早的是東漢末年的作品，如甘肅武威雷臺漢墓出土的騎俑和鞍馬彩繪木雕。

我們知道，藝術品的產生必然滯後於實物的出現，再加上藝術品保存至今的概率，差不多與中彩券一樣小，因此可以斷定，最晚在東漢後期，高橋馬鞍就已經出現。

那麼，馬鐙是什麼時間出現的？這是一個令無數中、西方學者研究了很久，卻沒有形成定論的問題。

在中國境內，迄今為止發現的實物雙馬鐙，最早的是遼寧北票西官營子出土的十六國時期北燕馮素弗墓的三角形鎏金銅裹木質馬鐙，時間是四世紀初；另一件是南京象山東晉琅邪王氏（王導、王羲之一族）墓葬群七號墓中出土的一件裝備雙鐙的陶馬，時間是東晉永昌元年（三二二）或稍後。

這兩件證明雙馬鐙存在的文物，雖然地域一南一北相隔很遠，年代卻非常接近。這表明雙馬鐙在四世紀初，在中國境內已經廣泛使用，而且馬鐙的形態趨於成熟。

而歐洲出土的馬鐙，最早的是在六世紀匈牙利阿瓦爾人（蒙古高原的柔然人後代）的墓葬中，這比中國晚了兩個多世紀。因此，一些學者認為，馬鐙是由古代中國人（包括漢民族和周邊少數民族）發明的，是柔然人把馬鐙從中國帶到了西方，馬鐙也被一些西方學者稱為「中國靴子」。

另外，根據史書上關於騎兵作戰的一些記載，比如項羽使用騎兵衝突敵陣、漢武帝時期騎兵做為主戰兵種大規模投入進攻匈奴的戰爭等等，許多人推測馬鞍和馬鐙就是在中國漢代出現的。即使當時沒有出現後世的金屬雙馬鐙，起碼出現了類似的替代品——比如採用繩帶、皮革或木板做為馬鐙。

這不只是人們的推測，西方一本《阿提拉的傳奇——匈奴人入侵歐洲》的書籍記載，「上帝之鞭」阿提拉率領的匈奴騎兵，裝備有歐洲人從來沒有見過的馬鐙。不過是在馬鞍上繫上綳帶、皮帶或用一種亞麻織成的腿帶，讓腳有個可以踩踏的地方。

由此可見，早期的騎兵的確採用過繩帶、皮革或木板一類的材料做為馬鐙，而這些材料很容易腐爛，不可能有實物保存下來。至於金屬，在當時是非常昂貴的東西，如果用來大量製作馬鐙，那實在是太奢侈了。

關於馬鐙的記載最早出現在西方，並不奇怪，因為我們的古人尤其是知識分子，重道德文章而輕實用技術，一向不重視類似的奇技淫巧。木牛、流馬如果不是諸葛亮而是一般人發明，想要在《三國志》中留下一筆，基本上就是白日做夢。

綜合以上幾點，就能合理地解釋為什麼四世紀初中國境內的馬鐙已經成熟且廣泛使用，卻沒有此前的實物馬鐙保存下來及沒有書面記載了。

成熟的馬鐙在四世紀初出現於中國境內，那麼馬鐙的雛形或替代品出現於什麼年代？大致範圍可以確定為兩漢至魏晉時期，至於準確時間，目前還沒有定論。考古實物的出現，只能證其有，不能證其無。四世紀初在中國境內出現馬鐙，只能說明當時已經有了馬鐙，絕對不是說馬鐙在哪個時期才發明。隨著考古的進一步發掘和研究，馬鐙出現的時間只會提前不會推遲。

個人有一個推測，曹操手下威猛無比、百戰百勝的虎豹騎，正是裝備了馬鐙（很可能就是木板、皮革和繩帶製作的替代品），方才發揮出更加令人恐怖的戰鬥力。

工欲善其事，必先利其器。科學技術是第一生產力。軍隊戰鬥力的提升，不僅要靠戰術和勇氣，還要依靠先進的武器裝備。

此時，距出土的成熟馬鐙出現的時間——四世紀初，還有一百年，出現馬鐙的雛形是完全有可能的。

追擊劉備的五千虎豹騎，正是一支利用新技術裝備了馬鐙的精銳騎兵！

危難之處顯身手

劉備遭遇虎豹騎的地點是當陽長坂（今湖北當陽東北）。從襄陽到當陽長坂，共三百餘里，劉備的軍民混合隊伍走了十多天，曹操的虎豹騎只走了一日一夜（一日一夜行三百餘里）。

什麼叫急行軍？什麼叫快速反應部隊？虎豹騎給出了最佳的詮釋。如果沒有馬鞍和馬鐙的幫助，日夜不停奔馳三百里，將士們累都可以累死，大腿和臀部會嚴重磨損。在這種情況下還想立刻發動猛烈進攻，那就有點不把虎豹騎的將士當人使了——他們當然不可能是超人，尤其不可能個個都是超人。即使有人騎術高超、身體強壯勉強可以做到，但五千虎豹騎不可能人人騎術都如此精湛。所以曹操的虎豹騎裝備有馬鐙或類似馬鐙的配件，是非常有可能的。

追擊劉備，再一次體現出曹操卓越的軍事才能。曹操在新野一帶接到劉琮的投降申請書後，準確判斷出劉備將要南撤占據戰略要地和軍需物資囤積地江陵。

江陵如此重要，曹操當然不會眼睜睜看著它落到劉備手中。他將運輸部隊留在後邊，親自率領大軍迅速向襄陽開進。到達襄陽後，確認劉備已經向江陵撤退，他更是將收降納叛的統戰工作暫時放到一邊，立即部署追擊劉備。為求萬無一失，針對劉備分軍南下，他同樣分軍追擊。

曹操毫無疑問是軍事奇才，判斷準確，決斷英明，分得清輕重緩急，做決定當機立斷。同時可以看出，曹操將劉備視為大敵，力求一舉殲滅，不能任由劉備逃跑，過不了多久又死灰復燃。

這一次，曹操希望在南下之路上給劉備一個大大的驚喜，徹底終結劉備奇蹟般的逃亡生涯。

實際上，曹操幾乎就要做到了，但還是差了那麼一點點。

曹操親自率領的五千虎豹騎經過一日一夜的急行，軍隊已經十分疲勞。但最高領導曹操本人身先士卒與小兵們一同追擊，領導不喊苦，小兵們只得咬緊牙關跟著前進。

在當陽長坂追上劉備隊伍的時候，虎豹騎的將士及他們的戰馬都已相當疲憊，不過令他們欣慰的是，經過多日行軍的劉備軍隊，處境也好不到哪去。

劉備軍隊在行軍中難以保持隊形，許多士兵都被分散開來幫助老百姓推車扛包，倉促遇敵無法組織有效的抵抗。這樣一支既疲勞又無陣形的軍隊，在虎豹騎雷霆萬鈞之勢的突擊下，如摧枯拉朽、土崩瓦解。

面對此時此境，劉備別無選擇，只能再一次抓緊時間跑路。

劉備逃命非常倉促，第四次不得已丟棄了老婆孩子，跟在身邊的只有諸葛亮、徐庶等幾十個人。

這是亂世的生存法則，老婆孩子遠遠比不上謀臣武將重要，婦孺老弱遠遠比不上青壯男子逃命方便。

虎豹騎有著陣斬敵軍統帥的光榮傳統，當然不會放任劉備從眼皮子底下溜走。他們紛紛縱馬追趕，迫切想要砍下劉備的首級來博取封侯拜爵。

這是生與死的較量，追擊的一方與逃命的一方沒有對與錯，只有對成功的渴望和對死亡的逃離。

虎豹騎眼看就要成功了，他們中間的某些人將會因此改變命運。

但一個人的出現，阻止了他們建功立業的步伐。

這個人就是張飛。

張飛帶著二十名騎兵，肩負著掩護劉備安全逃命的殿後重任。

恐怖的虎豹騎與落荒而逃的劉備之間，只隔著張飛與他的二十名騎兵。

概括一點說，劉備、諸葛亮等人的生與死之間，只隔著張飛匹馬單槍。

通常情況下，虎豹騎的進攻不會猶豫，速度不容置疑，摧枯拉朽，擋我者死，逃命者同樣是死。比如當年袁譚逃命時，喊著「兄弟你放我一馬，我給你富貴」，但話音未落，虎豹騎的兄弟就揮劍砍下了他的腦袋——富貴我現在就可以自己取，需要你給嗎？別人施捨的東西，永遠不如自己伸手拿到的可靠。

這一次，虎豹騎的勇士卻猶豫了。面對張飛率領的一小撥人，深深地猶豫了。

虎豹騎的勇士與張飛的小股騎兵，分別駐馬一條河流的一座木橋的兩邊，相對無言。生死一線的戰場出現難得的寂靜。

死一般的寂靜。

打破這片寂靜的是張飛。他怒目圓睜，橫握長矛，像極了一座堅固的橋頭堡，並自報家門：「身是張益德也，可來共決死！」

名人效應在這裡發揮了作用。虎豹騎的勇士除了軍事技術過硬之外，也有良好的軍事素養。張飛張益德這個名字，對他們來說並不陌生，他們清楚這個名字意謂著勇冠三軍（劉曄語）和熊虎之將（周瑜評）。上去與張飛決死，結果往往只有一個——一決自己就死。當然，憑藉人多勢眾，虎豹騎的勇士們最終是可以幹掉張飛的，但這需要留下幾具屍體做為代價——誰都不清楚自己會不會是不幸倒下的幾個人之一。

保全生命和博取功名哪一個更重要？虎豹騎的勇士用自己的行為做出了選擇——沒有人敢衝上去與張飛試比高（皆無敢近者）。

當然，虎豹騎的勇士猶豫的時間只有片刻，等到戰友愈聚愈多，尤其是頂頭上司前來督戰的時候，他們照樣會縱馬渡河、奮勇前進。

但兩軍陣前，一髮千鈞，戰機轉瞬即逝，四分之一炷香之後，劉備已經絕塵而去，虎豹騎將士望塵莫及。

張飛完成了艱鉅的殿後任務，奠定了一代猛將的歷史地位，如趙翼所說：「漢以後稱勇者，必推關（羽）、張（飛）。」（《廿二史箚記》）

劉備就此逃出生天。

一起逃出的，還有日後的蜀漢皇帝劉禪。

此時的劉禪剛剛一歲，是個剛學會爬還不會走路的小屁孩，更不會騎馬。

這樣一個小屁孩能夠成為有幸逃出的幾十個人之一，絕對是個奇蹟。

奇蹟的創造者是趙雲。

劉備倉皇逃過木橋時，原本跟在隊伍中的趙雲調轉馬頭，往亂軍中拍馬趕去。

劉備身邊有人立即打小報告，說趙雲同志背叛革命事業，向北投降曹操去了。

危機處理最能體現領導的水準。劉備卓越的識人才能，在這緊急關頭又一次展示出來。

遭遇這樣的大敗，跟隨的十餘萬百姓遭難，大批將士紛紛逃散，老婆孩子丟棄於亂軍之中，任何一個領導都會生氣、憤怒，乃至抓狂。

但劉備沒有被憤怒沖昏頭，斷定趙雲絕對不會背叛。他在憤怒中拔出手戟（匕首）扔向打小報告的人（打小報告的教訓啊！這位同志是不是當場犧牲，史書沒有記載），語氣肯定地說道：「子龍不棄我走也。」（《三國志》注引《雲別傳》）

趙雲確實沒有辜負劉備的信任。他往曹軍中拍馬跑去，不是投靠新老闆，而是為了救出未來的老闆——阿斗。

救出阿斗，體現出趙雲的大局意識與前瞻性思維。

阿斗，是劉備當時唯一的兒子，也是劉備集團未來事業的接班人。

唯一的兒子很重要，未來的接班人更重要。

揣著這樣的認識，趙雲返身縱馬衝進亂軍之中。

不錯，虎豹騎不是一般的恐怖，此去救出阿斗的希望很渺茫，很有可能要搭上自己的性命。

但劉備以國士待我，我必以國士報之！

古有公孫杵臼，今有常山趙子龍！

捨生取義，何足惜哉！

忠義所在，雖萬千人，吾往矣！

長坂坡前屍橫遍野，血映殘陽。活著的只有兩種人，縱橫衝突、所向披靡的虎豹騎，與四散逃命、哀號震天的劉備軍民。在這樣的亂軍之中尋找一個剛滿週歲的孩子，無異大海撈針。

值得慶幸的是有尋找線索。亂軍之中，幾個婦人和嬰兒能跑到哪裡去？線索就是保護劉備家眷的將士，還有夫人和阿斗乘坐的馬車。

史料的記載極其簡略，我們已經無法還原趙雲救出阿斗的具體細節。只知道這個結果——（趙）雲身抱弱子，即後主也，保護甘夫人，即後主母也，皆得免難。（《三國志・趙雲傳》）

能夠在虎豹騎的鐵蹄之下救出一個嬰兒與一位夫人，除了趙雲過人的膽略和卓越的武勇，必然離不開保護劉備家眷的將士們的奮死抵抗。

趙雲贏得生前身後名，其他將士卻淹沒於歷史的塵埃。

歷史不應只為英雄記。

為了奴隸的母親

劉備見到趙雲救出阿斗與甘夫人時的喜悅，還有對趙雲的嘉獎和稱讚，不需要多說（史書上沒有劉備摔孩子的記載）。

需要討論的還是一個老問題：跑路跑到何處才是盡頭？

恐怖的虎豹騎就在身後窮追不捨，今天跑出了，不代表明天還能跑得出。要想徹底擺脫虎豹騎的追擊，需要找到一個安全的地方。

當有人全世界追著自己要命的時候，以天地之大，跑是絕對跑不出一個安全的地方的（參見南宋兩位末代小皇帝的悲慘遭遇）。光桿司令一個，則無處不危險；手下有一撥靠得住的槍桿子，則無處不安全。

所以劉備此時唯一的希望就是關羽。只有會合關羽水軍，才能保障他們一撥人的生命安全，也是東山再起的最後資本。

那麼，關羽此時究竟在哪裡？

答案在劉備心中。

不過在劉備會合關羽之前，有一個人選擇了離開。

這個人便是徐庶。

徐庶加盟劉備集團比諸葛亮早一點，而且同樣受到了重用。此時他選擇離開，並不是因為他只能同享樂不能共患難，而是因為他的母親與劉備的一雙女兒一樣——被曹軍俘虜，成了階下囚。

漢朝號稱以孝治天下，非常推崇孝道，忠孝是倫理道德的核心。正是在孝道觀念的影響下，徐庶決定離開劉備，前往曹操軍中，救出成為奴隸的母親，日後為她養老送終。

徐庶以手指心，向劉備遞交了口頭辭職報告，「我本想憑藉胸中所學，跟隨主公共謀王霸雄圖，開創千秋大業。可是如今我的母親做了俘虜，我的心很亂，不能繼續追隨你了，希望你讓我走吧！」（本欲與將軍共圖王霸之業者，以此方寸之地也。今已失老母，方寸亂矣，無益於事，請從此別）

劉備心中明白失去徐庶這樣優秀的人才是一大損失，也明白自己手下的人才跳槽到競爭對手那裡對自己非常不利，但他將心比心，更明白母親遇難時做為一個兒子的痛苦心情。因此，即使心中有著萬千的不捨和諸多的不情願，他還是沒有強留徐庶。

元直，你去吧！

即使不能一生相隨，過往的深情厚誼，逝去的崢嶸歲月，定當留於心間。此一去，今世就如生死相隔，再難相見，唯願彼此珍重！

員工也是人，不是只能幹活創造剩餘價值的機器，他們應該得到應有的尊重和理解。

劉備的作法，體現出一個仁義老闆的廣闊胸懷。

對此，東晉人徐眾有一段評論，還舉例在類似的情況下，劉備讓徐庶離去，而曹操的大臣程昱卻要求下屬靳允不要在乎母、弟、妻、子的生命，將兩種行為做了一番對比，認為「是以求忠臣必於孝子之門」，靳允也應該先救親人，不能為了工作不顧親人的生命。「徐庶母為曹公所得，劉備乃遣（徐）庶歸，欲為天下者恕人子之情也。曹公亦宜遣（靳）允。」（《三國志》注引徐眾《三國評》）他明確指出程昱的作法不對，對劉備的行為則表達了贊同和景仰。

林肯說過：「你可以一時欺騙所有人，也可以永遠欺騙某些人，但不可能永遠欺騙所有人。」

是包子總會露餡的。劉備如此處處以仁義為懷，明顯不是裝出來的包子，而是表裡如一、裡外皆白的一個饅頭。

徐庶離開之後，劉備帶領倖存的幾十人，繼續策馬狂奔，抄近路前往漢津。

漢津，顧名思義是漢水渡口。但究竟是哪一個渡口，卻是眾說紛紜。

根據《三國志》的記載，劉備從當陽長坂「斜趨漢津」，可以看出這個渡口應該是離當陽長坂最近的一個，大約是今天湖北沙洋或鍾祥一帶的漢水渡口。

當劉備死裡逃生一路狂奔抵達漢津的時候，無比驚喜地發現，漢水中行駛的船隊正是關羽水軍！

關羽水軍在樊城、襄陽一帶，與劉備陸軍分別後，沿漢水南下。劉備陸軍以蝸牛速度走了十多天才到達當陽長坂，關羽水軍也走了足足十多天，方才走到當陽東邊的漢水一帶。

這是一個困擾了我很久的問題，為什麼關羽水軍在漢水中走得如此緩慢？漢水從襄陽附近到當陽東部，水道基本是南下，大約五、六百里。這麼一段路程，不要說水軍依靠風力還有人力，就是扔一塊木板順流而下，十多天時間大概也漂出漢水進入長江了。

關羽水軍的行軍速度怎麼就比不上一塊木板呢？

答案只有一個——關羽水軍其實根本就不想走。

至少還有你

關羽水軍前往江陵，有兩條進軍路線。

一是先沿漢水東南方向行進至夏口，然後溯長江西上到達江陵，在漢水與長江中行駛的路程差不多都是一千兩百多里，總計約兩千四百多里。這一條路線今天仍然通行，路程也沒有多少疑問，是絕大多數人認同的自襄陽到江陵的水路。

有疑問的是第二條水路。據《宋書·州郡志》記載：江陵「去京都（今江蘇南京）水三千三百八十」，夏口「去京都水兩千一百」，襄陽「去京都水四千四百」。可以看出，南朝劉宋時期，襄陽至夏口的水路是兩千三百里（四千四百里減去兩千一百里），這差不多是漢水從襄陽至夏口水道（約一千兩百里）的兩倍。很明顯，《宋書》記載的從襄陽至夏口的水路，必然不是一直在漢水中行駛。

這說明在南朝劉宋時期，從襄陽到江陵，除了沿漢水東南行至夏口然後取道長江這條水路之外，還至少有一條水路可以到達江陵（大約是從漢水取道夏水、楊水或湧水）。而這一條水路還是一條近路，只有一千餘里（江陵至夏口水路為三千三百八十里減去兩千一百等於一千兩百八十里，則襄陽到江陵水路為兩千三百里減去一千兩百八十里等於一千零二十里，或者四千四百里減去三千三百八十里等於一千零二十里）。甚至有時候前往夏口也是先走這條水路到達江陵，然後順長江東下。

論證第二條水路在三國時期是否存在，後來在什麼時期消失，涉及古今地理的演變、雲夢澤的消亡等自然科學方面的問題，實在過於複雜。我只在這裡簡單找出幾條論據支撐一下。

論據一：西晉陸機《辯亡論》寫道：「浮鄧塞之舟，下漢陰之眾。」鄧塞即在襄陽附近。此外，王粲《英雄記》記載，曹操欲從襄陽浮漢水到長江，但由於「無船」，只好「作竹椑（筏子），使部曲乘之，從漢水來下，出大江，注浦口」。這兩條記載，可以證明赤壁戰前，曹操的大部隊及投降的襄陽軍隊，至少有一部分是走水路與江陵水軍會師後開往赤壁的（確切說是烏林）。但江夏掌握在劉備和劉琦的手中，曹操軍隊走水路不可能經過夏口前去烏林會師（如果能通過夏口也不必在赤壁決戰了），當然更不可能水軍變空軍飛過去，必然有另外的水路通往江陵一帶的長江，與江陵水軍會師後順江東下。

論據二：日後劉備配合周瑜進攻曹仁鎮守的江陵，提出了「從夏水入截（曹）仁後」

（《三國志》注引《吳錄》）的進軍計畫。證明水軍可以從江陵附近的長江進入夏水，並可以沿夏水深入江陵北部。很有可能正是這一條夏水連通了漢水。

論據三：關羽日後從江陵、公安北攻襄陽、樊城，當時江夏掌握在東吳手中，史料中並沒有關羽向東吳借道的記載（東吳答應不答應暫且不論）。但在襄樊之戰中，關羽水軍大顯神威，水淹于禁七軍，攻滅龐德等人。如果沒有其他水路，關羽水軍的大船難道是飛過去的？

由此可以證明，這第二條水路在三國時期乃至南朝劉宋時期，都是真真切切存在的，還是一條近路，只有一千餘里的路程。

劉備如果急於占據江陵，南撤時有兩個選擇：一是陸軍分軍一部分脫離軍民聯合隊伍先走，二是派關羽水軍走近路直下江陵。

但劉備既沒有分軍，也沒有派遣關羽水軍搶先占據江陵。否則，用十多天時間走一千餘里水路，是綽綽有餘的，當劉備兵敗當陽的時候，關羽已經在江陵城裡曬太陽了。

而劉備兵敗當陽的時候，關羽水軍還行駛在當陽附近的漢水中，唯一合理的解釋就是，關羽根本沒有急著前往江陵。在當陽附近接應劉備，不是巧合，而是事先安排。從一開始分軍，關羽水軍的任務就不是急於占據江陵，主要是策應和掩護劉備陸軍。

這是劉備撤退時部署的一手好棋。劉備清楚曹操的長處是陸軍，尤其是騎兵，水軍就是曹操手中最短的那塊木板，所以由關羽水軍擔任策應和掩護陸軍的任務，是比較容易完成的。水陸兩軍同步前進，最終同時達到江陵。

因此，在當陽長坂遭遇虎豹騎的猛烈打擊後，劉備毫無疑問會向東「斜趨漢津」，會合關羽水軍。

陸軍潰敗，至少還有關羽水軍可以依靠。此後一直到南征四郡時期，關羽水軍是劉備唯一的嫡系軍事力量。

劉備與關羽會合後，眼看曹操虎豹騎迅速南下，他們原訂會師江陵的計畫已經落空，只好改變行軍路線前往江夏一帶。

劉備做出這個決定，至少有三個因素。

一是劉備一方與江夏太守大公子劉琦交情一向不錯，現在又有共同的敵人曹操，牽手合作是共同的需要。

二是此時劉備只能依靠關羽水軍前進，而水軍只能走水路，既然不能南下江陵，就只能走另一條水道——沿漢水走江夏，進入長江。

三是一個不速之客的到來。

來人便是魯肅，因為獻出「炕上策」（鼎足江東，以觀天下之釁）而深受老闆孫權器重的魯肅。

魯肅不辭勞苦冒著生命危險奔波幾千里，深入荊州來到當陽，目的當然不是為了弔唁老闆孫權的殺父仇人劉表那麼單純，而是身負重任，既要與大公子劉琦化敵為友，又要與劉備聯絡感情建立革命友誼。

曹操幾乎兵不血刃迫降荊州，身在江東的孫權早已坐立不安、睡不踏實。在強大的曹操威脅之下，不只是劉備、劉琦需要盟友，需要團結一切可以團結的力量，孫權也有同樣迫切的需要。

在共同的利益驅使下，牽手合作是必然的結局。

因此，劉備順水推舟，接受魯肅的建議，率軍前往江夏一帶。這樣不但能擺脫曹操的追擊，而且能靠近東吳的地盤，便於日後抱團取暖，聯合抗曹。

不過，漢水從當陽到江夏的水道還遠，曹操追了那麼久追得那麼辛苦，怎麼捨得讓你瀟瀟灑灑地走？

能否安全到達江夏，劉備唯一能夠指望的，還是關羽水軍。

劉備的水軍，最早組建於駐軍樊城時期，而且應當是在後期。

此時，劉備逐步取得了劉表的一定信任。也是在此時，劉表早年的戰友（比如黃祖）大多老去或死去（劉表臨終言：「諸將並零落。」），打仗需要依靠劉備這樣有些真材實料的人。

於是，在劉表的許可下，駐軍樊城的劉備開始組建一支水軍。日後威震華夏的關羽水軍，就此誕生在襄陽和樊城之間的漢水之中。

這支水軍初創時期的統帥，很可能就是關羽。三國時期為保持軍隊的戰鬥力，做到兵知將、將知兵，往往是一個將軍固定統領一支部隊。

不過這支水軍的數量應該不多，大約只有幾千人。

劉琮投降曹操時，許多不願投降的襄陽、樊城一帶的荊州水軍，紛紛投奔劉備，關羽水軍得以迅速擴軍。

在劉備南撤時，關羽水軍擔任了運輸軍需物資和掩護、策應陸軍的重任。

關於這一點，從劉備的軍隊分配上也可以看出端倪。從樊城南撤時，劉備的軍隊大約有一萬多人，分給關羽的水軍和船步兵大約是一半，也就是五、六千人。後來諸葛亮出使東吳時曾說：「今戰士還者及關羽水軍精甲萬人。」考慮到當陽慘敗後能夠活著回來的將士數量不會很多，這一萬精甲的主要組成部分正是關羽水軍，大約在八、九千之間。也就是說，關羽水軍中有不少是剛剛投奔劉備追隨南下的劉表水軍。而劉備派遣這樣一支龐大的水軍在漢水裡遊蕩，既不急著去占領重鎮江陵，又不擔負其他作戰任務，除非是腦袋突然進水了。

實際上，關羽水軍在漢水中南下，與劉備陸軍的進展保持同步，幾乎每天還要互通消息、協調進度。

漢水中有荊州水軍時，關羽就打個招呼，喊兄弟們跟我走吧！我們歡迎你（當然，有時候違背當事人意願裹脅南下也是難免的）；漢水中或岸邊有曹操的追兵時，關羽就狠狠地揍他們幾下。

如果不是關羽水軍掩護陸軍、切斷水路、帶走船隻，曹操進入襄陽後，派遣襄陽水軍運載大批軍隊南下，然後迂迴包抄劉備，速度比騎兵慢不了多少，而數量將不再是五千，會是好幾萬。再加上虎豹騎兩路夾擊，帶給劉備的將是滅頂之災。

關羽水軍帶走漢水船隻，有前文引用《英雄記》的記載：「曹操進軍至江上，欲從赤壁渡江，無船，作竹椑，使部曲乘之，從漢水來下，出大江，注浦口。」

當然說「無船」有誇張的成分，但船少不夠用卻是不爭的事實。襄陽是荊州重鎮，也是劉表經營多年的大本營，如果說襄陽一帶本來就沒有劉表的水軍和船隻，那就有點太離譜了。曹操到達襄陽時「無船」，肯定與關羽的努力拉人與認真搶船的出色工作是分不開的。

關羽水軍在南下過程中，並不是一帆風順的。曹操絕不會輕易放棄追擊劉備，但苦於沒有一支能打硬仗的水軍，陸軍進攻水軍又無從下口，只好望水興嘆，眼睜睜地看著劉備上了關羽的船，又一次跑路成功。遺憾的是，關羽水軍與曹魏名將樂進、徐晃、文聘、滿寵等人交手發生的漢津之戰、尋口之戰、荊城之戰，由於《三國志》的記載過於簡略，難以確定具體的交戰時間。

當陽慘敗，劉備能夠死裡逃生、能夠東山再起，表現最為突出的不是出山不久的諸葛亮，也不是堪稱長坂雙璧的張飛和趙雲，而是水軍統帥關羽！是關羽救出了危難之中的劉備和他的骨幹成員，也是關羽保全了劉備最後的一支軍事力量。

十年如未死，捲土定重來。劉備日後正是憑藉這些骨幹成員和關羽水軍，東聯孫吳，北抗曹魏，奠定蜀漢霸業。

關羽能成為劉備手下的第一名將，絕非僥倖。他被後世尊為「武聖」，也不是無根之木、無源之水。

不是一個人在戰鬥

劉備一路飄泊到達江夏的時候，曹操也沒有閒著。

曹操在當陽擊潰劉備陸軍後，迅速占領江陵，掌握了數萬荊州水軍。

隨後，曹操進一步落實招降納叛、安撫地方的統戰接受工作。飲水不忘挖井人，曹操沒有忘記對和平解放荊州做出巨大貢獻的蒯越、韓嵩、傅巽、王粲等荊州幹部，被封侯者達十五人，蒯越、韓嵩等人還被調入以曹操同志為總理（丞相）的中央政府工作。原荊州地區一把手劉琮同志，被調任青州刺史，日後另有任用，改為中央政府閒職（諫議大夫），再往後就與這個時代的很多人一樣，下落不明了。

同時，曹操調兵遣將，占領各處要地，將機動部隊大部分集中於江陵，準備順江東下。

不可否認的是，在這關鍵時刻，曹操同志又一次自負了。

幾乎兵不血刃占領大半個荊州，一戰擊潰劉備，連遠在西蜀的益州牧劉璋也俯首帖耳，主動派兵前來聽從調遣。

多麼小的代價，多麼大的收穫！

更關鍵的是，除了虎豹騎在當陽一戰擊潰劉備，曹操的主力部隊根本沒有打仗，難道就這樣班師回朝？要知道大規模出兵一次很不容易，需要準備很長時間，消耗很多糧餉。寶劍既然出鞘，就要派上用場。

武俠小說中有的劍客，出劍必見血，伸手必殺人。曹操此時就像極了一個劍客。一個高處寂寞不勝寒、打遍天下無敵手的劍客。

人心苦不知足，既得楚復望吳。曹操在出兵之前，目標只是占領荊州，沒有料到會如此輕鬆地達到既定目標。

人生的目標，從來都不是一成不變的，而是水漲船高。達到一個既定的高度之後，新的目標就是一個更高的地方。生命不息，奮鬥不止。人生其實一直在路上。

此時，出乎意料輕而易舉的勝利，使曹操堅定了一舉蕩平江東孫權、奠定統一大業的雄心壯志！

秦王掃六合，虎視何雄哉！

江山代有人才出，曹某豈非一統主！

於是，自信滿滿的曹操大筆一揮寫下一封書信，送到了江東老闆孫權的眼前。這是一封內容極其簡單、措辭極其囂張的恐嚇信：

近者奉辭伐罪，旄麾南指，劉琮束手。今治水軍八十萬眾，方與將軍會獵於吳。

二十七歲的年輕人孫權，此時正在柴桑（今江西九江）首鼠兩端、舉棋不定。

看到這封書信的時候，孫老闆與他的員工們著實嚇了一跳。

水軍八十萬，那是什麼概念？差不多是江東總兵力的十倍！

會獵於吳，這是什麼意思？吳是我孫家的自留地，你曹操不請自到來打秋風，意欲何為？

曹操的意思其實不言自明：要投降就抓緊，不投降就連你一塊收拾，信中欠收拾的獵物就是你孫權。

一時間，「投降吧！投降吧！」的呼聲又在孫權的耳旁此起彼伏。

江東才俊比起荊襄人士，也就是半斤八兩。舊事重演，孫權遭遇劉琮靈魂附體。

最終阻止富二代孫權成為劉琮第二的，主要是三個人——魯肅、諸葛亮、周瑜。

這三個人站在不同立場，在不同時間，分別從不同角度，為孫權指點迷津。

諸葛亮是做為劉備的全權使者，本著團結一切可以團結的力量的指導思想，主動向劉備申請跟隨魯肅到東吳締結同盟條約的。見到孫權後，他先用心理學知識，拿激將法指出一個男人是不能投降受辱的（投降是哪種人，自己去想）；然後指出劉備是大男人真英雄，而你孫權算不算男人，不要看別人怎麼評價，而是要看你自己怎麼做。得到孫權要做男人的表態後，諸葛亮又從社會學的角度，指出團結抗曹，不是一個人在戰鬥，上起劉備、劉琦，下到荊州人民，都是可以團結的力量。現在的形勢那叫一個寡不敵眾，不過不是我們寡、曹操眾，而是我們眾、曹操寡。只要你孫權決心聯合劉備並肩奮鬥，就一定能夠打敗曹操。

魯肅則從投資學的角度，指明孫權投降曹操不是入股而是被兼併，並且是股權為零、收益為負的兼併，毫無疑問是筆賠本的生意，永遠也不會再有翻本的機會，很可能混來混去就會混到下落不明的地步。不投降你是獨霸江東的孫老闆，投降後你就是曹操掌中的孫跟班，曹操想怎麼欺負你就怎麼欺負，什麼時候想要你的命就什麼時候要，你一點脾氣都沒有，後悔也是來不及的。

最關鍵的是周瑜，這是一個即將迎來人生高潮的人物。他先從政治學的角度指出曹操「託名漢相，其實漢賊」，抗曹不是以下犯上，而是為大漢王朝打掃衛生、清除垃圾（為漢家除殘去穢）的正義行為。接著，他從軍事學的角度，點明曹軍南下曠日持久，難保無虞；北部不穩，馬（超）、韓（遂）在後；水軍作戰，捨長就短；水土不服，人馬皆困。得出的結論是——曹操必敗無疑。最後，他還秀了一回統計學知識，指出曹操原來的人馬不過十五、六萬（《三國志》注引虞溥《江表傳》），已經疲憊不堪，喪失了戰鬥力；收降的荊州軍隊最多七、八萬，更是軍心不穩，難有作為，全部加起來不過二十幾萬，拆穿了曹操吹噓「水軍八十萬眾」的牛皮。尤其要注意的是，這個統計資料的準確度之高，是今天我們熟悉的統計局根本無法同日而語的。

在三人多角度、多側面的輪番勸說下，孫權終於擺脫了劉琮的陰影，抗曹的信心頓時雄起，成長為令曹操慨嘆「生子當如」的孫仲謀。

很多人的不同命運，不過是一個關鍵的抉擇，決定了幾種不同的人生。人生的要緊處，往往只有那麼幾步，甚至一步。

孫權下定決心聯合劉備對抗曹操，實際上這也是他最好的選擇，以他的話來說，放眼天下，「非劉豫州莫可以當曹操者」。

決定中國向何處去的孫、劉聯盟，就此結成。

表面上看起來，促成結盟出力最多的是不辭勞苦奔波千里的魯肅和諸葛亮，實際上出力最大的是坐鎮江陵蠢蠢欲動的曹操。如果沒有曹操的巨大威脅，劉備和孫權恐怕早就在江夏打得頭破血流、你死我活。

這個世界上，沒有永恆的敵人，也沒有永恆的朋友，只有永恆的利益。

當落魄人士遭遇成功人士

到達江夏後，劉備渡江駐軍長江南岸的樊口（今湖北鄂州西北），劉琦駐紮北岸夏口。關羽水軍，做為劉備唯一的依靠，應該在漢水與長江的交匯處封鎖江面。

自從諸葛亮跟隨魯肅順江東下，劉備就以渴望長江水倒流的精神，眼巴巴地看著江面上逆流漂過來點什麼。

做為一個資深CEO，劉備有自知之明。他清楚手下的一萬人馬加上劉琦的一萬，照樣不是曹操的對手。曹操是地地道道的猛人，當年他不是NO.1的時候，就帶著幾萬人馬搞定了帶頭大哥袁紹，那場戰役劉備還親身參與，記憶猶新啊！現在曹操自己成了NO.1，他搞不定的人，放眼天下，還有誰？

正是在曹操接連不斷的殘酷打擊下，劉備在徐州一帶走南闖北，最後一路飄泊寄寓荊州。現在又漂過了漢水，漂過了長江，下一步漂到哪裡去？

劉備不知道，也不想知道。

因為他一想這個問題就忍不住有些鬱悶。從河北涿郡起兵，出生入死混了幾十年，混來混去混到了江南。下一步難道是蠻夷之地的交州蒼梧、鬱林？

是不是這條路？

沒有答案，也不需要答案。

所謂的人生，許多時候只是走一步看一步，計畫永遠趕不上變化。

劉備的革命事業在曹操的打擊下，陷入低谷。同樣陷入低谷的，還有劉備的信心。

事實上，這是最後的低谷。

不過，長路茫茫劉備看不到盡頭。

長江茫茫，劉備同樣看不到盡頭。

劉備只看到了船隊。

從長江下游逆流而上的船隊。

船隊愈來愈近、愈來愈清晰，劉備看清楚不是曹操的船隊而是東吳水軍後，感動得心裡一陣熱乎，啥也別說了，連忙派人前去勞軍。

船隊的統領是大夥兒都熟悉的帥哥周瑜，陸續到達的還有程普、黃蓋、魯肅、呂蒙、甘寧、淩統等一撥東吳猛人。

周瑜帶來了多少軍隊？

答案是三萬。

周瑜從來沒有帶過這麼多軍隊。三十出頭的周帥哥，懂音樂，會打仗，膝下有子女，金屋藏小喬，愛情與事業雙豐收，那叫一個意氣風發，感覺大丈夫在世自當如此。

大丈夫在世不當如劉備。周瑜如是認為。

惶惶如喪家之犬，從徐州跑到荊州，從漢水跑到長江，幾番拋妻別子，年近半百的劉備還能折騰出個什麼明天？

周瑜以為劉備盛名之下，著實難副。

總而言之，別人眼裡大名鼎鼎的劉豫州、劉左將軍、劉使君，在成功人士周瑜的眼裡，其實是一個不成功人士。

何止是不成功，簡直就是落魄。

現在落魄人士劉備派人慰勞成功人士周瑜。周瑜感到不爽。

為了讓自己爽一把，周瑜提出了一個要求：希望劉備過來看望自己。

以劉備的左將軍的官階，討虜將軍孫權都差得很遠，周瑜更是沒法比。按理說，應該是周瑜前去拜見劉備。

雖說亂世靠槍桿子說話，而不是看印把子，但周瑜手裡有槍桿子，劉備手裡也有。何況此時劉備與孫權是聯盟雙方的首腦人物，而周瑜不過是孫權手下一個打工仔——級別高一點的打工仔而已。

說到底，周瑜提出的是不合理要求。

劉備卻沒有拒絕。因為孫劉同盟，是他劉備有求於孫權。曹操殺過來，首當其衝是他，最想幹掉的還是他，他不著急誰著急？

小不忍則亂大謀。成大事者的一個重要特質就是能忍，忍常人所不能忍。

劉備最終接受了周瑜的不合理要求。

為表達誠意，劉備只乘一隻小船去見周瑜（乘單舸往見）。

賓主見面，久仰失敬、請坐看茶之後，劉備提出了最關心的問題：「戰卒有幾？」

周瑜：「三萬。」

劉備：「是不是少了點？」

周瑜：「足夠了，您就待在一邊看我破曹。」

劉備：「魯肅先生來了吧？要不一起見見？」

周瑜：「魯肅不歸我管轄（明顯是藉口），您要見改天自己去見。」

劉備：「……」

很明顯，會見場面是話不投機，周瑜盛氣凌人，劉備委曲求全。

當落魄人士遭遇成功人士，類似的情形是司空見慣，絲毫不值得意外。

能做到成功而不傲人、富貴而不驕人，很難。

周瑜沒做到，劉備做到了。

不論是在平原還是在荊州，劉備不分貴賤、一視同仁，以此感化了刺客，贏得了人心，讓他受益終生。

周瑜的心不是《三國演義》中所寫的小，而是高，自視甚高，恃才傲物，日後成為曹操與劉備離間的對象，讓他防不勝防。

不過，此時劉備與周瑜沒有時間去反省自己，他們需要並肩作戰，共謀抗曹大計。

赤壁是個謎

在周瑜率領東吳軍隊溯江西上的同時，曹操也準備停當，自江陵順江東下，時間是建安十三年（二〇八）冬十二月。

赤壁之戰正式打響。

鑑於《三國演義》中的赤壁之戰實在太精采了，而且主導戰役的是東吳一方，劉備集團並沒有多少作為（諸葛亮舌戰群儒、草船借箭、借東風、捉放曹，都是羅貫中讓他幹的），所以我決定不寫戰役經過了，主要分析討論一些戰役中的謎團，以及劉備一方在戰役中到底幹了什麼。

赤壁之戰，擊碎了曹操一統山河的夢想，奠定了天下分裂的格局，甚至對日後南北朝並立局面的出現也有一定的推動作用，對中國歷史的進程影響深遠。

然而這一仗，有著太多的謎團。這些謎團，已經無休止地爭論了千年，很有可能還會一直爭論下去，我也無法給出確切答案，只能擇其善者而從之或者說出個人觀點。

第一大謎團，會戰地點。

赤壁是周瑜水軍與曹操水軍在長江逆向行駛中遭遇的地點，然後雙方停下來在此決戰。至於具體的地點，至少有蒲圻說、嘉魚說、黃州說三種。其中蒲圻說證據較多，最為可信。

蒲圻說認為赤壁位於今湖北蒲圻（為發展旅遊業，已改名為赤壁市）西北，隔江與烏林（今湖北洪湖東北）相對。周瑜駐軍南岸赤壁，曹操駐軍北岸烏林，隔江對峙。所以這一仗又被稱為烏林戰役。

第二大謎團，參戰雙方。

宏觀上說，參戰雙方自然是劉備、孫權聯軍，對抗曹操一方。但具體到烏林戰役，雙方究竟有哪些部隊參戰，卻要打上一個大大的問號。爭論的焦點是劉備的主力——關羽水軍究竟有沒有參戰，劉備一方在戰役中發揮什麼作用等。

史料記載過於簡略，是這些疑問出現的根源。但正因為關羽、張飛、趙雲等劉備大將的傳記中沒有記載他們在烏林戰役中有什麼表現，恰恰從側面說明他們沒有參戰或者沒有值得一提的戰績。

既然史料記載無法正面說明問題，我們不妨從字縫裡尋找答案。

關羽水軍究竟有沒有參戰的問題，有一句話可以做為參考：「烏林之役，左將軍（劉備）身在行間，寢不脫介，戮力破魏，豈得徒勞，無一塊壤，而足下（魯肅）來欲收地邪？」（《三國志》注引《吳書》）

這句話的發言人是關羽，用意是爭取荊州土地。

這樣的語境，就如我們學生時代評選三好學生或爭取獎學金，候選人都是盡量找出自己的優點和成績，為自己增加砝碼，不弄虛作假、吹牛謊報都算不錯了，有什麼拿得出手的成績絕對不會隱瞞不報。但關羽口中己方的功勞僅僅是劉備身臨前線，卻沒有說具體有什麼戰績，更沒有說自己率領水軍如何如何。

所以結論是關羽水軍沒有參加烏林戰役，很可能是在封鎖漢水，防止曹操從漢水進入長江，以掩護周瑜水軍後路。

劉備在戰役中發揮的作用，從上面的引文中也可以看出——親臨前線，卻沒有直接戰果。

這不奇怪，如果關羽水軍沒有參戰，那麼劉備率領參戰的就只是一部分陸軍，在水戰主導的烏林戰役中發揮的作用必然十分有限。實際上，周瑜火燒赤壁打敗曹操後，劉備陸軍倒是配合周瑜水軍共同追擊，一直追擊到江陵城下，不過沒有什麼可喜的戰果。

《三國志》注引樂資《山陽公載記》有劉備追擊曹操的記載。曹操烏林戰敗後，走陸路抄近道過華容道回江陵。華容縣南部有著名的雲夢澤，曹操的軍隊就扎扎實實地走了一回雲夢澤的泥濘草地，不過他們走得很有創意，不但在草地上填草，而且填人——許多老弱傷殘的士兵被踩死在泥中，極其悲慘！（遇泥濘，道不通，天又大風，悉使羸兵負草填之，騎乃得過。羸兵為人馬所蹈藉，陷泥中，死者甚眾）

丟下N多將士的屍體後，曹操歷盡艱難走出了華容道。

華容道上沒有關羽義釋曹操的故事，而是劉備率領的追兵趕到放了一把火，但沒有什麼收穫。

僥倖逃過一劫後，驚魂初定的曹操對劉備做出了最新評價，「劉備，果真是我的對手。只不過做事經常慢半拍，剛才他要是早一點放火，我們就死無葬身之地了。」（劉備，吾儔也。但得計少晚；向使早放火，吾徒無類矣。）

從當年青梅煮酒時，帶著幾分酒力幾分恭維說道：「今天下英雄，唯使君與操耳。」到此時給出清醒的判斷：「劉備，吾儔也。」曹操終於確定，劉備正是與他爭天下的不二人選，是真正的對手。

正所謂天下英雄誰敵手？曹劉！

不過，此時劉備的實力，比起曹操差得不是一星半點。要成為與曹操同一重量級的選手，他還需要不斷努力。

另外，劉備在戰後初期所處的不利形勢，近似於依附東吳，失去平等地位，也印證了劉備軍隊沒有顯著的戰功，在烏林打敗曹操的是周瑜的三萬水軍。

事情是誰搞定的，誰自然擁有話語權，說起話來底氣更足，神氣更牛，分量更重。

第三大謎團，曹操兵力。

通過對第二個謎團的分析，基本可以確定烏林戰役中，孫劉一方參戰兵力主要是周瑜的三萬水軍，另外有劉備的幾千陸軍（很可能是《三國志》注引《江表傳》所記的兩千人：「差池在後，將兩千人與羽、飛俱。」）。

那麼曹操一方參戰兵力有多少呢？

答案自然不是八十三萬，也不是二十多萬，而是不到十萬。

周瑜為孫權統計曹操兵力時，曾說「彼所將中國（中原）人，不過十五、六萬，且軍已久疲，所得（劉）表眾，亦極七、八萬耳，尚懷狐疑」。

周瑜這句話是用來決定孫吳政權和戰大計的，力求客觀準確，資料本身沒有多少疑問，疑問在於：周瑜所說的曹操兵力，是全部總兵力十五、六萬，還是帶到赤壁的有十五、六萬？

答案是前者。證據至少有三。

一是周瑜發言時曹操正在調兵遣將，還沒有將參戰部隊集中到江陵，更沒有到達赤壁，周瑜不可能提前知道曹操的參戰兵力，他所說的一定是曹軍總數。那麼這個總數是進攻荊州的總兵力，還是包括後方的全部總兵力？請看第二條證據。

二是曹操曾對出使許都的荊州別駕劉先說道：「今孤有熊羆之士，步騎十萬。」（《三國志》注引《零陵先賢傳》）此時曹操已經打敗袁紹，用來恐嚇別人的話，也只是說自己有十萬大軍。因此，在赤壁戰前曹操的軍隊擴大為十五、六萬是比較合理的。如果是帶領南下荊州的兵力有十五、六萬，那麼加上後方夏侯惇等人的留守軍隊、防守馬超韓遂的軍隊、防守合肥東線的軍隊，總兵力將在二十五萬左右，這樣的擴軍速度及軍費開支，是曹操難以承受的。

三是「所得（劉）表眾，亦極七、八萬耳」，明明白白說的是收降的劉表軍隊的總數，而不是準備投入戰鬥的荊州降軍兵力。《劉表傳》中記載劉表「擁十萬之眾」，除去劉琦的一萬兵力、關羽帶走的部分水軍及一些逃散的士兵，周瑜說曹操最多收降七、八萬人是禁得起推敲的。這些士兵還要守衛各地，曹操不可能將他們全部抽調到前線投入戰鬥。因此，前半句話中的曹軍人數，應當也是全部兵力。

三國前期的戰役，很少有一方投入兵力在十萬人以上的。這也是為什麼大大小小軍閥林立的原因之一——沒有巨無霸，大家都差不多，誰比誰強多少啊？有個萬把人馬就敢跟你耍橫，你能把我怎麼地？

弄清楚曹操全部兵力是十五、六萬之後，可以斷定曹操進攻荊州的軍隊不超過十萬。

這不到十萬的軍隊，還要分兵據守戰略要地或承擔其他任務，如樂進留守襄陽、曹仁鎮守江陵、夏侯淵督運軍糧後勤等。曹操的許多名將都沒有到前方參戰，這也說明他們指揮的軍隊承擔的是其他任務，並沒有投入烏林戰役。

這樣一來，曹操指揮參加烏林戰役的軍隊，原來的中原軍隊最多五、六萬，加上剛剛收降的幾萬荊州軍隊（主要是水軍），總數差不多在六、七萬至十萬之間。

這也是周瑜底氣十足，認定必能破曹的一個重要因素。

取最大值十萬，對陣三萬，差不多是官渡之戰的兵力對比。戰役的結果同樣是以少勝多。

不同的是，上次的勝出者曹操，這次嘗到了失敗的滋味。

曹操在赤壁敗於周瑜的火攻可以肯定，軍隊在戰時感染疾病（很可能是血吸蟲病）影響戰鬥力也沒有多少疑問。

正因為曹操此戰投入的兵力不是很多，所以失敗的後果不是非常嚴重，史載「死者大半」（《三國志．吳主傳》），也就是幾萬人，不至於動搖北方的統治根基，才能在戰後不斷主動發起新的戰略進攻。如戰後第一年進軍合肥向孫權耀兵，第三年戰馬超奪取關中。

而秦趙長平之戰、前秦淝水之戰，都是慘敗，失敗的一方從此一蹶不振。

赤壁之戰，曹操雖然不是慘敗，但也是平生用兵最大的失敗。尤其是損失了剛剛收降的荊州水軍，失去與孫劉水軍征戰長江流域的憑藉，只好怏怏不樂撤回北方。

無可奈何花落去，似曾相識敗軍還。

一代梟雄從此望江興嘆，統一雄心終歸折戟沉沙。

碰釘子不一定是壞事

世事的奇妙就在於橫看成嶺側成峰。站在不同的角度不同的立場，會看到不同的風景，得出不同的結論。

赤壁之戰，對曹操來說是災難，對劉備和孫權來說卻無疑是福音。

烏林火攻破曹後，劉備陸軍配合周瑜水軍，一路追擊曹操到達江陵城下。江陵攻防戰打響了。

赤壁之戰分為三個階段：劉備當陽之敗是揭幕戰，周瑜烏林取勝是中堅戰，江陵攻防是收官戰[1]。

當陽之戰勝敗立見分曉，烏林之戰包含僥倖（疾病流行、詐降得逞），江陵之戰則是真材實料的攻堅戰。

江陵位於荊州的中心位置，幾千年來都是戰略要地，北可以攻襄陽入中原，東可以取江夏下江南，西可以進巴蜀，南可以扼交廣。所謂兵家必爭之地是也。

這樣一塊寶地，劉備看上了，曹操看上了，孫權、周瑜也看上了。

曹操北撤時，留守江陵的大將是征南將軍曹仁與橫野將軍徐晃等人，可見他對江陵的重視。

周瑜和劉備各自統帥烏林戰役的參戰部隊，乘勝進攻江陵。

拿不下江陵，烏林之戰就沒有實現價值最大化，只是消滅了曹操的有生力量[2]，消滅了水軍，沒有摘到實際的果實——地盤。如果上游的江陵握在曹操手裡，就等於曹操站在

1 圍棋用語，指爭奪地域分界。引申某一戰事或活動已臨近尾聲。

2 原指軍隊中的兵員和馬匹，亦泛指有戰鬥力的部隊。

孫權的頭上，想什麼時候欺負孫權就什麼時候欺負，一點不跟你客氣。這樣的狀況孫權當然不能容忍。

領導的想法就是下屬的作法，老闆的意向就是員工的方向。孫權要拿下江陵，周瑜自然全力以赴。

曹仁死守不退，周瑜志在必得。雙方就在江陵開始拚命。

江陵位於長江以北，在這裡主要打的是陸戰。

剛開始雙方隔江對峙，各自鞏固防線，建立據點，摩拳擦掌。

睡好了，吃飽了，刀磨快了，那就開打吧！

戰鬥一開始，久經沙場的曹仁就給豪情萬丈的周瑜上了一課：打水戰，我們不行；打陸戰，你不行。

周瑜幾萬人馬氣勢如虹，殺奔江陵，前鋒幾千人直逼城下。

曹仁一看這陣勢，絲毫不緊張，派出部將牛金率領幾百人迎戰。雖然牛金勇氣可嘉，但畢竟寡不敵眾，很快被包了餃子，就等著人家一鍋端了。

江陵城頭上觀戰的人望見這陣勢，都面如土色、垂頭喪氣，閉上眼睛，不忍再看，打算給即將光榮殉國的牛金同志開追悼會。

在這關鍵時刻，曹仁同志發威了。他二話不說率領幾十名騎兵殺出城去救人。一旁的文官陳矯攔都攔不住，為曹仁意氣用事的行為叫苦不已。

曹仁身先士卒，率領騎兵小分隊直衝敵陣包圍圈，縱橫馳突，那叫一個勢不可擋。打架一向是人多的不如玩命的，曹仁如此玩命，殺得東吳士兵紛紛後退，很快救出了牛金一撥人。在回來的路上，曹仁發現還有一些弟兄們在包圍圈裡，立即又返身殺入敵陣，如入無人之境，又救出了包圍圈裡的弟兄們，然後瀟瀟灑灑地進城，勝似閒庭信步。而東吳將士個個驚魂未定、束手無策。

知識分子陳矯算是開了回眼界，見識了什麼叫打仗、什麼叫猛人，嘴裡忍不住念念有詞：「將軍真天人也！」

周瑜碰了個釘子，意識到拿下江陵城還得多費點時間和精力，做好了打持久戰啃硬骨頭的準備。

劉備也碰了個釘子。

不過根據老子的哲學，碰釘子不一定就是壞事。

這句話在劉備身上應驗了。

劉備起初配合周瑜打江陵，還提出了一個從水路進兵包抄曹仁後路的計畫，認為「從夏水人截（曹）仁後，（曹）仁聞吾入必走」（《三國志》注引《吳錄》）。劉備手下的幾千軍隊是陸軍，周瑜的一、兩萬軍隊是水軍。從水路進兵，離不開水軍。因此劉備提出讓張飛帶一千陸軍配合周瑜攻城，周瑜撥出兩千水軍跟隨自己截斷曹仁後路，以實現資源優化配置。

不過劉備的估計過於樂觀。江陵兵多糧足、城池堅固，至於後路是不是被包抄，曹仁同志是不怎麼緊張的。

劉備的計畫雖然付諸實施，卻沒有收到多大成效。

眼看江陵城不可能速戰速決，孫、劉聯軍開始改變方略，在圍攻江陵的同時，蠶食周邊地區，盡可能多地搶占地盤，爭取將江陵孤立包圍，看他曹仁能挺多久？

看中的第一塊肥肉是荊州江南四郡。江陵都打不下來，打江北的襄陽、樊城就有點不靠譜，只能向南發展。

此時，掌握聯軍話語權的是孫權。孫權自己進軍東線合肥，西線將領依舊是參加烏林之戰的周瑜、程普、黃蓋、魯肅等人，資歷深官階高的是左、右都督周瑜和程普。

周瑜背上了江陵這個大包袱，一時走不開。

程普又擔任江夏太守，據守戰略要地。此時江夏太守共有三人，除了孫權任命的程普（治所在沙羨，今湖北武昌西南），還有大公子劉琦（治所在夏口，今湖北武漢漢口），以及曹操任命的文聘（治所在上昶，今湖北安陸西南）。可見江夏戰略地位的重要，三方都想染指。

在這種情況下，向南進軍的聯軍統帥非劉備莫屬。

得人心者得荊州

劉備雖然在赤壁之戰中的貢獻不大，卻是東吳繞不開的人物。算上江夏的劉琦，劉備手下掌握著兩萬軍隊，實力相當可觀。東吳即使想幹掉劉備也是個麻煩事，鑑於曹操的存在，選擇繼續合作是唯一正確的選擇。

何況劉備還有另外一樣東吳根本沒法比的資本——人心。劉備到荊州寄寓七年，沒鬧出多大動靜，卻贏得了不少人心。

三國時期，誰要想控制一個地方，地方豪強絕對是個邁不過的坎。如果沒有地方豪強的支持，要想在一個地方站穩腳跟是非常困難的。而孫權與劉表原本就有殺父之仇，赤壁戰前孫權攻克江夏，不但斬殺黃祖，還幹了屠城的勾當。這筆帳，荊州人士即使嘴上不說，可心裡記得清清楚楚。一句話，荊州人民歡迎劉備，不支持孫權。

現在要奪取荊州老地盤，孫權只能借重劉備。不過聯軍中必然有孫權的員工來摻沙子。比如東吳猛人黃蓋，很可能是協同劉備南取四郡，此後就待在武陵不走，當了武陵太守的。

江南四郡武陵（治今湖南常德西）、零陵（治今湖南零陵北）、長沙（治今湖南長沙）、桂陽（治今湖南郴州），原本是劉表的地盤。曹操進入荊州僅僅三個月就退回了北方，實際上在這一帶並沒有滲透多少勢力，只派了劉巴等使者一路招降。招降的慣用手段，不外乎說些跟著曹丞相幹很有前途、不跟著曹丞相幹死路一條等軟硬兼施的話，然後許諾給一頂更大的官帽子、開一份更高的工資。實際上，當地的官吏大多還是劉表時期任命的，只不過搖身一變換個招牌而已。

針對這樣的實際情況，劉備想出了一個高招——上表推薦劉琦擔任荊州刺史，成為名義上的荊州首長。這樣做，一方面可以打著大公子劉琦的旗號，號召四郡幹部回到老領導劉表父子的懷抱，以減少進軍阻力；另一方面還可以堵上孫權對荊州的覬覦之心，那意思是說劉表雖然死了，還有他兒子在，我們兩個誰都不要打荊州的主意。

此後，劉備率軍南征四郡。四郡地方長官願意回歸劉氏接受改編自然好說好商量，如果敢說不，劉備就以武力解決問題（一說武陵太守金旋就是死於陣前）。

這是一個一手胡蘿蔔、一手拿大棒的政策，既有法理上的依據（劉琦子承父業）和歸順後職務不變的承諾，又有強兵壓境武力威脅。因此劉備進軍四郡並沒有遇到多少抵抗，很快就統統搞定，「武陵太守金旋、長沙太守韓玄、桂陽太守趙範、零陵太守劉度皆降。」

需要指出的是，劉備南取四郡，依靠的主要力量還是關羽水軍。從長江入沅水取武陵、入湘水取長沙，然後繼續深入可取桂陽和零陵。

除黃蓋被孫權任命為武陵太守之外，劉備取得四郡後，只留下軍師中郎將諸葛亮「調其賦稅，以充軍實」，並沒有重新任命地方長官，還是原幫人馬搖身一變繼續上班。

劉備當然清楚這幫幹部十分不可靠，但他更清楚，只有盡可能保障既得利益者的權益，改革事業受到的阻力才能降到最小。

這幫幹部雖然是劉表任命的，但曹操來了跟曹操、劉備來了跟劉備，半年之內三次改換門庭，任他曹劉仇深似海，任他赤壁炎煙沖天，他們還是一樣地當幹部、一樣地領薪水。實在是皆大歡喜。

但桂陽太守趙範同志卻歡喜不起來，還開小差跑了。

說起逃跑的原因，不是趙太守看破紅塵不想當國家幹部，而是他過於熱情，以至於拍馬屁拍錯了地方。

劉備派往桂陽落實收編工作的是偏將軍趙雲。趙太守一看趙雲將軍也姓趙，五百年前是一家啊！就想方設法拍馬屁套近乎。

男人好什麼？趙太守以自己的人生體驗得出結論：不外乎財、色二字。剛好趙太守有位守寡的嫂子，生得無雙國色、人見人愛。趙太守打定主意將嫂子嫁給趙雲，認定趙雲一定會高高興興地接受。趙太守把這一舉動界定為大義凜然的割愛行為，在心底為自己的高智商暗暗喝采。

趙雲也喝采了，不過喝的是倒采，他義正詞嚴地拒絕了趙太守，「我和你是同姓兄弟，你哥哥也就是我哥哥，你嫂子也就是我嫂子，我怎麼能娶嫂子呢？」

趙雲拒絕趙範的「美意」，表面看起來是礙於倫理道德，其實按照當時的社會習俗，並沒有不能娶寡婦這一條。曹丕入鄴娶甄氏、劉備入蜀娶吳氏，都是明證。實際上，趙雲不接受趙範的賄賂，是因為他已經看出趙範是一個不靠譜的人，而且不是真心歸降劉備，所以不想讓他把自己拉下水。

事實證明，趙雲沒有看錯。趙範拍馬屁拍錯地方後，更加惶恐不安、心懷疑懼，深感自己與趙雲將軍不是一路人，終於找個機會開溜，分道揚鑣了。

桂陽太守的職位有了空缺，劉備任命趙雲走馬上任，代理（請注意這兩個字）桂陽太守。

於是，江南四郡地，有三郡實際上掌握在了劉備手中。

除了地盤，劉備還收穫了大批人才，比如在長沙收降的老將黃忠（字漢升）。黃忠在劉表手下沒有幹出多少名堂，日後在劉備手下卻建立了彪炳史冊的豐功偉績，成為後世老將上陣的正面教材。

到底還是千里馬多，伯樂少啊！

劉備收服四郡後，掌握的地盤零陵、長沙、桂陽三郡都在江南。唯一臨江的長沙郡，北部的下雋、漢昌、劉陽、州陵卻被周瑜占領，做為征戰江陵的據點，日後還成為周瑜的自留地（食邑）。

這等於將劉備遮罩在長江以南的內陸地區。而劉備此時的主力部隊是關羽水軍，他需要一個臨江的港口。

這個道理，諳熟軍事的周瑜自然十分明白。畢竟孫劉兩家還是盟友，周瑜不能做得太過分，最終把南郡在江南的一小塊地方讓給劉備屯軍。

劉備通過對這塊地方進行實地考察，選定油江口做為大本營所在地，並改名為公安。公安二字，意思不是今天所說的公共安全，而是取「左公安靖」之意。左公，即是左將軍劉備，時人尊稱他為左公。

油江口，又稱油口，在江陵隔江不遠處。顧名思義，漢口是漢水入江的地方，油口就是油水入江的地方。

劉備扼守油江口，既可以出長江，又可以入四郡。油江口就像一扇門，劉備守在門口，江南四郡就是他的後花園，進出都得打招呼；江陵就是對門，對門有什麼動靜，劉備也能看得清清楚楚。

劉備駐軍公安後，江南四郡乃至整個荊州的人才紛紛投靠，力量迅速壯大。他不但得到了荊州豪強的支持，甚至曹操地盤上的廬江人雷緒，還帶領幾萬人歸順。

得民心者得天下，從來都不是一句空話。只不過這句話中的「民」，在不同的歷史時期有不同的含意。特定在三國時代，起決定作用的「民」就是地方豪強。

地方豪強勢力是當時社會的中堅力量。比如說，一個麋竺就能指揮兩千青壯年的何去何從，一個雷緒就能決定幾萬人歸順哪個老闆——這樣的動員力量甚至超過了地方長官縣令，甚至郡守。而平民階層即使人數很多，也因為利益錯綜複雜難以統一，所以很難協調一致，一般不會團結起來集中幹大事。

正因為如此，三國時代懂點政治的老闆，都在極力拉攏地方豪強。曹丕後來實行九品中正制，就是最鮮明的例子。

劉備當然也不例外。他在荊州多年的苦心經營，沒有白費，贏得了大多數地方豪強的擁護。因此，他才能在幾方勢力犬牙交錯的局面下，在荊州站穩腳跟，圖謀發展。

對門的周瑜打江陵差不多打了一年，雙方互有勝負，甚至自己身中一箭，還是沒有搞定曹仁。

周瑜非常忙，劉備沒事幹，看在盟友的分上應當去幫幫忙。有史可考的是關羽在北面切斷了江陵與襄陽之間的道路（劉備與周瑜圍曹仁於江陵，別遣關羽絕北道）。

在周瑜和劉備的夾攻之下，猛人曹仁終於扛不住了。在李通等人的接應下，曹仁率軍撤出江陵，退守襄陽。

攻克江陵，赤壁之戰就此畫上句號。

縱觀整個戰役，孫權一方出力最多，收穫也最大。孫權任命周瑜為南郡太守駐江陵、程普為江夏太守駐沙羨、黃蓋為武陵太守，外加夷陵（甘寧攻克）、長沙北部，占領了從宜昌到武漢的荊州千里長江沿線，成功將勢力從長江下游擴張到長江中游，手中握有吳楚之地。

劉備的收穫與貢獻也基本相符，除劉琦手中原有的江夏部分地區外，實際占有零陵、長沙、桂陽三郡，算是有了一塊安身之地。

但令劉備無比尷尬的是，他占領的地盤，一共有三個主人——名義上是荊州刺史劉琦的，實際上是孫權和劉備兩個人的。就連趙雲上任桂陽太守，也只能是代理。

名不正言不順，言不順則事不成。面對如此難堪的局面，劉備難以施展手腳。

時來天地皆同力，運去英雄不自由。

劉備沒有尷尬太久，一個絕佳的機會很快來到了。

第五章

強大

劉備奪取益州示意圖

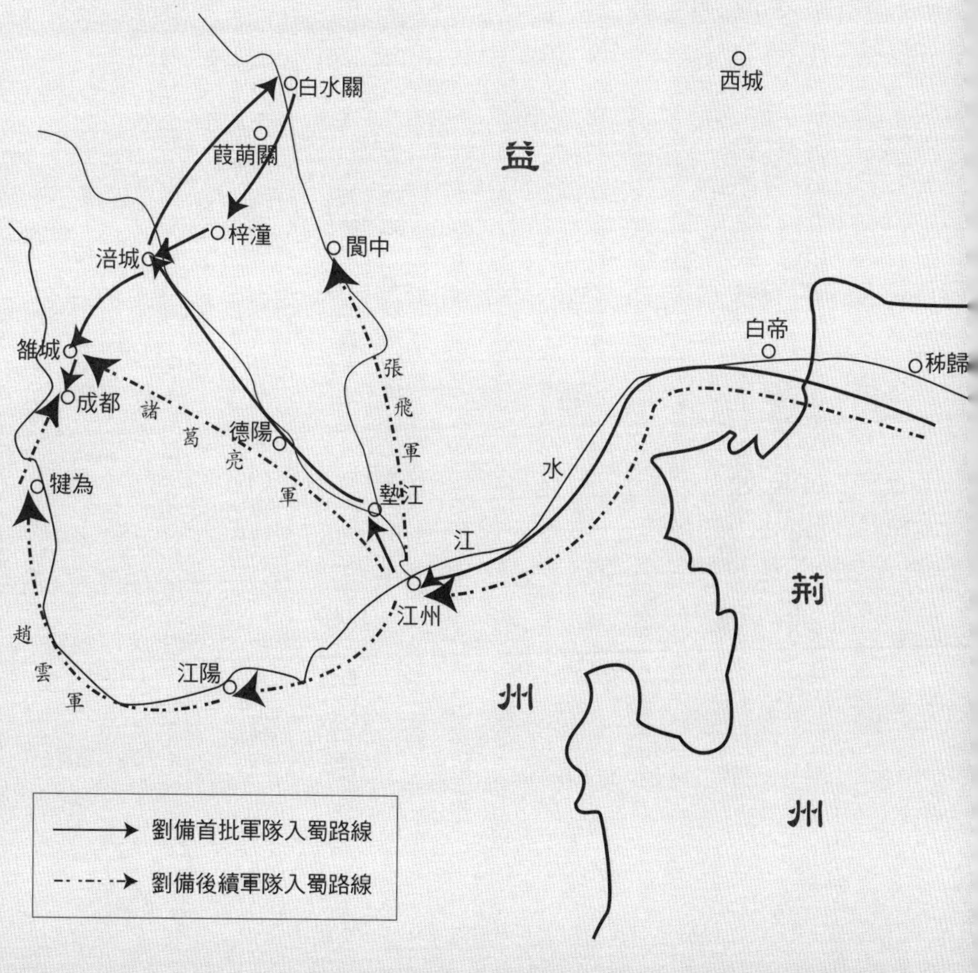

劉備以為得人心者得天下，人心最重要，其次才是地盤。得不到人心只得到地盤，終究是坐不長久的。暴秦一統天下，就因為得不到人心才二世而亡。大漢能有四百年的基業，王莽篡逆之後能夠光武中興，正是因為人心所向。現在來到別人家裡做客反而殺了主人，會失去人心，即使占領地盤，也不會長久。

仁義，在劉備看來，不只是個人的行為原則，也不只是社會的道德規範，而是一種政治觀、一種方法論。

當然，劉備奉行的並不是宋襄公一樣蠢豬式的仁義，他想找到一個平衡點，既能立足仁義，又能得到地盤。不過兩全其美是很難的，關鍵是把握好「度」。世間事，最難把握的就是一個度字。

團結的會談，勝利的會談

劉備的機會是一個人的噩耗。

劉琦，這個正值壯年的大公子，毫無徵兆地說掛就掛了。普遍認為，劉大公子無心軍事政治經濟文化，熱中音樂舞蹈美女美酒，最終為推動三國娛樂事業的不斷發展而獻出了寶貴的生命。

劉琦死後，荊州人士紛紛推舉劉備擔任荊州牧，時間是建安十四年（二〇九）冬十二月。

十多年前麋竺、陳登等人勸說劉備接任徐州牧，劉備的作法是推辭。此時手下員工擁戴劉備出任荊州牧，劉備的作法是接受。面對一個相似的問題，劉備採取兩種不同的措施，只是依據一樣東西——實力。自己的實力。

劉備很清楚，在這樣一個天下為公的亂世，如果實力弱小卻坐上了好位子，眼紅的人有很多。比如當年他接任徐州牧之後，袁術、呂布等人的眼睛就紅得要噴血。

今非昔比，經過十多年的苦心經營，劉備的實力已經遠不是在小沛擔任豫州刺史那個層次了，如今他要出任荊州牧，放眼天下，眼紅的人只有一個——孫權，剛剛打敗曹操將勢力擴張到荊州一帶的孫權。

除了孫權，別人沒機會也沒資格眼紅。

不過有人眼紅自己，總不是一件好事，往往會找機會向自己下黑手（比如呂布）。如果孫權不同意劉備上任，這個荊州牧的位子他是坐不安穩的。何況劉備此時雖然腰粗了許多，卻遠遠沒有孫權的粗，萬一鬧翻臉動起手來勝負未可知啊！

劉備最終決定先斬後奏，接受員工推舉擔任荊州牧，先把生米做成熟飯，再想辦法取得孫權的同意。到時候就輪到孫權為難了，因為承認也不是，不承認也不是。

為爭取獲得孫權同意，劉備決定親自到京口（今江蘇鎮江）對東吳進行友好國事訪問。

諸葛亮勸說劉備不要去，到了東吳的地盤就由不得自己，要看人家的臉色行事，萬一年輕人孫權一衝動把老闆軟禁起來，麻煩就大了。（《三國演義》中是劉備不敢去，諸葛亮使勁勸他去）

不入虎穴，焉得虎子。劉備決意前往，東吳就算是老虎窩，也得闖一闖。

劉備認為，曹操是孫劉兩家共同的敵人，只有兩家團結一心，聯合抗曹，才能保障利益最大化。在出任荊州牧這個問題上，自己與孫權確實有矛盾，但也只能算是內部矛盾，應該讓位於敵我矛盾。孫權眼紅歸眼紅，總不會不顧大局跟自己翻臉吧？

此時劉備的官階是左將軍、豫州牧，剛剛兼任荊州牧。而孫權只是討虜將軍、會稽太守，遠遠比劉備矮著幾頭。

為避免兩人見面時的尷尬，並表達自己的誠意，劉備在出發之前就高調宣布推舉討虜將軍孫權出任車騎將軍（五星上將），兼任徐州牧。

車騎將軍的官階比左將軍還高一級。劉備這樣做的意思很明確，推戴年輕有為的孫權同志擔任盟軍總司令，自己願意團結在以孫權同志為核心的抗曹聯盟周圍，一同從事抗曹大業。

此時，劉備年屆五十，孫權年方二十八。老一代革命家劉備，主動向富二代孫權低頭。能屈能伸，方為大丈夫。

劉備乘船順江東下，很快到達京口，見到了年輕有為的孫權盟主。

兩方勢力的首腦人物見面，梟雄見梟雄，自然是處處機鋒。

劉備先是受邀參觀孫權的軍馬陣容。那意思就是在開會前讓劉備搞清楚雙方的實力對比，掂量明白自己到底有幾斤幾兩。

劉備則乘勢說，軍馬很雄壯，這一帶風水也很好，有帝王之氣，做為都城很不錯啊！

劉備雖然說的是實情，京口、建業（今江蘇南京）一帶確實是好地方，孫權後來果真也建都於此，但他的用意是讓孫權把戰略重心放在東線，向徐州發展，不要老惦記（他的）荊州。

一番例行公事之後，雙方開始切入正題，進行意義重大決定未來政治走向、甚至中國命運的會談。

會談的核心內容是孫權和劉備雙方各取所需，劃分地盤。

孫權想要劉琦原本在江夏的地盤。

劉備想要孫權承認自己的荊州牧身分，同時承認自己在江南三郡的實際地位。

說白了，這是一樁交易。交易能否達成，要看是否對雙方都有利，如果一方占便宜、一方吃虧，那是肯定做不成的。交易的標的物是地盤，對地盤的劃分起決定作用的則是實力。

劉備占領江南四郡，是做為聯軍江南方面軍司令員執行任務，得來的地盤名義上屬於整個聯盟而不屬於個人。最關鍵的，盟主是孫權。最終地盤怎麼劃分，要孫權說了算，至少得點個頭。

孫權點了這個意義重大的頭。不過，孫權聽從魯肅的建議，玩了個文字遊戲，這些地盤不是給你的，是「借」給你的。給你的就是你的，借給你的不一樣，借了是要還的。

什麼時候還？原則上講是孫權想什麼時候要，劉備就得什麼時候還。

對這個「借荊州」的協議，劉備雖然心裡有些不爽，卻不得不答應。只因為實力不濟。不答應能怎麼辦？打又不能打，打也打不過。借也罷給也罷，好歹名正言順地當上了荊州牧，有了三郡地盤。好漢不吃眼前虧，就這麼著吧！

實際上這是一種微妙的平衡。鑑於曹操的存在，孫權與劉備不能撕破臉。既然不能撕破臉，孫權就得讓劉備日子過得去，劉備就得讓孫權有個臺階下。

借荊州，就是根據雙方實力，和稀泥、玩平衡的產物。絕不是孫權對劉備的慈悲（政治沒有慈悲），也與孫權是否猜忌周瑜無關（後面會專門討論這個問題）。

孫權一心要讓劉備成為東吳的附庸。為達到目的，除了做「借荊州」的文章外，他還操辦了一樁政治婚姻。

得知甘夫人過世後，劉備內室空虛，孫權決定將待嫁的妹妹許配給年近半百的劉備。這近似於招入贅女婿。

根據生活經驗，我們知道入贅女婿一般是在女方家過生活的。

這就是孫權的目的。不但荊州是我孫家的，你劉備也是我孫家的。只要你願意，我們孫家待你不薄，以後兩家人就像一家人一樣開開心心地過日子。當然，家長有且只有一個，只能是我孫權。

蛟龍豈是池中物。劉備從來就不甘心給別人打工，但他沒有拒絕這樁政治婚姻。原因有二：一是不能拒絕，做入贅女婿也罷，老夫少妻也罷，怎麼說都是孫權的好意，不能給臉不要臉；二是根據人生體驗，劉備總結出名義上是誰的並不重要，重要的是實際上是誰的。前段時間的荊州名義上是大公子劉琦的，後來不是照樣成了他劉備的？如今的皇帝名義上是漢獻帝劉協，實際上不是曹操這廝？

現在的實際情況是，劉備既能光明正大地當上荊州牧，又能娶個年輕貌美的新娘子，何樂而不為？

交易圓滿達成，結婚順利完畢，劉備此行的外交任務宣告完成。孫、劉京口會談成功落下帷幕。

整體來看，這是一次團結的會談、勝利的會談。

其勝利程度，可以從第三者曹操的反常表現得到印證。正在揮毫寫文章的曹操同志聽說此事後，一隻提劍掃天下的手哆哆嗦嗦，連一枝小小的毛筆都拿不穩掉地上去了。

根據「好得很還是糟得很」的理論，曹操認為糟得很的事情，對孫劉聯盟就是好得很。

不過，孫劉聯盟有一個人認為不好。

天下最後的肥肉

這個眼光十分獨到、見解與眾不同的人，就是周瑜。

周瑜一向說話很牛。根據生活經驗，我們知道，說話牛的人一般有兩種，一種是愛吹牛，另一種是有資格牛。

周瑜就屬於後一種。赤壁大戰之前，他對劉備說：「您就待在一邊涼快去吧！看我怎麼收拾曹操。」事實已經證明，他做到了，而且做得乾淨俐落，相當漂亮。

這樣一個牛人，認為對抗乃至收拾曹操，有他周瑜和一干東吳猛將就綽綽有餘，根本不需要借重劉備。相反，借重劉備如同養虎，後患無窮。

當劉備前往京口訪問的時候，對門的周瑜立刻上書孫權，建議孫權軟禁劉備，由他自己挾制關羽和張飛等劉備的重要員工，如此一來，大事可定；如果把土地割讓給劉備，「聚此三人，俱在疆場，恐蛟龍得雲雨，終非池中物也。」

客觀來講，站在東吳的立場，周瑜的建議有一定的道理。孫權的彭澤太守呂範也與周瑜意見一致。

但領導就是有水準。孫權看出周瑜的方案可行性太差，軟禁劉備不難做到，難的是劉備手下的軍隊（此時還包括劉琦的人馬）怎麼解決？關羽、張飛等人怎麼可能善罷甘休？按照雙方實力來講，只要有時間，孫權是可以將劉備的人馬吃掉的，但曹操會給這個時間嗎？

最終，孫權採納了魯肅的建議，扶植劉備共同抗曹，尤其是借重劉備的名望，用來團結荊州人心（初臨荊州，恩信未洽，宜以借備，使撫安之）。

劉備離開京口時，還不知道周瑜給孫權的建議。不過周瑜一貫的不友好行為與過人才略，早已讓他心存不安，送別之際找了一個機會對孫權說了句話：「公瑾（周瑜）文武籌略，萬人之英，顧其器量廣大，恐不久為人臣耳。」（《三國志》注引《江表傳》）

這句話表面上看起來是誇讚周瑜多麼出色、多麼能幹，實際上是一句可以置人於死地的話，一個包藏禍心的反間計。會不會中計，關鍵要看老闆的水準，要是認定你想謀反自己當老闆，那真是冤死你沒商量。

孫權，能夠虎踞東吳五十年、捭闔曹劉數十載，絕對不是一個庸主。

反間計能否起作用那是後話，劉備終於有驚無險地戴著荊州牧的頭銜，載著新過門的孫夫人，抓緊時間回到了公安。

回去後，劉備對此行有些後怕，就跟身旁的人說道：「孫權這個人，長得上半身長下半身短，很難容人啊！今後千萬不能再去冒險見他了。」

劉備剛到公安，對門的周瑜就坐不住了，馬上駕舟順江東下去見孫權。

周瑜不只是想搞清楚孫權究竟為什麼要借荊州三郡給劉備，還想面呈下一步的進軍方略。自己啃江陵這塊骨頭啃了整整一年，卻被劉備吃到了江南四郡的肥肉，周瑜有些氣不順。

便也想吃塊肥肉。

便打起了益州的主意。

益州和交州，是天下最後的兩塊大肥肉。

周瑜向孫權建議，由他和奮威將軍孫瑜（孫權的堂兄）兩人率兵入川，奪取劉璋的地盤，順便幹掉漢中張魯。

這個計畫如果得逞，就不是三足鼎立，而是孫權、曹操南北對峙。開疆拓土，建立霸業，是每一個亂世稱雄者的抱負。孫權也不例外，很快接受了周瑜的建議。

老闆向西發展的戰略已定，剩下的就是技術層面上的問題了。進攻益州畢竟不是鬧著玩的，孫權讓周瑜先回到南郡，認真進行戰備工作，招募訓練士卒，囤積軍械糧草。就在回去的路上，一代名將周瑜竟然一命歸西，年僅三十六歲。

周瑜英年早逝，讓孫權乃至千百年來的無數後人悲嘆不已。

悲嘆過後，太陽照常升起，該辦的事情還要接著辦。孫權根據周瑜的遺表，任命魯肅接任南郡太守，統領周瑜的本部軍隊，一共四千餘人。

所謂蓋棺定論，這裡有必要討論一件事。有人認為，孫權之所以借荊州給劉備，是因為猜忌周瑜，想拿劉備制衡周瑜。

根本是無稽之談。制衡一個自己人，最好的辦法還是用自己人而不是外人。道理很簡單，自己人遠比外人可靠，否則就是猴子掰包穀，丟掉一個得到一個，永遠解決不了問題，甚至出現更大的問題。

這樣的道理昏君不懂，有可能做錯，比如何進為了除掉十常侍，搞出招董卓進京的傻帽行為。後面還有一位仁兄幹出了這種傻事，暫且按下不表。

孫權這樣的牛人，卻不會犯傻。他即使真的猜忌周瑜，也會以其他方式制約，絕不會犧牲集團利益，拿一個外人去制衡。

事實上，周瑜雖然是孫策一手提拔的老資格名將，但孫權還是完全玩得轉的。理由至少有四：

一是周瑜申請進攻益州，孫權立刻就答應。如果周瑜在荊州時，孫權都不能有效管制，那怎麼會放他去益州呢？豈不是更加鞭長莫及？五代後唐將軍孟知祥入蜀後獨霸一方的故事，足可印證。

二是周瑜死後留下的軍隊唯有四千餘人。手裡只有這麼一丁點軍隊，就能把老闆孫權搞得神經兮兮、坐立不安，以至於把荊州借給擁有兩、三萬軍隊的天下梟雄劉備，來制約只有四千軍隊的東吳將領周瑜，除非是腦袋突然進水了。

三是周瑜雖然才略好、資格老、威望高，但他對孫權一直非常尊敬——諸將賓客為禮尚簡，而（周）瑜獨先盡敬，便執臣節。究竟誰有自立山頭的野心，誰是有能力的忠臣，孫權的一雙慧眼看得清清楚楚。

四是最有說服力的，周瑜死後孫權還一如既往地給劉備借地盤（詳細情況後面會講），難道這也是為了制衡一個死人？

幾千年歷史，確實有很多內部鬥爭、有很多爾虞我詐。但歷史人物也是人，也是形形色色，他們不是一直爾虞我詐、不是只會窩裡鬥，做的事也不全是陰謀詭計，不能一概而論。

具體問題需要具體分析，一棍子打死、定勢思維看問題從來都不是好方法。

為了得到的失去

周瑜之死，當真是幾家歡樂幾家愁。

以寡婦小喬領銜的大批傷心欲絕人士就不必說了，打心底高興的人至少包括劉備。

劉備不只對周瑜的不友好行為心懷不滿，令他更為不安的是周瑜一貫強硬的鷹派作風。

周瑜做為東吳名將，一向主張壓制劉備集團的生存空間，他分給劉備的合法土地只是油江口附近的一小塊，用劉備的話來說擠得連人都住不下（以瑜所給地少，不足以安民）。不僅如此，周瑜還準備動手攻打益州。

益州是塊肥肉，誰都想吃。劉備當然也不例外。

眼看周瑜要動手吃肥肉，劉備著實有些惶恐不安。如果周瑜拿下益州這塊肥肉，不只是劉備連一口湯也喝不上，更嚴重的是劉備要在東吳的包圍圈中度過下半生了——如果還有下半生的話。

再加上周瑜一貫的強硬作風，劉備給己方前景做出了合理預測——沒有活路。

人為刀俎，我為魚肉，總不能乾坐著等死吧？實在不能忍了，翻臉就翻臉。

正當劉備決心不計代價阻止周瑜出兵的時候，東吳方面傳來訃告——周瑜同志身患重病，搶救無效，在巴丘（今湖南岳陽）病逝了，享年三十六歲。

麻煩終於沒了，整個世界清靜了。劉備長出一口氣，感嘆這人生真是變幻莫測啊！

孫權卻沒有時間感嘆人生，而是忙得不可開交。

自從十九歲從哥哥孫策手裡繼承江東基業，孫權同志從來沒有這麼忙過。

剛接手當老闆的時候，富二代孫權還有點不習慣，也有些不自信，沒有幹出什麼出色業績。後來慢慢熟悉了這份當老闆的工作，孫權開始琢磨著有一番大作為，不辜負父兄留下的基業，不辜負大好的青春年華。

孫權首先著手的是進攻劉表為父報仇的工作。從建安八年（二〇三）到十三年，花了五年時間，孫權終於攻破江夏搞定殺父仇人黃祖，然後來了一個屠城，算是告慰他爹的在天之靈。五年幹成這麼一件事，算不上有多牛，但至少能夠給活著的和死去的人都有個交代，自己這個老闆的位子也就坐得更加心安理得。

最關鍵的是赤壁之戰。戰後，孫權驚喜地發現自己已經強大到可以打敗天下的NO.1曹操的地步。那麼，到底誰才是天下真正的NO.1？換句話說，誰更有資格、更有潛力做天下的NO.1？孫權以為實在是不可說，不可說。

總而言之，言而總之，年輕人孫權在赤壁戰後，自信心滿得爆棚，決定先易後難解決問題，先吃光天下的肥肉，再搞定「老賊」曹操（至於劉備，那已經是他孫家的人了）。

孫權想吃的肥肉，不是一塊，而是所有——包括益州和交州，乃至夷州（今臺灣）與遼東。有這麼多工作要做，注定孫權同志會非常忙碌。

孫權不但接受了周瑜提出的進攻益州的建議，而且在同時已經考慮起怎樣吃下交州的問題。

交州大體上相當於今天的廣西、廣東及越南北部，分為南海、蒼梧、鬱林、合浦、交趾、九真、日南七郡。根據漢順帝時期人口普查的數字，共有人口一百多萬，可以說是地廣人稀，經濟發展相對比較落後。

但天下一共才十三州，交州人口再少、經濟再不發達仍是一個州，有總比沒有好。更為誘人的是，交州是一塊地地道道的肥肉，不但沒有曹操那樣的猛人，也沒有益州那樣的險要，吃起來一點都不費勁。

眼瞅著這樣一塊大肥肉，讓我怎能不動心？就連劉表這樣守著自留地過日子的人，還給交州任命了刺史（比如賴恭）和郡守（比如吳巨），把交州當成了他家的後花園。

自信心滿得爆棚的孫權對交州動心就太正常了。

苦於無用武之地的劉備對交州動心就太正常了。

這兩個垂涎三尺的男人，都在盤算怎麼把交州這塊肥肉吃到自己的肚子裡。

令孫權無比氣餒的是，吃交州這塊肥肉，妹夫劉備擁有更大的優勢。

一是劉表給交州任命的刺史賴恭、郡守吳巨等幹部，都是荊州人士，他們與劉備同志交情是不一般的。劉備在當陽慘敗後，一度想投奔蒼梧太守吳巨就是明證。

二是進攻交州最佳的道路，就是從長沙溯湘水而上，過桂陽入鬱林郡和蒼梧郡，而這條道路此時已經在劉備的掌握之中。

看來公平競爭是沒戲了。為了得到交州這塊肥肉，孫權決定和劉備再做一筆交易。

當日思夜想的南郡主動送上門來的時候，已經到了知天命之年的劉備有些不相信。根據多年的人生體驗，劉備以為天下沒有免費的午餐，當然免費的晚餐或早餐甚至零食都是統統沒有的。

大舅子孫權把南郡送給自己，必然另有所求，所求定然遠遠大於南郡。

果然，從使者口中劉備知道了孫權想要的是交州，有七郡之地的交州。

劉備決定做這單交易。

只為南郡的價值。

一樣東西，究竟有沒有價值，或者有多大的價值，要看對誰來講。對於一個快要餓死的人來說，一個饅頭的價值遠遠大於一口袋鈔票。

南郡，正是劉備的饅頭。沒有南郡，劉備就處在孫權的半包圍之中，永無出頭之日——要出頭只能先和孫權動手。劉備需要的正是這樣一塊北接曹操、西接益州的用武之地。如果擁有南郡，劉備認為今後的歲月將不再碌碌無為，而是大有所為。相反，交州對於劉備的價值，差不多等同於長沙、零陵、桂陽三郡，只能提供賦稅兵丁。在劉備看來，不打仗要兵丁做什麼？不作為要賦稅做什麼？只有一個解釋——享樂。不作為只享樂，還不如回家賣草鞋。

南郡對於孫權來說，卻是一個沉重的包袱。從夷陵、江陵、江夏、柴桑到京口的幾千里防線實在太長了，導致的問題不是出在哪一個要衝進攻曹操的問題，而是防備所有要衝不被曹操攻打的問題。而交州不一樣，占了就是我的，沒有人來搶。孫權認為拿南郡換交州，讓出去的是大麻煩，得到的是真實惠，絕對是一筆穩賺不賠的生意。

雙方各取所需，就此成交。

劉備為了得到南郡，放棄了交州。

孫權為了得到交州，讓出了南郡。

南郡是孫權手中的，交州卻不是劉備的。所以這樁幕後交易，只能以劉備「借」南郡的名義進行。

一同「借」出的，還有雞肋武陵。孫權借出南郡後，武陵就完全被劉備的地盤隔在西邊，失去了軍事價值，再加上武陵人口稀少，沒有多大經濟效益，只好順水推舟做個人情，一起讓給劉備。

很快，孫權將南郡太守程普調往江夏，再次出任江夏太守；繼任周瑜統領軍隊的魯肅，調任漢昌太守。漢昌郡，是孫權將周瑜占領的下雋、漢昌、劉陽、州陵等長沙郡北部地盤分出來增設的一個郡。

交州，自然被孫權逐步收入囊中。蒼梧太守吳巨等不聽話的人，都被送到了另一個世界。

劉備此時顧不上老相識吳巨，正忙著接手南郡，準備大展身手。

多少年的等待，多少年的飄泊，多少年的蟄伏，多少年的奮鬥，才換來今日的收穫！蛟龍得大海，從此不再受制約！

發展可以有多快？

有了荊州牧的頭銜，有了東漢荊州七郡中的南郡、武陵、長沙、零陵、桂陽五郡之地（曹操手中有南陽郡和從南郡分出的襄陽郡；孫權手中有江夏郡和從長沙郡分出來的漢昌郡），劉備感到腰粗了，真粗了。

此時的荊州牧劉備不同於擔任徐州牧時期有地無兵、不同於在小沛當豫州牧時期無地無兵，更不同於多年飄泊寄人籬下仰人鼻息。劉備名正言順地占據了荊州三分之二的地盤，手下擁有數萬將士。更為重要的是，他贏得了荊州的人心。

從此，劉備既能開出招攬人才的薪水，又是一支發展前景看好的潛力股，擺脫了他看得上人才、人才看不上他的局面。原先劉表手下的荊州幹部和名士，除投靠曹操的以外，其他人才大部分投效劉備，史載「荊楚群士從之如雲」（《三國志》）。其中較為著名的有伊籍、馬良馬謖兄弟、廖立、魏延、霍峻、陳震、向郎、殷觀、鄧方、輔匡、習禎、郝普、潘濬、廖化、宗預、黃柱、張存、劉邕、馮習、張南、傅彤等人。

多年的辛勤耕種，總會有收穫的一天。

為了保衛勝利成果，也為了激勵新老員工，劉備大規模選拔任命幹部，加強根據地建設。

戰爭年代，軍事是第一位的。何況劉備又是一個重情重義之人，當然忘不了多年患難與共、一路走來的老弟兄關羽和張飛。關羽被任命為襄陽太守、蕩寇將軍，駐軍江北，表明進攻曹操、北取襄陽的意圖。張飛被任命為宜都太守、征虜將軍，封新亭侯。宜都是劉備分割南郡增設的一個郡。關羽、張飛兩員大將鎮守南郡附近，再加上原本的大本營公安，劉備調集重兵將江陵包圍在中心，可見對南郡的重視。

張飛封侯，透露出一個強大的信號，這不只是劉備有福同享、不忘老弟兄的表現，更表明與曹操把持的中央政府分庭抗禮的決心。因為只有中央政府才有封侯的權力，比如劉備的宜城亭侯、關羽的漢壽亭侯，都是以中央政府的名義分封的。

不論曹操是否情願，劉備注定做他的競爭對手。

玩過《傲世三國》等戰略遊戲的朋友們都知道，軍事很重要，內政建設也很重要。沒有糧食沒有錢，是沒辦法打仗的。

這個道理，劉備當然懂，做了不少相關工作。

經濟建設方面，由軍師中郎將諸葛亮負責。這絕對是用人用到點子上了。諸葛亮是個不世出的人才，但絕對不是《三國演義》中神機妙算、用兵如神的形象，實際上他最擅長的正是理民，抓經濟，搞建設，附帶弄點科技創新，那才是得其所用、發揮特長。

組織建設也加快了步伐。南取四郡時，為了減少進軍阻力，劉備只好對投降的地方幹部照舊錄用。等到統治比較穩固的時候，就可以進一步加強組織建設，裁汰不幹活不忠心的地方幹部，選拔勤勞可靠的新幹部上任。地方幹部經過一次大換血，劉備對地方的掌控才能更加得心應手。

這一時期劉備的內政建設，史料上有記載的不多。值得一提的是龐統同志的事蹟。

龐統，字士元，襄陽人，號鳳雛，在荊州士人中名氣很大，被水鏡先生司馬徽稱為「南州士之冠冕」。後來他跟隨周瑜，擔任南郡人事處處長（功曹）。周瑜死後不久，南郡歸屬劉備，他才投到劉備的帳下。

劉備自然也聽過龐統的大名。也許是對龐統與眾不同投靠東吳一事心懷芥蒂，劉備只給了他一個普通幕僚的職務（從事），下放到耒陽縣（今湖南耒陽）擔任縣令，在基層掛職鍛鍊。

龐統的才學謀略不在諸葛亮之下，自認為做一個小小的縣令根本就是高射炮打蚊子（事實也是如此）。你不重用我，我就罷你工。於是，他在耒陽縣令的任上天天睡大覺，玩起了罷工。

你敢罷工，我就罷你的官。劉備此時正在扎扎實實搞內政建設，也是一點都不含糊，直接把龐統開除出公務員隊伍了。

《三國演義》中把魯肅寫成和事佬是有道理的。魯肅聽說龐統被罷官後，本著聯盟利益至上、幫劉備就是幫自己的精神，連忙給劉備寫了一封信，說「龐士元非百里才也」，只有加以重用，才能顯示出他的才能。

對於老朋友龐統的能力，諸葛亮自然心中有數，他也勸老闆劉備重用龐統。鑑於諸葛亮和魯肅兩人的連袂推薦，劉備特意給龐統安排了一場面試，並親自擔任面試主考官。

人才，怕的是懷才不遇沒有機會，只要機會到來，他們不會錯過。龐統就抓住了老闆親自面試的機會，表現十分優異。

面試過後，劉備發現果真是自己唐突了人才，從此對龐統大為器重，任命他為荊州省人事廳廳長兼機要祕書（治中從事），享受與諸葛亮同等的待遇，不久也升遷為軍師中郎將。

臥龍、鳳雛，從此都歸於劉備帳下。他們注定為這個風生水起的時代，增添更多的變數。

劉備可以說不

風正一帆懸，一日行千里。

劉備同志以親身經歷，告訴我們這樣一個事實：只要有個好班底、好團隊，打好基礎，一旦時機到來，發展的速度那叫一發不可收拾。

劉備軍事、內政兩手抓，人才、士卒一起招，實力已經悄然做大。強大起來的劉備，不只可以守衛已經占領的地盤，而且有足夠的力量擴張新的空間。

此時，孫權占領交州，曹操進軍關中戰馬超。劉備明白，留給自己的時間不多了，留給自己的地盤很少了。

劉備在心底將目標訂為益州。不只因為這是諸葛亮在隆中對策提出的發展戰略，還因為這是天下最後的一塊肥肉。

既然是肥肉，想吃的人就不止一個。鞭長莫及的曹操，甚至隸屬益州的漢中張魯，都打起益州的算盤。

先動手的卻是劉備的大舅子孫權。

人的欲望是無止境的。年輕人孫權以自己的實際行動，詮釋著這一真理。

剛接班時，孫權考慮的是如何為父報仇；報仇成功後，考慮的是如何吃下肥肉交州；吃下交州後，考慮的是如何拿下益州。

江山代有人才出，一代新人勝舊人。周瑜雖死，還有孫瑜。孫權準備派這位堂兄，為自己開拓新的疆土。

在派遣孫瑜出兵之前，孫權不得不解決一件頭疼的事——妹夫劉備的荊州恰好擋在東吳的地盤和益州之間。看來繞是繞不開了，只能另想辦法。孫權的辦法是忽悠妹夫劉備，讓他跟自己一起出兵。這樣既能解決自己單獨動手被劉備切斷後路的問題，又能二打一增加勝算。當然得到新蛋糕益州，免不了要切給劉備一塊，不過至於怎樣切蛋糕，孫權以為還是自己這個帶頭大哥說了算。

便滿懷信心派人前去聯合劉備。

便難以置信地遭到了無情拒絕。

劉備拒絕孫權的理由很單純，動機卻很不單純。

劉備首先一臉誠懇地指出孫權的計畫既無可行性，也無必要性。為否定可行性，劉備說什麼益州富強，劉璋不弱，萬里征伐，難保成功，即使吳起、孫武這樣的軍事天才活過來，也不可能完成這個光榮而艱鉅的任務。為否定必要性，劉備說什麼所有曹操之外的力量都是盟軍，劉璋是，張魯也是，曹操正在虎視眈眈，我們怎麼能同盟操戈？盟軍正在窩裡鬥的時候，曹操一動手，那大夥兒只有一起玩完。

客觀來講，劉備同志的上述理由基本是睜著眼睛說瞎話。說劉璋不弱估計孫權都快笑出聲了，說劉璋和張魯是盟軍更是自己騙自己，你想和人家做同盟，人家還不一定樂意呢，這麼快就為對方著想，明顯是自作多情。

除了這些冠冕堂皇不著邊的理由，最為重要的一條是，劉備說自己與劉璋都是漢室宗親，都在匡扶漢室（備與璋托為宗室，冀憑英靈，以匡漢朝），現在劉璋得罪了你，希望你能原諒他，如果不答應，那我只好「放髮歸於山林」，甩手不幹。

劉備的言外之意，甩手不幹是真的，不過肯定不是披頭散髮跑到山林搞個行為藝術的甩法，而是甩手不和你幹，並且甩起手來不讓你幹。

實際上，劉備找出一大堆理由無非都是藉口。真正的理由只有一個——自己想打益州，不希望孫權插手。

此時劉備手下有很多人才，遠遠不只是諸葛亮和龐統幾個。時任荊州書記處書記（主簿）的殷觀同志，就一眼就看穿了孫權的計謀，並提出應對策略。

殷觀駁斥了接受孫權建議乘機占便宜把益州據為己有的意見，明確指出請神容易送神難，既然打益州有孫權一份力，切蛋糕就少不了孫權。這還罷了，最可怕的是己方的主力軍隊開到前線，萬一進不能攻克益州，又被東吳抄襲荊州沒了根據地，那就徹底玩完了。

殷觀的發言，說到劉備心坎上去了。劉備不會忘記，荊州原來沒有東吳什麼事，但東吳幫助自己打敗曹操後，荊州就成了東吳的地盤，自己還得厚著臉皮、低三下四向孫權「借」荊州，這是莫大的恥辱！

劉備打定主意，現在不同於赤壁戰前，自己擁有單獨占領益州的實力，絕對不能再與東吳攪和到一起，搞出產權不明、分配不公的窩囊事。

實力不夠的時候需要尋找合作夥伴一起開發新項目，實力足夠的時候還需要帶上別人一起玩嗎？明顯不需要嘛！

孫權被拒絕後有些惱火，這是一件很傷自尊的事情，意謂著孫權同志的盟主地位搖搖欲墜。

難道離了劉備就拿不下益州？孫權決心來個霸王硬上弓，有條件要上，沒有條件創造條件也要上。

隨著孫權一聲令下，孫瑜的大軍立即開赴夏口，浩浩蕩蕩準備溯江西上。

同時開出的，還有四路人馬，分別是關羽屯江陵、張飛屯秭歸、諸葛亮據南郡、劉備自住孱陵（《三國志》注引《獻帝春秋》）。

劉備這陣勢，擺明了你孫權要打益州，先過了我這一關再說；要打荊州，我等你很久了。

劉備這麼玩，孫權認為就沒意思了。他原本以為妹夫劉備是說說而已，沒想到會這麼認真。

孫權無比鬱悶地發現，劉備已經敢於說不。更為悲哀的是，自己拿劉備沒有任何辦法。打劉璋還有底氣，打劉備就底氣不足。此一時彼一時，此時劉備的發展日新月異，已經不是跑去京口求著分點地盤的那個階段了。

沒辦法，只好撤兵。大不了不打益州，你能把我怎麼地？

懦弱的人也有尊嚴

劉備確實不能把孫權怎麼地，實際上他也沒打算要把孫權怎麼地。

此時的劉備只向西看，不向東看，注意力已經牢牢地被益州的劉璋吸引過去了。

當然不是因為劉璋長得很帥，而是因為他做人很有特點。

要說劉璋，還得從他爹劉焉說起。

劉焉也是漢室宗親，而且與劉表一樣，都是漢景帝的兒子魯恭王劉餘的後代。

東漢末年，劉焉是個老牌軍閥，還引領時代潮流，當了第一批「州牧」。

當時的行政制度，郡的一把手是太守，州的一把手是刺史。但刺史原本只是統屬於御史中丞的監察官，等於是中央政府派到地方的特派員，薪水只有六百石，遠遠不如兩千石的太守，甚至不如一千石的縣令。所以刺史做為太守的上司有點不倫不類。劉焉提出建議，選任德高望重的重臣到地方出任「州牧」，做為名正言順的一把手，薪水也提高到兩千石，來加強對地方的管轄。

剛好此時天下大亂，并州刺史張壹、涼州刺史耿鄙、益州刺史郗儉都被殺害，中央政府感到劉焉的建議提到了點子上，於是選拔任命了第一批「州牧」。其中就有被公孫瓚殺死的幽州牧劉虞。

劉焉的建議不只是為了國家，更是為了自己。他聽說益州有「天子氣」，就上下打點謀求益州牧的職位，最終如願以償，被任命為監軍使者，兼任益州牧，封為陽城侯。

劉焉到益州上任後，把大本營設在綿竹。他挑選流亡在益州的南陽、三輔等地的百姓組成軍隊，稱作「東州兵」，來加強自己的統治力量，壓制當地的豪強勢力。後來，劉焉依靠「東州兵」處死了不服從命令的地方豪強王咸、李權等十多人。

同時，劉焉起用張魯占據漢中。

張魯其人雖然名氣不大，但他有個大名鼎鼎的爺爺——張陵，即道教的創始人張道陵、張天師。

張天師在鵠鳴山中得道成「仙」的時候，另一個大仙張角還沒有入門呢！張天師的教派很有特點，想入教成為會員的人需要交納五斗米做為會費，因此也被稱為「五斗米道」。張天師駕鶴西去後，兒子張衡（不是發明渾天儀和地動儀的那個天文學家）繼承了他的事業，不過沒有大的發展。後來事業傳到了孫子張魯的手上。

張魯能得到劉焉的重用，離不開他母親的幫助。張魯的母親，既有一些道術，又徐娘半老、風韻猶存，還常常出入劉焉大人的家中（這個……），一來二去，為兒子謀得了一個督義司馬的武將職位。

當上武將的張魯，被劉焉派去攻打漢中。需要指出的是，漢中是益州管轄的一個郡。劉焉做為益州地區的一把手，要攻打自己轄區的一個郡，絕對不是吃飽了撐著，而是來個換人——換一個聽自己話的人，幹一些見不得光的事。劉焉認為自己一手提拔起來的張魯，正是聽話的人。

張魯沒有讓劉焉失望，他與另一位司馬張修進攻漢中，很快就殺了漢中太守蘇固，占據漢中。張魯也沒有忘記劉焉交給他的使命，完成了斷絕斜谷、殺害使者的任務。

應該說，張魯的工作完成得非常好，而且好得有點過頭了——他順手把同事張修也給殺了。

從此，漢中逐步成為張魯的地盤。道教的世界，建立起以張魯道長為領袖的政教合一的政權。張魯自號「師君」，手下的信徒叫做「鬼卒」，頭目稱為「祭酒」，既管教務又管政務。

張魯還初步建立了「共產主義」制度，在各地廣泛設立「義舍」，有米有肉，免費提供給路人按需分配，吃飽為止。

這一點在亂世太有吸引力了，很多路過的人都停下不走了（可以理解），好多吃不上飯的人也都慕名而來。有了人口，就能耕田種地搞經濟建設，拉起隊伍搞武裝割據。張魯從此強大起來，不過表面上還服從老領導劉焉。

張魯切斷漢中後，劉焉終於如願以償在益州當上了土皇帝（這比袁術還要早幾年），不過代價卻是非常慘重的。

劉焉有四個兒子，老大劉範、老二劉誕、老四劉璋都在中央政府當幹部，只有老三劉瑁跟在身邊。劉焉當土皇帝的事，沒多久就被荊州牧劉表告發了。李傕把持的中央政府接到舉報後，本著坦白從寬、抗拒從嚴的精神，派劉璋回去勸他爹回頭是岸，不要圖謀不軌，劉範和劉誕兩人就成了人質。

中央政府偏偏從兄弟三個中間挑出最小的劉璋，並不是抓鬮抓出來的結果，也不是想給年輕人一個鍛鍊機會，而是另有深意。因為兄弟三個中劉璋最為懦弱，放他回去也興不起多大風浪。可見劉璋的懦弱，早已是漢朝人都知道的事情。

劉焉是吃了秤砣鐵了心地要當皇帝，沒把李傕把持的中央政府放在眼裡，更沒把劉璋帶回來的忠告當作一回事。劉焉很快聯合馬騰進攻長安，不過不但沒有成功，反而搭上了兩個兒子的性命。後來又遇天災，劉焉辛辛苦苦按皇帝標準置辦起來的千餘輛輿車被燒了個乾乾淨淨，大本營綿竹城也被燒了個差不多。

偷雞不成反蝕把米，劉焉氣憤難當，沒過多久一命嗚呼，去閻王那找兒子去了。

益州從此進入劉璋時代，時間是興平元年（一九四）。

富二代劉璋還有三哥劉瑁在世，本來按照長幼序列是輪不上他繼承益州牧的。他能夠當上老闆，還是因為性格懦弱（傻人有傻福啊！）——擁戴一個懦弱的老闆，另有所圖的員工就可以放開手腳為所欲為。

比如當地人趙韙就打算自己當家做主，所以不希望有一個能幹的老闆出現。過了幾年，眼看東州兵作惡多端，當地百姓十分不滿，趙韙決定抓住時機帶頭造反，號召益州本土勢力進攻劉璋，聲勢十分浩大，一度包圍了成都。最後，東州兵害怕本土勢力清算舊帳連他們一起收拾，才出死力幫助劉璋打敗了趙韙，平息了叛亂。

總而言之，益州在劉璋的帶領下，局勢愈來愈壞。劉璋既管不住武將，又管不住豪強，還收不住文臣的心。益州逐漸演變成無政府狀態，有權有勢的人想幹啥就幹啥，沒人管，也管不了。

攤上這樣一個上司，如日中天的「師君」張魯自然不放在眼裡，從此不拿劉璋當領導，正式自立山頭了。

但一個人哪怕再懦弱再無能，也是有尊嚴的。

很明顯張師君的作法深深地傷害了劉州牧。一個人被傷害之後，往往會想到報復。事業如日中天的張師君當然不怕會遭到日薄西山的劉州牧報復，但他沒想到，懦弱無能的人的報復雖然軟弱無力不可怕，卻也會在力所能及的範圍內搞點小破壞。劉璋拿遠在漢中的張魯沒辦法，卻拿他留在益州的母親和家人有辦法——格殺勿論。得知家人被殺，張魯很生氣，又攻打了劉璋的巴西郡。

雙方的仇恨就此愈來愈深，都想讓對方死翹翹。

從實力和能力來看，能讓對方死翹翹的，應該是張魯。

於是，劉璋開始了提心吊膽、度日如年的益州牧生涯。為了解除張魯的威脅，劉璋想找個粗大腿抱抱。

看中的第一條大腿，正是天下的第一粗腿——曹操。

劉璋先派人前去向曹操「致敬」，承認曹操在中央的地位，表示接受曹操為總理的中央政府管轄。為鼓勵劉璋聽話的行為，曹操加封劉璋為振威將軍，劉璋三哥劉瑁為平寇將軍，不過沒有以中央政府的名義承認劉璋益州牧的地位。後來，劉璋又派遣別駕從事張肅去許都朝見天子，並獻上了精兵三百人和朝貢的上好物品，曹操雖然任命使者張肅為廣漢太守，卻沒有加封劉璋。這表明曹操對劉璋既拉又打，分寸拿捏得十分到位。

抱天下最粗的大腿而不可得，劉璋更加不安。

建安十三年（二〇八），曹操南下荊州，劉琮不戰而降，當陽一戰擊破劉備，威震天下。

劉璋感到了抱曹操大腿的必要性和緊迫性，再次派遣使者前往荊州拜見曹操，還派兵前去聽從曹操調遣。

事情都是人做的，但不同的人做同樣的事情，效果往往大不相同。

正是劉璋派出的這個使者，斷送了劉璋抱曹操大腿的最後希望。

使者名叫張松。

看不起別人的代價

張松，蜀郡（治今四川成都）人。此前出使許都的張肅，就是張松的哥哥。哥哥張肅出使後被中央政府任命為廣漢太守，弟弟張松著實有些羨慕。不過他也有收穫，張肅升官後，原來的益州祕書長（別駕）職位就由他遞補。

張松也是一個渴望有番作為的男人。但跟著劉璋這樣的老闆，別說有所作為，有沒有明天都十分難說。所以即使身處別駕的高位，張松卻一心想換個老闆。

出使荊州，張松敏銳地感覺到自己跳槽的機會終於來了。他久聞曹操英才蓋世、善於用人，認定以自己胸中的五車八斗受到曹操的重用，那是十拿九穩的事情。

張松迎著太陽升起的方向，滿懷信心地前往荊州，一路上想像著曹操的禮遇、他人的羨慕、自己的得意，不覺有幾分陶醉。

希望有多大，失望就有多大。

張松見到曹操時，極其鬱悶地發現沒有預想的禮遇，有的只是曹操的怠慢。熱臉貼了冷屁股，張松的心從雲端一下子跌到谷底，摔得支離破碎。

一起破碎的，還有劉璋抱曹操大腿的最後一絲可能。

曹操看不上張松，表面上看起來是典型的以貌取人——因為張松「為人短小」，身材估計和武大郎同志有幾分相似。當然，曹操看扁張松的時候，忘記了自己的長相其實也十分慚愧。

打狗是要看主人的。曹操看不上張松，實際上意謂著看不上劉璋。這就是為什麼劉璋多次想抱曹操大腿而不可得的真正原因——不是他不夠熱情，而是曹操根本就看不起他。

曹操是一個地道的梟雄，從來看不起狗熊，而劉璋在他眼裡正是一隻狗熊。曹操認為，劉璋連自己的一畝三分地都管不好，這樣的人還能幹些什麼？什麼都幹不了的人，是沒有利用價值的人。對於一個沒有利用價值的人，曹操從來不想跟他浪費感情。

劉璋以自己的實際行動告訴我們：做人，可以失敗到這種地步！抱別人大腿都抱不上，悲哀！劉璋，真讓我為你感到悲哀！

一般情況下，曹操是不會看不起一個使者的，哪怕他長得十分委婉，哪怕他的老闆是一隻狗熊。但此時的情況，不是一般的情況，曹操正豪情萬丈，夢想一舉蕩平劉備和孫權，完成統一大業。曹操認為劉備和孫權統統都是即將被收拾的對象，狗熊劉璋更不在話下。攤上這樣的老闆，趕上這樣的時機，張松被曹操看不起就再正常不過了。

張松滿懷希望而來，極其失望而歸。堂堂的別駕大人，被曹操任命為一個小小的縣令，這就不只是看不起人的問題了，簡直是故意拿人尋開心。

張松極其鬱悶，愈想愈鬱悶。在回去的路上他決定今後不再讓人看不起，還發誓要報復所有敢於看不起自己的人！

哪怕他是牛氣沖天的曹操！

這就是曹操看不起別人的代價。習鑿齒、司馬光等很多歷史學家，都把這件事提高到曹操不能統一天下的原因的高度。其實曹操不能統一天下的原因是多方面的，看不起張松並不是主要因素。

但對於劉備來說，張松被曹操尋開心的意義非常重大。否則，劉備就沒有進入益州的機會，至少難度會增加N倍。

報復別人不是一件很容易的事。尤其是自己實力不夠的時候。要報復曹操這樣的猛人，難度係數實在比「神七」（指神舟七號）上天還高。天下要找曹操報仇的人數都數不完，但最後的結果卻是他們統統被曹操收拾得乾乾淨淨、服服貼貼，至少也是被打得滿世界亂跑，而曹操依舊牛氣沖天、依舊想打誰就打誰。

放眼天下，誰能報復曹操，或者有潛力報復曹操？張松認為有，有，且只有一個——劉備。

漢朝人都知道，劉備早就是曹操的死對頭，他們兩個人是絕對不會再坐到一張桌子上吃飯的。

張松的目光和跳槽的希望就此從曹操身上轉移到了劉備身上。但還有一個問題，劉備有報復曹操必需的力量嗎？

赤壁戰後，劉備一日千里的發展速度，打消了張松的疑慮。

張松從此一心投靠劉備報復曹操，將對曹操的恨全部轉化為對劉備的愛。為實現自我價值最大化，幫助劉備進一步發展實力，張松還決定排除萬難出賣舊老闆劉璋，把益州做為見面禮送給新老闆劉備。

益州是劉璋的，憑什麼要送給劉備？人才就是人才，張松創造性地解決了這個問題，一手導演了一場引外援的好戲。

於是，劉璋的耳朵裡便充滿這樣的聲音：「劉備和您的關係不一般，趕快牽手合作吧！」（劉豫州，使君之肺腑，可與交通）。

劉璋同志抱曹操大腿而不可得，也只好換個思路解決問題。在張松的潛移默化朝夕薰陶下，劉璋逐漸接受了引外援的建議，打算派一個人去荊州跟劉備聯繫聯繫感情。

張松早就為劉璋物色好了使者人選。他物色使者的標準，當然不是對劉璋對益州集團有多麼忠心，而是有成為他的同夥的潛質。雖然有句話說一個好漢三個幫，人多好辦事，但搞陰謀活動的人從來都是貴在精而不在多，張松只想拉幾個精明強幹的人下水。

他看中的不二人選，就是法正。

既得利益者的通病

法正，字孝直，扶風郿（今陝西眉縣）人。建安初年，法正與老鄉孟達跑到益州避亂，但沒有受到劉璋的重用。法正過了很長時間才當了一個小小的縣令，又過了很長時間才升遷為軍議校尉。

軍議校尉說白了就是參謀將軍，法正之所以能當上這個參謀將軍，是因為他很有謀略。可惜再好的謀略，老闆不識貨不採用也是白搭。

仕途不順利，法正已經比較窩火。再加上他雖有才名，德行卻不怎麼好，老有人在他背後伸著手指頭指指點點、說三道四。法正知道後很生氣，但官小權輕拿這些人沒辦法，只能長長嘆出一口氣，感嘆自己懷才不遇、有志難伸。

人以群分，物以類聚。雖然張松與法正各有所司，一個幾乎天天陪著老闆，另一個幾乎一直見不到老闆，公事交往的機會並不頻繁，但身上的相似之處卻像磁鐵般將他們吸引到了一起。這些相似之處，包括都有才名，德行都不好；都想有所作為，都對現任政府不滿（這一點很重要）等。這兩個有才無德的人經常在一起長吁短嘆、一起惺惺相惜。

於是，到劉璋選派聯合劉備的使者時，張松立即推薦了法正。

法正推來推去不想幹，但老闆安排的活又不能不幹，最後只好很不情願地上路（正辭讓，不得已而往）。

有人認為張松與法正兩人是在唱雙簧，法正是假裝不想去。我認為史書的記載是可信的，法正確實不想當這個使者，因為他還沒有參與張松的陰謀。雖然張松與法正關係不錯，但人心隔肚皮，出賣老闆就是謀反，是要掉腦袋的，張松事前不告訴法正的可能性很大。後來張松就是被親哥哥告發的，可見搞陰謀要非常小心謹慎。何況道德水準都不高又都很精的兩個人，誰信得過誰啊？

不過，正是這一次不情願的出使，徹底改變了法正的命運，也改變了益州的命運。

對於很多人來說，人生一直都是從一個希望走向一個失望，再從另一個希望走向另一個失望，週而復始，從不例外。

比如快到不惑之年的法正。經過幾十年的風風雨雨，法正早已對人生的不斷希望、不斷失望深有體驗，因此他對這一次的荊州之行同樣不抱多大希望，這正是他不情願幹這份工作的原因。

正應了一句話：人生常有驚喜。法正在荊州，就意外地收穫了一個又一個驚喜。

驚喜來源於劉備。位高權重名動天下的左將軍豫州牧荊州牧宜城亭侯劉備，對素昧平生的小小參謀將軍法正非常重視，招待十分周到，一有時間就在一起吃飯喝酒、聊天談心，請教許多問題——當然主要是關於益州的問題。

法正很快就被劉備感動得唏哩嘩啦一塌糊塗。要知道法正在劉璋的手下習慣了被人藐視，除了把他當空氣，沒人把他當回事，不拿他尋開心，已經算是很給面子了。

感動過後，法正內心的天平不由自主地向劉備傾斜。他終於明白了老朋友張松堅持派他出使荊州的用意。

法正回去後，立即向張松彙報情況，稱讚劉備果真有雄才大略，當真是禮賢下士，正是他們夢寐以求的好老闆。

從此，這兩個人堅定無比地走到了一起，開始為劉備入主益州的事業而努力奮鬥。

便大肆渲染來自邪教組織張魯的威脅有多麼可怕。

便輪番勸說劉璋找正直仁義樂於助人的劉備當外援。

劉璋傻是傻一點，但平白無故請別人到他的地盤上吃喝拉撒，他還是轉不過這個彎來。

他需要一個找外援的理由。

曹操給了他這個理由。建安十六年（二一一）三月，曹操聲勢浩大地派遣鍾繇（書法家，鍾會他爹）和夏侯淵等人率軍進攻漢中。

漢中是益州門戶，握在張魯手中，劉璋都睡不踏實；要是握在曹操手中，劉璋的好日子就算徹底到頭了，因而他更加惶惶不可終日。

張松一看機會來了，連嚇唬帶忽悠展開勸說：「曹操軍隊十分強大、天下無敵，如果滅了張魯順便進攻益州，我們該怎麼辦？」（曹公兵強無敵於天下，若因張魯之資以取蜀土，誰能禦之者乎）

劉璋是個老實人，實話實說，「我一直很著急，但是沒辦法啊！」（吾固憂之而未有計）

張松再次拋出引外援的理論，「劉豫州，使君之宗室而曹公之深仇也，善用兵。」如果請他進攻張魯，肯定能成功。滅了張魯，我們就實力大增，不用怕曹操了。

劉璋最關心的是如何守住自己的一畝三分地，對於滅不滅張魯興趣不是很大，聽了張松的建議還有點猶豫。

張松看僅僅有外部壓力還不夠，又指出益州內部的問題：龐羲、李異等實力派人物，驕橫跋扈，很可能背叛你，如果不請來劉備，「敵攻其外，民攻其內，必敗之道也」。

一個既得利益者，可以不向外擴張新的利益，但不會不保護已經得到的利益。這是既得利益者的通病。

張松的發言，擊中了劉璋的要害。劉璋一向管不住手下人，曾經遭遇過趙韙的叛亂，只差那麼一點點就徹底完蛋了，有著痛苦而難忘的親身體驗。這樣的體驗太驚險、太刺激了，他不想再來一次。

張松看中了劉璋雖然懦弱無能，但也不甘心坐以待斃。巨大的內外壓力、黯淡的發展前景擺在面前，劉璋最終接受了建議，決定迎接劉備入蜀。

這是一個利用外人制衡自己人的傻帽行為。

劉璋就是劉璋，這樣的傻事虧他做得出來，而且做得堅定無比。

明白人還是有的。得知劉璋請劉備入蜀，益州幹部黃權、劉巴等人紛紛勸阻，最絕的是王累，他搞了一個行為藝術，把自己倒懸在城門下死諫。但這麼多人冒著生命危險勸阻，劉璋就是毅然決然大膽地往前走，永不回頭。

這樣的老闆要是不完蛋，真是沒天理了。

前去迎接劉備入蜀的使者，仍然以輕車熟路的法正領銜，還有一位是他的老鄉孟達。這兩人帶領著四千士兵前往荊州。

不就請個人嗎？帶這麼多人馬做什麼？

答案是押送財物。需要四千人馬押送的財物，可以想像有多少。一輛運鈔車按四個人算，差不多就有一千輛運鈔車。如果算不清楚也不要緊，史書上有答案——前後賂遺以巨億計。

如此看來，劉璋還真把劉備當作大牌外援了，我給你開高工資，你給我幹活。劉璋的如意算盤打得不錯，花錢買平安，僱人來打工。可惜自始至終他都是一廂情願，忽略了對方的想法。

如果劉璋分析一下劉備走過的道路，就會發現自己的想法是多麼的荒唐及可笑。劉備，從來就不是一個甘心給別人打工的人，而是別人甘心為他打工的人。

仁義加實力才是王道

法正去而復返的時期，正是劉備出兵阻止孫權進攻益州的時期。這表明劉備已經把益州當成自己鍋裡的肉了，志在必得，誰搶就跟誰急。當法正的迎接隊伍滿載財物開到荊州的時候，龐統等人都樂得心裡開花，送上門來的不要白不要，紛紛勸說劉備大幹特幹。

龐統為劉備分析形勢：自從曹操南征劉表，荊州就殘破不全，曹、劉、孫三方勢力盤根錯節，很難有大的作為。益州不一樣，相對來說國富民強，人口眾多，要人有人，要錢有錢，占據益州才能幹出一番大事業。

劉備當然渴望得到益州，但在思想上還有一點轉不過來。根據多年的鬥爭經驗，劉備總結出自己的特色和成功的祕訣——就是和水火不容的仇人曹操對著幹，「（曹）操以急，吾以寬；操以暴，吾以仁；操以譎，吾以忠；每與操反，事乃可成耳。」（《三國志》注引《九州春秋》）

劉備做徐州牧，是陶謙的遺命；做豫州牧，是中央政府任命；襲殺車冑奪取徐州，是拿回屬於自己的東西；做荊州牧，是劉表、劉琦父子死後部下擁戴的。

到目前為止，劉備自認為從來沒有依靠武力搶奪過別人的地盤，從來沒有為達到目的不擇手段，做事一向是有原則、有底線的。

劉備不是那種做事不想就幹、幹了再想的人。他在做事之前都要考慮清楚到底對不對，符合不符合自己的原則，有沒有突破自己的底線。這一思考，做出決定往往就慢了半拍，所以曹操等人都指出了他的這個性格特點——見事遲，得計少晚。

此時，劉備又在先想再幹，想通了才幹。在他看來，搶奪別人的東西，是不道德的強盜行為，曹操能幹他不能幹。現在去搶益州，不就和曹操同流合污了嗎？不就失信於天下了嗎？

仁義，是劉備的立足之本。如果失去仁義，劉備不知道靠什麼去贏得人心、靠什麼去打敗曹操。

龐統決定為劉備解開這個心結。龐統認為，要成大事必須懂得權變靈活應對，不能死守仁義信條。春秋時期的五霸就是兼併弱小、攻擊愚昧，才得以成功的，這沒有什麼不對。奪取益州之後讓人民過上好日子，給劉璋一個好的歸宿（封以大國），就不是忘恩負義。龐統指出最關鍵的一條，劉璋終究是守不住益州的，我們不奪取就會被別人奪取。這個「別人」指的正是仇敵曹操。我們不要，曹操要；我們不打，曹操打，根本就是損己利人，利的還是仇人。為了打敗曹操，我們必須要奪取益州。

劉備終於豁然開朗。仁義是很重要，但只靠仁義打不敗曹操，還得有地盤和人馬。仁義加實力，才是真正的王道。

法正也在此時表明心跡，正式改換門庭投靠劉備。他將益州的軍事機密、錢糧府庫、地理形勢、路程遠近等所有自己知道的情報，毫不保留地奉獻出來，當然還有張松做內鬼的事。

對於張松和法正排除萬難出賣劉璋，一心幫助自己兼併益州的行為，劉備有幾分意外、幾分高興，更增加了奪取益州的信心。

劉璋，對不住了，為了我的事業，你的位子由我來坐。

劉備進軍益州，奉行的是穩健的擴張戰略，大批精兵猛將鎮守荊州，保衛根據地。他留下諸葛亮主政、關羽掌軍，張飛改任南郡太守，趙雲做為留營司馬，一同留守大本營。

劉備率領入蜀的謀臣武將，主要是龐統、法正、黃忠、魏延、霍峻、卓膺、伊籍、陳震等人，可以看出大多是加盟時間不長的新人，老員工有史可考的只有簡雍一人隨從入蜀。

親近新人，是劉備用人的一大特點。讓新人跟在自己身邊，一方面可以加深對新人的了解，鑑別人才，準確定位人才；一方面又可以用感情籠絡新人，進一步收服人心。

劉備讓老員工留守荊州，既表明對老員工有足夠的信任，也表明戰略重心仍在荊州。畢竟此去益州能不能得手，還是個未知數，荊州可不能有個閃失，否則恐怕只能假戲真做，真的給劉璋打工了。

劉備入蜀帶領的軍隊數量，約有兩萬多人。此時劉備在荊州的全部兵力大約是五、六萬，劉備率領接近一半的軍隊入蜀，是比較合理的。

此外，法正和孟達帶過來的四千運輸兵，被劉備交給孟達率領，全部留在荊州。這是因為益州的軍隊靠不靠得住還很難說，萬一在關鍵時刻搞譁變就不好收拾了，不如把他們留在荊州，想跑也跑不掉。

可見此時的劉備，政治手腕已經相當成熟，遠非擔任徐州牧的時期可比擬。

建安十六年（二一一）十二月，劉備做好一切準備工作後，率領軍隊沿長江西上進入益州。

劉備大軍進展十分順利。因為劉備名義上是來幫助劉璋幹活攻打張魯的，所以劉璋命令地方官員一路列隊歡迎，熱情招待。

劉備驅兵兩千多里，很快經江州（今重慶），由墊江水（今涪水）到達涪城（今四川綿陽），距益州治所成都僅三百六十里。

在涪城，劉備與劉璋有一個約會。

約會的場面十分壯觀。劉備帶來兩萬多軍隊，已經不少；劉璋更是帶來三萬軍隊，浩浩蕩蕩，「車乘帳幔，精光曜日」。主人劉璋非常熱情，送給外援劉備「米二十萬斛，騎千匹，車千乘」（《三國志》注引《吳書》），還有數不清的財物。

劉璋這麼開心、這麼大方是有道理的。劉璋自從有記憶開始，不管是做為劉四公子，還是繼任益州牧，不論身分地位有多高，卻總逃不出一個怪圈——被人瞧不起。別說曹操的大腿緊緊收起來不讓他抱，就連手下人也有點看不起他。現在天下聞名的英雄劉備，親自來給自己捧場，為自己出力幹活，劉璋怎能不感動得一塌糊塗？

感動之下，劉璋推舉劉備擔任大司馬，兼任司隸校尉。大司馬與太尉相似，掌管全國軍事，在東漢位列三公（太尉、司徒、司空）。司隸校尉看起來是武將職銜，實際上是東漢十三州之一的司隸部（京畿地區）的最高行政長官，只不過不叫刺史或州牧罷了，還可以與御史中丞一樣檢查百官。大司馬和司隸校尉兩個官職都很顯要，但此時司隸全部在曹操的控制下，劉備做司隸校尉沒有實際意義。反倒是大司馬的職位，名義上掌管天下軍事，符合劉備號召天下兵馬討伐曹操的思路，後來劉備即位漢中王時就正式出任大司馬。

投我以木桃，報之以瓊瑤。劉備也推舉劉璋出任鎮西大將軍，兼任益州牧。劉璋雖然被部下擁戴接任益州牧，但是一直沒有得到中央政府的正式任命，現在劉備以政府大員的身分給予承認。劉璋原本是振威將軍，官階不高，劉備推舉他為鎮西大將軍，級別約等於大將軍，不過不是常設官職而已。

兩位老闆互相任命官職互相捧場之後，坐在一起拉著手聯繫感情，天天搞派對。雙方將士也在一起喝酒吃肉欣賞舞蹈享受音樂，開起聯歡會。

這一次約會，時間竟然長達「百餘日」。

多麼快樂，多麼和諧！

劉璋萬萬沒有想到，這次約會實際上是鴻門宴，他扮演的角色就是老祖宗劉邦。

給我一個當強盜的理由

出賣劉邦的曹無傷的扮演者是張松。張松通過法正，建議劉備在宴席上搞定劉璋。張松的建議除了方便快捷、省時省力外，也反映著一個內鬼的真實心態，度日如年、夜長夢多啊！

張松急，可惜劉備一向做事不著急。

范增的扮演者是龐統。他與張松的看法一致，勸說劉備立即動手控制劉璋，這樣不用流血犧牲就能得到益州。

劉備扮演的是項羽，自然不同意在宴席上搞定劉邦。

劉備以為得人心者得天下，人心最重要，其次才是地盤。得不到人心只得到地盤，終究是坐不長久的。暴秦一統天下，就因為得不到人心才二世而亡。大漢能有四百年的基業，王莽篡逆之後能夠光武中興，正是因為人心所向。現在來到別人家裡做客，反而殺了主人，會失去人心，即使占領地盤，也不會長久。

仁義，在劉備看來，不只是個人的行為原則，也不只是社會的道德規範，而是一種政治觀、一種方法論。

當然，劉備奉行的並不是宋襄公一樣蠢豬式的仁義，他想找到一個平衡點，既能立足仁義，又能得到地盤。不過兩全其美是很難的，關鍵是把握好「度」。

世間事，最難把握的就是一個度字。

劉備權衡利弊，認為奪取益州不可倉促，應當先收服人心，而收服人心需要時間。歡樂的時間總是很短，百餘日的約會很快過去，離別的笙簫已經悄悄吹起。

劉璋確實夠意思，分手之際又撥給劉備好幾千軍隊。

既然沒有跟劉璋翻臉，劉備只能假戲真做，率軍北進漢中。此時劉備的軍隊達到三萬，軍械糧草也是應有盡有，軍容十分壯觀。

大軍北進到葭萌關（今四川昭化南）停了下來。既沒有北上攻打漢中張魯，也沒有南下進攻成都。

史書上的記載，劉備停在葭萌關是「厚樹恩德，以收眾心」。

實際上，除了收服人心之外，此時的劉備還在做一件非常重要的事情——找一個當強盜的理由，一個攻打劉璋的理由。

亂世中以強攻弱、以大滅小是司空見慣的尋常事，說得好聽點這叫王霸雄圖，說得不好聽就是強盜行徑，最後只剩下一個大強盜的時候，天下就統一、世界就和平了。

既然出來混，就要遵循遊戲規則。劉備也要加入到當強盜搶別人地盤的行列中。不是他搶別人的地盤，就是別人搶他的地盤，沒有第三條路可走。

說起來有點慚愧，此時的劉備已經五十出頭，但這真的是他的第一次——第一次當強盜。

第一次，總會有些不習慣。劉備就很不習慣，尤其是主人劉璋對他很夠意思，他磨不開這個情面，更找不出當強盜的理由。

當強盜需要理由嗎？需要，非常需要。大到歷代農民起義的口號「均貧富」，小到小學語文課本裡大灰狼對小綿羊說的「你弄髒了我喝的水」，即使不能哄騙或煽動別人，至少可以讓自己人覺得理直氣壯，幹起來底氣十足。事實上，大多數幹壞事的人，都有一套自己的邏輯和理由。

可劉備找死也找不出理由。時間就這麼一點一點地過去，轉眼已是建安十七年（二一二）年底。

劉備入蜀已經整整一年，難道就這麼一直等下去，和劉璋一起慢慢變老？

關鍵時刻，還是大舅子孫權解決了劉備的難題。曹操大軍進攻濡須口，孫權難免有幾分緊張，於是寫信向劉備求救。

不過劉備沒有救孫權，反倒是孫權救了劉備。

劉備接到信後，靈感終於來了，派人前去告訴劉璋自己不能當外援了，必須要回荊州，去拉大舅子孫權一把，也減輕與樂進作戰的關羽壓力。到益州一年領了那麼多工錢，卻什麼活也沒幹，劉備算準了劉璋一定會發脾氣。

為了保證劉璋的脾氣順利發起來，發得猛一點，劉備還向劉璋提出不合理要求，索取很多東西，比如兵馬一萬、物資財寶N多等等。

使者派出去後，劉備就等著劉璋發脾氣，然後找理由開打。

為自己即將到手的理由，劉備滿懷期待。

但劉備還是失望了。劉璋不但毫不生氣，答應讓他回荊州，而且還出人意料地接受了他的不合理要求。只是在數目上打了個折扣，答應給四千軍隊，其他物資都給一半。畢竟劉璋也不是富得出油，一下子拿出那麼多軍隊和財物，手頭還是有點緊的。

劉備徹底無語了。隨你怎麼欺負就是沒脾氣，這是什麼人品啊！

罷了罷了，就湊合著拿打折扣的事當理由吧！

一年多時間等一個理由，兄弟我容易嗎我！

好歹總算找到一個當強盜的理由了，劉備立即召集將士，做起思想工作，號召全軍上下統一思想轉變觀念化友為敵，準備攻打劉璋，「我們為劉璋出力幹活，轉戰千里，非常辛苦，他卻不發工資、不給賞賜，這絕對不可以！」（吾為益州征強敵，師徒勤瘁，不遑寧居；今積帑藏之財而吝於賞功，望士大夫為出死力戰，其可得乎）

真難為了劉備，等了這麼久，只等到這麼一個沒有多少說服力的理由。

恰巧此時張松做內鬼的事洩露了。張松不知劉備宣傳要回荊州只是為了找一個撕破臉的理由，他以為劉備真的要回荊州，眼看著就要前功盡棄，十分衝動，連忙寫信勸阻：

「現在益州唾手可得，怎麼能夠放棄呢？」（今大事垂可立，如何釋此去乎）

世上沒有不透風的牆。張松做內鬼的事，被他哥哥張肅發現了。謀反可是要滅三族的，至少這個廣漢太守是肯定當不成了，張肅非常害怕，為了保住自己的性命和地位，他決定出賣親弟弟，向劉璋告發了張松。

對一些人來說，兄弟再親，親不過身家性命，親不過榮華富貴。

劉璋終於明白張松當初提議迎接劉備就包藏禍心，他們一直在演戲，把自己當猴耍！這不只侮辱了劉璋同志的人格，還侮辱了他的智商！

到了這個地步，劉璋終於忍無可忍，立馬砍了張松，下令各地幹部轉變思想提高警惕，不能再把劉備當自己人。

張松這個劉備入蜀的第一功臣，終究沒有等到勝利的那一天。

終於撕破臉了，不用再難為情了。劉備放下沉重的思想包袱，不再猶豫徘徊，部署進攻劉璋，動手幹平生第一票搶劫活動。

謀士的價值

當強盜也得講究技術含量，否則偷雞不成反蝕一把米，那就成了一個笑話。

劉備一決定動手，龐統就來精神了。

運籌帷幄之中，決勝千里之外，方能體現出一個謀士的價值。

龐統以實際行動證明自己的名聲不是吹出來的。他一連想出上、中、下三個計策。上計是挑選精銳，偷襲成都——冒險碰運氣的成分太大，被劉備否了。下計是退到白帝城（今重慶奉節東），以荊州為依託，再慢慢進軍——這樣深入益州不就是白跑一趟，做了無用功嗎？也被劉備否了。

最後劉備採納中計。中計是先除掉白水關守將楊懷和高沛，然後收編他們的軍隊，以葭萌關和白水關做為據點，南下進攻成都。

這個計策的關鍵在於，楊懷和高沛兩人會乖乖前來送死嗎？龐統認為會，而且想好了技術層面上的操作方案：劉備先宣傳要撤回荊州，讓兩人來送行，兩人「既服將軍英名，又喜將軍之去」，一定會來。

人才就是人才，不服不行啊！事情的進展，完全在龐統的意料之中。

劉備斬殺楊懷和高沛之後，入據白水關，並且收編了劉璋的守軍。除了收編將士，劉備還把他們的家屬也一起收編，安置在關內。這麼做名義上是安排人手照顧好弟兄們的家小，解除後顧之憂；實際上是拿家屬當人質，讓守軍死心塌地跟著自己一條道走到黑。

隨後，劉備留中郎將霍峻（這是一個值得記住的人）率幾百人守衛葭萌關，自己與黃忠、卓膺、魏延等將領統帥大軍，南下進攻成都。

劉備南下的時候，劉璋也在籌畫對策。

雖然老闆劉璋不怎麼樣，但益州政府還是有些人才的。其中有一個叫鄭度的祕書（從事），提出堅壁清野的策略，認為只要將人民南遷、倉庫燒光，高壘深溝、堅守不戰，不過百日，劉備就該從哪裡來回哪裡去了，然後乘勢追擊，定能擒獲劉備。

鄭度的對策聽起來很不錯，但一個策略最難的是落實，君不見許多好政策執行起來就完全變樣了嗎？以劉璋同志為核心的益州幹部的執行力來看，這個策略能不能奏效，實在很難說。

更為出人意料的是，劉璋在一開始就否決了鄭度的對策，而且還罷了鄭度的官（看誰還敢出主意）。這個恪守教條的領導，認認真真地搬出書本知識，「吾聞拒敵以安民，未聞動民以避敵也。」在他的大腦裡，兵來將擋水來土掩，才是人間正道，把老百姓遷來遷去對付敵人是非常不應該的。

隨後，劉璋調兵遣將，派遣劉璝、冷苞、張任、鄧賢、吳懿等人守衛涪城，李嚴、費觀等人前往綿竹，扶禁、向存等人率領一萬多人迂迴圍攻葭萌關。三路大軍齊出，劉璋希望以此阻擋劉備大軍南下。

劉備南下不只是孤軍遠征，而且是懸軍遠征——懸在空中，上不著天，下不著地，必須取勝，否則後果不堪設想。

劉備卻充滿了革命的樂觀主義精神，有著必勝的信心。路過一些城池的時候，如果地方官不投降（比如梓潼縣令王連），他也不強迫，反而豎起大拇指說對方是好樣的（義之），選擇繞城而走。

可見，即使在武力奪取的時候，劉備依舊秉承著一貫以收服人心為上的思路，絕不學習曹操不投降則屠城的作法。

倒是鄭度堅壁清野的策略讓劉備有點擔心。不過他剛剛提出這個憂慮，熟知敵情的另一位謀士法正，當即料定劉璋不會採納，勸他放鬆心情不必擔心。

劉備沒費多少力氣就到達去年約會的老地方——涪城。不同的是，這次在涪城等待劉備到來的不是熱情似火的劉璋，而是嚴陣以待操著傢伙的劉璝、冷苞、張任、鄧賢、吳懿幾位將軍。很明顯，這幾位將軍是不打算與劉備搞聯歡的。

重兵把守的涪城不同於梓潼，這時候如果繞城而走就是找死。

劉備揮軍進攻涪城，讓益州軍隊見識了什麼叫久經戰陣的精銳之師，很快的將守軍打得大敗，僥倖逃跑的人退守綿竹和雒城，組成第二道防線。

中郎將吳懿更是認清形勢，直接前來投降。劉備立刻抓住典型，任命他為討逆將軍，讓棄暗投明的將士們學習吳懿的好榜樣。

劉備攻克涪城，順利逼近成都，心情非常愉快，開了一個慶功會。慶功會上，劉備興致很高，喝得醉醉醺醺對龐統說：「今天的聚會，真是太盡興了！」（今日之會，可謂樂矣）

龐統做為劉備集團的骨幹成員，當然也很重視集團的企業文化——仁義，就在不正確的時間，說了一句正確的話：「奪取他人的地盤還當作一件快樂的事，不是仁者之兵啊！」

劉備正在興頭上，被龐統這麼一諷刺，立刻發火了，「武王伐紂，也是又唱歌又跳舞的，難道就不是仁者嗎？」（武王伐紂，前歌後舞，非仁者邪）

他不但拿周武王當擋箭牌，一怒之下還把龐統給轟了出去。

過了一會兒，劉備意識到自己做得不對，就派人又把龐統請了回來。

龐統的定力也真好，被轟出去不說什麼，被請回來也不說什麼，坐在原來的位子上照樣該吃就吃、該喝就喝，十分淡定，就像什麼事也沒發生過一樣。

劉備卻心中有些不安，就問龐統：「剛才討論的話題，我們兩個究竟誰是誰非？」（向者之論，阿誰為失）

龐統回答說：「我們都有不對。」（君臣俱失）

劉備聽後放聲大笑，不再介懷，盡興宴樂。

後人對這件事評論很多，褒貶不同。其實仁者之兵也罷，幹革命也罷，上班也罷，該快樂的時候就得快樂，該放鬆的時候就得放鬆，沒有人願意長期生活在壓抑之下。否則即使老闆願意做苦行僧，員工卻不一定受得了。

任何一個人，在大獲勝利的情況下，都會非常開心。這是釋放壓力、放鬆心情，與仁義無關。因為一個人是否仁義，不是看他嘴上說了什麼，而是看他到底做了什麼。

倒是劉備君臣有話就說，知錯就改，親密無間，令人追慕。

攻占涪城之後，劉備以為益州已經是囊中之物，進入成都只是個時間問題。為了早日迎接革命高潮的到來，他決定抽調荊州大軍入蜀。

這裡有一個誰留守荊州的問題。這個問題令很多人百思不解，也讓很多人痛惜不已。

劉備在做這個決定時，其實毫不猶豫，留守荊州的最佳人選，甚至是不二人選，都只是一個人。

關羽。

關羽做為跟隨劉備三十多年的老兄弟，忠誠度那是沒得說的。他還是劉備的第一大將，相對年輕而未經戰事的諸葛亮（此時三十三歲），更有威望和戰爭經驗；相對另外兩位猛將張飛和趙雲，更能獨當一面，有當統帥的氣質和經歷。

除此之外，關羽還有一樣他人沒法比的優勢——水軍。劉備在荊州的地盤，尤其是江陵和公安兩處軍事重地，都在長江邊上，在這裡作戰離不開水軍。而劉備的水軍，正是關羽一手帶起來的。

關羽兄弟，就是你了。

建安十八年（二一三）五月，接到劉備的命令後，諸葛亮、張飛、趙雲、劉封（劉備在荊州時，在阿斗出生前收的養子）等人率軍沿水路入蜀。

從此守衛荊州的重任，由關羽一力承擔。

忠義留千古

諸葛亮、張飛等人率軍入蜀後，一路攻城下郡，招降納叛，很快就順利到達重鎮江州（今重慶）。

鎮守江州的是巴郡太守嚴顏。嚴顏是巴郡臨江（今重慶忠縣）人，算是土生土長的益州將軍。

當初劉璋迎接劉備入益州時，嚴顏就十分痛心地嘆息這是「獨坐窮山，放虎自衛」（《三國志》注引《華陽國志》），後患無窮。可見，雖然老闆劉璋為人不咋地，嚴顏還是我自將心向劉璋。

這樣一個忠心的人，當然是不會輕易投降的，毅然率軍抵抗。但打仗不是有決心就能打贏的，很多時候取決於雙方的實力對比。嚴顏雖然勇氣可嘉，怎奈實力不濟，最終吃了敗仗，當了張飛的俘虜。

一路上，大多郡縣都是主動開門投降，那熱乎勁兒就跟親戚上門似的，偏偏嚴顏敢陳兵抵抗，給了一個閉門羹，張飛很生氣，後果很嚴重。他以勝利者的姿態，喝斥階下囚嚴顏：「大軍到來，你為什麼不投降？」

嚴顏回答：「你們做得不對（這是實話），搶奪我們的地盤，我們只有抵抗而死，不會投降（但有斷頭將軍，無有降將軍也）。」

劉備進軍益州，的確是赤裸裸的搶劫活動。張飛不是一個伶牙俐齒、信口雌黃能把歪理說得頭頭是道的人，他無言以對、惱羞成怒，氣沖沖地喝令手下把嚴顏拉出去砍頭，成全他做一個斷頭將軍。

一般人聽說要砍頭，要麼面如土色說不出話來（數不勝數），要麼罵罵咧咧喋喋不休（比如呂布）。嚴顏卻是面不改色心平氣和，看見張飛氣得面紅耳赤青筋暴突，還勸說道：

「砍頭就砍頭嘛，你發什麼火！」

什麼叫大義凜然，什麼叫視死如歸！

惺惺相惜，這正是張飛敬重的人。他連忙撤銷斬首令，不再把嚴顏當作戰俘，而是當成貴賓給予很高的禮遇。

許多人受《三國演義》的影響，認為張飛義釋嚴顏後，嚴顏感動之下就投降了劉備，還前後多次參加戰鬥，立下不少汗馬功勞，與黃忠、廖化一起被稱為「蜀漢三老將」。

歷史上的嚴顏其實沒有投降，只是賦閒在家。一年之後，劉璋在成都投降劉備，嚴顏得到消息後，在自己曾經灑過血汗盡心守衛的土地上，自刎而死，做了真正的斷頭將軍。

古人的這種忠義精神，今天的人也許很難理解，但不應拿一句「愚忠」來貶斥他們。不論任何時候，不論任何國家，為了世間的正氣，為了心中的信念，不惜獻出寶貴生命的人，都應該得到我們的尊敬！

嚴顏的精神，感動了許多古人。

四百多年後，唐太宗李世民為了宣揚忠義，將嚴顏追諡為「壯烈將軍」，將他的故鄉改名為「忠州」，並追封他為忠州刺史。

一千多年後，文天祥在獄中寫下著名的〈正氣歌〉，表露心跡，以古人自勉，其中寫道：「時窮節乃見，一一垂丹青。……為嚴將軍頭，為嵇侍中血。為張睢陽齒，為顏常山舌。……」

顏常山，是指唐朝安史之亂時的常山太守顏杲卿（另一忠義之士、書法家顏真卿是他的堂弟），戰敗後罵敵不屈，先被割去舌頭後被殺死。張睢陽，是指安史之亂時死守睢陽的名將張巡，督戰時「大呼輒齒裂血面，嚼齒皆碎」（《新唐書・忠義傳》），力盡被俘後同樣罵敵不屈，被打掉牙齒慘遭殺害。嵇侍中，是指嵇康之子嵇紹，西晉「八王之亂」時，身為侍中的嵇紹拚死保護傻子皇帝——晉惠帝，被殺後血濺皇袍。

位於四大忠臣之首的嚴將軍，就是指斷頭將軍嚴顏。

留下〈正氣歌〉一年後，文天祥英勇就義，不愧古人！

攻克江州後，諸葛亮、張飛、趙雲等人遵循劉備指示，分軍出擊，攻城掠地，意圖將成都孤立包圍，最後迫使劉璋早日投降。

張飛率軍自江州北上進攻巴西郡，占領郡治閬中後留兵鎮守，同時防禦漢中張魯。

諸葛亮走中路，取道德陽（今四川遂寧東南），以最短路程盡快趕到成都附近。

趙雲攻取重鎮江陽（今四川瀘州），過犍為郡（治武陽，今四川彭山），從南面迂迴包圍成都。

幾路軍隊進展順利，一路所向披靡。

唯獨劉備，在雒城（今四川廣漢）城下寸步難行。

攻克涪城後，劉備進攻綿竹。綿竹城中的守軍不少，加上從涪城敗退下來的軍隊，堅守城池還是不成問題的。但守將李嚴、費觀學習吳懿好榜樣，二話不說直接率軍投降，兩人都被封為裨將軍。

此時劉備手中的軍隊至少有三、四萬人，下一個目標就是雒城。

雒城是成都最後一道屏障，拿下雒城，成都就處在包圍之中。

守衛雒城的是劉璋的長子劉循，輔助他的將軍是一路敗退下來的劉璝和張任。劉循做為劉璋同志的合法接班人，自然關心自己家族的事業，決定堅守雒城。

劉備率軍逼近雒城，開始圍城，在雁橋擒獲名將張任。劉備久聞張任是員猛將，想勸說他投降，卻被嚴詞拒絕，只好下令處斬。

圍城之後，開始強攻。就在攻城時，劉備遭受了入蜀以來的最大損失——第一謀士龐統中流矢而死，年僅三十六歲。

龐統陣亡，劉備十分痛惜。陳壽在《三國志》中，喜歡用四個字來形容領導在重要員工去世後的傷心場面——言則流涕。比如荀攸死後，曹操就是「言則流涕」。對龐統的死，劉備也是「言則流涕」。為寄託深切的哀思，告慰死去的功臣，並激勵活著的員工，劉備追認龐統為關內侯，對他的家人做了妥善安排。

龐統投效劉備帳下，僅僅三年時間，但他的才幹謀略，卻一直廣為世人稱道。《三國志・蜀書》中，龐統與法正合成一傳，在大臣中僅次於諸葛亮單人單傳，其他人大多是五、六個人擠在一起，如關羽、張飛、馬超、黃忠、趙雲五員大將就是扎堆的。可見陳壽對龐統的重視，將他比作曹魏的荀彧，稱讚他們才德並重。

後世有人甚至將龐統之死做為劉備事業未竟的一大原因，為之扼腕痛惜。

但歷史終究是歷史，所有的假設都是徒勞的。除了嘆息過往，我們更應該向前看。活在當下，只有今天才是可以把握和改變的。

擺在劉備面前的，依舊是堅固的雒城。

鑑於合圍成都、雒城的局勢已經形成，劉備認為益州若能和平解放，善莫大焉。於是，法正受命給原來的老闆劉璋寫去一封勸降信。信的內容很長，中心思想是讓劉璋明白兩件事：一是劉備已經占領戰略要地，並取得益州三分之二的土地，劉璋大勢已去；二是只有投降才是劉璋唯一的出路，劉備不會為難他。

任何既得利益者，不到最後時刻都不會主動讓出自己的利益。劉璋同樣不願意。那就只好繼續在戰場上說話了。

劉備在前方攻城奪郡屢屢得手的時候，他留守葭萌關的將軍霍峻，卻遭受著巨大的壓力。先是張魯的部將楊帛請求進關一起守城，當然進來後是不是守城、為誰守城就說不清道不明了。霍峻的回答是「小人頭可得，城不可得」。楊帛比較識趣，只好乖乖走人。

不久，劉璋的將領扶禁、向存等人率軍圍攻葭萌關。霍峻部下只有幾百人，敵軍卻有一萬多人。面對敵眾我寡、孤軍作戰的形勢，霍峻毫不畏懼，憑險固守，守了將近一年，硬是沒讓敵軍進來。更牛的是，霍峻趁敵軍不備，還挑選精銳主動出擊，大破敵軍，陣斬副帥向存。霍峻有效地守衛後方，拖住敵軍大批有生力量，為劉備奪取益州立下了卓越功勛。

建安十九年（二一四）夏，劉備終於攻克圍攻近一年的雒城，劉循突圍逃回成都。在此前後，諸葛亮、張飛、趙雲也進兵到成都、雒城附近。劉備指揮幾路大軍進逼成都，完成了對成都的戰略包圍。

正當圍城雙方最後決戰之際，一位歷史風流人物不遠千里向劉備請降，他的到來加速了戰爭的結束。

劉備得到他前來投降的消息，當即滿懷信心地說了一句：「我得益州矣。」（《三國志》注引《典略》）

來人就是馬超。

欲望的代價

馬超，字孟起，扶風茂陵（今陝西興平）人，是東漢名將伏波將軍馬援之後。馬超的父親是馬騰，生長於隴西，身上有一半羌族血統，長得高大威猛有點嚇人（可能是混血的緣故），但為人忠正，辦事穩妥，得到很多人的尊敬，有當老大的範兒。

東漢末年天下大亂，涼州也不例外。平民馬騰一看改變命運的機會來了，做出與劉備同樣的選擇——從軍。馬騰在軍中較為順利，以軍功一路升官，升任征西將軍，與鎮西將軍韓遂成為涼州一帶的實力派軍閥。後來馬騰進入關中屯軍郿城，還協同劉焉討伐挾持漢獻帝的綁匪李傕和郭汜，失敗後又退回涼州。此時，馬騰與韓遂鬧起矛盾，忙著窩裡鬥。

建安初年，馬騰表示歸順曹操把持的中央政府，被封為前將軍、槐里侯。馬騰駐軍槐里十多年，使關中得到難得的安寧，深受當地百姓愛戴。赤壁戰前，曹操徵召馬騰入朝做官，名義上是加官晉爵，實質上是做人質，以消除後方威脅。但馬騰不知出於什麼心理，竟然接受了曹操的安排，還一併把家屬也遷到了曹操的大本營鄴城，只留下長子馬超統帥軍隊，留守關中。

馬超年紀輕輕就跟著他爹南征北戰，「有（韓）信、（英）布之勇，甚得羌、胡心。」曹操攻滅袁紹集團時，馬超隨同曹操手下將領鍾繇討伐郭援、高幹，作戰時腿上中箭，二話不說簡單包紮了一下硬是不下火線，最終率部將龐德陣斬郭援。

曹操曾經調遣馬超到徐州當刺史，還想徵召他到中央政府任職。馬超識破了曹操調虎離山的用意，任你說得天花亂墜，他只認準兩個字——不去。後來馬騰入朝做官，曹操只好任命馬超為偏將軍、封都亭侯，統帥馬騰的軍隊。

西涼馬超的時代，開始了。

建安十六年（二一一）三月，曹操興師動眾，十分高調地派遣鍾繇和夏侯淵等人率軍進攻漢中張魯。

曹操如此高調是有原因的，他並不是真的要隔著關中打漢中，而是聲東擊西，名義上進攻漢中，實際上將自己的勢力滲透到關中，以便真正控制關中地區。按著曹操的擴張步伐，此時輪也輪到西北了。

曹操玩的是明修棧道，暗渡陳倉，馬超等關中將領也不是蒙在鼓裡，等著挨刀。

馬超同樣是一個有欲望的男人——亂世稱雄的欲望。他不想成為曹操手中的一顆棋子，決定起兵反抗，以保住自己的勢力範圍、保住亂世稱雄的資本。

生在有槍就是草頭王的這樣一個亂世，沒有幾個男人會心甘情願地認輸。

劉琮猶豫過，最終投降認輸了。

孫權猶豫過，最終抵抗成功了。

馬超拿不準自己抵抗曹操會成功還是會失敗，但人生能有幾回搏，他決定向命運抗爭，搏一個未來。

令馬超為難的是，他的情況遠遠比劉琮和孫權複雜很多——他的父親馬騰及全家人都在曹操的控制之下，自己一旦起兵對抗曹操，就意謂著將親人們全部送上黃泉。

親人的生命和自己的欲望，究竟哪一個更重要？馬超面臨著艱難而痛苦的選擇。

幹革命，就不能怕犧牲。這個男人最終選擇了自己的欲望。馬超學習劉邦為爭奪天下不顧父親，曹操卻不是項羽，擊敗馬超之後，立即滅了馬騰全家兩百餘口。

這就是欲望的代價，還只是代價的一部分。

馬超決定對抗曹操之後，為了增加勝算，找了利益共同體韓遂、侯選、程銀、李堪、張橫、梁興、成宜、馬玩、楊秋等十部西北軍閥當幫手。這些幫手人數不少，實力卻不怎麼樣，除了韓遂，別人的名字基本上不用記。

幫手找到後，馬超等人屯兵把守關中門戶潼關。由此可見馬超等人的用意，主要還是保障自己的既得利益，並不是要跟曹操撕破臉對著幹。只要曹操不進攻他們，他們就不會打曹操的主意。

但曹操從來就不是一個別人不招惹就不招惹別人的主，他的目標是整個天下。赤壁戰敗，對於水戰主導的孫權和劉備，他暫時無從下口、沒法收拾，但打起陸戰他可是不懼怕任何人。

誰不服，就打誰，打到你服為止。

七月，曹操親自率大軍進攻馬超等人。雖然曹操是不世出的軍事奇才，但馬超在潼關一帶展示了關西兵的實力，讓曹操感嘆「馬兒不死，吾無葬地也」（《三國志》注引《山陽公載記》），雙方陷入苦戰。最後曹操離間韓遂，出動王牌軍虎豹騎，多次發揮自己特長——用計出奇兵，方才擊敗馬超等人。

馬超敗退涼州後，利用在西北少數民族中間威望很高的優勢（甚得羌、胡心），用殘兵敗將攻殺涼州刺史韋康，建立起一片新的根據地，但還沒有站穩腳跟，就在楊阜、姜敘、梁寬、趙衢等人的攻擊下失敗了。

從此，馬超開始了顛沛流離的飄泊生涯，加上被曹操誅滅三族，心中的痛苦可想而知。

有著如此的血海深仇，馬超注定不會投降曹操。建安十九年（二一四），馬超飄泊到了漢中張魯的手下。張魯看馬超還有一點利用價值，就派他進攻涼州，但勞師無功。

一個人能不能在別人手底下混口飯吃，關鍵是看自己有沒有被利用的價值，能不能為老闆創造價值。

拿不下涼州，馬超感到自己在張魯手下打工吃飯的日子就要到頭了，處境步步凶險。亂世稱雄的欲望，早已煙消雲散。放眼天下，何處是我家？

此時馬超的心理活動，可以概括為一句話——我想有個家，或者是有家的感覺的落腳地。如果還能有所作為，向殺父仇人曹操報仇雪恨，那更是求之不得。

這樣的人選，普天之下沒有第二個——只有劉備。

此時的劉備，就在成都城下。馬超駐軍的武都，離成都不過數百里路程。

從任何一個角度看，馬超的選擇都必然是劉備。

為了百姓的懦弱

劉備雖然人在雒城之下，卻依然是心懷天下。

馬超這樣一個風雲人物，他的舉動沒有逃過劉備的眼睛，他的處境更沒有逃過劉備的眼睛。

做為一個資深飄泊者，劉備對馬超此時飄泊無根、久渴盼甘霖的心境深有體驗。他自認為可以給馬超一個家，起碼是有家的感覺的落腳地。

雙方都有意，只缺一位紅娘。

劉備派遣剛剛投降的李恢臨時扮演紅娘的角色，前往漢中與馬超聯絡。不出所料，馬超很快決定跳槽到劉備集團。

至此，後世廣為傳頌的蜀漢五虎上將關羽、張飛、趙雲、黃忠、馬超，全部來到劉備帳下，在他們傳奇的人生路上，繼續勇往直前。

收到馬超的請降書之後，劉備派人一路接應馬超，讓他帶領軍隊直接來到成都城下。這樣做的用意有兩個：一是雙方首腦人物見個面，互相增進了解，還方便談駐軍、官職等相關事宜；二是藉助馬超的聲威，迫使劉璋早日投降。

馬超是當過一方諸侯的風流人物，走過南，闖過北，平過叛，造過反，還跟曹操交過手。馬超投降劉備，對陷入包圍的另一方諸侯劉璋有一定的帶頭示範作用。為加大震懾效果，劉備學了一把董卓，私下派遣軍隊與馬超會合，然後由馬超率領浩浩蕩蕩開到成都城北。

劉備眼看時機成熟，派遣與劉璋一見如故的老弟兄簡雍入城勸降。

成都城中尚有三萬軍隊，糧食物資足夠一年使用。但得知馬超率領大批（裝出來的）精銳的關西兵幫助劉備攻城，劉璋及城中官吏百姓更加害怕，守城的信心更加動搖。

雖然城中有不少人還想抵抗，劉璋卻決定放棄，說道：「父子在州二十餘年，無恩德以加百姓。百姓攻戰三年，肌膏草野者，以璋故也，何心能安！」

劉璋是個一輩子懦弱的人，但這一次的懦弱卻是為了百姓。他是一個好人，雖然不是一個好老闆。

風流總被雨打風吹去。許多人使盡力氣、耍盡手段、用盡心機，卻往往是白忙活了一場。

不能建功立業，能夠心存百姓，也是難能可貴。

簡雍入城沒過幾天，劉璋就打開城門出城投降了。

劉備奪取益州的戰爭勝利結束，時間是建安十九年（二一四）夏。

劉備與劉璋再次見面，人雖如舊，心境卻大不相同，先前的客人當了強盜，原來的主人做了俘虜。為避免兩人日後見面尷尬，也為避免禍起蕭牆人心不安，劉備將劉璋送往荊州的公安居住，差不多等同於軟禁。不過，劉璋享受的工資待遇相對不錯，私人財產全部歸還，官階還是先前的振威將軍。

客觀來說，這是當時征服者對被征服者的常見處置，雖然算不上是厚待，但至少也談不上是殘酷。

幹強盜的事，就要遵守強盜的遊戲規則。劉備為激勵將士奮勇作戰，竟然事先宣布：「等到打下成都，益州庫房中的金銀財物就全部歸將士們所有。」（若事定，府庫百物，孤無預焉）果然，大軍進入成都之後，將士們整齊劃一地扔掉兵器、撒開雙腿，拿出百米賽跑的勁頭，爭先恐後跑到政府庫房，搶奪金銀財寶。

更為嚴重的是，有人竟然提出建議，要把城中的良田美宅沒收充公，然後分賜給立下汗馬功勞的各位將軍（很可能提建議的這個人，也在受封賞的名單上）。

既然答應將士們自行分配府庫財物，劉備當然不能反悔，否則人心渙散，下次打仗就沒人出力了。所以劉備不但要遵守諾言，還要加大賞賜，以激勵有功人員。

但凡事皆有度，過猶不及。府庫財物是公家的，老闆怎麼分配別人不會有太多意見。拿富豪大戶們的房產田地賞賜將士，這就侵犯了他們的切身利益，想讓他們心甘情願那是不可能的。

劉備一向重視收服人心團結士大夫，但這一條建議要是實行下去，恐怕益州的豪強地主要集體抗議了。

在這緊要關頭，一向有大局觀的趙雲出來阻止，說道：「霍去病說的好——匈奴未滅，無用家為。現在的國賊曹操還活得好好的，我們怎麼能貪圖享受呢？等到天下安定的時候，我們一起解甲歸田，榮歸故里，才是心安理得。何況益州百姓剛剛經歷戰亂，只有讓他們安居樂業，才能得到他們的真心擁戴。」

趙雲的一番話說得大義凜然，在情在理。更重要的是，要論戰功，趙雲必然名列前茅，現在他帶頭抵制不正之風，表示艱苦奮鬥，不要良田美宅，別人就不好再開口。

可見以身作則的力量，一個行動勝過萬語千言。領導幹部如果自己手腳不乾淨，卻天天高喊反腐倡廉，肯定是沒有一點號召力的。

所幸劉備沒有被勝利沖昏頭腦，採納了趙雲的建議。益州的形勢就此安定下來，順利度過了新舊交替的非常時期。

開展根據地建設

劉璋統治下的益州，差不多是無政府狀態。擺在劉備面前的，就是這麼一個百廢待舉的爛攤子。

劉備兼任益州牧，新人新氣象，需要將益州改弦更張，建設成民富國強、上下團結、奮發向上的抗曹根據地。

首先進行的是組織建設。

治國重在治吏。國家機器為解決問題而設立各級官吏，但國家最大的問題也就在於官吏。組織建設的核心就是用人。只有用人得當，各級幹部廉潔奉公，賢能人才得以施展，上下才能團結一心，國家才能蓬勃向上。

大戰過後，論功行賞是迫切任務。劉備也對功臣大加封賞，關羽、張飛、諸葛亮、法正四人獲得的賞賜最高，每人都是金五百斤、銀千斤、錢五千萬、錦千匹。

可見，劉備以往用人主要靠感情籠絡，原因不是吝嗇小氣，實在是開不出高工資。現在財大氣粗，出手那是相當闊綽。用人策略除了事業感召、感情籠絡之外，又加上了待遇豐厚一條。這樣的形勢下，就更不用擔心他看得上人才而人才看不上他了。

人事安排方面，蕩寇將軍、襄陽太守關羽正式受命「董督荊州事」，代理荊州牧；征虜將軍張飛，兼任巴西太守，鎮守要地防禦張魯；軍師中郎將諸葛亮升遷為軍師將軍，兼任政府辦公廳主任（署左將軍府事）；龐統死後的首席謀士法正升為揚武將軍，擔任首都市長兼京畿軍區司令員（蜀郡太守）；新近投效的猛將馬超為平西將軍，沿襲原先的爵位都亭侯；牙門將軍趙雲，升為翊軍將軍；裨將軍黃忠，作戰勇猛，「常先登陷陳（通「陣」）」，勇毅冠三軍」，升任討虜將軍；年輕人魏延，升任牙門將軍等。一干功臣，大多加官晉爵，皆大歡喜。

此外，三位老資格的文臣——從事中郎麋竺、簡雍、孫乾，全部得到升遷，分別出任安漢將軍、秉忠將軍、昭德將軍（請注意這幾個官號的含意，都是劉備獨創的官號），其中安漢將軍麋竺官階還在軍師將軍諸葛亮之上，體現出劉備用人不忘舊人的特點。

除了重用老部下，劉備對益州人才也一併選拔任用。

年過花甲的老一代人才評論家許靖（許劭許子將的堂兄），在董卓時期就出任中央政府人事部要員（除尚書郎，典選舉），當了一回歷史風流人物，後來卻流落到益州，在劉璋手下打工，擔任蜀郡太守。劉備圍攻成都時，一向很有眼光的許大人看出劉璋日薄西山，劉備前途光明，竟然做出了令人十分不齒的事情——逃到城外投降。更可悲的是，許大人年紀大了，腿腳不靈便，居然在逃跑途中被當場抓獲。不過劉璋也明白大勢已去，沒有對他進行處罰。歷來重視忠義的劉備，對許靖的行為打心眼裡瞧不起，本來沒打算給他官做，想讓他到一邊涼快去。此時法正站了出來，指出許靖這種人就是典型的盛名之下其實難副，但老闆你要想幹一番大事業，又必須得用這幫人。為什麼呢？因為許靖的名聲實在太大了，如果你不用他，別人會認為是你不能任用賢人。你就當是燕昭王拿郭隗樹立一個重用人才的榜樣，不但要用許靖，而且要重用。諸葛亮也說：「（許）靖人望，不可失也，借其名以竦動宇內。」（《諸葛亮集》）於是，許靖同志光榮出任劉備政府祕書長（左將軍長史）。

蜀中名臣董和，被任命為掌軍中郎將，與諸葛亮一起掌管左將軍大司馬府事，兩人合作十分愉快。董和去世後，諸葛亮還追思不已。

黃權、劉巴這兩個當初勸阻劉璋迎接劉備入蜀的益州幹部，也被劉備收歸帳下，黃權出任偏將軍，劉巴擔任左將軍西曹掾。此外，先前投降的吳懿、李嚴、費觀，以及龐羲、射堅等人也全部受到任用。

名不副實的人用了，曾有過節的人也用了，益州的人才基本被劉備招聘到麾下。從此，劉備集團除了原來的流亡老班底和荊州人士組成的龐大陣容，又加上了益州人士做為新鮮血液，手下人才濟濟，一派欣欣向榮。

對劉備奪取益州之後的用人情況，《三國志》中明確寫道：「諸葛亮為股肱，法正為謀主，關羽、張飛、馬超為爪牙，許靖、麋竺、簡雍為賓友。及董和、黃權、李嚴等本（劉）璋之所授用也，吳懿、費觀等又（劉）璋之婚親也，彭羕又（劉）璋之所排擯也，劉巴者宿昔之所忌恨也，皆處之顯任，盡其器能。有志之士，無不競勸。」

值得一提的是劉備重用法正。法正不同於諸葛亮、龐統等人，他雖然有才華善謀略，人品卻不怎麼樣。劉備能夠重用法正，說明他的用人之道，已經不同於早期多用性情相投、才德兼備的人，而是廣收人才，一個人只要有可用之才就給予任用，用其長而不計較其短，這有點像劉邦重用睡了嫂子的陳平。當然，這也與劉備事業發展壯大有關係，林子大了什麼鳥都有，這些有才無德的人，你不用就被別人用了，反而危害更大。

水至清則無魚，人至察則無徒。海納百川，有容乃大。道德品質不好的人，有時候也得用，而且也不是不可用，關鍵要看老闆能不能鎮得住。比如司馬懿，在曹操手下也就是個乖乖聽話的小跟班，在曹芳手下他就敢於發動政變欺負老闆。

毛澤東對劉備的用人有一個中肯的評價：劉備、關羽、張飛、趙雲、諸葛亮，組織了一個班子南下，到了四川，同「地方幹部」一起建立了一個很好的根據地。儘管劉備比曹操所見略遜，但劉備這個人會用人、能團結人，終成大事。

劉備雖然軍事才能、文學才能比不上曹操，但在識人、用人方面的能力，堪稱三國無雙。

其次是迫在眉睫的財政工作。

府庫被將士們洗劫一空，將士們爽了，劉備卻不爽。因為做為一個老闆，手中沒錢是萬萬不行的。要打仗，沒錢不行；要封賞，沒錢不行；要開工資，沒錢更不行。劉備正在因資金鏈斷裂、為錢犯難的時候，新員工劉巴解決了這一道難題。

讓劉備捉襟見肘的財政危機，在劉巴看來不過是一碟小菜，他輕描淡寫地提出建議：「易耳，但當鑄直百錢，平諸物賈，令吏為官市。」（《三國志》注引《零陵先賢傳》）簡單來說，劉巴的對策就是造錢，由官府鑄造新的大面額的貨幣，然後發行流通。

在今天看來，劉巴是一位懂得宏觀經濟學的人才，他運用金融知識，以投放適量貨幣的方法，解決了政府的財政危機，取得了「數月之間，府庫充實」的良好效果。

劉巴這個人，確實有才能，但他與劉備有些不得不說的不愉快往事。劉巴字子初，是荊州零陵人。曹操南征荊州的時候，荊州很多士人追隨劉備南逃，而劉巴偏偏與眾不同向北跑去投降了曹操，被任命為總理祕書（丞相掾），奉命前去招降老家零陵等江南三郡。曹操赤壁戰敗後，劉備南收四郡，劉巴斷了歸路無法逃回北方，但他還是不打算歸順劉備，竟然遠遠地躲到交州去了。後來劉巴輾轉到了益州，給劉璋打工。劉璋被張松忽悠迎接劉備入蜀的時候，劉巴與黃權、王累等人紛紛勸阻。劉巴最終無處可逃，劉備占領益州後，他落入了劉備手中。劉備一方面看重劉巴的才能，另一方面要給天下人來個不計前嫌重用仇人的榜樣，在圍攻成都的時候，就下令將士不得傷害劉巴。占領成都後，劉備任命劉巴為左將軍西曹掾。此時解決財政危機，不過是劉巴牛刀小試。

財政工作重在開源。我國古代政府財政收入除了向百姓徵收賦稅之外，往往對鹽、鐵實行專營政策，做為財政收入的重要來源。

劉備也不例外，專門設置司鹽校尉與司金中郎將等官職，分別管理鹽、鐵專營工作，控制這兩項關乎國民經濟命脈的產業，同時也是重要的軍需物資行業。

整體來說，劉備政府在益州的財政工作，是在擅長內政的諸葛亮的主持下開展的。日後劉備出兵征戰，諸葛亮就鎮守成都做「足食足兵」的後勤工作，類似於西漢初年三傑之一的蕭何。

依法治國

最能體現辭舊迎新特色的是加強法制、依法治國。

蜀漢法制是在劉備的支持下，由諸葛亮主導實行的，是諸葛亮治蜀的核心內容，也以此奠定了諸葛亮做為一代政治家的歷史地位。

劉璋統治下近似無政府狀態的益州，「德政不舉，威刑不肅。蜀土人士，專權自恣，君臣之道，漸以陵替。寵之以位，位極則賤；順之以恩，恩竭則慢。」（《三國志・諸葛亮傳》注引《諸葛亮集》）概括來說，就是劉璋無法約束地方豪強，上層人士不聽話不團結，下層人民受欺壓有怨氣。劉璋雖然心存百姓，想讓百姓過上好日子，卻沒有實現這一目標的可行方法，最終導致的結果是吏治一片混亂，上上下下都非常不滿意。

從主觀想法與客觀結果的反差來看，劉璋有點像明朝亡國之君崇禎皇帝。崇禎宵衣旰食、勵精圖治，可惜方法不對，再加上客觀局勢內外交困，最終只能眼睜睜地看著大明江山毀在自己手裡。

從劉璋的經歷，我們可以看出重視仁德、心懷百姓並不一定能把事辦好。要讓百姓過上好日子，除了心懷仁義之外，還必須有切實可行的方法。

這就是劉備和諸葛亮比劉璋強的地方，也是劉備之仁與劉璋之仁的區別。劉備之仁是君主之仁，不但把仁義做為終極目標，而且有實現這一目標必需的實力和手段。而劉璋之仁是迂腐之仁，外敵入侵不能抵禦，內部動亂不能阻止，在他治下的人民幾乎沒有安全感，所以即使他個人心懷仁義，對於他治下的人民來說也只是空頭支票，永遠不可能兌現。

劉備和諸葛亮解決益州混亂問題的方法，就是加強法制，將無政府狀態的益州，建設成一個有法可依、有法必依、執法必嚴、違法必究的法制社會。

法制剛開始推行的時候，劉備手下的兩位重臣——諸葛亮和法正意見不同，留下了一段著名的論辯。

法正認為應當寬弛刑法，以收服益州人心。他還請出了四百年前寬弛刑法最終成就帝業的漢高祖劉邦同志做為榜樣。大夥兒都清楚，劉邦當年「約法三章」大獲人心；更清楚劉邦是劉備等所有漢朝皇族的祖宗。拿祖宗來壓人，說的又有幾分道理，一般人就難以反駁也不敢反駁了。

但諸葛亮分明不是一般人。他明確指出法正說的不對，「君知其一，未知其二。」漢高祖當年寬弛刑法，是因為之前暴秦刑法過於嚴苛殘酷，所以當時寬弛刑法才能體現出新老闆的寬大仁德。而如今劉璋統治的益州，已經是無政府狀態，混亂不堪，亂世用重典，政寬則濟之以猛，需要通過加強法制來重建遭到破壞的社會秩序，「吾今威之以法，法行則知恩；限之以爵，爵加則知榮。榮恩並濟，上下有節。為治之要，於斯而著矣。」（《諸葛亮集》）諸葛亮主張實行德政，兼用威刑，從嚴治國，賞罰分明，用罰來限制奸人作惡，用賞來為士人開闢政治上的出路。厲行法制，不但能收到抑制地方豪強的效果，而且能重建社會秩序，實現「上下有節」。

這是一個具體問題、具體分析的典型案例。法正沒有考察當時的社會情況與劉邦時期的不同，一味照搬古人，犯了教條主義的錯誤。而諸葛亮則因時制宜，根據時代和國情找對策，找到了開鎖的唯一一把金鑰匙。

一千六百多年以後，清人趙藩在成都武侯祠題寫一副對聯，評價諸葛亮的為政用兵，流傳甚廣，發人深省，對聯是：

能攻心則反側自消，從古知兵非好戰；
不審勢即寬嚴皆誤，後來治蜀要深思。

不審勢即寬嚴皆誤，說的十分正確。治國，除了公平、正義等核心價值理念，很難找到什麼萬世不易的可行策略，必須要根據時代和國情找對策。一個政策，在以前是有用的，在今天可能已經過時；在今天看來是正確的，也可能在以後回過頭來發現是錯誤的。這就是歷史的辯證法。沒有一成不變的策略，只有因時制宜的方法，有時候甚至逃不出今天對明天錯的怪圈。

比如說封建諸侯。劉邦認為秦朝迅速滅亡的一個重要原因是沒有封建同姓諸侯孤立無援，因此大肆分封劉姓諸侯王，沒想到日後卻發生吳楚七國之亂，成為子孫的沉重負擔；曹魏吸取漢朝教訓，抑制諸侯的權力，卻又被司馬氏輕而易舉地改換門庭；司馬晉吸取曹魏教訓，廣泛封建諸侯王，後來又發生「八王之亂」，把一個好端端的國家送上絕路。

秦、漢、魏、晉幾朝的作法，都只是一把雙刃劍，造成的後果不是削弱中央集權、諸侯王尾大不掉，就是中央政府勢單力孤迅速滅亡，似乎是一個又一個毫無意義的輪迴。

法制也罷，其他政策也罷，說到底都不過是解決問題的方法和工具，最終的目標是穩定和發展。因此，只要能實現正義的目標，法制嚴峻還是寬仁都不是問題，正所謂白貓黑貓，抓住老鼠的就是好貓。

諸葛亮的法制策略，在劉備的支持下，在益州得到推行，成為一項基本國策，蜀漢建國後也一直沿用下去。

值得一提的是，在劉備的支持下，由諸葛亮主導，集合蜀漢一流人才法正、劉巴、李嚴、伊籍等人，制訂了一部治理國家的成文法典，這部法典習慣上被稱為《蜀科》，可惜很早就已經佚失了。

後人都說諸葛亮的法制嚴峻，究竟嚴到了什麼程度，可以用一個小故事加以說明。

有天，劉備與老弟兄簡雍等人微服私訪，看到前面一男一女在走路。這時簡雍指著這一對男女說：「他們將要發生姦情（欲行淫），為什麼不抓起來？」劉備一聽，愣了，心想這簡雍也太厲害了吧！一眼就能看出大街上的人想幹什麼壞事，就問道：「你怎麼知道？」簡雍回答說：「因為他們身上有發生姦情的工具。」（彼有其具）簡雍這麼說，是因為當時有禁酒令，違抗命令私自釀酒的人要受處罰，執行命令的人卻往往把家中有釀酒器具而沒有釀酒的人也一併抓起來處罰——理由是有犯事的工具（嚴就嚴在這）。一向幽默風趣的簡雍，就以這種搞笑的方式勸諫劉備。劉備聽後哈哈大笑，明白了簡雍的用意，立即下令赦免有釀酒器具而沒有違禁釀酒的人。

整體來說，諸葛亮推行的法制雖然嚴峻，但他以身作則、公正廉明，因此得到人民群眾的理解和擁護，開創了蜀漢政治清明的局面。陳壽評價說：「科教嚴明，賞罰必信，無惡不懲，無善不顯，至於吏不容奸，人懷自厲，道不拾遺，強不侵弱，風化肅然。」「刑政雖峻而無怨者，以其用心平而勸戒明也。」（《三國志・諸葛亮傳》）

當然，做到絕對公正是很難的，法正犯法就沒有得到應有的懲處。劉備奪取益州後，最開心、最張揚的非法正莫屬。法正同志是以還鄉團的身分回到成都的，當年他只是個被人冷落的小小參謀將軍（軍議校尉），回來時卻是新老闆劉備的重要心腹功臣——揚武將軍兼蜀郡太守。向來恩怨分明的法正，開始大清算，有恩報恩，有仇報仇。報恩不必說了，為了報仇他竟然擅自殺死幾個當年辱罵過他的人。有人將法正的不法行為上報給主管司法工作的諸葛亮，希望諸葛亮向劉備打個小報告，讓法正不要太囂張跋扈。諸葛亮清楚法正正受到劉備的信任，功勞又很大，只能開導下屬，不了了之。至於諸葛亮有沒有私下向劉備建議，或者直接勸告法正，我們就不得而知了。

王子犯法與庶民同罪的理念，從來都只是人們的理想，社會發展到今天還沒有實現。因此，我們也不必對諸葛亮主導的法制苛求完美，大體上來看做到「善無微而不賞，惡無纖而不貶」，這已經難能可貴。

任何一下子解決所有問題的想法，都是不切實際的。

組織、財政、法制三項工作，可以說是內政工作的三駕馬車。隨著三項工作的開展和完善，劉備在益州逐步站穩了腳跟。

有了新的根據地，占據荊、益兩州，劉備更加強大。

不過前途是光明的，道路是曲折的。要想戰勝強大的曹操，還需要繼續努力。

加油吧，劉備！

第六章

霸業

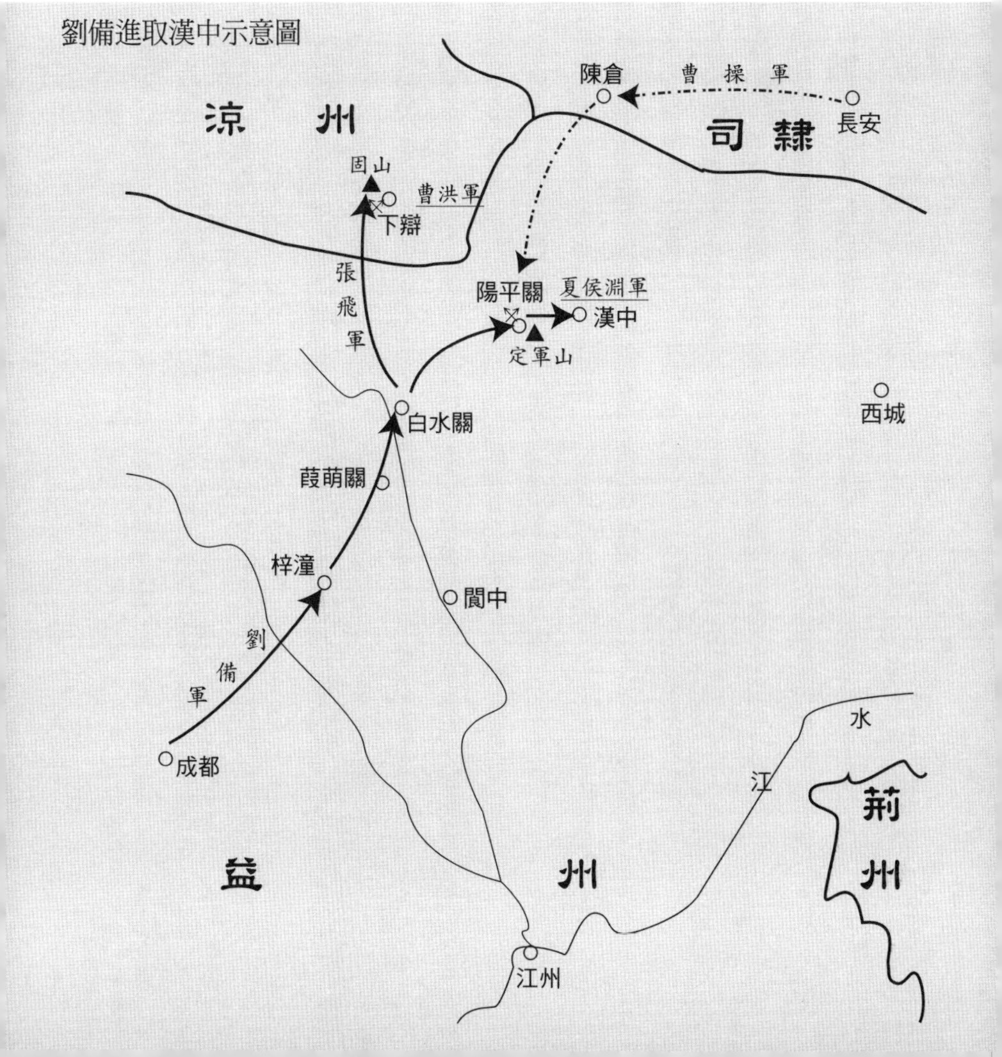

劉備進取漢中示意圖

雖然理想很難實現，但只要不斷努力，總會一點點地接近，乃至實現。如果不去努力，就永遠沒有實現的可能。

人生是長跑不是短跑，不需要一直緊繃著弦衝刺下去，而是在緊要關頭來個百米衝刺敢於拚搏，在平常時刻放慢腳步積蓄力量。平常時刻的慢跑甚至休息，是為了關鍵時刻更好地超越。

在暫時的和平時期，劉備要做的只有一件事——養精蓄銳。待到來年兵精糧足，就該進行新的征戰了。

下一個目標，是益州北大門——漢中。

綁票計畫落空

建安二十年（二一五），正當劉備順利奪取益州，剛剛站穩腳跟、準備大展鴻圖的時候，一個不速之客找上門來。

來人是諸葛亮的大哥諸葛瑾。

諸葛瑾不是走親戚串門看弟弟來的，而是肩負外交使命，代表老闆孫權上門討債的。需要立即清償的首批債務是劉備手中荊州五郡中的長沙、桂陽、零陵三郡。

妹夫劉備率領軍隊入蜀之後，孫權才確信自己被結結實實地忽悠了一把。當初他準備進攻益州的時候，劉備一大堆冠冕堂皇的理由果然都是用來騙人的，真實的原因是劉備自個兒要去吃益州這塊肥肉，連口湯都沒打算留給大舅子。當時的劉備已經羽翼豐滿，不但找了幾個不著邊的理由忽悠他，而且還公然出兵擺開打架的陣勢把他堵了回去。隨後，劉備就一個人開開心心地到益州吃肉去了。

孫權很生氣，後果不嚴重。因為曹操還在北方虎視眈眈，只要孫、劉兩家一開打，曹操就要出手當漁翁了。

孫權是個頭腦冷靜的人物，還不至於冒著生命危險出這口惡氣。但心裡卻是相當的不舒服，地盤借了、妹子嫁了，換來的就是這樣一個結果？在孫權看來，劉備就是個忘恩負義的中山狼。

你不仁，就別怪我不義。這個年頭流行搶劫，孫權也決定順應時代潮流，加入強盜的隊伍中去。確切點說，他是想當一回綁匪，幹一齣綁票活動，綁票的目標訂為劉備的老婆和孩子。

大夥兒都清楚，這時候劉備的老婆就是孫權的妹妹孫夫人。當初孫權將妹妹嫁給劉備，是一樁典型的政治婚姻，不但希望能加強孫、劉兩家的團結，而且還希望孫夫人起到監視和牽制劉備的作用。

考慮到當時的社會是男權社會，除了個別怕老婆的男人，在一般家庭中女人的地位是比較低的。因此，想讓女人牽制男人，就有點異想天開了。

不過孫權這麼做，卻是有一定把握的。原因當然不是劉備與劉表一樣是人盡皆知的怕老婆，謎底在孫夫人身上——孫夫人雖然也是女兒身，卻不是一般的女人，而是「才捷剛猛，有諸兄之風，侍婢百餘人，皆親執刀侍立」，以至於劉備每次回到家中，都忍不住有幾分緊張，進臥室如同進狼窩虎穴。更有甚者，孫夫人帶領手底下陪嫁過來的一幫親兵親將，還時常幹一些違法亂紀的事情。

鑑於孫夫人如此生猛，劉備與孫夫人產生深厚感情的可能性很小（兩人沒生孩子可以看作是一個例證）。不但沒有多少感情，劉備心中還十分不安，特意任命一向辦事穩重的趙雲擔任留營司馬，掌管家務事。趙雲擔任護衛隊長，限制孫夫人驕橫不法的工作是次要的，首要的是保證劉備的生命安全。有趙雲這樣的虎將在身邊，劉備才能放心，可見對孫夫人害怕到了什麼程度。

劉備以實際行動告訴我們，怕老婆品德的養成，不是先天因素決定的，而是要靠後天的不斷培養，尤其是老婆足夠猛的時候，哪怕你是從來不怕老婆的天下梟雄，照樣也會怕得渾身哆嗦。當然，孫夫人這個例子是不可以學的，因為她只讓劉備感到害怕，而沒了感情。

孫夫人從建安十四年（二〇九）年底嫁給劉備，但僅僅過了兩年，劉備就率軍入蜀了。從此，孫夫人就待在荊州孤苦伶仃守活寡，而孫權監視和牽制劉備的用意也就落空了。不只是孫夫人拿老公沒辦法，連孫權自己都拿這個妹夫同樣毫無辦法。

如此一來，這樁政治婚姻就到頭了。不清楚是百無聊賴的孫夫人先提出要回東吳，還是決心綁票的孫權命令她回去，總之劉備入蜀沒過多久（張飛、趙雲等後續部隊出發之前），孫權的船隊就開到了荊州，準備迎接孫夫人回娘家。

劉備不在荊州，孫夫人要回娘家，手下人自然無權阻攔。孫夫人要回一趟娘家也算合情合理，出人意料的是她打算帶走阿斗。

這就有點不正常了。

年過半百的劉備，此時只有這唯一的兒子，要是被孫夫人帶到東吳，那根本就是人質，一個成色十足的人質。

因此，我們有理由推斷，接走孫夫人、帶走阿斗是孫權的主意，是為了控制劉備想出的新招——綁票。

當然，綁走劉備的老婆，劉備不會太在意（甚至是求之不得），但綁走劉備的兒子，問題就大了。阿斗不但是劉備事業的合法繼承人，而且是劉備唯一的血脈。要知道，在一個「不孝有三，無後為大」的時代，斷子絕孫意謂著什麼（可參見馬超同志臨終遺言：「臣門宗兩百餘口，為孟德所誅略盡，惟有從弟岱，當為微宗血食之繼，深託陛下，餘無復言。」可以說是字字血淚、肝腸寸斷）。

孫夫人帶著五、六歲的阿斗準備乘舟順流東下，眼看孫權同志的綁票計畫就要得逞，劇情卻發生了意外——只見江面上開來大批劉備的水軍船隻，領頭的將軍是趙雲和張飛。

原來孫夫人監視著劉備，劉備的人也在監視著她的一舉一動。這年頭，當真是誰也信不過誰，上演的是真實版的《無間道》。

當年阿斗在長坂坡的亂軍之中，就是趙雲出生入死救回來的，如今趙雲擔任留營司馬，手下有兵有將，怎麼可能容忍阿斗被東吳綁票？

更何況為保萬無一失，身負重任的南郡太守張飛也率軍趕來。

畢竟是在劉備的地盤上，趙雲和張飛如此興師動眾要保住劉備的命根子，孫夫人明顯是溜不掉了，只得留下阿斗。這就是截江救阿斗的故事。阿斗小朋友再次有驚無險地度過危機，還真是福大命大啊！

此後，孫夫人回到東吳，史料再無記載，她與劉備的短暫婚姻既然以陰謀開始，就難免以悲劇結束。

換個角度看問題

綁票計畫破產之後，孫權再也想不出找劉備算帳的方法，除非直接開打。

換個角度看問題，往往柳暗花明、別有洞天。

孫權轉過頭來想，如果劉備拿下益州，有了新的地盤，借出去的荊州就能要回了吧？

從此，孫權將順利拿回荊州的希望，寄託於劉備順利占領益州。

當一個人的希望寄託在另一個人身上時，他就會情不自禁地為另一個人考慮。

從此孫權不但沒有給劉備施加壓力拉後腿，反而滿懷期待地希望劉備盡快占領益州，愈早愈好。曹操率領大軍進攻濡須口的時候，孫權只給劉備寫了一封求救信，自己率軍獨自抵抗。而這封信，反而幫了劉備的大忙。

孫權沒有等太久。劉備入蜀一年之後，就正式與劉璋開打了；開打一年半之後，占領益州的喜訊就傳來了，算起來還不到三年時間。

孫權接到消息，心裡又酸又甜。酸的是自己想吃的肥肉，結果落到了劉備嘴裡；甜的是討回荊州的時機終於成熟了。

孫權想出了一個分期付款的方案，首先討還最早「借出」的長沙、桂陽、零陵三郡。至於南郡和武陵，一方面有交換交州的因素在裡邊，另一方面可以讓關羽承擔長江防線減輕己方壓力，所以「續借」給劉備。孫權以為，搞個分期付款，條件十分優惠，先收回南部三郡，阻力小一點，實惠大一點。

這完全符合孫權同志一貫務實的做事風格。

使者的人選，孫權挑中了長臉的諸葛瑾，也是另有深意。諸葛瑾是諸葛亮的大哥，諸葛亮又是劉備集團的骨幹成員，他劉備總不會不給面子吧？

自從諸葛瑾出使之後，孫權就滿懷期待。

諸葛瑾到達成都，輪到劉備為難了。

從建安六年飄泊到荊州，再到建安十六年入蜀，劉備在荊州生活了整整十年。在這十年裡，他苦心經營，廣收人心，駐守新野，用兵博望，蟄伏樊城，慘敗當陽，遁逃江夏，參戰赤壁，南收四郡，駐兵公安，經營南郡，捭闔東吳，有著多少難忘的回憶？荊州江山如畫，留下他多少走過的足跡？荊州，可以說是劉備的第二故鄉，首先在感情上劉備就不打算給孫權。

其次，憑什麼孫權要來討還荊州？赤壁之戰打敗曹操，雖然周瑜是主力，劉備也沒少出力，南部四郡更是他親自率軍拿下的，難道打下的地盤就全歸孫權所有？當初以借荊州的方式換來地盤，只因為實力弱小，不能不答應孫權開出的條件。如今，手握重兵，地跨兩州，大丈夫豈能受制於人？

最後，荊州不能給孫權，南部三郡也不能給。荊州以南郡江陵為中心，四通八達，歷來是兵家必爭之地。劉備占領益州不是為了割據稱雄當個土皇帝，而是為一統天下、匡正漢室的目標蓄積力量。天下所有的土地，都要陸續光復。手中的戰略要地荊州，為什麼要割讓給別人？南部三郡是荊州五郡中人口最多的三個郡，一旦割讓給孫權，荊州關羽兵團的錢糧、賦稅、兵源從哪裡來？讓出三郡，就不能建立縱深防線，軍事重地江陵、公安將直接暴露在東吳面前，日後就更難在荊州立足了。

所以，從劉備的立場來看，手中的荊州根本沒打算要「還」給孫權。但當初簽好了口頭協定，又不好不認帳。

最終，劉備的答覆是：「吾方圖涼州，涼州定，乃盡以荊州與吳耳。」一個「盡」字，點明了孫權這時要討回的只是一部分土地，但「借」出的卻是劉備手中全部的荊州地盤。

很明顯，這是一個拖著不給的藉口。

孫權怒了。

別看孫權同志年輕，人家已經與當世大鱷曹操交過幾次手，愣是占便宜多吃虧少，豈是任人欺負的主？這一次，孫權決定要跟劉備翻臉了。

翻臉也要講策略。孫權的策略是先禮後兵，不只是因為他與劉備既是同盟又是親戚，好歹還有些崢嶸歲月、並肩奮鬥的甜蜜往事，更是因為他擔心劉備與曹操同時打過來，那他就死無葬身之地了。

孫權的作法是一邊直接給荊州南部三郡長沙、桂陽、零陵派遣太守前去接管，一邊命令呂蒙、魯肅等人做好戰備工作，準備武力解決問題。

對於通過公理要回荊州，孫權明顯已經失去信心了。

公理都靠不住，還有什麼靠得住？拳頭，孫權以為有且只有拳頭。

果然，劉備根本沒打算把地盤讓出來。三位太守大人風風光光地前去上任，灰溜溜地被關羽趕了回來。

料中了你就不會給！啥也不說了，說了也白說，動手吧！

孫權一聲令下，魯肅率領一萬軍隊駐紮巴丘防禦關羽，一向主張強硬對劉的猛將呂蒙率領兩萬軍隊，從東面發動進攻。

首當其衝的是長沙和桂陽兩郡。駐守荊州的關羽軍隊，主要駐紮在軍事要地南郡的江陵和公安一帶，後方的長沙、桂陽、零陵、武陵四郡平時只是管理地方、徵收賦稅，所以兵力比較單薄。在呂蒙大軍壓境的形勢下，長沙太守廖立眼看守也守不住，又不甘心當俘虜，就當了一次逃跑將軍找組織去了。長沙郡和桂陽郡都落到了呂蒙手裡。

呂蒙連連得手後，進軍到零陵城下。零陵太守郝普決定堅守城池，他相信關羽將軍的援兵很快就會趕來，把呂蒙的侵略軍打個落花流水滿地找牙。

就在守城的緊要關頭，郝太守的老朋友鄧玄之前來探望。明知有戰火還要前來，鄧玄之當然不會只是關心老朋友那麼單純，而是要為郝普說一段話。

確切點說，這段話是呂蒙說給郝普聽的，鄧玄之不過是當了一次答錄機實現了人際傳播。

這段話軟硬兼施，中心意思是讓郝普明白守城的希望是沒有的，投降的出路才是唯一的。鄧玄之語氣凝重一臉真誠地告訴郝普，劉備在漢中被夏侯淵包圍，關羽已經戰敗，泥菩薩過河自身難保，指望他們來救你是非常不靠譜的。

人是靠信念活著的，失去信念的人只會隨波逐流、得過且過。

一聽是這麼個局勢，四分之一炷香之前還決心與城池共存亡的郝太守，信念立時崩潰。既然救援指望不上，敵眾我寡守城也守不了幾天，只好乖乖出城投降。

但郝太守剛剛出城，呂蒙的幾百精兵就以迅雷不及掩耳之勢衝進去把城給占領了。

說好了和平解放，幹嘛這麼著急？犯得著嗎？郝普一頭霧水。

呂蒙卻是一臉得意的笑，得意地從懷中拿出一封信讓郝普慢慢欣賞。

郝普不看則已，看完之後羞愧萬分，只想找個老鼠洞鑽進去。

原來信是孫權寫給呂蒙的，讓他立即撤軍回益陽（今湖南益陽），所謂的劉備被包圍、關羽已戰敗純屬虛構，事情的真相是劉備親自統帥五萬大軍已經到達公安，關羽率領三萬軍隊已到近在咫尺的益陽！

要是關羽能給郝普發個短消息（即簡訊），呂蒙就不會得手了。

看來通訊技術的進步，真是太有必要了。

單刀會成了辯論賽

劉備不給孫權地盤是需要勇氣的，勇氣源於底氣——成功占領益州，要兵有兵，要糧有糧，新政權蒸蒸日上，正要大展身手。

外交從來都是靠實力說話的。有雄厚的實力做後盾，劉備自然可以底氣十足地對孫權說「不」。

劉備清楚原先的大舅哥孫權也不是任人欺負的軟柿子，送走諸葛瑾之後，就集結起五萬大軍，浩浩蕩蕩東下荊州。

果不其然，火氣正旺的年輕人孫權很快動手了。

打就打吧！誰怕誰啊？戰爭是政治的延續，荊州的所謂「債務」問題，只有用武力才能清算徹底。

劉備率領五萬大軍很快到達公安，顧不上與久違的關羽兄弟噓寒問暖，立即派遣他率領荊州兵團南下益陽，阻止呂蒙搶錢搶糧搶地盤的強盜行徑。

關羽的三萬大軍早就蓄勢待發，得到劉備命令後，馬上開赴益陽。

面對劉備的八萬大軍，這下輪到孫權緊張了。孫權本人駐軍陸口（今湖北嘉魚境內），連忙命令魯肅尾隨到益陽，以便牽制關羽。但魯肅手下只有區區一萬軍隊，哪裡是關羽三萬人馬的對手？因此孫權急忙寫信給呂蒙，讓他放棄零陵，火速回援魯肅。就在此時，呂蒙設計誘降零陵太守郝普後，立即奔赴益陽。

雙方大軍雲集，大戰一觸即發。

不過從雙方的實際表現來看，都是按兵不動——不到最後關頭，誰都不放第一槍，誰都不想徹底撕破臉，誰都不想承擔破壞統一戰線的責任。

尤其是魯肅，實在不想開打。主張聯合劉備的是他，主張借荊州的更是他，如果鬧到反目成仇的地步，就意謂著他以前的努力全部泡湯，一貫的策略全部錯誤，實在沒法向老闆孫權交代，也無臉面對江東父老。

便費盡心思謀求和平解決。

便邀請關羽前來和平談判。

自從年輕時代跟隨劉備，關羽就死心塌地，決心為劉備的革命事業奮鬥終身。

創業艱難百戰多。三十多年一路走來，關羽已是幾番出生入死，身經大小數百戰。尤其是劉備、張飛、趙雲、諸葛亮相繼入蜀之後，偌大一個荊州就全部擔在關羽的肩上。從此關羽深感責任重大，不敢有絲毫懈怠。

所幸汗水沒有白流，努力總有收穫。眼看著劉備的革命事業大踏步前進，關羽的喜悅之情不言而喻，更明白革命尚未成功，兄弟仍須努力。

率兵下益陽，奪取南部三郡，在關羽的軍事生涯中算是一件稀鬆平常的任務。

此時的關羽，已經不是百萬軍中取顏良首級的那個猛將階段了，而是一位大踏步走上名將之路的統帥，已經被N個人稱作是萬人之敵！他手下能夠機動作戰的就有三萬人馬，還有劉備的五萬大軍做後盾，士氣十分旺盛，又在自己的地盤主場作戰，優勢非常明顯。而對方魯肅加上呂蒙，合起來才不過三萬軍隊。

關羽信心十足、躊躇滿志。只要劉備決心開打，他就第一個動手。在沒有接到動手的命令之前，他部署軍隊蓄勢待發、嚴陣以待、震懾敵軍。

就在此時，關羽收到了魯肅的約會邀請。魯肅的條件是：各駐兵馬百步上，但請將軍單刀俱會。

大戰在際，此時安排一場約會，自然不是把酒話桑麻一醉方休、憶往昔崢嶸歲月稠那麼簡單，說不好又是一場鴻門宴。

去還是不去？關羽決定，去。

出來混，就不怕死。何況關羽個人武藝十分了得，是罕有匹敵的蓋世勇將，敢教單于折箭、六軍辟易，有何懼哉！

約會的氣氛不大融洽。打過招呼之後，雙方就直奔主題——討論荊州的歸屬。單刀會成了辯論賽。

孫權辯論隊一辯魯肅的中心觀點是借了東西就要還，何況只要三個郡。

劉備辯論隊一辯關羽的中心觀點是分地不能說「借」，荊州土地是劉備應得的。

兩位一辯保持著最大的克制，遵守辯論賽規則，講文明講道理，絕不無理取鬧，絕不進行人身攻擊。

客觀來講，不管劉備一方當初是不是心甘情願，既然接受了「借」荊州的條件，如今賴著不還總是有些理虧的。因此，孫權隊一辯魯肅愈辯愈勇，漸漸占了上風。

在魯肅咄咄逼人的質問下，關羽一方有人坐不住了，蹭地跳出來，扔下一句狠話：「夫土地者，惟德所在耳，何常之有！」

這句話透露出劉備集團的真實立場，自認為仁德所在，天下土地都應該歸劉備，管它是誰的！言外之意是荊州就是劉備的，不可能給你，你不服，就開打，打到你服為止。

魯肅一直在遵守辯論賽規則苦口婆心地講道理，講了半天口乾舌燥沒有一點效果，正窩著一肚子火，被這人強詞奪理一攪和，頓時氣不打一處來，「厲聲呵之，辭色甚切」——史書中也沒有記載魯肅到底說了什麼，估計是忍無可忍破口大罵了。修養再好，也怕胡鬧。

對方一辯被氣得暴跳如雷，關羽自然要給個交代。他手按刀鞘站起來喝斥：「這是國家大事，你小子知道什麼！」將犯規的辯手轟了出去。

此後辯論賽繼續正常進行，但辯論雙方最終沒有討論出個結果。因為這是一場沒有裁判的辯論賽，再辯上幾天也不可能有什麼結果（辯論賽的發起人魯肅同志，實在應該事先聘請一位裁判才對）。即使劉備隊一辯關羽有些理虧，他也不可能做主把三郡土地讓給魯肅。

何況亂世有亂世的潛規則——靠槍桿子說話。天下諸侯弱肉強食，搶錢搶糧搶地盤的運動正如火如荼地開展著，怎麼可能按照法理有借有還？如果遵守法理，那還不如直接歸順曹操算了——人家代表的可是中央政府！

注定，單刀會與辯論賽的結局只能是不歡而散。

一條新聞挽救了一場戰爭

談不攏，看來只能開打了。

正當劉備和孫權摩拳擦掌準備動手的時候，傳來一條小小的新聞，扭轉了整個局勢，讓一場看似不可避免的大戰煙消雲散。

這條新聞是曹操進攻漢中，張魯已經潰敗。

曹操，終究沒有給劉備太多的時間。

漢中是益州的門戶，原來在張魯手中，劉備還可以舒舒服服睡大覺，想出來玩就出來玩。如今到了曹操手裡，等於強盜已經拿著傢伙站到了家門口，劉備就得提心吊膽過日子了。

最要命的是，劉備率領五萬大軍來到荊州，益州的兵力十分單薄，如果曹操乘虛而入，後果不堪設想！

為了荊州三郡地，丟掉剛剛到手的益州，可以說是撿了芝麻、丟了西瓜。

看來只能與孫權和平談判了，哪怕是簽訂屈辱條約，也必須盡快解決荊州問題，然後回軍益州。

於是，平分荊州的方案應運而生。

平分荊州，不過是一個體現聯盟團結、看似公平合理的提法，核心內容是劉備把三郡中的長沙、桂陽兩郡正式割讓給孫權（孫權已經自己動手拿到了），孫權再把剛剛占領的零陵還給劉備。這樣，不算兩家自行設置的宜都、漢昌等郡，原來的荊州七郡，除去被曹操占領的南陽郡和南郡襄陽等地，剩下的南郡、武陵、零陵、長沙、桂陽、江夏六郡，就有三郡在劉備手中（南郡、武陵、零陵），三郡在孫權手中（長沙、桂陽、江夏）。

劉備與孫權的這一番較量，以曹操的插手而暫停，讓孫權白白撿了兩個郡的便宜。

劉備不得不吃這個啞巴虧。此時他雖然實力大增，但一對二同時在東、西兩線與孫權和曹操作戰，還是沒有把握的。

劉備與孫權的和平談判，除了平分荊州，應當還至少包含兩個附加條款：

一是徹底結算清楚所謂的荊州「債務」問題。此後，你的就是你的，我的就是我的，互不相欠，一乾二淨。

二是加強團結，鞏固友誼，孫權出兵東線，牽制曹操兵力，支援劉備在西線抗戰（孫權從陸口回軍後，就直接進攻合肥，為張遼所敗）。

站在劉備的立場，兩線受敵的情況下，簽訂這樣一個和平協議，算是比較好的結局。雖然割出了兩郡地盤，但起碼能保住益州，又團結了孫權，還把以往不清不楚的「債務」問題也徹底算清了，從此落得一身輕鬆。

但孫權自認為「借」出的是全部荊州，收回來的只有兩個郡，心中的不滿可想而知，不過他還是簽署了和平協定。

只為孫權的為人——務實。此時的劉備早已今非昔比，就以目前的形勢來看，劉備有八萬軍隊在荊州，他孫權有多少？打起來勝負未可知啊！兩個郡就兩個郡，能收回來一點是一點。以後的路還長著呢，看誰笑到最後！

孫權的欲望沒有得到滿足，埋下了日後偷襲荊州的種子。

總有一天，吃了我的給我吐出來，拿了我的給我還回來。

相信這是孫權此時內心真實的想法。

但劉備顧不了那麼多了，他需要快馬加鞭趕回益州。

關羽率領荊州幹部為劉備送行，這一次送別比十里長亭還長。

劉備與關羽，這兩個並肩戰鬥三十多年的老兄弟，最後喝下一杯送行酒，千言萬語盡在不言中。

西去的大軍已經開拔了很久，劉備策馬趕去，不時回頭張望。關羽和荊州將領依舊站立在原地，目視著他的離去，直到騰起的塵土掩去了他的身影。

人生艱難，江湖險惡，當年的有志青年已經垂垂老矣。劉備感嘆此去怕是再難相見。他沒有料到，這一去竟成永別，他與關羽今生再無相見。

忽悠人是要講對象的

時隔七年，劉備不得不再次直面老對手曹操。這兩個死敵，在七年的時間裡各自埋頭苦幹，各有不小收穫。整體來看，劉備的發展更猛一些。

赤壁戰前，劉備雖然以一、兩萬軍隊昭示著自己在亂世中的堅強存在，卻沒有地盤，只能寄人籬下。戰後劉備占領荊州、奪取益州，發展勢頭十分迅猛，實力迅速向孫權、曹操接近，逐漸成長為三極格局中的一極。

而曹操在赤壁戰敗後，統一天下的雄心折戟沉沙、望江興嘆，有點心灰意冷。也許他看透天下的亂局不可能在短期內收拾，從此奉行穩步發展的戰略，能擴張實力就擴張，不能擴張就保衛既得成果積蓄力量，不再做孤注一擲式的拚搏。

牢牢占據北方領土的曹操，終究沒有跳出既得利益者的窠臼，患得患失起來，失去了早年豁出去的銳氣。

在這七年裡，曹操三次進攻孫權，帶有試探性質，沒有多少收穫。眼看南征無望，曹操只能向西北發展，於建安十六年（二一一）親征關中馬超。擊破馬超後，由夏侯淵兵團經營西北，逐步攻滅韓遂、討平涼州宋建。期間，曹操還進爵「魏公」，為此逼死了跟隨他大半輩子的老員工荀彧。

西北平定時，已是建安十九年（二一四）十月。幾個月前，成都和平解放，益州落入劉備之手。

所以說，並不是曹操不想進攻益州讓劉備撿了便宜，而是忙不過來。忙得顧不上並不是不關心，實際上曹操一直在關注著老對手劉備的所有動向。

現實生活中有一個現象，許多成功的老闆慢慢會發現，原來這個世界上最了解自己的人往往不是自己的親人，而是競爭最激烈的對手，這些對手一直在關注著自己的一舉一動，颳風下雨從不偷懶，甚至很多時候會事先替自己算計得失。對於這些老闆來說，研究對手已經成為一項非常重要的工作。

此時的劉備就享受著這樣的遭遇。劉備入蜀之後，曹操組織手下的總理祕書（丞相掾）趙戩與傅幹等智囊團成員專門進行了一番討論，替劉備討論奪取益州的成敗。趙戩認為益州地勢險要，劉備短於用兵，必敗無疑。傅幹卻針鋒相對地指出：「劉備寬仁有度，能得人死力。諸葛亮達治知變，正而有謀，而為之相；張飛、關羽勇而有義，皆萬人之敵，而為之將：此三人者，皆人傑也。以（劉）備之略，三傑佐之，何為不濟也？」（《三國志》注引《傅子》）

不論曹操同意趙戩還是傅幹的意見，他都只能眼睜睜地看著劉備發展壯大，長長嘆出一口氣。因為他曹操也不是強大到不可思議的地步，收拾別人需要一個一個地收拾。涼州平定後，下一個目標才是益州。

首當其衝的是張魯的漢中。

建安二十年（二一五）三月，曹操親征張魯。四月，自陳倉出散關。七月，進至陽平關。張魯集結軍隊在陽平關憑險據守，曹操攻之不克，再次發揮特長——用計，放出風聲說要撤軍。張魯的部隊一看曹操大軍撤退，就放鬆了戒備。此時，曹操分兵乘險夜襲，終於攻破陽平關。陽平關一旦失陷，漢中就無險可守，張魯只好敗退巴中（自劉璋時期巴西郡部分領土就落入張魯手中）。

劉備在返回荊州的路上，派遣黃權率領軍隊迎接張魯，希望收服這位因推行「共產主義」而深得人心的宗教領袖，便於日後奪取漢中。但張魯早就打定主意要投降曹操，他退到巴中不過是待價而沽，在等著曹操提價呢！當年十一月，張魯眼看時機成熟，價錢差不多了，就正式投降了曹操。

曹操平定漢中後，雖然司馬懿、劉曄建議乘勝進攻益州，但他信心不足，猶豫了一陣，派夏侯淵、張郃、徐晃三員大將留守，自己回到鄴城當「魏王」去了。

以裴松之為代表的許多人，對曹操放棄進攻益州大惑不解，認為「蜀中一日數十驚」，劉備又遠在荊州，如果進攻益州必能大獲全勝（席捲之會）。有些人甚至認為，這是謀士劉曄把曹操給忽悠了。

劉曄剛開始也贊成進攻益州，認為現在我軍攻破漢中，益州早已人心惶惶，何況劉備占領益州時間不長，當地百姓不一定支持他，只要老闆你親率大軍乘勝出擊，很容易一舉拿下益州。如果現在不動手，只怕後悔莫及啊！（今舉漢中，蜀人望風，破膽失守，推此而前，蜀可傳檄而定。劉備，人傑也，有度而遲，得蜀日淺，蜀人未恃也。今破漢中，蜀人震恐，其勢自傾。以公之神明，因其傾而壓之，無不克也。若小緩之，諸葛亮明於治而為相，關羽、張飛勇冠三軍而為將，蜀民既定，據險守要，則不可犯矣。今不取，必為後憂。）

但僅僅過了七天，劉曄就來了個一百八十度大轉身，改變看法，認為益州已經安定下來，不可進攻了（今已小定，未可擊也）。而曹操偏偏就聽了劉曄第二次的發言，放棄了大好機會。

劉曄君子豹變，思想轉變太快太猛，許多人轉不過彎來，不明白這是為什麼。其實促使劉曄轉變思想的關鍵，是一條小小的新聞——蜀中一日數十驚，（劉）備雖斬之而不能安也（《三國志》注引《傅子》）。

這條新聞的最大價值，是告訴人們劉備已經回到益州了。有人認為「備雖斬之而不能安也」，這句話的主語不是劉備，而是劉備的部將。這也是不成立的——如果劉備沒有回師，一向精明有主見的曹操怎麼可能被劉曄前後兩次忽悠，而且每次都忽悠得團團轉，說打就打，說撤就撤？除非是他的腦袋突然被某種凶猛的動物給踢了一頓。

忽悠人是要講對象的。誰想忽悠曹操，還想忽悠兩次，怕是不想混了吧？

所以，事情的真相必然是曹操得到了劉備回師的消息，才放棄進攻益州。曹操攻破陽平關在七月，張魯投降已經是十一月，經過四個月時間，此時劉備已經回軍益州到達江州（今重慶）。曹操的謀士劉曄正是看到了這一點，才改變主意勸阻曹操的。

劉備五萬軍隊回師益州，如果曹操決心進攻，結果會如何？

歷史沒有假設，進攻的結果誰都不知道，但可以肯定的是，必然不會輕易得手，許多人說是席捲機會，實在有點一廂情願了。

敵人來了有張飛

曹操雖走，猛將張郃卻率領一支部隊進入巴西。連曹操都知難而退，張郃偏師深入，當然不是來占領益州的，事實上曹魏名將張郃此行的任務是強制拆遷，強行讓巴西的群眾來個集體移民，讓他們在漢中安家。

說白了就是掠奪人口。

這是曹操與劉璋的一大區別。劉璋一心為了人民，甚至都有些迂腐，敵人打上門來他連堅壁清野的策略都不忍心實施；而曹操為了增強自己削弱對手，一向不擇手段，多次脅迫人民背井離鄉大規模移民。

以某小品演員的話來說：同樣是人，差別就那麼大呢？

漢末至三國初年，天下大亂，戰火不斷，人口下降約三分之二，許多地方十室九空，局部地區甚至千里無人煙。

在這樣的歷史背景下，人口成為比任何時期更為重要的資源。

曹操一向為達目的不擇手段，絕不放過掠奪人口的任何機會。

劉備一向「以人為本」，不會為了自己一個人的政治目的而使天下百姓受苦，更不會坐視張郃來到自己的地盤上公然掠奪人口。

剿滅張郃侵略軍的任務，責無旁貸落在巴西太守張飛的肩上。

敵人來了有張飛。

強盜來搶東西的時候，給他講道理是沒有用的，最好的辦法是當頭一棒把他打回去。

接到軍令後，張飛率領一萬多精兵，奔赴正遭受張郃軍隊蹂躪的宕渠、蒙頭、蕩石一帶（今四川渠縣境內）。

蜀漢名將對曹魏名將，一場硬戰在所難免。

張飛率軍到達後，原本肆行無忌的張郃被迫轉入守勢，利用八蒙山地形憑險固守，兩軍相拒五十餘日。

張飛軍隊離根據地不遠，後勤保障充足，打持久戰沒有任何問題。但張郃孤軍深入，時間一長，給養缺乏，士氣低落，難逃失敗的結局。

於是，擇機撤退成為張郃的最佳選擇。

張飛的民間形象，是一個四肢發達頭腦簡單的人物。但真實的張飛，四肢的確發達（勇冠三軍，熊虎之將），脾氣較為暴烈（鞭打士卒），頭腦卻並不簡單（比如截江救阿斗，義釋嚴顏），而且寫得一手好字。

此時，張飛料定張郃一定會找機會跑路，並且算準了跑路的必經之路就在宕渠的瓦口，準備在那裡給張郃一個大大的驚喜。

張郃部隊在八蒙山深刻體驗了兩個月的山居生活，早已人困馬乏，得到撤退的命令後，打起精神準備回老家。

但他們注定回不去了。張郃部隊經過艱苦行軍，快要走出狹窄曲折的山路時，發現張飛大軍個個精神飽滿、盔甲鮮明，眼角流露出發現獵物時的喜悅，手裡抄著明晃晃的傢伙，已在山口等候多時了。

一看這陣勢，不管是無名小兵還是曹魏名將張郃，都明白這下要玩完了。

名將就是名將，識時務，懂權變。張郃一看地形——山路狹窄，前後不得相救，二話不說扔掉戰馬開始爬山。當然，他不是爬山看風景（這時沒心情），也不是登高好指揮軍隊（顧不上了），而是翻山逃命。

憑藉頑強的毅力和強壯的體格（鍛鍊身體很重要），張郃帶著手下十幾個人翻山越嶺跋山涉水，從小路回到漢中。手下將士的生死，就只有天知道了。

這是劉備與曹操在赤壁戰後的一次大規模交手，以張飛大獲全勝告終。

這場戰役的勝利意義非同一般，對日後劉備下決心進攻漢中，起了很大的推動作用。

張飛大敗張郃，心情十分愉快，在八蒙山的大石之上，大筆一揮留下十七個大字：

漢將張飛大破賊將張郃於蕩渠立馬勒石

古有竇憲敗單于，今有張飛破曹賊，勒燕然豈唯古人乎！

下一個目標——漢中

張飛打敗張郃的同時，劉備從江州回到成都，時間是建安二十一年（二一六）初。

侵略軍被張飛打跑，益州內政在諸葛亮的主持下欣欣向榮，荊州已簽署和平協定，劉備獲得了難得的安逸。

但劉備並沒有打算在益州安享富貴，他的目標更加明確以及肯定——天下！

此時的天下，曹操已經成為「魏王」，贊拜不名，入朝不趨，劍履上殿，建魏國社稷宗廟，授金璽，加九錫，耕籍田——取得種種與天子同等的禮儀。這標誌著曹魏已經建國，雖然曹操沒有正式登極，但實際上已經是皇帝。

在位二十多年的大漢天子劉協，只是一個地地道道的傀儡。他並不是一個怕死的人，幾次密謀除掉曹操掌握政權，以自己的意志挽救時局，做一個實至名歸的皇帝，卻不幸均遭失敗，自己的一舉一動都遭到曹操的監視。

一次上朝時，受夠了「皇帝」幸福生活的劉協對曹操說：「你如果能輔佐我，就請你對我好一點；如果不能，希望你不要讓我當這個皇帝了。」（君若能相輔，則厚；不爾，幸垂恩相舍）

一句話嚇得曹操大驚失色，從此再也不敢朝見皇帝。

漢獻帝對國事插不上手，年輕人精力旺盛，只好寄情典籍，還專門讓荀悅（荀彧的堂兄）按照《左傳》的體裁刪減《漢書》，編撰成一部《漢紀》，在文字裡銷磨寂寞的歲月。也許只有那些竹簡裡大漢帝國過往的輝煌強盛，才能找回他的生命何歡；也許只有那些文字中大漢帝國已故的列祖列宗，才能懂得他的寂寞未央。

面對皇帝的無奈、曹操的跋扈，劉備時刻感到「掃除寇難，靖匡王室」，是身為皇族的他義不容辭的責任。

雖然理想很難實現，但只要不斷努力，總會一點點地接近，乃至實現。如果不去努力，就永遠沒有實現的可能。

人生是長跑不是短跑，不需要一直緊繃著弦衝刺下去，而是在緊要關頭來個百米衝刺敢於拚搏，在平常時刻放慢腳步積蓄力量。平常時刻的慢跑甚至休息，是為了關鍵時刻更好地超越。

在暫時的和平時期，劉備要做的只有一件事——養精蓄銳。待到來年兵精糧足，就該進行新的征戰了。

下一個目標，是益州北大門——漢中。

做為劉備的首席謀士，法正十分清楚漢中的價值。就在劉備養精蓄銳的時候，法正向劉備提出建議，主張出兵攻打漢中。

法正的建議堪稱絕筆，立於不敗之地，非常有說服力。

首先討論可行性。法正指出曹操奪取漢中的時候不乘機進攻益州，絕對不是一生殺伐的曹操突然愛上和平，更不是曹操腦袋進水犯傻了，而是實力不濟，不能不罷手。此時鎮守漢中的夏侯淵、張郃等人，不是我軍將帥的敵手（已經被張飛部分證明），如果老闆你親自統帥大軍出征，一定能夠攻克漢中。

其次是必要性的論述。法正認為漢中必須要拿下，原因在於「上可以傾覆寇敵，尊獎王室」，實現搞定曹操、匡扶漢室的終極目標（別人信不信不要緊，劉備是相信的，這樣宣傳也是必需的）；「中可以蠶食雍、涼，廣拓境土」，壯大自己，削弱敵人，漸進式搞定對手；「下可以固守要害，為持久之計」，最次也能憑險固守，立於不敗之地。此三條論述，比起龐統取蜀三策，有過之而無不及！

最後，法正將攻取漢中的意義，提高到順天應人與把握機遇的高度，說道：「此蓋天以與我，時不可失也！」

精采！實在是精采！千年之後讀之，仍令人擊節稱讚！

法正如此之見地，世間已無龐士元之後，成為劉備第一謀士，當之無愧！

做為一個出色的老闆，劉備一向是識貨的，當即就對法正的建議擊掌稱善。

方略已定，接下來的是執行。

打曹操不是鬧著玩的，需要調動大批猛將銳卒，集中大量糧草軍械。這一切都是要花錢的，意謂著以劉備為首的益州幹部要勒緊褲腰帶幹大事了。

劉備的老部下，已經過慣了苦日子，連沒飯吃的情況都遭遇過（比如在徐州海西餓肚子），飄泊無依、跑路逃命更是家常便飯，勒緊褲腰帶自然不在話下，但益州新幹部就不同了。

益州本土幹部在長達二十年的劉璋時代，習慣了吃飽了睡、睡飽了吃，想上班就上班，想放假就放假，日子過得非常舒服，別人不來打自己（當然打的主要是老闆）就燒高香了，從來就沒聽說過要主動打別人，更不習慣集中力量辦大事，聽說要勒緊褲帶，別提心裡有多麼不樂意。

於是，就有兩個人站出來說風涼話了。

這兩個人不是一般的人，確切點說是兩個半仙，一個是周半仙周群，另一個是張半仙張裕。

兩個半仙在進攻漢中的問題上都持反對意見，但結局卻大不相同，周半仙得到舉薦為「茂才」的獎勵，張半仙卻被砍掉了腦袋。

其中大有玄機。

一個半仙的自取滅亡

周群是半仙世家，最擅長的就是占候看天象。

古代的占候與今天的天文學有點相似（都要看天象），但實質上不同，因為占候要把天上的天象跟地上的人事扯上關係。正因為如此，占候才顯得神乎其神，成為古代的一門帝王之學，風光了幾千年。

精通占候的人，往往會對未來和正在發生的事件進行一些預測，大到某年某月要發生什麼災難，比如地球要爆炸啊之類的（眼熟吧），小到你家的小豬娃往哪個方向走丟的等。有時說不對，正常嘛，沒有幾個人能說對，大家笑笑也就完事了；有時說對，那就神了，一傳十，十傳百，久而久之，就會被傳說得神乎其神，算不上神仙，也是一個半仙。

當然，群眾不是那麼好糊弄的，周半仙是通過對當時的幾件重大時政問題的正確預測，才奠定他的半仙地位的。比如，建安十二年十月，他預測荊州老闆要換人了，第二年劉表就掛了，曹操占領了荊州；建安十七年十二月，他預測西方軍閥要丟失土地了，結果三年之內韓遂、宋建相繼敗死，劉璋丟益州，張魯降曹操。從此，周半仙的名氣更是一發不可收拾，衝出益州走向全世界。

不過仔細分析起來，周半仙的所謂預測，多半是關心時事政治得出來的。當時社會通訊事業不發達，教育也不發達，許多人斗大的字不識一個，更不知道天底下在發生什麼事，知道的事情多半是道聽途說得來的。在這樣的時代，周群同志出身好、教育程度高，見識和學問已經比別人高出一頭。如果再對時事政治加以研究，就能發現：建安十二年，曹操劍指荊州，根據實力對比和以往戰績，劉表敗局已定；建安十七年十二月，曹操更是在一年前打敗了馬超等關中軍閥，劉備也在一年前入蜀，許多人早就說是引狼入室了，依據這樣的形勢得出「西方專據土地者皆將失土」的預言，也就絲毫不足為奇了。這就像是今天關心時事政治的人，事先問他美國打阿富汗誰勝誰敗、美國打伊拉克結局如何等，得出美國勝利的「預言」一點也不值得稀奇。遇到這樣的情況，我們千萬要保持淡定，不能把持不住激動無比地以為遇見了半仙。

關心時事政治、有政治眼光的人也不在少數，但為什麼群眾偏偏要相信周半仙呢？一個重要原因是周半仙幹事業捨得下本錢，不但刻苦學習一心鑽研占候事業，而且利用家中財大氣粗的優勢，專門建造了一個占候實驗室——小樓，每次做出預測之前都要上樓看上一陣天象。試問夜夜看天象，難道周半仙就不睡覺、不傳宗接代嗎？且慢，周半仙不是本人夜夜守在實驗室，而是讓家裡的僕人二十四小時（不避晨夜）輪班倒休在實驗室看天象，一旦有異常情況發生，馬上報告，周半仙這才上去占候。

這樣一套行頭擺出來，再預測準幾件天下大事，群眾不信周半仙才怪。

不只是群眾相信，連劉備也依照古代的傳統習慣，在出兵前玩起了求神問卜，問到了周半仙頭上。

老闆劉備相信占候嗎？不相信嗎？

進攻漢中能夠成功嗎？不成功嗎？

周半仙實在拿捏不準，但有一條原則他是明白的——做出預測要含蓄一點，模稜兩可，留條後路。

根據這一原則，周半仙做出了自己的預測：「當得其地，不得其民也。若出偏軍，必不利。當戒慎之！」

之所以說這個預測十分含蓄、模稜兩可，是因為「得其地，不得其民」算不上是成功還是失敗；「當戒慎之」，究竟是要戒慎出兵還是戒慎偏軍，也可以做不同的理解。

依據曹操一貫強行給百姓搬家的做事風格，周半仙預言「得其地，不得其民」是有一定根據的；而曹軍戰鬥力之強悍，也是天下知名，預言「偏師不利」準確度也是可以預期的。更何況，周群發言前的建安二十年，也就是曹操占領漢中的當年，已經讓駙馬都尉杜襲遷走了漢中八萬多人口。因此，這樣一個回答與其說是占候得出的預測，倒不如說是對軍事實力和以往鬥爭經驗的客觀總結和科學分析。

周群的這個回答，實際上是代表部分益州本土幹部對劉備出兵做委婉的勸阻。這些幹部還包括周群他爹周舒和杜瓊、杜微，以及後來的譙周等人，他們利用玄而又玄的占候、讖緯學說，表達了他們的政治觀點——天下會統一於魏。這充分說明這幫人其實更看好曹操老闆和他的事業，在劉備老闆手下打工實在是因緣際會不得已，誰讓自己生在益州、產業都在益州呢？

不過，由於司馬晉依樣畫葫蘆又取代了曹魏，這些半仙高人們的「預測」最終大都落空了。

本土勢力被外來勢力領導有些不情願是正常的，但在私人場合含蓄點說說也就罷了，另一個半仙張裕的作法，卻可說是自取滅亡。

張半仙聽說劉備要進攻漢中，也不管老闆有沒有像問周半仙那樣問他，就剛剛地站出來發言了，「不可爭漢中，軍必不利。」

語氣十分肯定，態度異常堅決。

估計張半仙是一聽要勒緊褲帶打漢中就急了，說的這話都有失一個半仙應有的水準（模稜兩可，留條後路）。

劉備究竟有多大程度相信兩個半仙的話，我們不知道，只知道出兵漢中的計畫最終付諸實施了，而且周半仙的預測基本應驗。

張半仙的預測毫無疑問是落空了，而且就因為預測不準被砍頭了。

劉備一向以仁義為本，為什麼這次會因為一句話就殺人呢？

有人認為原因是張半仙曾經拿劉備尋開心。當年劉備與劉璋在涪城約會時，一次張半仙也在座，大家飲酒作樂十分開心，劉備就在興頭上拿張裕的一把好鬍子開了個玩笑，說我老家涿縣，姓毛的人特別多，東西南北都是毛姓，縣令大人就說：「諸毛繞涿居乎！」（諸毛諧音豬毛；涿諧音啄，指嘴）話音剛落，張裕立刻拿劉備鬍子稀少加以回敬，說從前有一個上黨潞長（萬戶以上的縣一把手為縣令，不滿萬戶為縣長），後來晉升為涿縣縣令，退休回家後有人給他寫信，在填寫稱謂時很為難，要寫潞長則少了涿令，要寫涿令則少了潞長，只好寫成「潞涿君」（指露嘴）。

劉備說張裕鬍子茂盛，是個善意的玩笑，畢竟古代男人鬍子多是好事，關羽還被人尊稱為「美髯公」；但張裕的意思是說劉備做為男人有生理缺陷沒鬍子，這就有點過分了。再者，當時劉備與劉璋的官階名義上是平級，還是客人，張裕這樣加以諷刺，絕對是以下犯上。

於是，在某些人的眼裡，加上後來預言攻取漢中不準，劉備殺張裕就順理成章了，「完全是挾嫌殺人，毫無法制可言。」（《劉備傳》）

這絕對是對史料的選擇性失明。因為《三國志》在記載這一故事的前面，還有一句：

> （張）裕又私語人曰：「歲在庚子，天下當易代，劉氏祚盡矣。主公（劉備）得益州，九年之後，寅卯之間當失之。」人密白其言。

同在一段文字中，這句話位於段首，拿鬍子開玩笑的故事在段中，很明顯陳壽也是把這句話當作張裕被殺的主要原因，但為什麼一些專家教授就偏偏對此視而不見呢？

這句話翻成白話就是：劉氏的漢朝不過五、六年（下一個庚子年是建安二十五年）就要亡國，劉備得益州也不過九年就會丟失。
天天喊著說國家要滅亡、領導要完蛋，別說一千八百年前的三國時期，就是今天在專制國家喊上幾嗓子，看看結局會如何？
實在是活膩了。要是這樣的事發生在曹操頭上，恐怕張半仙就該三族男女老幼一鍋燴了（參見孔融同志的悲慘遭遇）。
更為令人驚奇的是，張半仙算準了自己要被殺頭（自知刑死），卻管不住自己的嘴要造謠生事，這簡直就是自取滅亡。
諸葛亮還為張半仙求過情，認為好歹是個人才，不如放他一馬。劉備的回答很簡單——芳蘭生門，不得不鋤。意思很明確，就算是芳蘭，長錯了地方，也要鋤掉；就算是人才，才能用錯了地方，就是找死。
可見，認為張半仙被殺是劉備挾嫌殺人，未免把劉備看得太簡單了。
實際上，劉備殺張裕還有另外一層深意——震懾益州本土反對勢力。張半仙造謠說劉備要完蛋，代表的是益州反對勢力。劉備殺張裕，為的是殺一儆百，告訴這一部分同床異夢的幹部，想吃飯就好好跟著幹，不聽話就送你上西天。
放在當時，用這樣的手段鞏固政權，是再尋常不過的事情。
正所謂順我者昌，逆我者亡！

史上最強陣容

建安二十三年（二一八）春，劉備終於做好了準備工作，大舉進攻漢中。劉備兵分兩路，一路由自己親自率領，隨軍大將有趙雲、黃忠、魏延等人，還有第一謀士法正隨行；另一路由張飛牽頭，將領有馬超、吳蘭、雷銅等人。這是劉備史上最強大的陣容，被後世廣為傳頌的蜀漢五虎大將，除關羽遠在荊州外，另外四人全部出征。

留守成都主持後勤工作的肯定是諸葛亮。

進取漢中，陽平關是戰略核心。不論三年前曹操從北進攻漢中，還是此時劉備從南進攻，都把陽平關做為戰役成敗的關鍵。

陽平關位於今陝西省勉縣西北，北依秦嶺，南臨漢水和巴山，雄踞於西通巴蜀的金牛道口和北達秦隴的陳倉（今陝西寶雞東）道口。與漢水南北的定軍山、天蕩山互為犄角之勢，是漢中盆地的西門戶，同時也是巴蜀通往關中的北端前緣，地理位置十分險要，戰略地位極為重要。

為攻克陽平關，切斷曹軍漢中與關中的聯絡，造成關門打狗之勢，劉備首先派遣張飛掛帥的西路軍迂迴陽平關以西，進取曹軍駐紮的重鎮武都郡治所下辯（今甘肅成縣西）。

下辯之戰，拉開了漢中爭奪戰的序幕。

小小的下辯城，有曹操多員猛將鎮守，其中最猛的是三位曹氏將領——曹洪、曹休、曹真。此時曹純已死，曹操精銳親兵虎豹騎的將領正是曹休和曹真。可以說，有曹休、曹真出現的地方，就有恐怖的虎豹騎。

看來一場硬仗在所難免。

劉備做好作戰部署，吳蘭率軍屯住下辯，與曹軍對壘，牽制下辯曹軍主力；張飛率軍駐紮固山，伺機切斷曹軍後路。後路一斷，軍需物資、補充兵源跟不上，哪怕虎豹騎精銳無比、一可擋百，照樣要馬餓得跑不動路、人餓得拿不動兵器，看你還怎麼縱橫天下？

西路軍主帥張飛還放出風聲，告訴曹軍說，我們就要切斷你們的後路了，請做好相關準備。

張飛將自己的意圖告訴曹軍，當然不是要搞什麼春秋時期打仗的君子之風，雙方約好時間、地點，都準備停當，然後喊一二三（擂鼓）才開打。

張飛這樣做是想迷惑曹軍，讓他們提防後路，不要輕易出擊。如果能把曹軍嚇跑，那就再好不過了。因為此時張飛、馬超的部隊正在陸續集結，沒有形成以優勢兵力打擊敵人的態勢，曹軍如果出城進攻，張飛的勝算不大。

怕什麼來什麼。放風聲後沒幾天，曹洪、曹休兩人一合計，識破了張飛的用意，當機立斷決定率領虎豹騎主動出擊。

駐紮在下辯的軍隊首當其衝，一戰下來就被打垮，部將任夔等人陣亡。可憐吳蘭將軍被虎豹騎的勇士窮追不捨，最後慌不擇路跑到氐族的地盤去了，還沒等緩過神來，就被當地土著連人帶馬幹掉。另一位將領雷銅，應當也是在此戰或此戰前後被幹掉的。

首戰失敗，逼近下辯的軍隊覆沒，在固山的張飛形勢不利，本想斷曹軍的後路，現在搞不好張飛會被曹軍斷了後路。

劉備決定讓張飛退軍，與大部隊會合。既然全面進攻分散打擊辦不到，不如重點進攻陽平關，陽平關一旦拿下，下辯就成雞肋。

此時劉備親自率領的大軍已經逼近陽平關，與劉備對峙的曹軍統帥，是曹操漢中、關中軍團的主帥——征西將軍夏侯淵。

夏侯淵其人，不論是從長相還是經歷來看，都只能用兩個字來形容——恐怖。

說到夏侯淵長相的恐怖，有一個故事。曹操因為個頭矮（據推算只有一百五十幾公分），長相又比較猥瑣，自己也覺得不好意思見人，尤其是見陌生人。不過，這個陌生人不是傾國傾城的美女，而是羌、胡等少數民族的頭領和使者。少數民族一向崇尚武力，曹操擔心他們一見自己的長相，頓時對自己失去信心，本來說好要投降歸順的突然又改變主意，所以就讓夏侯淵在旁邊作陪（每引見羌、胡，以淵畏之）。可見夏侯淵的長相，遠遠不止魁梧剽悍，而是眾所周知、人見人怕的恐怖。

說起經歷，夏侯淵更是跌宕起伏，充滿傳奇色彩。夏侯淵是曹操第一大將夏侯惇的同宗弟弟。夏侯是當地豪強大族，夏侯惇就是貴族公子出身，不過夏侯淵卻已經家道衰落，差不多是平民或長工出身。夏侯淵為人很重義氣，一次家鄉發生大災荒，夏侯淵家糧食不狗吃，他為了養活自己死去的弟弟（可能是餓死）的女兒，就把自己的小兒子拋棄不顧（人間悲劇啊！不知道這時候夏侯惇做什麼去了，難道地主家也沒餘糧？）。

後來，一向不安分的曹操在老家犯了法，要被抓去坐牢，也是夏侯淵站出來當了替罪羊。當然，曹家財大氣粗好辦事，來個調包計再使些銀子，縣令大人自然睜一隻眼閉一隻眼，鋒頭過了之後還把夏侯淵也無罪釋放了。

從此，夏侯淵就跟著曹操混了。他跟著曹操南征北戰，逐漸成長為一員出色的將軍，官渡攻袁紹，徐州伐昌豨，廬江討雷緒，關中戰馬超，因功封為護軍將軍、博昌亭侯。後來他被曹操委以重任，擔任西路方面軍主帥，又在隴西破韓遂，涼州滅宋建，曹操引用孔子的話稱讚他說：「吾與爾不如也！」

夏侯淵的作戰特點是長途奔襲，往往以迅雷不及掩耳之勢率領騎兵直插敵人心臟，讓對手在反應過來之前就停止呼吸，可以說是名副其實的「閃電戰」。當時軍中有一句話形容他的閃擊特點——「典軍校尉夏侯淵，三日五百，六日一千。」（《三國志》注引王沈《魏書》）

除了夏侯淵，鎮守漢中的還有曹魏「五子良將」中的兩位——張郃、徐晃。

張郃雖然兩年前在宕渠敗於張飛之手，但此時依舊駐紮在巴、漢之間的廣石一帶，與鎮守陽平關的夏侯淵互為犄角，而且做出出征姿態，可趁敵後空虛深入益州。

張郃是一根刺入益州的釘子，也深深地刺進劉備眼中。

為拔掉這根釘子，劉備派遣陳式等人率領十餘營士兵斷絕馬鳴閣棧道，意圖切斷張郃後路，分割敵軍，各個擊破。

輪到救火隊員徐晃出手了。

徐晃率領軍隊趕赴馬鳴閣棧道附近的深山峽谷之中，直接對陳式展開突擊，一舉擊潰劉軍。士兵們為逃命慌不擇路，甚至不惜跳進山谷，許多人不是被殺死而是被摔死的。

雙方見招拆招，戰事進入膠著狀態。

幾戰下來，劉備吃虧更大。

難道陽平關就拿不下來嗎？

為了奪取陽平關，劉備殺紅了眼，不顧位高權重、年近六旬，依舊身先士卒、親自上陣。老闆這麼拚命，員工自然不在話下。但領導上火線，總是十分危險的事情，身邊的人紛紛勸劉備後退，劉備不但不聽，反而勃然大怒。

於是就出現了這樣的一幕——戰場上矢下如雨，劉備死戰不退。

法正一看，這還了得？萬一老闆有個閃失，那可不是鬧著玩的。他立即挺身跑到劉備前面為他擋箭。

劉備自己不怕死，卻怕法正死，連忙大喊：「孝直避箭！」

法正也大聲說道：「明公親當矢石，況小人乎？」法正這樣做，一方面是為了勸劉備退下火線而想出的奇招，另一方面是患難見真情，情急之下以身護主。

劉備明白法正的用意，只好說：「孝直，吾與汝俱去。」這才退了下來。

縱然劉備親率將士猛攻，照樣沒有取得多少進展。尤其是張郃讓劉備吃了不少苦頭。劉備率領一萬多精銳部隊，分為十部，輪番進攻張郃，仍然沒能攻克。

看來奪取漢中並不是一件容易的事。但現在已經殺到一半，如果此時退兵，不但付出的努力全部白費，而且必然人心不穩、軍心動搖，如果曹軍乘勢進攻益州，後果不堪設想。

開弓沒有回頭箭。許多時候，打仗能不能勝利，就看能不能堅持到最後，誰挺住，誰勝出。此時絕對不能退兵，成敗在此一局！

前方吃緊，就從後方抽調。一定要拿下漢中！

老將也瘋狂

主持後勤工作的諸葛亮，有點猶豫。

諸葛亮一向為人中正、辦事穩妥。根據生活經驗，有著這樣性格優點的人，往往也有一個性格缺點——不敢冒險。

眼看前方失利，劉備在拿益州的全部力量做為籌碼，與曹操進行一場豪賭，而對方的籌碼只是一個漢中。

劉備要輸了就差不多輸得精光，而曹操即使輸了也傷不到元氣。

諸葛亮以為，這樣的賭博實在是太不划算、太冒險了。

於是，接到調兵命令的諸葛亮猶豫不定，是勸劉備退兵，還是按照領導指示發兵。便與身邊的同事楊洪商議。

楊洪的一席話讓諸葛亮茅塞頓開。楊洪指出，漢中是益州的咽喉，奪取漢中關乎益州存亡，必須不惜一切代價拿下，「方今之事，男子當戰，女子當運，發兵何疑？」

對啊！漢中戰役如此重要，還有什麼猶豫不定的？諸葛亮立即堅定了立場，調遣預備部隊和剛剛入伍的新兵支援前線。

劉備在調兵，曹操也沒閒著。眼看戰事進行了好幾個月，進入持久階段，雙方殺得難分難解，曹操決定親自前去會會這個老對手。

但已經是魏王的曹操今非昔比，再也沒有當年在官渡戰前忙裡偷閒急行軍一戰打垮劉備的勁頭了，一路進軍十分緩慢。

當年七月曹操從鄴城出兵，到達長安時已到九月。到長安之後，曹操並沒有急著去見老對手，而是在這昔日的帝王之都停留了片刻。

片刻是多久？答案是半年。

曹操如此遲緩，倒不是一點也不擔心前線，在長安街頭優哉游哉看風景，而是事情實在太多了（領導嘛，可以理解），除了管朝政、抓軍事，還要寫詩歌、搞經濟，而且偏偏這時候南陽一帶的老百姓跟他過不去，要造反。

老百姓造反，好辦。曹操從黃巾起義時就非常有經驗，一群活不下去的泥腿子，拿起幾根破竹竿就想翻身做主，改變命運，做夢嗎？不是。只要派遣縱橫天下的猛將精兵上去，三兩下就能搞定。

但這次造反的不只是手無寸鐵的老百姓，還有南陽郡治所宛城守將侯音、衛開等人率領的軍隊。

軍民聯合造反不多見，原因一般不簡單，以《資治通鑑》的說法是因為「南陽吏民苦徭役」（不只是民，還有吏）。曹操常年征戰，地方稅收太重、徭役太多，人民忍無可忍，終於揭竿而起。這樣的形勢下老百姓造反，不但能獲得本地將士（他們大多數也是當地人）的同情，而且能同仇敵愾、團結一心。

南陽的造反軍民在名將曹仁的鎮壓下，硬是堅持了三個月，還表達了歸順關羽的美好願望。最後曹仁攻破宛城，在曹操的許可下，又幹出一票耀武揚威、彪炳史冊的屠城行動，全城男女老幼一掃而空。

這就是造反的榜樣。看誰還敢造反？

在一些人眼裡，暴力一直是解決問題的最佳方法。卻不知這個世界上有許多問題是靠暴力解決不了的。

哪裡有壓迫，哪裡就有反抗。野火燒不盡，春風吹又生。此時暴力的勝利，已經為日後的失敗埋下了種子。

曹操在南陽造反平定之後，才從長安出發去漢中前線。

此前曹操給前敵總指揮夏侯淵寫去一封信，勉勵夏侯淵將軍戒驕戒躁、再接再厲，信中有一句話非常有名：

「為將當有怯弱時，不可但恃勇也。將當以勇為本，行之以智計；但知任勇，一匹夫敵耳。」

建安二十四年（二一九）春三月，曹操從長安出斜谷，進入漢中。

但曹操來得太晚了，一個多月前戰事發生逆轉，前敵總指揮征西將軍夏侯淵，已經戰死沙場。

幹掉夏侯淵的是老將黃忠。

隨著戰事的進行，劉備後方軍隊源源到來，而夏侯淵部隊雖然精銳勇猛，卻愈打愈少、愈打愈疲，逐漸收縮防線，固守陽平關。

劉備雖然掌握著戰爭的主動權，但進攻漢中將近一年，不斷損兵折將，卻沒有取得多少戰果。

得到曹操即將前來的消息，劉備更加坐不住了。連夏侯淵都搞不定，曹操大軍再來，這仗還怎麼打？

窮則思變。一種策略失效時，換一種策略往往能柳暗花明。

為應對更加殘酷的戰鬥，劉備聽從法正的建議，率精銳部隊渡過漢水，沿山路南行，駐紮在定軍山上，居高臨下，威脅陽平關側後。

運籌帷幄，決勝千里，不是一句空話。正是這個策略，最終扭轉了整個戰局。

劉備占領定軍山，是攻其必救。夏侯淵不得不與張郃率軍出關紮營，被動防禦。「三日五百，六日一千」的閃擊將軍夏侯淵很無奈，如今打的是「三月不動，六月堅挺」的陣地防禦戰。

留給劉備的時間不多了，必須在曹操到來之前見出分曉。領導的意志傳達給將軍，將領們個個感到形勢緊急，不是敵軍亡，就是自己死，當然每個將軍都希望死的不是自己，而是夏侯淵。

動員大會結束之後，劉備連夜對山下的夏侯淵大營發動總攻。

劉備軍能上的人都上了，擺出了群毆的架勢。能用的東西也都用了，飛箭、連弩、扎馬釘等劉備軍的慣用武器自不必說，當時廣泛使用的先進軍事技術——放火（眼熟吧），再次得到運用。

這次劉備軍主要是用火燒燬曹軍大營周圍的鹿角和柵欄。燒開這些防禦工事，就能直接衝進營盤群毆砍人了。

眼看鹿角被燒，幾面圍攻，夏侯淵只好分兵抵抗，急忙命令張郃守衛大營東面，自己守衛大營南面。

劉備軍奮勇進攻，志在必得。尤其是老將黃忠，抱著必死的決心，拿出玩命的勁頭，身先士卒，短兵相接，殺向夏侯淵。戰爭描寫極為簡略的《三國志》，也特意記錄了黃忠奮戰的場面：

「（夏侯）淵眾甚精，（黃）忠推鋒必進，勸率士卒，金鼓振天，歡聲動谷，一戰斬淵，淵軍大敗。」

通過這些簡短的文字，可以想像出金鼓動地、殺聲震天的古戰場，黃忠身先士卒、殺氣騰騰衝向敵軍主帥夏侯淵，雙方將士殺成一團，兵器交接鏗鏘不斷，長刀入肉鈍聲沉悶，戰士被砍中的怪叫，噴薄而出的鮮血，夏侯淵奮死抵抗無力回天，身中數創臨死前喉管裡不屈的低吼……

狹路相逢勇者勝。打仗本身就是拚命，尤其是短兵相接的時候，妙計奇謀、先進武器統統用不上，誰狠誰就有更大的勝算。破釜沉舟、背水一戰，都不過是為了激發出將士必死奮戰的決心而已，取勝的關鍵還是勇氣。

老將黃忠就憑藉冠絕三軍的勇氣，陣斬曹魏名將夏侯淵，以及曹操任命的益州刺史趙顒，隻手扭轉漢中戰役！

正是這一仗中的出色表現與卓越功勛，投效劉備時間不長的黃忠才能被稱為五虎大將，更是在日後分封前、後、左、右四將軍時，擠掉實力派競爭對手趙雲，光榮上榜。

此後長達一千多年，黃忠繼戰國時期趙國名將廉頗之後，成為老將出馬的正面教材，在後世廣為傳頌。

一身是膽趙子龍

黃忠陣斬主帥夏侯淵，曹軍頓時軍心大亂。張郃大吃一驚，明白大營是守不住了，急忙率殘軍敗將逃回陽平關。

陽平關內也是人心惶惶，亂成一團。陽平關的守軍，許多是夏侯淵的老部下，習慣了摧枯拉朽般的勝利，新來的也是久聞夏侯將軍的威名，突然聽說主帥陣亡、大軍潰敗，個個感到大禍臨頭，隨時準備撒腿跑路。幸好杜襲、郭淮等人推舉張郃擔任臨時總指揮，張郃親自率領督戰隊在關內巡行，一邊說些不要緊張，曹丞相馬上率領大軍前來支援的好話；一邊說些違抗軍令就是找死的狠話，這才穩住局勢。

定軍山一戰，成為漢中爭奪戰的轉折。

獲得輝煌勝利的劉備，信心大增，對手下將領說：「現在就是曹操來，也無能為力，漢中一定是我們的。」（曹公雖來，無能為也，我必有漢川矣）

為了擴大戰果，劉備從定軍山分軍進逼漢水，準備渡江圍攻陽平關。但曹軍在郭淮的建議下，出關紮營，擺出等劉軍半渡出擊的態勢。

做為一個統帥，需要在勝利的時候保持冷靜的頭腦。戰場局勢瞬息萬變，以前的成功有可能導致後來的大敗，先前的失敗有可能換來日後的勝利。

劉備就保持著清醒的頭腦，權衡利弊，最終取消了渡江作戰的計畫。

從此，雙方沒有進行大的戰鬥，都在等待著曹操的到來。

建安二十四年（二一九）三月，劉備得知曹操率大軍進入漢中。

兩個死敵又宿命般地走到了一起。

這是他們最後的交手。從二十多年前的壯年一直打到現在，兩人都已是老暮之年，還有時間徹底搞定對方嗎？從徐州救援陶謙開始，兩個人從徐州打到荊州，從荊州又打到益州，轉戰大半個中國，誰會取得最後的勝利？

定軍山大勝之後，劉備一直占有戰略優勢。為保持優勢掌握在自己手中，劉備下令憑險固守，不與曹操交鋒。

劉備這樣做是有道理的，憑藉諸葛亮在後方的調度，自己的軍需給養比較充足，大勝之後士氣高漲，打持久戰沒什麼問題。但曹操不一樣，率領大軍轉戰幾千里，路途遙遠，後勤跟不上，而且後方不穩，拖下去只有死路一條，只能速戰速決（諸葛亮後來北伐，司馬懿採取的就是劉備此時的策略）。

這好比一場足球賽，劉備現在一比〇領先，只要守好球門不被曹操進球，堅持到九十分鐘比賽結束，勝利自然到手。如果劉備主動出擊，不小心被曹操進球，就有可能改變比分打成一比一拖進延長賽，甚至被曹操逆轉。

所以，劉備此時固守要地立足不敗是萬全之計。

憑你怎麼著急，就是不跟你打，看誰耗得起。

當然，有好機會還是要抓住的。老將黃忠就發現了一個大好機會，確切點說黃忠發現的是米，數千萬袋米。

做為剛立大功的心腹將領，黃忠對劉備的策略領會得十分透徹。所以他一看見米就很興奮——米，是此時曹軍的命根子。

黃忠決定斬斷曹軍的命根子——能搶就搶過來，搶不了就燒掉。

但黃忠老將軍黃鶴一去不復返了。這急壞了事先說好約會時間和地點的趙雲。

趙雲左等右等不見黃老將軍回來，率領幾十名騎兵前去找人。

剛走到半路，趙雲就碰上了一隊曹軍騎兵，不可避免地發生了遭遇戰。

但雙方還沒有分出勝負，趙雲就發現曹操親自率領大軍殺了過來。原來剛才碰上的是曹操的先頭部隊。

自己手下才幾十個騎兵，敵軍大批出動，怎麼辦？

相信很多人在這個時候會本能地選擇掉轉馬頭撒腿就跑。但此時劉軍小分隊的統領不是別人，而是常山趙子龍！

趙雲在此時充分表現出一個名將的卓越素質——鎮定。想必趙雲讀過《史記》或《漢書》，知道飛將軍李廣百騎遇匈奴全身而退的著名戰例，他即將對這一戰例加以靈活運用和創造性的發揮。

趙雲的辦法是首先衝擊敵陣，讓曹操誤以為自己是有備而來。此後，邊戰邊走，從容不迫，讓曹軍更加堅定錯誤的判斷——趙雲誘敵。

憑藉超群的智謀和過人的武勇，趙雲一路邊打邊撤回到了己方大營，中間還營救出一位受傷的部將張著。

此時，趙雲的計謀才剛剛進行一半，他還想把這個心理遊戲繼續玩下去。

尾隨而來的曹操大軍也來到了大營外邊，他們還在觀望，想確定趙雲的大營中究竟有沒有埋伏。

趙雲清楚曹操的心理，否決了部將張翼閉門堅守的意見，命令手下偃旗息鼓，打開大門，歡迎遠道而來的曹軍。

片刻之前是趙雲的幾十名騎兵緊張，現在輪到曹操的大軍發憷（發愁之意）了。

擺在曹操面前的是一道選擇題——要不要發動進攻。選擇的殘酷之處在於只能選對，不能選錯，一旦選錯，代價將是手下將士的無數條性命，甚至是漢中地盤的歸屬。

望著空蕩蕩毫無防備的趙雲大營，曹操在進行著強烈的心理鬥爭。

空寂的大營，死一般沉寂，究竟會成為誰的墳墓？

進攻還是撤退？撤退還是進攻？

猶豫片刻之後，曹操做出了選擇——撤退。在他看來，進攻會中埋伏，撤退卻無大礙，因為趙雲大營沒有出戰的跡象，應該不會追擊。

恭喜你，答錯了。

很快曹操就發現自己錯了，錯得太離譜了。

曹操錯在兩點。一是高估了自己手下士兵的心理素質。夏侯淵戰死之後，曹軍就軍心不穩。曹操到來之後戰事沒有改觀，士兵們更加失去信心，開小差逃跑的人愈來愈多，還有人沒到前線就發動叛亂，明顯把上前線當成了送死。此時，曹操選擇撤退，等於告訴士兵們前面有埋伏，我們開溜吧！本來就神經緊張的士兵們一聽撤退的命令，集體來了個向後轉的動作，個個使出吃奶的力氣撒腿就跑（一百六十多年後淝水之戰時，苻堅應該吸取教訓才對）。

曹操的另一個錯誤是低估了劉備軍隊的武器裝備。自從諸葛亮加盟之後，劉備軍隊的軍事技術就突飛猛進，遙遙領先。其中有一樣大規模殺傷性武器——連弩，一次發射十枝箭的升級版連弩！

機關槍！絕對是冷兵器時代的機關槍。

趙雲的確沒有做好追擊曹軍的準備，不過他早已讓士兵們準備好了機關槍，只要曹軍發動進攻或撤退，就讓對方嘗嘗鮮。

連弩一匣子十枝箭發射出去之後，再裝箭是比較費事的（參見機關槍換梭子）。

不過不必麻煩了，趙雲相信，只要連弩第一輪發射完畢，就用不著再裝箭了——「公軍（曹軍）驚駭，自相蹂踐，墮漢水中死者甚多。」（《雲別傳》）機關槍在後，箭如飛蝗，誰落在後邊誰就死翹翹，曹軍將士爭先恐後地逃命，完全可以理解。

當然，裝完箭再發射也是來不及的——曹軍早就跑得乾乾淨淨，除了屍體，連弩射程之內已經沒有敵軍。

這一場心理遊戲，以趙雲完勝、曹操完敗而結束。

趙雲在此戰中的表現，有勇有謀，智敗曹操，比起歷史上任何一位名將都不遜色。

第二天，劉備前來犒賞，視察陣地之後，感慨稱讚：「子龍一身都是膽也！」

死心之戰

《雲別傳》記載到這裡，就告一段落了，至於黃忠老將軍為什麼約會遲到、劫軍糧有沒有得手等事情，壓根兒沒有提起。

這是非常不厚道的，我們不應該丟下年邁的黃老將軍不管。不過我們通過對現有史料的分析，可以知曉黃老將軍的下落——原來黃老將軍劫軍糧又得手了，耽擱時間是因為曹軍糧草實在太多（數千萬囊）。理由有五：

一是曹操大軍突然出動。為什麼突然間曹操軍隊會大舉出動呢？很有可能是得到軍糧被劫的消息，前去救援的。

二是趙雲與曹操偶遇。趙雲出營是去尋找黃忠的，他要去的應該就是黃忠劫軍糧的地方——而曹操大軍早不出動晚不出動，偏偏也在這個時候出動，而且去的還是同一個地方，這不會只是個巧合吧？

三是黃忠後來晉升後將軍。當然，陣斬夏侯淵功勛卓著，但只憑這一樁大功就能把競爭對手趙雲比下去嗎？趙雲可是智敗曹操，同樣立有大功。黃忠應該是斷了曹軍命根子又立大功，才功蓋趙雲。

四是曹操退軍太匆忙。曹操三月才到漢中，僅僅過了兩個月就退軍回長安，路上耽擱半年多，到漢中只待了兩個月，這也太著急了吧？曹操退軍的原因固然很多，軍心動搖、士兵逃亡、擔心後方不穩等等，但這些因素都不是急事，如果過於擔心，當時就不必親自來漢中，派人率援兵來就可以了（比如後來派兵增援襄陽和樊城）。曹操慣於打別人軍糧的主意，一向明白軍糧的重要性，在漢中缺糧的原因，應該不是後勤工作沒做好（在長安停留了半年，糧草調度應該比較充分），而是出了意外被人狠狠地搶了一把。曹操的匆忙退軍，加上大批軍糧被劫眼看就要斷糧一條，才更加合理。

五是最有說服力的——第二天劉備前來趙雲大營犒賞，非常高興，「作樂飲宴至暝」。黃忠劫軍糧，還帶了趙雲的一部分人馬前去（數千萬袋米不是個小數目），而且還與趙雲約好返回的時間，那麼黃忠有可能是和趙雲一起駐守的，至少離得不遠。所以，劉備前來犒賞趙雲也就是犒賞黃忠，只不過《雲別傳》記載的主人公是趙雲，因而忽略了黃忠而已。再者，劉備犒賞部將一直喝酒喝到天黑才回去，如果黃忠沒有得手，他會如此高興嗎？如果黃忠失手，他能高興得起來嗎？

綜合以上幾點，我們可以得出結論：黃忠老將軍在漢中又立大功，劫奪或燒燬了曹軍大批軍糧。

定軍山之戰的勝利，除了黃忠奮勇血戰之外，還因為領導劉備調度得當、參謀長法正神機妙算。但劫軍糧和打退曹操，光榮就完全屬於黃忠、屬於趙雲，絲毫沒有領導的份。對於劉備來說，這兩場勝利不是事先的策畫，而是意外的驚喜，兩個大大的驚喜。

很快，曹操就撐不下去了，率領漢中、陽平關、下辯等地的軍隊全線撤退至陳倉一線，退守關中、涼州。

漢中爭奪戰，確立了天下三分的格局。從此劉備的勢力範圍擴張至陳倉一線，後來諸葛亮、姜維北伐，都是在這一帶作戰。

不過，曹操撤軍時，按照一貫的做事風格，把漢中人口甚至武都一帶的少數民族能帶走的全都帶走了。

劉備雖然奪得漢中，但得到的人口不多。人煙稀少的漢中，後來實行軍屯，耕種土地，囤積軍糧，成為蜀漢北伐的資本。

漢中爭奪戰，雖然以劉備的勝利而告終，實際上對劉備和曹操來說，都是一場死心之戰——兩個爭鬥了大半輩子的老男人終於死心了，到最後關頭又使勁打了一場，結果還是誰也幹不掉誰。

曹操留下「雞肋」的評語無奈地撤退，他的死心不用多說。

對於劉備來說，這次也是真的死心了。動用史上最強陣容，連續作戰一年多，拚死拚活才拿下漢中。卻還是傷不到曹操元氣，曹操到來時，自己只能憑險固守，辦不到殲滅敵人有生力量（憑險固守一般是實力弱小或相當的一方採用的策略）。甚至曹操強行遷移人口時，劉備也只能眼睜睜看著，不能讓曹操停止暴行。

陛下蒙塵，黎民遭殃，劉備雖然早就立志匡扶漢室、拯救萬民，但此時他在心中隱隱感到，這個理想今生也許不可能實現了。

滅曹賊以興漢室，此不能也，非不為也！

內心深處的這一看法，對日後劉備做出即位當皇帝、出兵伐東吳兩個重大決定，起了重要推動作用。

做不到的先放一邊，能做到的還是要盡力而為。

劉備在進入漢中的同時，趁曹操全線撤退的機會，派兵占領了涼州的武都郡。

另外，為打通漢中與荊州的道路，劉備命令在荊州的宜都太守孟達率領本部四千人馬（孟達與法正一起迎接劉備入蜀時的那批軍隊），向西北方向進攻房陵（今湖北房縣）、上庸（今湖北竹山）、西城（今陝西安康）等地。由於孟達人馬不多且不是嫡系，劉備派遣養子劉封從漢中沿漢水東下，與孟達會師上庸，並擔任主帥。

很快，房陵、上庸、西城等地紛紛落入劉備之手。

經過三十多年的努力，劉備終於走上了一生事業的最高峰。不過物極必反，走過高峰，就該走下坡路了。

皇帝看不到的表奏

當然，沒有人能未卜先知（其實卜了也未必知），人生很多時候都是走一步看一步。

此時的劉備與手下的猛將謀臣，都沉浸在一片勝利的喜悅之中。

大家都想趁著戰勝曹操的喜悅，再來個喜上加喜——擁戴劉備為漢中王。

這意謂著劉備要在漢朝中央政府之外，另立政府，建立漢中王國。

建安二十四年（二一九）七月，劉備設壇場於漢中沔陽（今陝西勉縣東），即位漢中王，拜大司馬，立劉禪（阿斗）為王太子。

劉備即王位，當然少不了文臣武將陪同、大批精兵列陣等可以編入電腦程式的固定項目。其特殊之處，在於一封表奏——上給皇帝的一封皇帝看不到的表奏。

表奏的內容很長，文辭很美，實際上是一封請願書。劉備手下馬超、許靖、諸葛亮、關羽、張飛、黃忠、法正、李嚴等一百二十位文臣武將組成請願團，向遠在許都的傀儡皇帝漢獻帝劉協請願，中心思想是告訴皇帝及全天下：曹操作惡，社稷遭難，只有加封皇族出身的劉備為漢中王，才能拯救漢室江山。

此時皇帝掌握在曹操手裡，不但不可能批准這一份請願書，而且很有可能連請願書的影子都看不到。所以請願書最後也寫明，既然皇帝你做不了主，大夥兒就這麼決定了。不論皇帝你批准不批准，劉備即位漢中王那叫一個民心所向、眾望所歸。

需要指出的是，劉備這個漢中王與劉協同志當皇帝之前的封號陳留王，雖然同樣是諸侯王，王號都來自地名，卻有著很大的不同。

漢朝從劉邦建國以來四百多年，除了皇帝姓劉這一條基本國策沒有改變，其他的很多制度都已非復舊容顏了，其中諸侯王制度也發生了很大的變化。

西漢剛剛建立的時候，為了激勵功臣，封了韓信（齊王，後改封楚王）、英布（淮南王）、彭越（梁王）等幾個猛人為王，個個地方千里、兵強馬壯。有這些猛人占著大片土地、帶著大批軍隊當王爺，劉邦晚上睡覺十分不踏實。但他不能不這樣做。因為當時天下大亂，他要打敗項羽，必須要給這些猛人開高工資，不然誰給他幹活？

等到項羽敗死烏江，就到了兔死狗烹的時候，這幾個異姓諸侯王最終都被劉邦一鍋把全家給燴了。此後，劉邦訂下了「非劉氏不得王」的鐵令（很快就遭到他老婆呂后的帶頭破壞）。不過，諸侯王的封地和權力依舊很大，除了相國由中央政府任命，其他高級官職統統都由諸侯王自己任命，差不多可以算是獨立王國。以至於後來劉邦的孫子漢景帝不得不聽從晁錯的建議進行削藩，還激起了以吳王劉濞為帶頭大哥的吳楚七國之亂。到猛人漢武帝的時候，才通過推恩令等方法，逐步解決了諸侯王尾大不掉的問題，從此漢朝諸侯王只需要睡著拿工資、躺著享清福，沒有多少權力了。

劉備即位漢中王就是「以漢初諸侯王制」，封地有漢中、巴、蜀、廣漢、犍為五郡，建立起一個與曹魏分庭抗禮的獨立王國。

劉備此時的地盤廣大，偏偏以漢中、巴、蜀、廣漢、犍為五郡做為封地，而且封號不叫「蜀王」、不叫「巴王」，偏偏要叫「漢中王」，很明顯要勾起人們對於一個人的回憶，這個人就是他的老祖宗——劉邦。

劉邦當時被項羽封為「漢王」，封地就是漢中、巴、蜀三郡（當時沒有廣漢、犍為郡，地盤與劉備五郡大致相當）。後來劉邦兵出關中還定三秦，最終成就帝業，建立漢朝。

這是一個更加明確的信號，也是一種政治宣傳的手段，劉備要以老祖宗劉邦為榜樣，踏著劉邦走過的道路走下去，統一天下，建立帝業，而且他是要繼承漢室江山，並不是改換門庭、重新開張（雖然實際上與重新開張差不多）。

鑑於以諸侯王的身分掌握朝廷大權有點不倫不類，劉備同時還正式出任大司馬。大司馬位列三公，是天下兵馬大元帥，劉備出任大司馬，「董督三軍，掃除寇難」就更加名正言順了。

即位漢中王、大司馬的最後一道流程，是劉備向漢獻帝再上一封表奏。這同樣是一封皇帝看不到的表奏。不同的是先前的一封是請願書，這一封是就職演說。至於就職演說的內容，想必大家都很熟悉，無非是說些自己能夠坐上這個位子，是領導和同事的信任，以後要更加努力，將革命進行到底，不辜負大家的期望等。

隨著就職演說一起發出的，還有中央政府先前發給劉備的左將軍和宜城亭侯大印。劉備交割清楚，從此不只在實質上還在名義上與曹操徹底劃清了界限，不在曹操把持的中央政府大鍋裡攪勺子了。

既然曹操的鍋裡不開劉備的飯，劉備只能另起爐灶。

領導的心莫測高深

即位漢中王后，劉備做出了一個決定，這個決定與三年前曹操放棄進攻益州一樣，讓許多人（不同的是這次是劉迷）扼腕痛惜，深感功敗垂成。

這個決定就是沒有趁著關羽出擊襄陽（此時關羽還沒有水淹七軍，大獲勝利）的時機大舉進攻曹操，而是選擇休兵回到成都。

其實劉備此時選擇收手，絕對不是戰略失誤，而是形勢所迫。經過一年多的苦戰，軍隊需要休整，下一次大舉進攻至少要準備幾年。

此時的三巨頭劉備、曹操、孫權，誰也不比誰強多少，誰都不具備牛烘烘一直打下去的實力。和老百姓過日子一樣，家家有本難念的經。曹操雖然漢中失敗，後院起火，劉備卻也是筋疲力盡，需要休養。

這是人口減少、經濟衰退的亂世的必然要求，也是意圖亂世稱雄者共同面臨的時代難題。這與今天的就業問題一樣，是任何一個當政者都會頭疼的普遍性難題。

哪怕你豪情萬丈、氣勢如虹，也得有軍隊才能打仗。而軍隊是要吃飯的、是要花錢的。要吃飯就得囤積糧草，要花錢就得聚集財富。除此之外，別無他路。

路是要一步一步走的。三步併作兩步，成功了那叫實現飛躍，失敗了那叫欲速不達。是的，有些時候勒緊褲帶再狠一把就能大功告成，但有些時候勒緊褲帶再狠一把卻是前功盡棄。

此時再狠一把結局如何？

我們不知道，劉備也不知道。

他只知道出外征戰一年多，是該回家看看了。既然不打算大舉進攻，做為一個領導，就應該回到自己的位子上去。

當領導不能學赫魯雪夫，老在外邊跑來跑去，結果回家的時候莫名驚詫地發現，自己的位子已經鵲巢鳩占有人坐了。

不過，在回成都之前，劉備還有一件大事需要安排。

誰來鎮守漢中？

與之前任命關羽留守荊州一樣，論資歷、論威望、論地位，甚至論劉備重用老弟兄的習慣，大家都心領神會，認為鎮守漢中的人選非張飛莫屬。

大將張飛同樣心領神會，大有捨我其誰、當仁不讓的感覺。

但大家很快就驚得大跌眼鏡，發現統統都會錯了意。

人心高深莫測，領導高深莫測，領導的心那叫一個莫測高深。

這次劉備挑中的人選既不是老弟兄張飛，也不是有大局觀的趙雲，更不是為幹革命不顧親人的馬超或年事已高的黃忠，而是提拔資歷淺、威望小、地位低的後起之秀魏延為鎮遠將軍，兼任漢中太守，擔負起鎮守漢中的重任。

劉備在漢中召開最後一次前敵高級軍政幹部會議，安排各位將領的駐防任務，並當眾宣布對魏延的任命。

望著各位將領錯愕的眼神，劉備想給魏延一個展示的機會，就問他：「我把漢中重任交給你，你有什麼就職感言？」（今委卿以重任，卿居之欲云何？）

魏延的就職感言簡短而豪邁，讓在場的將軍們大有刮目相看之感，對領導的眼光更加佩服得心服口服：「若曹操舉天下而來，請為大王拒之；偏將十萬之眾至，請為大王吞之！」

何其豪壯！江山代有人才出，蜀漢名將何止五虎！

只是千里馬常有，而伯樂不常有。

事實證明，劉備的識人眼光確實不是一般的高，魏延也絕不是在吹牛皮。魏延在擔任漢中太守的十多年時間，注重外圍防禦，一直拒敵於國門之外（當然也與蜀漢出擊、曹魏固守的大形勢有關）。甚至魏延冤死後，後來鎮守漢中的王平等人沿用他的策略，也獲得了擊退曹爽的勝利。

劉備安排好員工的工作任務，是時候回成都了。

劉備以王者之尊回到成都，一路安排人手逢迎接駕，十分風光。

權勢熏天風光上路的人，這個世界上遠遠不止一個。但很多人在表面風光的背後，其實藏著一顆漠然的心。

對世事很漠然，對國家很茫然，只關心眼前的自己。

也許那些經過個人努力混出頭的人，他們年少時的想法，掌握權力爭取搏上位只是手段，實現理想一展抱負才是目的。

然而，很多人都在搏上位的過程中，被生存的壓力和個人的欲望所吞噬，異化、扭曲了人性，最終手段變成了目的，目的成為了虛無。年少時的理想，早已不復存在，剩下的只有一件事——往上爬，不顧一切往上爬。

可悲的是，這個變化他們自己並沒有感受到，而是美其名曰「成長」。在他們心中，要「成長」必須和光同塵、必須放棄理想、必須泯滅良心。

但讓人欣慰的是，至少還有一些人，通過努力得到了權力和富貴，卻並沒有丟失理想和良心。

比如劉備。不論是黃巾起義時的一個小兵，還是此時名動天下的漢中王，他一直是把天下的事都當成了他自己家的事，一直在路上奔波。

對一個以天下為己任的人來說，在路上風光不風光不重要，重要的是還能在路上奔波多久，能奔波出個什麼結果？

從二十四歲從軍，已經在這條路上走過了三十六個春秋。當初的有志青年，已經到了耳順之年；當年的一介布衣，已經貴為漢中王。

付出的心血終究不會白流，一路的艱辛畢竟沒有白受。

但天下依舊是個難以收拾的亂世，幾多豪傑幾多梟雄，你方唱罷我登場，如今天下鼎足三分，何時才能歸於一統？

路的盡頭是什麼？我不知道。草根出身，卻以天下為己任，究竟是幸還是不幸？我也不知道。但我知道，這條路我會一直堅持下去。

昨天一路走過，今天走在路上，明天還要繼續走向前方。

唯一令人神傷的，是時間。這個明天，到底還有多久，只有天知道。

第七章

終點

關羽北伐與夷陵之戰示意圖

一個沒有精神的國家，是沒有力量的國家。

蜀漢之亡，不是亡於所謂的窮兵黷武，而是亡於政治腐敗，導致國力減弱，更導致失去民心。

因為對於混日子的員工來說，混是最重要的，而跟著誰混是不重要的。跟著劉老闆是混日子，跟著曹老闆或司馬老闆也是混日子，沒有多少差別。和平年代也就這麼混下去了，一旦出什麼大事，那是肯定靠不住的。

做人不能太高調

當領導的必備素質之一是團結人、會用人。

為體現一榮俱榮、休戚相關的團結精神，做了漢中王、大司馬的劉備，自然要對手下的文臣武將大加封賞。

其中最為光輝奪目的是六個人。兩個文臣，許靖為太傅，法正為尚書令。四員猛將，關羽為前將軍，張飛為右將軍，馬超為左將軍，黃忠為後將軍。

許靖同志雖然加盟劉備集團的時候極不光彩，但在擔任劉備政府祕書長（左將軍長史）的時期，許老先生認認真真、兢兢業業，不顧年過七十高齡，身體狀況一日不如一日，仍然為劉備政府的人才評價工作發揮光熱。

做為一個出色的CEO，員工的工作情況從來都逃不出劉備的眼睛。看著許老先生工作這麼賣力，劉備老闆終於一笑泯成見，對他刮目相看，給予漢中王太傅的高級官職，位列文官之首。

法正則因為攻取漢中的精采建議、以身擋箭的耿耿忠心、定軍山之戰的超群謀略，更加受到劉備的信任和器重。尚書令的工作職責主要是參與機要，掌管並處理領導的奏章文書，可見法正此時的受信任程度。

至於前、後、左、右四位四星上將的人選，劉備和諸葛亮等人著實費了一番思量。

諸葛亮指出，黃忠以軍功升遷，名望遠遠比不上關羽和馬超。如果他們四人一起上任為四星上將，那麼馬超和張飛都上過漢中前線，親眼目睹了黃忠的功勛有多大，不會有什麼話說，但關羽就不一樣了，既沒見黃忠的大功，又一向心高氣傲為人高調，恐怕會心裡不爽。

諸葛亮的這番話，雖然說得有理有據，卻不排除有為趙雲爭取四星上將名額的用意。以劉備手下武將的資歷和名望來看，黃忠的名額如果空缺下來，遞補的確定一定是趙雲。但諸葛亮的建議被劉備否決了。換句話說，劉備不同意趙雲出任後將軍。

這裡有一個疑問，劉備為什麼不提拔趙雲。

趙雲追隨劉備的時間不可以說不早，二十年縱橫南北建立的功勛不可謂不多，以至於近年來的影視作品當中，趙雲的鋒頭更是一發不可收拾，甚至蓋過了關羽，成為劉備手下的第一名將。

趙雲的武勇、忠義、謀略，當領導的劉備不可能不清楚，但為什麼在奪取益州之後，給了趙雲一個翊軍將軍的官職，此後長達九年一直沒有提拔呢？

關於這個問題，可以說是見仁見智，有多種不同的理解。

有人就拿這件事做為證據，認為趙雲在劉備後期其實不受重用。這個論調很容易推翻，最有力的證據在於南朝梁代陶弘景所著的《古今刀劍錄》。書中記載劉備在稱帝後的第一年鑄造了八柄寶劍，一把自己佩戴，三把給了三個兒子劉禪、劉理、劉永，其餘四把分別賜給了諸葛亮、關羽（此時關羽已死，應當是賜給了關羽之子關興）、張飛和趙雲。可見，趙雲是劉備最為器重的四位心腹大臣之一。

既然趙雲如此受劉備器重，那為什麼偏偏得不到提拔呢？

我的看法是，劉備不提拔趙雲，與唐太宗臨終前把名將李勣（即徐世勣，傳說中的徐茂公）貶到偏遠地區的用意是一樣一樣的——讓兒子對大將有恩，大將就會對兒子更加忠誠。

所不同的只是李勣被貶的原因明確載於史書，而趙雲不被提拔的原因卻是個歷史空白。所幸歷史不只是白紙黑字，即便史書上有許多空白，我們還可以從人心權謀讀出一點東西。

劉備不提拔趙雲，說到底是帝王權術在作祟。

後來劉禪即位，立即加封趙雲為中護軍、征南將軍，封永昌亭侯，很可能就是遵循劉備生前的安排。如此一來，劉禪對趙雲的救命之恩算是有所報答（老闆不能一直欠著員工的人情），而趙雲受到封賞就會對劉禪更加忠誠不二。

這個推測，還有一樣東西可以做為佐證——年齡。

雖然趙雲和黃忠的確切出生年月已經無法考證，但可以肯定的是趙雲的年齡要遠遠小於黃忠，而且小於劉備。所以劉備將趙雲看做可以輔佐兒子的大將是非常靠譜的。

事實上，趙雲確實是蜀漢五虎大將中，在後劉備時代還活著的唯一一人，堅強地活到了最後，輔佐了劉禪整整六年。

當然，諸葛亮的建議雖然被劉備否決了，但他的顧慮絕不是多餘的。

做為一個辦事穩妥之人，諸葛亮從來不說沒意義的廢話。

做為一個修史嚴謹的人，陳壽也從來不記沒意義的廢話。

總而言之，言而總之，如果一句話既被諸葛亮說了，又被陳壽記了，那就絕對不是廢話。

比如說諸葛亮對於黃忠出任後將軍的質疑。這不是說諸葛亮對黃老將軍存有偏見，而是有一個人做人太高調了。他的高調，不只是諸葛亮知道，後來的陳壽也知道，甚至地球人都知道。

這個全世界都知道他很高調的人，就是關羽。

關羽如此高調是有資本的。闖蕩江湖幾十年，關羽早已名滿天下，雖然當時的關羽還是人不是神，卻也是一個了不起的人。他是劉備帳下第一大將，勇猛蓋世，忠義無雙，博取封侯已近二十年，獨鎮荊州也有九年。陣斬顏良，辭曹歸劉，刮骨療傷，這幾個近似神話的故事，都是確鑿無疑的史實。這一切讓本就自命不凡的關羽，感覺更加良好。

當初馬超歸順劉備之後，關羽很想跟這個風流一時的人物切磋切磋。但關羽長期鎮守荊州，偏偏見不到在益州的馬超，想來想去寫了一封意味深長的信，送給諸葛亮。

做為一個不世出的人才，諸葛亮當然不是吹的，他看懂了關羽的意味深長，還寫了一封回信。他的回信可以說是和稀泥、玩平衡的教科書式的榜樣，既不得罪任何人，又能讓關羽滿意。信中回答說：

「孟起（馬超）兼資文武，雄烈過人，一世之傑，黥（英布）、彭（越）之徒，當與益德（張飛）並驅爭先，猶未及髯（關羽）之絕倫逸群也。」

關羽見到信後，心中懸著的一塊大石頭終於落地了，心情愉悅地把信拿給大夥兒看。那意思是說，大夥兒都來看看，不論什麼時候，不論來了誰，我關某都是劉備帳下毫無疑問的NO.1！

當加封前將軍的使者費詩從成都趕到荊州後，關羽卻有幾分不爽。因為他發現，NO.1一下子有了四個，雖然自己依舊排名靠前，但究竟誰輕誰重？還是不分輕重？他實在有點搞不懂了。張飛還罷了，是出生入死的老兄弟；馬超也罷了，人家是當過一鎮諸侯的歷史風流人物；黃忠算什麼？一個一輩子沒闖出名堂的老兵！

大丈夫終不與老兵同列！

便放話出去，不想當這個前將軍。

便再次驚喜地得到了滿意的回答。

費詩開導關羽說，做為一個幹大事的老闆，劉備要用的人才自然是多多益善。就像當年劉邦重用韓信，但說到底還是蕭何、曹參等一起從小玩到大的夥伴們關係更鐵。關將軍你在老闆的心目中，同樣「譬猶一體，同休等戚，禍福共之」，何必太計較官位誰高誰低、薪水誰多誰少？

費詩這麼說，絕不是因為他口才棒、應變能力好，而是出發前曾被老闆劉備指點迷津。當諸葛亮提出質疑之後，劉備就想到了解決問題的方法。關羽的高調，全世界都知道，一路相隨走過三十多個春秋的劉備更是一清二楚。

費詩遵循老闆劉備的指點，除了帶來上面那一番話之外，還奉命帶著兩樣重要的東西前來——符節和黃鉞。

這兩樣東西，我們在讀古代史的時候經常會遇到。比如，蘇武牧羊時，手中拿的那件有毛（裝飾的旄尾）的棍狀物品就是符節，蘇武把它看得比自己的生命還重。周武王攻入朝歌後，商紂王已經自焚而死，不過武王還是把紂王的頭給砍了下來，用來砍紂王頭的武器有點像我們砍柴的斧頭，不過它是明黃色的（以金或銅裝飾的緣故），它的學名就是黃鉞。

想想這兩件事，我們就能明白，符節和黃鉞簡單來說都是皇權的象徵，把它們授予大臣，一般稱為「假節」和「假節鉞」，做為加重權力的信物，與古裝戲中的尚方寶劍有點相似。不過符節和黃鉞的用途及所代表的權力，是有很大差別的。簡單來說，大臣「假節」可以斬殺中級幹部以下的人，「假節鉞」則甚至可以斬殺「假節」的高級幹部。可見，「假節鉞」的大臣地位和權力遠在「假節」之上。

此時，關羽就受到劉備授予的「假節鉞」殊榮，而且是唯一一人（張飛、馬超兩人只是「假節」）。也就是說，此時在劉備集團中，關羽的地位是名副其實的一人之下、萬人之上。

劉備對關羽的器重，可見一斑。而關羽仍然對黃忠與自己平級一事不大高興，就只能說明他實在高調得有些過分了，連自己人都看不起，不會搞團結。

古人的處世哲學告訴我們，做人不能太高調。

關羽高調的作風，透露出高傲的性格，也為他人生最後的悲劇埋下了伏筆。

不過在悲劇之前，他將首先迎來人生的高潮。

最後的征戰

關羽的高潮源於一場雨。

八月，長江中游連綿不斷的大霖雨。

下大雨可能是好事，也可能是壞事，要看對誰來講。對於出外征戰的人來說，趕上這樣一場大雨，真是倒了大楣，天天泡在雨水中，既對身體不好，容易落下病根，又沒辦法幹正事打仗，真是痛苦啊！

當然最痛苦的是領頭的將軍。當兵的照樣有飯吃、有錢拿，打不打仗並不怎麼關心，統帥卻不能不考慮。如果戰鬥任務完不成，還把錢花了一大堆，是不好向老闆交代的。

關羽就非常痛苦。為打通從漢中至荊州的水路通道，使劉備手中的益州（包括漢中）和荊州兩塊根據地更好地連成一片，奪取戰略要地襄陽和樊城，關羽受命北伐已經有幾個月了。

對於關羽出師北伐，還有一種重要的觀點，認為是為了減輕漢中戰線的壓力。考慮到劉備在漢中吃緊的形勢，要是關羽出兵牽制曹軍，倒也合情合理。但根據史實分析，關羽北伐應該是為了奪取襄陽和樊城，理由至少有四：

一是關羽出師北伐的時間，是在建安二十四年六、七月之間（此前與曹仁等曹魏諸將小規模的戰鬥一直不斷）。曹操派出于禁援軍是在當年七月，可知關羽北伐必然在此稍前。而在五月，漢中爭奪戰已宣告結束，關羽此時出兵，說是支援漢中，首先在時間上就對不上號。

二是幾乎在同一時間，孟達受命進攻房陵、上庸等地。關羽與孟達出兵時間相同，戰略目的應該也相同，是互相配合完成打通漢中至荊州的水路通道的戰略任務。

三是牽制曹軍支援漢中的目的，應該說很快就達到了（曹操五月從漢中撤退，七月調遣七軍救援曹仁），但關羽還是沒有停手。顯然，此時關羽出軍的戰略任務還沒有完成。

四是劉備一貫的作風，奉行穩步發展。進攻益州時，他留下諸葛亮、關羽、張飛、趙雲等大批猛人和多數兵力守衛荊州，是因為益州形勢不明朗，荊州絕對不能丟。後來他在攻取漢中時，益州方面吃緊，卻一直沒有讓荊州方面出兵，同樣是怕荊州有個閃失丟了老根據地。所以直到漢中取勝之後，他才比較放心地讓荊州方面北伐，以擴大戰果。

蜀漢第一名將關羽，就此開始了他人生中最後一次征戰。

這是無比光榮的一戰，也是極其慘痛的一戰。

成敗，有時候離得那麼近，又那麼遙遠。

對於北伐的目的地——襄陽和樊城，關羽很熟悉。十多年前劉表的大本營就在襄陽，而襄陽北邊隔漢水相望的就是樊城，這是當年劉備駐軍的地方。關羽水軍就誕生在襄陽和樊城之間的漢水中。

關羽望著眼前的兩座城市，大有物是人非的感慨。如今的襄陽和樊城，已經在曹操手中整整十一個年頭。守衛襄陽的曹魏將領是平狄將軍呂常，而守衛樊城的則是征南將軍曹仁，還有堪稱文武全才的汝南太守滿寵和投降不久的立義將軍龐德二人協助。這幾人都歸前敵總司令征南將軍曹仁節制。

襄陽地理位置重要，城池防禦堅固，因此在歷史上一直是軍事重鎮，後世甚至評價說：「無襄則無淮，無淮則江南可唾手下。」（周密《癸辛雜識》）蒙古大軍南下時，南宋守襄陽守了足足六年（當然不可能有郭靖大俠的幫助），但襄陽被攻破後，南宋就全無招架之力，僅僅三年就滅亡了。

此時關羽指揮水、陸軍隊從江陵北上，按照地理形勢，首當其衝的就是襄陽。

不過關羽重點進攻的是與襄陽一水相隔的樊城。這樣做主要出於兩個原因：一是襄陽城池的堅固在歷史上是有名的，要想強行攻破，難度實在太高；二是樊城位於漢水北岸，只要拿下樊城，就能切斷襄陽守軍的後路和後勤補給線，那時候即便襄陽固若金湯，也根本用不著攻打，等著守軍困死餓死就行了。

關羽的策略毫無疑問是正確的，但曹仁也絕不是吃素的。

關羽意圖包圍敵軍，來個甕中捉曹仁。

曹仁就來個反包圍，不但分軍守衛兩座城池，還讓龐德率軍駐守城外，三者互為犄角之勢。《孫子兵法》云：「十則圍之。」看你關羽有多少軍隊，能把襄陽、樊城、龐德三方分隔包圍？

關羽當然沒有那麼多兵力，雙方進入相持階段。

但關羽名將的名頭不是吹出來的，愈打愈順手，漸漸占了上風。

眼看戰事吃緊，曹仁只得向老闆曹操求救。

有沒有常識很重要

曹操又坐不住了。

從漢中敗退長安沒多久，襄陽方面就吃緊，曹操感慨人生真是變化無常，若干年前只有他打劉備的份，打得劉備滿世界亂跑，現在卻只有劉備打他的份，打得他捉襟見肘；若干年前關羽還在他手下吃過飯，現在關羽卻不想讓他吃下飯。

感慨歸感慨，見過無數大風大浪的曹操，財大氣粗，還是有辦法的。何況他手裡還有一支壓箱底的預備軍隊——七軍，約有三、四萬人，拿去救援曹仁是綽綽有餘的。

畢竟是六十好幾的人了，曹操這次不打算親自上前線，他要為這支軍隊挑選一位統帥。

曹操看中的是曹魏五子良將中官階最高、名望最重、以毅重著稱的左將軍于禁。

于禁，字文則，泰山郡鉅平（今山東泰安南）人，在曹操得到兗州的時候開始追隨，此後征戰一生，立下無數汗馬功勞。要認識這個人物，可以分析以下兩個典型事件。

事件一：曹操在宛城被張繡打敗，軍隊四散逃命，只有于禁率領的軍隊還保持戰鬥力，有組織地撤退。但夏侯惇率領的青州兵一向軍紀很差，遇到這種混亂局面，不少人更是混水摸魚、趁亂搶劫。有一群青州兵正搶得不亦樂乎，不幸遇到了于禁，當場被斬殺。事後，僥倖逃回去的青州兵向曹操報告，說于禁那小子反了。

青州兵惡人先告狀的事情，于禁很快就得到了消息，但他此時的作法，體現出了一位名將的風度。他不是先跑到曹操那裡為自己辯解，而是率領部下構築防禦工事，等到局勢穩住之後，才回去向曹操請罪。

這件事大大地感動了曹操一把，立即為于禁升官封侯，還稱讚說：「雖古名將，何以加之！」

事件二：劉備殺死車胄奪回徐州時，回應劉備的昌豨，在劉備失敗後，接受張遼勸說再次投降了曹操。但沒過幾年，這個造反將軍昌豨又背叛了曹操。這次前去攻打昌豨的是他的老朋友于禁。昌豨看是老朋友來了，也許出於僥倖心理就又投降了。于禁身邊的下屬都認為，應該把昌豨綁起來送給老闆曹操處理。

于禁的作法，卻讓眾人大吃一驚，他又是先斬後奏。他的依據是曹操有軍令——被包圍後才投降的人都要殺（夠狠），所以即便是老朋友，我也不能不殺，然後流了幾行眼淚就把昌豨給砍了。

依常理來看，就算有軍令，把俘虜送給領導處理也沒有什麼不對，尤其是老朋友，就更應該這樣做，說不定還能救人一命，在不違背公家利益的原則下保全私人友誼。

曹操對這件事的反應十分耐人尋味，他先是感嘆說：「昌豨不投降我而投降于禁，看來是命裡該死啊！」（豨降不詣吾而歸禁，豈非命耶）

言外之意，曹操是說昌豨投降了他就可以不死，他還要再赦免昌豨一次。胸懷是何等寬廣！

但曹操的作法卻是「益重（于）禁」，提拔于禁為虎威將軍。

在這個世界上，靠得住的從來不是一個人的話，而是一個人的心。

很明顯，曹操雖然嘴上那麼說，實際上卻對于禁的作法打心底贊同。畢竟曹操不是好好先生，也不是開政府招待所的，心裡對想來就來、想走就走的昌豨一類人早就鬱悶到家了，只是要擺出胸懷寬廣的姿態而已。

只有于禁最明白曹操的心思，他殺了昌豨，既能對反覆無常的人起到殺一儆百的震懾作用，又無損於老闆的寬廣胸懷。

為了大局，為了老闆，什麼朋友，什麼義氣，統統都是狗屁，完全可以拋棄！

說到底這是一個有大局觀的冷血將軍的所作所為！

別人看不穿，這就是他們與于禁之間的差別所在。

通過這兩件事，可以看出于禁不但是名將，還是一員有心計、有大局觀的名將，曹操對他大加器重是順理成章的事情。

何況此時，五子良將中最先升任右將軍的樂進已死，張遼、張郃、徐晃三人不論官階還是名望都比不上于禁，因此于禁出任七軍總司令，著實有點捨我其誰、當仁不讓的意味。

于禁在進發襄樊的路上，看著浩浩蕩蕩的大軍，躊躇滿志，認定此去定能建不世功業，博青史留名！

于禁的躊躇滿志是有原因的，此前他率領的軍隊數量一直不多，尚且博得拜將封侯；如今手下有三、四萬步騎大軍，前途不可限量。

他萬萬沒有想到，此去雖然沒有建立不世功業，卻同樣贏得了青史留名，只不過是以另一種方式——遺臭萬年。救援襄樊成為他人生的滑鐵盧，從此再無翻身的可能。

滑鐵盧來得太快、太突然，讓人猝不及防。

于禁剛剛到達樊城附近，剛剛紮好營盤，還沒怎麼打仗（下雨打不了），就發現平地洪水三丈，營地一片汪洋，七軍將士皆為魚鱉。

當然，這還不是最可怕的，于禁與一部分將士進行爬山比賽，登高望水。確切說來不是登高望水，而是登高望船，望眼欲穿。

沒過多久，于禁就看到船了，心底一陣激動。但他很快就不激動了，取而代之的是絕望，前所未有的絕望，深入骨髓的絕望，令人窒息的絕望。

因為開過來的不是曹仁將軍派來接應的船隻，而是前所未見的大船。

做為一個資深將領，于禁清楚曹軍中沒有這樣的大船，它們的歸屬只有一個可能——關羽！

恭喜你，答對了。

大船的確是關羽的大船。

甚至洪水也是關羽的洪水。當然，關羽不可能製造出洪水，他只是最大限度地利用了洪水（這個問題下邊分析）。

當于禁統率七軍聲勢浩大地開赴襄樊前線的時候，關羽十分鬱悶地發現，仗沒法打了。對付曹仁和龐德等人，他已經感到有些吃力，甚至還中了龐德一箭。如今再來三、四萬生力軍，他明顯處在劣勢，想要攻克襄陽和樊城更是難上加難。

但一向做人高調、做事要強的關羽，從來就沒有知難而退的習慣。他還想堅持幾天，看看能不能找到對手的破綻，抓住機會擊敗曹軍。

劉
備

機會是沒有的，有的只是大霖雨。

八月，長江中游連綿不斷的大霖雨。

這樣的雨天，別說打仗，就是撤退也無法進行。

關羽看著從天而降的雨水，心情一如陰暗的雨天，十分鬱悶。

換個角度看問題，往往別有洞天。眼看大雨連綿不斷地下了十多天，關羽的心情不但不再鬱悶，反而豁然開朗，希望雨下得更大、更纏綿。

因為做為一個將軍，尤其是名將，有沒有常識很重要。

關羽有常識，而且他發現于禁雖然有心計，可惜沒常識。

雖然關羽和于禁都是北方人，但關羽來到荊襄一帶已有二十年，這些年的生活常識告訴他，十多天大雨之後有什麼——洪水！

同時，關羽發現不論是于禁還是龐德，這幾位從乾旱地區出來的將軍就是不一樣——大腦中壓根兒就沒有下雨發洪水的常識，他們軍營駐紮的地方地勢都低，洪水一來將會全部成為魚鱉。

那麼，就讓大霖雨來得更猛烈些吧！

於是，在漢水水位持續高漲的某一天，漢水突然決堤了（人為造成），平地水高五、六丈，樊城一帶一片汪洋。

輪到關羽出手了。他率領早就準備好的水軍大船，首先開往于禁和龐德的營地，前去捕魚捉鱉。

世間事禁不起對比

當關羽水軍到達于禁七軍營地的時候，雙方敵對將士的關係已經發生了戲劇性的改變。

關羽水軍對於七軍將士來說，不再是你死我活的敵人，而是天使，臨危救命的天使。關羽水軍的所作所為也像極了一群天使。他們在洪水中打撈出的七軍將士有多少呢？僅僅日後送到江陵後方的就有步騎三萬。

七軍統帥于禁，在這回天無力的時刻，選擇了投降關羽。

無法抵抗的時候，投降是正常甚至明智的選擇。雖然古人有著殺身成仁的傳統，但委曲求全的也不在少數。設身處地，于禁做出這個決定並不意外，意外的是另外一個人的決定。

這個人的作法與于禁形成了十分強烈的對比，一下子就把于禁比下去了，而且把于禁比到了萬劫不復的境地。可以說，于禁將軍最後不是被曹丕逼死的，而是被這個人比死的。

我們知道，世間事禁不起對比，最怕有參照物，有了風華絕代的石榴姐才能顯出秋香姐的貌美無雙，有了奇醜無比的陪襯人才能顯出雇主的差強人意。

這個讓五子良將中的左將軍于禁結結實實做了一回陪襯人的人物，就是立義將軍龐德。

于禁，被曹操提拔於行伍之中，追隨近三十年，大受器重，臨危變節，投降求生。龐德，原是馬超部將，在漢中投降曹操不過三、四年，誓死效忠，奮戰不屈，拒降而死。

對比效果一目瞭然，一個越發卑鄙齷齪，一個更加光彩照人。

關羽水軍在打撈七軍將士的同時，也向龐德的將士伸出了援手。

除了洪水，只有敵軍，不投降只能死，唯一能選擇的只是死的方式，要嘛被淹死，要嘛被殺死——自殺或者他殺。

畢竟怎麼死都不如活著好，絕大多數人都不想死。手下的將士們眼看大勢已去，紛紛向龐德提出投降的建議。

但帶頭提出建議的將士立即腦袋搬家，實施者當然是龐德。

龐德不但決定自己要死，而且要求將士們陪著他一起死，誰不想死，就先讓誰死。

龐德如此決絕地只求一死，當然首先是視死如歸的凜然大義，其次卻是不得不死的無奈處境。

原因就在龐德的官號上——立義將軍。受封立義將軍的那一刻，龐德就不能對不起封號中的這個「義」字。何況龐德來到襄樊前線的時候，由於他以前的老闆馬超和親哥哥龐柔都在劉備手下打工，許多人對他的忠誠度提出了嚴重質疑，在背後指指點點說他靠不住。凡事開頭難，投降也一樣，有了第一次，就保不住會有第二次。

那個時候，龐德就表了忠心、放了狠話——今年我不殺（關）羽，（關）羽當殺我！

箭在弦上，不得不發。龐德此時就是以最後的抵抗踐行著自己的諾言。

代價是自己的生命。不過可以保全親人的生命，甚至換來親人的榮華富貴（龐德死後，曹操立即加封他的兩個兒子為列侯）。

關羽揮軍進攻，雖然龐德奮死抵抗，許多將士卻還是不想死，都紛紛放下武器集體投降了。龐德最後駕駛一條小船想逃回樊城，但由於划船技術不過關，很快落水成了俘虜。惺惺相惜，關羽很欣賞龐德的忠義和勇敢，不但不記一箭之仇，反而希望龐德投降自己。

便遭到了斷然地拒絕。

便成全了龐德的忠義。

水淹七軍，擒于禁，斬龐德，此後乘勝圍困襄、樊二城，威鎮中原，這是關羽用兵史上最大的成功，也是最後的成功。

這場戰役，關羽取勝的關鍵是水，大洪水。

於是就有兩種觀點：一種認為是水災淹沒了曹軍，關羽白白撿了這個大便宜；另一種認為是關羽放水淹了曹軍，早有預謀。

事隔一千八百年，又沒有留下詳細記載，歷史的真相撲朔迷離。不過分析起來，關羽放水淹曹軍的可能性更大，理由有三：

一是關羽水軍明顯是早有準備，而曹軍卻是來不及逃命。龐德軍營駐紮在樊城以北十里，于禁七軍相距肯定也不遠。這麼近的距離，洪水暴發之後，龐德與于禁來不及逃回樊城（有小船，起碼將領可以逃），就被關羽水軍圍攻抓獲，如果僅僅說是關羽應變能力強，反應快捷，恐怕難以解釋。最有可能的就是水是關羽放的，什麼時候洪水暴發盡在掌握之中，因此提前做好一切準備，一旦決開大堤，水軍立即動手。

二是洪水似乎長了眼睛，只淹曹軍，不淹關羽。樊城的曹仁，于禁的七軍，龐德的駐軍，三處曹軍全部遭到洪水淹沒，卻偏偏沒有關羽受損失的一點資料。這是為什麼？雖然關羽軍隊船隻不少，水軍是主力，但在襄樊一帶作戰，不可能一直駐紮在漢水裡，吃喝拉撒全在戰船上解決。最有可能的就是，關羽在洪水暴發前，把軍隊全部移到了安全的地方，或者上船。如果是關羽擔心洪水即將暴發，提前幾天調動軍隊，那麼很有可能會被于禁和龐德的偵察兵發現。所以應該是關羽調動軍隊之後，洪水立即就來了，曹軍完全來不及做出應對措施，而且洪水的去向也恰到好處——完全在掌握和預料之中！

三是洪水實在很猛很強大。《龐德傳》中記載洪水「平地五、六丈」，《曹仁傳》中記載「城不沒者數板」，可見洪水來勢迅猛，有十多公尺高，關羽水軍大船行駛暢通無阻，完全符合人為放水的特徵。如果洪水是自動決口，往往是先溢出江堤，或者決口由小而大，洪水也是逐漸擴大，有個漸進式發展的過程。

當然洪水迅速衝開大決口的可能性也不是沒有，但既是自動決口，又偏偏決口開得恰到好處只淹曹軍，而關羽又恰好提前做好準備，這三者湊到一起的可能性，實在是微乎其微，差不多等於今天買經濟適用房發生六連號的機率。

退一萬步講，即使洪水是自動暴發，關羽也明顯是提前做好了準備，至少是充分利用了洪水，並不是完全靠運氣。

機會從來只青睞有準備的人。周瑜赤壁火燒曹軍，東南風只是一個必要條件，取勝離不開東南風，更離不開周瑜的運籌謀略。

做為一位名將，除了作戰勇猛，善於帶兵，判斷準確，料敵制勝，多懂點諸如氣象、水文、地理方面的常識，也是十分必要的，至少是有利無害的。

二戰時期盟軍在諾曼第成功登陸，是提前算準了那一天英吉利海峽會異常出現風平浪靜的好天氣，絕不是僥倖碰運氣。可見盟軍司令部比起隆美爾將軍，的確棋高一籌。

從這個意義上講，關羽明顯高出于禁、曹仁、龐德一籌。水淹七軍的大獲全勝，偶然之中有必然。

水淹七軍之後，關羽聲威大振。不僅乘勝圍困襄、樊二城，而且偏師深入敵後，招降曹操任命的荊州刺史胡修、南鄉太守傅方，中原一帶的反曹勢力也紛紛響應，甚至遠在鄴城的魏諷也乘機企圖發動政變，形勢一片大好。

至此，關羽發動的這場有限戰爭規模迅速升級，關羽、曹操不斷調兵遣將大打出手，殺得難分難解，戰局逐漸失控。甚至第三者孫權眼看機不可失，也準備參與其中，當一回漁翁，占一把便宜。

在關羽水軍的猛攻之下，困守樊城的曹仁頂不住了。有人甚至提議棄城逃跑，被滿寵阻止。為了表示團結堅守的決心，曹仁殺白馬與將士盟誓，方才穩住局勢。

遠在長安的曹操一聲長嘆，不只是嘆息跟隨自己三十年的于禁關鍵時刻不如龐德，更是為自己苦心經營的數萬七軍將士不值，差不多把腸子都悔青了。

無可奈何的曹操甚至想將都城由許都遷到自己的大本營鄴城，以避關羽鋒芒（當然遷都鄴城還有便於控制中央政府等原因）。最後被司馬懿、蔣濟等人勸阻，認為遷都是示弱，而此刻不但不能示弱，而且要展示有餘力，同時建議與孫權聯手對付關羽。

曹操展示有餘力的手段就是繼續派遣援兵。如果不派援兵，等於告訴關羽和劉備，他曹操已經撐不住了，也等於告訴曹仁等前方將士，老闆已經沒辦法了，你們的生死只能靠自己。前方將士一看老闆指望不上，搞不好會立即尋找新老闆——投降關羽，後果那叫一個不堪設想。

撐不住也要死撐，即便沒有能力救援，至少也要擺個姿態出來。

臨危授命的又是資深救火隊員徐晃。不過曹操給他的軍隊實在過於寒酸，不僅數量不多，而且都是剛剛入伍的新兵蛋子。

沒辦法，七軍預備部隊全部被關羽下餃子一鍋端了，老闆手裡除了禁衛軍，已經沒有兵了。

要就要新兵，不要就只能光桿司令上路。

性格決定命運

曹操不斷調兵遣將，甚至還抽調鎮守居巢（今安徽巢湖）的征東將軍張遼支援襄樊前線，自己則坐鎮洛陽附近做為後援。

曹操動作這麼大，關羽也沒閒著。

《易經》有辭：上九，亢龍有悔。道理幾乎人人都懂，是說見好就收、適可而止，否則物極必反、否極泰來。但能夠做到這一點的，卻從來沒有幾個。

關羽此時就沒有適時收手的意思。他看出革命形勢一片大好，爐火燒得通紅，趁熱打鐵就能成功。

關羽趁熱打鐵的方法，是抽調江陵和公安的後方軍隊圍攻襄陽、樊城。

促使關羽調兵的主觀原因，就是他的性格。做為一個高調的人，高傲、自負、要強是關羽的性格特點。他要把嘴邊的肉——襄陽、樊城吃進肚子裡才甘心，並且要只靠自己的力量吃下去。所以他不是向劉備請求援兵，而是抽調荊州後方軍隊。

客觀原因是東吳的偽裝。此時魯肅已經在兩年前病逝，一向主張強硬對劉的呂蒙接替右部督職位，將武力奪取荊州提上議事日程，不僅說動了老闆孫權對荊州的不死之心，而且訂下了具體的作戰計畫，首先是偽裝自己、麻痺關羽。

於是，關羽很快得到消息說東吳猛將呂蒙病得不輕，帶薪休了長期病假，接替呂蒙工作的是年輕人陸遜。

很快，關羽又接到了陸遜的來信，信的內容可以說是拉關係、拍馬屁的教科書式的榜樣，沒有絲毫的惡意，完全是同志式的關懷和粉絲式的仰慕。

關羽與呂蒙打過交道，深知這人的強硬作風和不懷好意，在後方留的不少軍隊就是防備他的。現在既然上任的是陸遜這樣一個粉絲，關羽以為大可不必擔心後方的安全，於是將後方大批軍隊抽調到了前線。

打仗除了需要兵，也離不開糧食等軍需物資。關羽軍隊的給養要靠荊州後方幹部提供，其中有南郡太守麋芳與駐守公安的將軍士仁（一作傅士仁）。這兩人以前常被關羽呼來喝去，心裡都有幾分不爽。尤其是麋芳，他是劉備的小舅子，哥哥就是麋竺，既算外戚，又是老資格，關羽看他不順眼，他也看關羽不順眼。

《關羽傳》記載麋芳與士仁「供給軍資，不悉相救」，這句話引起了不同的解釋，一種說法是他們在做後勤工作的時候出了差錯；另一種說法是他們不聽關羽的將令，沒有派兵前去支援。不論是哪種原因，有一點是可以肯定的——這兩人惹惱了關羽。

關羽很生氣，後果很嚴重。得知這兩人辦事不力，他當場就宣布：「等我回去立即收拾這兩個傢伙。」（還當治之）關羽不是說說而已，從受封前將軍、奉命「假節鉞」的那一刻開始，他已經有權對麋芳、士仁這樣級別的幹部實施先斬後奏。

關羽說這句話的時候，凱旋回師的信心十足。他不知道，他沒有回去的那一天了。

他在前線圍攻襄、樊的時候，反對他的勢力已經結成了一張看不見的網，也在對他進行圍攻。

其中出力最多、下手最狠的是江東集團的帶頭大哥孫權。

在許多人眼裡，孫權似乎是個沒有立場的人物。劉備與曹操漢賊不兩立、勢同水火，都立志搞定對方、統一天下，只有孫權最為瀟灑，騎在牆頭，搖擺不定。

其實孫權才是三巨頭當中立場最為堅定的人物。他非常務實，一直堅守不渝的立場就是東吳的利益，所做的一切都以此為中心，為此可以拋棄政治立場，不在乎面子問題，甚至延緩當皇帝。只要對東吳對自己有利，孫權想跟誰好就跟誰好，稱臣進貢裝孫子統統沒問題。

此時劉備和曹操兩方正殺得難分難解、傷筋動骨，孫權怎麼出手，對戰局乃至政局有決定性的影響。他的作用，比得上楚漢相爭後期的齊王韓信，幫助誰，誰就贏。

決定中國向何處去的機會，短暫地掌握在孫權的手中。

孫權可以選擇攻取曹操的徐州，也可以選擇偷襲劉備的荊州。我們知道，他最終的選擇是後者——在背後向關羽捅刀子。

孫權的這一行為讓許多人不齒，認定他不過是個守成之主，眼裡只盯著荊州一塊地，根本沒有幹掉曹操完成統一大業的雄心壯志。因為孫權奪荊州是占便宜，打徐州還是能占便宜，甚至能幹掉曹魏占更大的便宜，為什麼偏偏要選擇背後捅關羽呢？

原因除了呂蒙等人的推波助瀾，還因為關羽策略失誤惹火了孫權。

此前，孫權想和關羽好一回，聯繫聯繫雙方感情。他派使者向關羽求婚，當然不是為他本人求婚而是為他長子孫登，求婚的對象是關羽的女兒，他希望與關羽結個兒女親家。

孫權做為當時天底下腰桿最粗的三個人之一，向關羽求婚，可以說是給足了關羽面子。而且長子孫登很有可能就是東吳事業的接班人，含金量遠遠高於其他兒子。

關羽卻一點都不給孫權面子。他不但不答應這門親事，還把孫權的使者臭罵了一頓，然後轟了出去。

關羽不許婚的原因，很可能是看透了孫權愛玩政治婚姻這一套把戲，弄不好女兒剛過門還沒入洞房就進了牢房成了人質。但大家都是玩政治的，凡事要講究策略，他完全可以找個藉口委婉拒絕，不一定要辱罵使者，讓孫權下不了台。

打狗還得看主人，罵使者就是罵孫權。孫權雖然能忍常人所不能忍，但畢竟沒有達到唾面自乾的境界。挨了關羽的一頓臭罵，孫權心裡已經窩了一把火。

性格決定命運。對於關羽的性格特點，陳壽有一個較為中肯的評價——善待卒伍而驕於士大夫。

關羽驕於士大夫的事例很多，輕視陸遜、不團結麋芳士仁、辱罵孫權使者等，這都為他最後的失敗埋下了伏筆，這個幾乎是共識。

但善待卒伍，其實也是關羽失敗的因素之一，這一點卻往往被人忽略。

關羽擒獲于禁七軍將士三萬多人，這等於憑空增加三萬多張吃飯的嘴，而且這幫人還不能用（會逃跑和叛變），必須騰出人手去看押。

那全部放了豈不省事？答案也是否定的。因為這些投降的將士，老婆孩子都在北方，放了他們，他們都會想方設法回老家。回老家之後做什麼呢？大多數人還是只有一個選擇——繼續做當兵的工作，用不了多久就會組成新的敵軍，繼續過來打你。

因此，對待大規模的俘虜，幾千年戰爭史上有個比較常見的作法——殺光。殺光最乾淨、最省事，死人不用吃飯，也不會造反，更不會再組成敵軍打仗。

遠的如戰國秦國名將白起在長平坑殺數十萬趙國降卒、秦末項羽在新安城南坑殺二十萬章邯秦兵，近的如官渡戰後曹操坑殺袁紹降軍數萬人。

關羽也可以選擇屠殺七軍士卒，只俘虜帶頭的于禁等人就可以了。殺降卒不同於屠殺手無寸鐵的平民百姓，往往對於軍事的意義非常重大。

但關羽用實際行動踐行著劉備集團的企業文化特色——仁義。即便是多了三萬多張吃飯的嘴，他也沒有選擇集體殺戮，而是把他們押送到後方去。

都是窮人家的孩子，都是出來混的，都不容易，就留他們一條性命吧！

劉備集團的仁義，從來都不是光說不做，這只是其中普通的一例。

沒有無緣無故的愛，也沒有無緣無故的恨，民間美化劉備和關羽、醜化曹操，是有一定歷史根據的。

就因為善待降卒，關羽又得罪了孫權。

三國時期人口很少，經濟遭到很大破壞，連皇帝都餓過肚子，更不要說平民百姓。相互征戰的各地軍閥，往往也因為沒有糧食而無奈退兵或者遭受失敗。

糧食方為大問題！

關羽手下的荊州地盤只有三個郡，手下卻有四、五萬軍隊，而且主力部隊出師北伐已經好幾個月了，糧食問題本來就不樂觀。平添了三萬多俘虜之後，更是雪上加霜，眼看就要斷糧。

怎麼辦？大活人總不能眼睜睜餓死吧？

關羽的辦法是去找孫權打秋風，讓後方的士兵們去孫權的地盤上搶一回糧食——擅取湘關米。

一直對當年與劉備「平分荊州」心懷不滿的孫權，一聽關羽出兵搶糧食，終於徹底憤怒了！啥也別說了，藉口有了，兄弟我也忍夠了，動手吧！

當然，關羽辱罵孫權使者、搶糧食、後方空虛，只是孫權出兵奪取荊州的直接原因，孫權在關羽背後下黑手的根本原因還是為了東吳的利益——擴張東吳勢力，保障長江下游安全。除了關羽的不友好行為、順江而下的地理優勢之外，讓孫權最為忌憚的是關羽水軍。要知道，進攻東吳必須憑藉水軍。而曹魏在水軍方面幾乎是個空白，所以能夠威脅到東吳安全的，在當時有且只有關羽。只有除掉關羽水軍，孫權才能過上安穩的日子。

如果不認識這一點，那實在是太小看孫權了。

下決心打關羽奪荊州，孫權明白會有什麼樣的後果，從此就要與劉備正式翻臉。

孫權也有自知之明，清楚自己不具備一打二的實力。因此他需要與曹操來一回政治偷情。

既然孫權與曹操雙方都有這個迫切需要，雙方很快便搭上了線，進入短暫的蜜月期，為打敗關羽而互相利用。

名將之殤

令人遺憾的是，關羽的眼睛死死盯著面前的襄陽和樊城，全然沒有發覺背後孫權與曹操的「偷情」行動。

遠在成都的劉備和諸葛亮就更加難以發覺。曹操不斷支援前線，甚至主動與孫權聯合，而劉備一方卻沒有一點援助關羽的跡象。這不禁讓一些人突發奇想，懷疑是諸葛亮借刀殺關羽，甚至劉備特意除關羽。劉備沒有援助關羽的原因，我們到後邊分析，需要指出的一點是，畢竟劉備和諸葛亮都是人，尤其是諸葛亮，遠遠沒有《三國演義》中寫得那麼神，不可能算準一切。

局勢到了這個地步，關羽的失敗已經不可挽回，能夠改變的只是失敗的程度。但關羽在關鍵時刻的幾個作法，徹底葬送了一切希望，將成功變成了失敗，將大敗變成了慘敗，最終兵敗身死。

建安二十四年（二一九）十月，關羽還在襄樊進行著人生最後的征戰。城池尚未攻破，關羽終於得到了曹操與孫權勾搭成奸、孫權將要偷襲荊州後方的絕密情報。

不過這情報不是關羽手下的特工部隊查出來的，而是曹操故意告訴他的。

不同於赤壁之戰中的孫、劉聯盟，此時曹操與孫權的聯合，從一開始就完全是互相利用，壓根兒談不上團結一致、並肩作戰。曹操把情報透露給關羽，是希望關羽早點回去跟孫權拚命，他來個坐山觀虎鬥，這個便宜不占白不占、占了不白占。曹操同時也把情報用箭射進關羽的包圍圈中，即使關羽不退兵，守城將士也明白解圍之日已經不遠，就能鼓起勇氣咬牙挺過最後關頭。

直到此刻，關羽才發現局勢已經十分不利，豪情萬丈頓時化為猶豫彷徨。如果退兵，就會前功盡棄；如果繼續圍城，又怕荊州丟失。

到底退兵好，還是不退兵好？

在沒有把握的時候，促使一個人做出選擇的，往往是他的性格。

關羽要強的性格，讓他不到黃河心不死，抱著走著瞧的心態，決定暫時不退兵。他一方面不願意放棄眼看到手的襄陽和樊城，另一方面認為荊州後方的防線不至於一擊就潰，一旦接到東吳發動進攻的消息再撤退還完全來得及。

寶貴的時間就在關羽的舉棋不定中悄悄流逝。實際上，關羽在後方的防線的確不是一擊就潰，而是不擊就潰。

進入十一月，關羽與徐晃在樊城交戰的時候，他心目中請了病假的東吳猛將呂蒙，正生龍活虎般地率領精兵，換上早就準備好的白衣，拿出不入流的演技裝成商人，連夜溯江西上，神不知鬼不覺地幹掉關羽設在長江邊上的烽火臺哨兵，迅速兵臨公安城下，駐守公安的將軍士仁二話沒說做了投降將軍。隨後呂蒙帶著士仁前往江陵勸降，南郡太守麋芳也開城投降。

公安和江陵，位於長江兩岸，互為犄角，是劉備和關羽在荊州經營了整整十年的大本營，也是軍事重鎮。孫權幾乎兵不血刃地占領這兩座城池，劉備手中的荊州三郡大勢已去。

此時，唯一能對孫權造成威脅的，就是關羽在前線的幾萬生力軍。孫權一邊動手奪取荊州三郡的地盤、一邊調兵遣將阻擊關羽，其中蔣欽已經統領水軍進入漢水。

得到江陵和公安失守的消息，關羽倒吸一口冷氣，想不到呂蒙進展如此順利，更想不到麋芳、士仁會不戰而降，真是漏船又遇打頭風，出現了最壞的局面。

這個時候除了退兵，別無選擇。

唯一可以選擇的，是退兵的方向。向西，還是向南？

關羽可以向西撤退到房陵、上庸一帶，然後經漢中回成都，雖然地盤丟了，軍隊也可能會失去不少（荊州本土將士未必願意跟隨入川），但至少可以保住自己的性命。不過這種不戰就跑的作法，不是關羽一貫的作風，不到最後關頭他是不會放棄的。

實際上，關羽對撤軍的方向絲毫沒有遲疑——向南。

失去的東西，我要親手奪回來。

關羽率軍南下，曹軍眼看他要去跟孫權開打，正中下懷，不但沒有追擊，差一點就要鳴放鞭炮隆重送行了。

關羽和孫權卻出人意料地沒有打起來。不是關羽突然改變了主意，而是他很快變成了一個光桿司令。

這是關羽善待卒伍導致失敗的又一事例。

關羽派遣使者回江陵打探消息，但使者回來後卻帶來了一堆將士們家書，還有口信（教育沒普及，不識字的人不少）。

這些家書和口信，其實都是呂蒙的陰謀，暗示關羽的將士們：你們的父母老婆孩子，都在我手上，現在活得好好的，甚至比以前生活更美好，但今後還能不能活得好好的，不要看我，要看你們自己——打我，我就殺你們親人；投降，就能與親人團聚。

關羽雖然待將士們不薄，但如果拿一只天平，一邊是關羽，一邊是親人，讓將士們做出選擇，相信大多數人都會毫無疑問地選擇親人。

領導跟親人比起來，還是老婆孩子更親，這就是人性。

任何為了領導、為了事業而背叛親人、甚至殺害親人的行為，都是對人性的扭曲。

春秋五霸之首齊桓公，晚年寵信殺了兒子給他吃人肉的易牙，認為易牙簡直是天字第一號的大忠臣，對老闆比親人還要親。管仲知道後立即指出易牙是個陰險無比的小人，但齊桓公執迷不悟，最終淒慘地死在易牙等幾個小人的手裡，齊國也因此遭遇大亂。

殺害親人的易牙一類人，從來不是對待領導比親人還親，只是為了自己的欲望，早就泯滅了人性。

此時關羽即將面臨將士們人性的選擇。他可以燒燬將士們的家書，然後讓使者改口宣傳將士們的家人都已被東吳侵略軍凌辱殺害，以激發將士們的復仇之心，讓將士們跟著自己一條道走下去，一條心打孫權，上下同欲，方能一戰。

這在軍事史上有很多先例。最有名的是戰國齊將田單困守即墨城，誘使燕國軍隊割掉齊軍俘虜的鼻子、刨了齊人的祖墳，終於群情激憤，同仇敵愾，以少勝多，大敗燕軍，恢復齊國。

這樣的事情田單能做出來，關羽卻做不出來。危難關頭，關羽依舊保持著一貫善待卒伍的作法，認為家書抵萬金，讓使者把家書和口信廣泛散布，讓心急如焚的將士們得到了親人的消息，當然也就得到了呂蒙的暗示。

完了，徹底完了。仁不帶兵，義不行商。

性格決定命運。關羽已經無力回天。

本來荊州根據地丟失，軍心就不穩，將士們得知親人生活更加美好之後，關羽很快就發現軍隊的數量迅速變少，幾萬人的大軍沒過幾天就煙消雲散、土崩瓦解。

十一年前，劉備從襄、樊南撤，在當陽長坂坡遭遇曹操虎豹騎，大敗而逃。幸虧還有他關羽，劉備得以東山再起。

如今，關羽從襄、樊南撤，同樣在當陽（關羽是由水路南撤至當陽附近的漢水中，然後率領少數人馬捨船就步，向西逃亡），大軍潰散，窮途末路，卻只能走向生命的終點——麥城（今湖北當陽東南）。

此刻沒有人來救援關羽。雖然他派人去距離最近的房陵、上庸向劉封、孟達求救，但這兩個人正在為誰當老大的事爭得不可開交，沒工夫來救他。當然，即便他們派兵救援，恐怕也來不及了。

因為孫權的軍隊已經深入當陽和臨沮（今湖北遠安西北）一帶，正在四處撒網捕魚，他們不打算放過關羽這條大魚。

在最後關頭，關羽遵循著劉備一貫的教導——活著最重要，地盤丟就丟了，軍隊丟就丟了，人要活著回去。

關羽選擇在麥城突圍向西逃跑。但已經太晚了，孫權早就料到他會向西逃命，安排潘璋等人在臨沮守株待兔。

最終，關羽落在了潘璋部將馬忠的手裡。請示孫權之後，關羽、關平、部將趙累等人一起被殺害。

時間是建安二十四年（二一九）冬十二月。

一代名將，就此折戟沉沙，壯志未酬身先死，傳奇一生畫上了血色休止符。

關羽死後，身首兩處。關羽之頭被孫權裝進木匣送給當時還在洛陽的曹操，那意思是說殺害關羽我們都有份，到時候劉備報仇不要只盯著我一個。曹操明白孫權把他拉下水的用意，當然不會中計，於是用王侯之禮將關羽之頭安葬在洛陽南郊，另一方面也是出於對關羽的敬意。關羽之身據說在當陽附近就地安葬。所以後世有關羽「頭枕洛陽，身臥當陽，魂在山西」的說法。

收到關羽之頭不到一個月，一代奸雄曹操死於洛陽，享年六十六歲。幹掉關羽出力最多的東吳猛將呂蒙，還沒來得及接受賞賜就離奇死亡，年僅四十二歲。因此有關羽嚇死曹操、追魂呂蒙的傳說，不過是後人附會。

史上最慘重的失敗

關羽主動發起的這場戰役，主要發生在荊州，關羽、曹操、孫權三方爭奪的焦點也是荊州，可以稱之為荊州爭奪戰。

很多人認為，三國時期三大戰役是官渡之戰、赤壁之戰和日後的夷陵之戰（又稱彝陵之戰或猇亭之戰）。其實夷陵之戰不論是戰役規模還是戰事影響，都比不上官渡之戰和赤壁之戰，能夠取而代之稱為三大戰役的，只有這場荊州爭奪戰。

官渡之戰奠定了北方統一的格局，赤壁之戰確定了天下分裂的格局。荊州爭奪戰則奠定了三國的版圖。甚至可以說，日後的夷陵之戰，不過是荊州爭奪戰的延續，如果沒有荊州爭奪戰，就不會有夷陵之戰。

荊州爭奪戰被人忽視的原因，是因為打得太分散、太詭異。三方人馬分做幾處展開亂戰，大部分都不是明刀明槍、真材實料幹掉的，先是于禁的幾萬大軍被大水淹沒，隨後關羽被孫權從背後捅了刀子，幾萬人馬不戰自潰。

荊州爭奪戰的參戰兵力明顯多於夷陵之戰，與官渡之戰、赤壁之戰規模相當。

關羽一方的兵力，襄、樊前線約有三萬多人（包括後期抽調），留守後方和駐守各地的軍隊約有一到兩萬，總數約在五萬左右。

曹操一方，駐守樊城和襄陽的曹仁、呂常軍隊約有一萬多人，駐紮城外的龐德軍隊五千左右，總數約在兩萬；後來增援的于禁七軍將士，約有三、四萬人；陸續派遣歸徐晃指揮的援軍達到一萬以上。總參戰兵力約在六、七萬之間。

孫權一方，偷襲荊州之後迅速占領三郡地方的軍隊，以及阻擊關羽的兵力，總數不少於三萬。

三方參戰總兵力，約有十四、五萬，而夷陵之戰劉備、孫權雙方參戰兵力加起來不到十萬（具體數字後面分析），明顯少於荊州爭奪戰。

荊州爭奪戰對於劉備集團的影響非常大，可以說是劉備集團史上最慘重的失敗，戰後不只是蜀漢的版圖、甚至三國的版圖都基本確定下來。此戰中，劉備不但損失了荊州軍團五萬軍隊和第一大將關羽，而且丟失了大片土地，包括原有的荊州三郡和新攻取的房陵、上庸、新城三郡（孟達背叛與關羽之死大有關聯），這些土地上的人口當然也同時失去。

這場戰役直接導致日後劉備發動夷陵之戰。而夷陵之戰中，劉備損失的只是四萬多軍隊，並沒有丟失地盤。

還需要指出的是，夷陵之戰中劉備損失的四萬軍隊大部分戰死了。而荊州爭奪戰中關羽的五萬軍隊，大部分不是戰死而是投降了東吳。投降之後這些人的下落如何？一般來說，他們會被整編之後換件軍裝成為東吳士兵。這不只削弱了劉備集團，而且使敵人更加強大。

關於這個問題，我們可以做一道簡單的數學題來說明。比如說此前劉備和孫權的兵力相當差不多各有十五萬人，那麼戰後劉備的兵力減少五萬只剩十萬，而孫權的兵力卻增加了三、四萬達到了十八、九萬。很明顯，劉備和孫權原本一比一的力量對比，一下子變成了差不多一比二。

經過這樣的此消彼長，荊州爭奪戰給劉備造成的損失就更加難以估量，孫權集團的收穫就更加巨大，遠非夷陵之戰可比。

整個荊州爭奪戰，劉備集團損失最慘，曹操勉強挺了過去損失也不小（喪失了四、五萬軍隊），只有孫權是最大的贏家。

這場戰役，最讓人百思不解的，不是孫權為什麼要背後下手捅關羽，也不是水淹七軍究竟是人為還是天災，而是劉備益州集團的作為。

劉備益州集團的作為簡單來說就是不作為。關羽在荊州鬧出了驚天動地的大動靜，戰事持續半年之久，荊州一片亂戰，曹操、孫權紛紛出手，劉備卻似乎什麼也沒做，對關羽不聞不問。

因此，就有人提出了「諸葛亮借刀殺關羽」、「劉備殺關羽」等離奇觀點。這兩種觀點都禁不起推敲，充滿陰謀論的色彩。先不說劉備和諸葛亮有沒有必要殺關羽、需不需要花如此巨大的代價除掉關羽，只看戰事的經過就很容易推翻。因為關羽的兵敗身死，離不開曹操和孫權的化敵為友通力配合。如果曹操和孫權能為劉備和諸葛亮的一個陰謀做出這麼大的努力和犧牲（尤其是曹操同志犧牲很大，好處沒有），那只有一個可能——他們是劉備或諸葛亮的兒子，而且是非常聽話的兒子。

那麼，劉備在這半年時間為什麼沒有援助關羽呢？原因可以從三個方面來分析。

從關羽方面來看，關羽一直沒有請求援助，後來失敗太快根本來不及援助。起初幾個月，關羽進展順利，水淹七軍之後，更是威震華夏，形勢一片大好，他沒有必要請求劉備援助。後來曹操不斷派遣徐晃等人增援，關羽雖然漸漸吃緊，但他要強的性格，決定了他基本不可能示弱求援，何況當時樊城和襄陽依舊在包圍圈中，關羽仍然處在優勢。後來徐晃攻破樊城之圍，幾乎同時關羽得到了後方根據地失守的消息，眼看大勢已去，他決定立即退兵，也開始向最近的劉封、孟達求援。然而從關羽退兵，到敗死麥城，不到一個月時間，荊州到成都路途遙遠，劉備不要說想派兵救援，有沒有得到報告都很難說。《三國志‧先主傳》中記載：「時關羽攻曹公將曹仁，禽于禁於樊。俄而孫權襲殺（關）羽，取荊州。」「俄而」一詞用在這裡，就表明關羽兵敗的消息對於劉備來說太過突然，完全是措手不及。

從劉備集團的客觀方面來看，沒有實力援助關羽。劉備打漢中持續一年多，早已筋疲力盡，正在休養生息，下一次大舉出動需要養精蓄銳幾年時間（這也是日後為什麼不立即出兵攻打東吳的原因）。劉備授命關羽出擊襄、樊，與派遣孟達進攻房陵、上庸時間差不多，目的也差不多，只是為了拿下荊州北部戰略要地，擴展地盤實力，將荊州、益州兩塊根據地更好地連成一片，便於日後大舉出擊，並不是依據「隆中對」的策略，向關中、宛洛兩路出兵，同時展開攻勢。因此從一開始劉備就沒有打算配合關羽作戰。只是後來戰事不斷升級，劉備「見事遲」，應變不足，沒有給予足夠的重視，令人遺憾。

最後，也是最最重要的原因，在劉備集團的主觀方面。否則，關羽不請求援助，老闆主動派兵過去他總不能拒絕吧？即使沒打算大規模進攻，沒實力大規模援助，少派點人手過去也是可以做到的吧？

但劉備連一兵一卒都沒有派。

不是他一點都不在乎關羽的生死、不在乎荊州的得失，而是因為他很忙，在忙一件天大的事，這件事吸引了他及大部分員工的注意力。

這件天大的事就是——稱帝。

做大事不可草率

一般認為，劉備稱帝是在建安二十五年（二二〇）冬十月漢獻帝「禪位」曹丕之後才進行的，似乎在短短幾個月內就準備停當，草草登基。

這要嘛是高估了劉備集團的辦事效率，要嘛就是把當皇帝看成小孩子玩辦家家酒了。三國初期，皇帝制度才實行了不過四百多年，人們印象中割據政權和篡位的皇帝沒有一個有好下場的，所以當皇帝絕對是天字第一號的頭等大事，任誰都不敢草率。在三國之後，後世的五胡十六國和五代十國，那些割據稱雄想當皇帝的軍閥豪傑們才有了學習的榜樣，想當就當，我最瘋狂。

凡事豫則立，不豫則廢。何況是稱帝的大事，因此未雨綢繆的準備工作做得扎扎實實，那是必須的。

實際上，劉備即位漢中王就是為下一步稱帝做鋪墊打基礎，之後他就開始為稱帝做起準備工作。

做為一個有亂世稱雄野心的人，劉備的帝王思想由來已久，最具有說服力的是兩點。

一是劉備的養子取名劉封，而親生兒子取名劉禪，合在一起就是「封禪」。封禪是有大功德的帝王才能進行的祭祀活動，劉備給兒子取名字，偏偏取這兩個字，絕不會是偶然。此時劉備已是不惑之年的中年人，不再是吹牛皮要做皇帝車子的那個出言孟浪的少年了。

二是劉備一出道就當老大，曹操的謀士程昱看出他「終不為人下」。陳壽認為劉備「終不為下者，抑揆彼（曹操）之量必不容己，非唯競利，且以避害」，按照他的意思，劉備當老大是曹操逼出來的，這實在是誤會劉備、冤枉曹操了。因為劉備不是在得罪曹操之後才當老大的，而是一出道就自己開公司，雖然也在山窮水盡的時候依附過他人，但始終不甘心做小弟，保持著相對的獨立性，一旦有機會就獨樹一幟。亂世稱雄者，許多人是隨波逐流，能當老大就當老大，當不了老大就跟著別的老大當小弟，總之是混口飯吃，有條生路。劉備卻不一樣，他一心要做老大，不論袁紹、劉表等人給予他什麼樣的待遇、開多高的工資，他終究不會放棄自己當老大的念頭而甘願為他人效力。我們都知道，在當時，天底下最大的老大注定只有一個——皇帝。

當然，劉備不會在漢獻帝還是皇帝（哪怕只是一個傀儡）時就急於稱帝。不過當時曹操早就是實際上的皇帝了，只要智商不是負數的人都能看得出來，過不了多久，開張四百多年的大漢公司就要徹底關門大吉了。

比如說遠在江東的孫權就心知肚明，早在跟曹操偷情的時候就勸他當皇帝。曹操的作法十分耐人尋味，他一方面說孫權這個壞小子是把他放在火上烤（是兒欲踞吾著爐火上邪），另一方面卻想藉此機會看看員工們的反應。果然，陳群、桓階等員工紛紛表示孫權那小子是真心擁戴的，老闆你早就應該順天應人當皇帝了。

大將夏侯惇等人也勸說曹操當皇帝。曹操同樣沒有表示拒絕，他的回答是：「若天命在吾，吾為周文王矣。」（《三國志》注引《魏氏春秋》）

曹操的意思再明白不過了：這個名義上的皇帝我就不幹了（眼看要入土，幹也幹不了幾天），讓我兒子幹吧！

這符合曹操一向重實際、不慕虛名而處實禍的做事風格。

曹魏集團即將改朝換代的事實，劉備集團當然也不是兩眼一抹黑完全蒙在鼓裡。他們阻止不了曹魏怎麼做，卻能決定自己怎麼做。

劉備集團的對策就是擁戴自己的老闆當皇帝，不承認曹魏，堅持一貫的政治宣傳——劉備是維護大漢江山，曹魏是篡位賊子。

劉備

對策制定以後，就是具體的執行工作。其中一項重要的執行工作是找「祥瑞」。

古代有一種重要的理論叫「天人感應」，認為皇帝是天子，皇帝出生、即位或逝世之類的大事，皇帝他爹——天，出於對兒子的深厚感情，自然也會有一些表示。相對於平常人的送禮物拍馬屁，天的表示也非同尋常，比如天上有黃氣、瑞獸現人間、白日見金星等。諸如此類不尋常的現象被統稱為「符瑞」，其中預兆好事的又稱「祥瑞」或「福瑞」。這套理論在今天看來水分實在太大，但我們不信不要緊，古代有很多人信。三國時期還非常盛行以祥瑞做為皇帝年號，三國無一例外，比如曹魏的「黃初」、「青龍」、「甘露」，蜀漢的「景耀」，孫吳的「黃武」、「黃龍」、「嘉禾」、「赤烏」、「神鳳」、「五鳳」、「鳳凰」等。後來甚至有正史《宋書》（南朝劉宋）專門列有《符瑞志》，可見古代人們對這套理論的重視程度。

劉備集團找「祥瑞」的工作，早在關羽北伐期間就開展起來了，這是當時劉備集團忙於稱帝的確鑿證據。

最有說服力的兩條證據，在後來群臣勸說劉備稱帝的表文中：

「間黃龍見武陽赤水，九日乃去。」

「又前關羽圍樊、襄陽，襄陽男子張嘉、王休獻玉璽。」

後一條證據，時間明確無誤——「關羽圍樊、襄陽」，正是建安二十四年（二一九）

關羽北伐期間，而且應當是在八月水淹七軍之後、十一月兵敗之前的「威震華夏」期間。

我們知道，袁術死後，傳國玉璽就落到了曹操手中，張嘉、王休兩人獻上的玉璽肯定是個贗品。

獻玉璽這一齣戲，臺上演員是張嘉、王休，幕後導演卻是關羽。關羽在軍務繁忙、戎馬倥傯之際，別出心裁地導演這一齣戲，絕對不是吃飽了撐著，他的目的就是為劉備稱帝做好輿論準備。

當然，如果僅僅有這一條證據，有可能是關羽自作主張，與老闆劉備無關。但另一條證據就不可能與劉備無關了。

這條證據就是「黃龍見赤水」。雖然《三國志》記載的表文中沒有寫明具體時間，我們還是可以從其他書籍中得到旁證。《宋書．符瑞志》記載「劉備未即位前，黃龍見武陽赤水，九日乃去」。《華陽國志》的記載更加明確——「後漢建安二十四年，黃龍見武陽赤水九日」。那麼究竟是這一年的幾月份呢？可以肯定的是劉備在漢中擊退曹操、加冕漢中王之後的下半年；另外，表文中的陳述順序，往往也是時間順序，表文中「黃龍見赤水」位於「關羽獻玉璽」之前，很可能也發生在前。

劉備手下的李嚴等員工在「黃龍見赤水」之後，立碑刻石留下物證，不但刻上了時間是建安二十四年，還刻上了他們的名字——足足有九十多位！

員工如此興師動眾、聲勢浩大，老闆不知道是不可能的（除非是智障）；而知道了不阻止，就更能說明老闆的真實意圖。

實際上劉備不但沒有阻止，反而推波助瀾，下令在「黃龍見赤水」的地方修建了一座黃龍廟（《華陽國志》記載：後漢建安二十四年，黃龍見武陽赤水九日，蜀以劉氏瑞應，因立廟），做為永久性的紀念。

這個時候，如果還有誰不懂得老闆的心，那真是榆木腦袋不開竅了。可見，劉備在即位漢中王之後的下半年，也就是關羽北伐期間，就在忙著做稱帝的前期準備工作。

這是劉備集團沒有出兵救援關羽的主觀原因，老闆和員工的心思都被稱帝吸引了，在忙這一件大事，無意在此時大動干戈。

偏偏關羽那邊動靜愈鬧愈大。不過在劉備看來，這也不要緊，關羽是主動進攻，即便襄陽和樊城打不下來，退回荊州就是了，損失不大。

偏偏孫權就背後下手了。自從入蜀之後，劉備一路順風順水的發展局面被孫權一舉打破，遭受了史上最慘重的失敗。

這下劉備怒了。平分荊州的時候，「借荊州」的債務糾紛就一筆勾銷，現在孫權竟然背信棄義，背後捅刀子，不但搶了三郡地盤，而且殺死了近四十年生死與共、情同手足的關羽！

雖然孫權使出障眼法，把關羽的頭送給了曹操，劉備依然堅定不移、準確無誤地把這筆帳算到了孫權頭上。

此仇不報，何以面對張飛等與關羽一樣追隨自己一生的生死兄弟？日後有何顏面見關羽兄弟於九泉之下？

是的，我最大的理想是攻滅曹魏一統天下，但這個目標今生很難實現了。

人生不如意者十之八九，退而求其次，統一天下的目標既然不能完成，當年同生共死的誓言，我必須要做到。

攻滅曹魏，沒有把握。攻滅孫權，同樣沒有把握。

但有些事情，過程比結果更加重要。

只要努力去做了，不論結果怎樣，我都無怨無悔，對得起自己的良心，也對得起甘願為我付出生命的生死兄弟！

關羽兄弟，你沒有辜負我，我同樣不會辜負你！

你的仇，我一定要報！

建國大業

打仗從來不是鬧著玩的，要報仇還得養精蓄銳一段時間，做好一切戰備工作。

人生很多時候都是走一步看一步，計畫永遠趕不上變化。

劉備準備稱帝的時候，不但曹魏沒有改朝換代、沒有給他創造機會，還被孫權背後下黑手殺害關羽攪和了一頓。

正當劉備為復仇之戰做準備的時候，先是一代梟雄曹操死於洛陽，曹丕即位「魏王」。幾個月後，建安二十五年（二二〇）冬十月，曹丕強迫當了一輩子傀儡皇帝的漢獻帝「禪讓」，東漢政權被實施了安樂死，正式宣告滅亡。

劉備稱帝的時機，終於成熟了。

於是，劉備手下的員工以空前高漲的熱情，積極投入到擁戴老闆稱帝的準備工作中，比如找祥瑞、定禮儀、做黃袍、擇吉日等等。

值得一提的準備工作，是為仍然健在的漢獻帝劉協同志大辦喪事，隆重舉辦追悼會。因為路邊社有消息說，劉協同志已經被曹魏集團殺死了。

而路邊社的消息，向來都是不一定靠譜的。僅僅以路邊社的一條不靠譜的消息做為依據，來決定國家大事，要嘛是兒戲，要嘛是另有深意。

劉備就是另有深意。

劉協同志究竟有沒有死，是不難調查清楚的。但調查清楚之後，麻煩就來了：死了還好辦，萬一要是沒死，劉備稱帝，把前任皇帝往哪裡擺？難道要給自己找個爹（太上皇）出來？還是死了最省事、最乾淨。

因此，對劉協同志被害的傳言，劉備是寧可信其有，不願疑其假。只要劉協同志的追悼會舉辦完畢，就等於劉協同志已經被法定宣告死亡了。

所謂蓋棺定論，對皇帝的定論有一個傳統作法是加諡號，是在皇帝死後進行的。不過這一作法，在當代遭到了無情的挑戰。挑戰者是某些影視劇無畏的導演和編劇，他們讓活著的帝王有了死後才能獲得的謚號，甚至讓帝王本人就口口聲聲拿謚號自稱，超前意識著實令人驚嘆不已。

漢朝號稱以孝治天下，皇帝的謚號一般先取一個「孝」字，後面一個字才是表示善惡褒貶的主體。比如漢文帝的謚號是「孝文皇帝」、漢景帝是「孝景皇帝」、漢武帝是「孝武皇帝」。

劉備集團給宣告死亡的皇帝劉協的謚號是「孝愍皇帝」，按照一般的稱呼，應該叫做「漢愍帝」，意思是他的生活是悲慘的、國家是不幸的，不但把皇位弄丟了，還被人結束了性命，非常值得同情和哀痛。

通常稱呼的「漢獻帝」，是曹魏集團給的謚號「孝獻皇帝」。「獻」字在謚法中的解釋有好幾種，這裡應當是「聰明睿智曰獻」，意思是劉協一向十分聰慧（這是事實），尤其是以洞察天道的大智慧，懂得曹魏代漢實在是順天應人（這是拿他尋開心），因此自願「禪」位於曹氏。當然，古人有時候也是十分幽默的，不排除曹叡自恃才學，玩一個文字遊戲，以「獻」字明褒實貶，明者是稱讚劉協聰明過人，暗中則譏諷他以天下為公的精神，把皇位給「獻」了出來。在一般人看來，劉協「獻」出皇位可說是實至名歸，因此這個意義被廣泛接受和認同，一看到這個謚號，許多人就想起劉協被權臣玩弄於股掌之間、最後被迫禪位於曹魏的悲慘畫面，導致此後一千多年幾乎沒有帝王再敢用「獻」字做為謚號。

蜀漢用「愍」，曹魏用「獻」，說到底都是政治宣傳的一種手段。

皇帝即位，不論內心有多麼興奮、多麼著急，按照慣例都要推讓三四次，然後大臣們紛紛表示為了天下、為了大家，你就勉為其難當了這個皇帝吧！你不當我們就活不下去了，最後皇帝才擺出一副被逼無奈的痛苦表情，答應登基。

劉備也不例外。雖然早就為稱帝做了輿論準備，程序還是一樣都不能少。員工們一撥一撥地勸進之後，他還是表示堅決不同意。

勸進尚未成功，員工仍須努力。當然員工們上書勸進，說的也不完全是廢話，而是有理有據，扎扎實實走過場。

最扎實的要數辦事一向扎實的諸葛亮。為了勸老闆當皇帝，他先從大道理出發，拉出與劉備情況相似的東漢光武帝，指出天下無主，你來做皇帝的位子是捨我其誰、當仁不讓。然後從實際出發，指出你不當這個皇帝還真不行，因為員工們給你打工，一方面是為了國家，另一方面也是為了自己，都想混個好前途。你當皇帝把事業做大他們當然很積極（這有點像今天的股份制有限公司上市，員工們當然皆大歡喜），如果你不當皇帝，你的事業就沒有曹魏大，搞不好一些員工會為了更大的飯碗而跳槽走人。

眼看大道理小道理都有了，該走的程式也走了，劉備才答應稱帝。

二二一年四月初六（農曆），劉備即皇帝位於成都武擔之南。

從涿縣街頭擺地攤賣草鞋的一介平民，成為大漢皇帝，劉備成功的背後，是出生入死的征戰，是拋妻別子的悲傷，是歷經磨難的不屈，是百折不撓的奮鬥。

自古成大事者，不唯有超世之才，亦必有堅忍不拔之志。

誠哉斯言！

劉備建立國家，取年號為章武，國號是現成的不用動腦筋，自己是皇族，一向宣傳的口號也是繼承漢室，當然不用另取招牌，接著叫「漢」就行了。

需要指出的是，劉備建立的國家在很多場合都被稱為「蜀」。「蜀」是敵對的曹魏及西晉對劉備政權的詆譭和蔑稱，就像宋朝建立後稱呼吳、南唐等割據勢力為僭偽政權一樣，不承認它的正統地位，這不過是一個成王敗寇的遊戲。

事實上，劉備集團從建立的那天起，到滅亡的那天為止，四十多年一直是叫做「漢」。通常的稱呼「蜀漢」，只是為了與之前的「西漢」「東漢」、之後的「成漢」「北漢」區分，多加了一個限定詞而已。

讓我們大跌眼鏡的是，現在的許多影視劇，劉備集團的旗幟上就大大地寫著一個「蜀」字，還驕傲地自稱什麼「大蜀國萬歲」，這就如同美國人在紐約自稱「老外」、日本軍旗上寫著「鬼子」一樣搞笑。

關於劉備稱帝的時機，不論是當時還是後來，都存在兩種不同的看法。

一種以後來的歷史學家習鑿齒與裴松之為代表，指出漢朝被曹魏篡位，國家不可一日無主，劉備此時即皇帝位，以維持漢室江山，讓天下人心有所依歸，就應該當仁不讓。

另一種以劉備的員工費詩為代表，認為天下還沒有統一，篡位的曹魏還沒有滅亡，老闆就急著當皇帝，會讓別人懷疑他用心不正。等到統一天下的時候正式當皇帝，才名正言順。

客觀來說，這兩種觀點都是可取的。劉備之所以立即稱帝，除了那些大道理之外，還有一個小小的因素，這個因素才是問題的關鍵所在。

這個小小的因素就是年齡——劉備此時已經六十一歲。

艱苦卓絕的漢中爭奪戰之後，劉備就明白，短期內攻滅曹魏幾乎是不可能的，他需要時間。但一個年過花甲的人，說不定哪天躺下就再也起不來了，天知道還能活多久。

因此，統一天下對他來說是遙遙無期的，等到那個時候再做皇帝，還不如直接一點說這輩子別想當皇帝。只有抓住機會，立即加冕，才能如願以償。

在劉備看來，費詩的建議等於不想讓他當皇帝，於是把費詩貶為永昌從事。

這樣一來，員工一下子都清楚老闆的真實態度了，反對聲音才降了下去，這才一致擁戴劉備稱帝。

相信任何一個想做皇帝的人，面臨這樣的大好機會，都不會放棄。費詩的作法，也只能用四個字來概括了——不識時務。

劉備稱帝前後，主要心思都在考慮為關羽報仇出兵攻打孫權，政權建設基本沿襲漢中王時期，沒有太大的變化。需要進行的工作，主要是一件——為員工們加官晉爵。

前面諸葛亮已經指出，員工們擁戴老闆當皇帝，除了與老闆的深厚感情和革命友誼之外，還希望能夠得到一些實惠。

員工們不辭勞苦、扎扎實實走過場，老闆當然不能無動於衷，需要用加官晉爵的方式來獎勵員工。

其中最耀眼的四顆星，是諸葛亮出任丞相、許靖出任司徒、右將軍張飛出任車騎將軍兼司隸校尉、左將軍馬超出任驃騎將軍兼涼州牧。

可以看出，最高的武將職位大將軍、車騎將軍、驃騎將軍，唯獨沒有加封大將軍。有人認為，這是特意空缺留給已經殉國的關羽。究竟是什麼原因，我們已經搞不清楚，相信每個人心中會有自己的答案。

黃忠與法正這兩個為奪取漢中出力最多的人，都在戰後第二年逝世，沒有趕上劉備稱帝。黃忠年紀很大，他的死亡並不意外，但法正死時只有四十五歲。

龐統和法正，這是劉備最重要的兩位謀士，可惜天不假年，英年早逝，讓劉備著實傷心了一陣，史書上明確記載他兩次都哭紅了眼。不過劉備此時的哭與《三國演義》中作秀的哭有很大的不同，除了惋惜失去人才，更是難捨深情厚誼。

魏延等資歷淺的將軍紛紛獲得加封的同時，趙雲依舊沒有得到應有的提拔。劉備把他留給兒子重用的用意，應該說是非常明顯的。

劉備即位一個月後的五月十二日（農曆），立夫人吳氏（吳懿的妹妹）為皇后，立漢中王太子劉禪（阿斗）為皇太子，並為劉禪迎娶了張飛的大女兒做為皇太子妃。

劉備此時一共有三個兒子，除了劉禪之外，還有劉永和劉理，都不是皇后吳氏所生，年紀又小於劉禪，所以立長子劉禪為太子，是合情合理的。

手心手背都是肉，除了太子只能有一個之外，另外兩個兒子也是不能虧待的。劉備就封他們兩個為王，劉永做魯王，劉理做梁王。

值得一提的是，在封王這個問題上，劉備的作法具有開創意義。自秦始皇建立皇帝制度以來，秦朝沒有分封親王，項羽和漢朝封王都是實至名歸，比如說齊王的領地就在齊地，吳王的領地就在吳地，陳留王的領地就在陳留，漢中王的領地就在漢中。

劉備分封的魯王和梁王，重點在於王號的名稱，卻沒有對應的領地。

實際上，即使劉備想給他們領地也是辦不到的，因為魯地和梁地，都掌握在曹魏手中，要想分給劉備的兒子，得問曹魏老闆曹丕同志答應不答應。

此後，有了劉備做榜樣，空頭分王便興盛起來，成為時代潮流，一發不可收拾。比如唐太宗時期分封的楚王李寬、吳王李恪、魏王李泰等等，都屬於這種形式。

態度決定高度

雖然一不小心開創了時代潮流，劉備卻顧不上高興，領導很忙的，有許多事情要做。

第一件必須要做的大事，就是為關羽報仇出兵攻打孫權。此時當皇帝的大事也辦完了，兩年時間的休養生息、養精蓄銳，差不多也夠了，那就動手吧！

前面說這是一場為關羽復仇之戰，估計有些朋友忍不住要吐口水了——且慢，這時候我們一起來討論這個問題。

有句話說，當局者迷，旁觀者清。我們首先請出兩位重量級的旁觀者。

第一位是東吳名臣諸葛瑾。劉備起兵的時候，收到了諸葛瑾的一封信，中心意思是勸劉備掂量輕重，理性分析問題，不要找孫權報仇。信中說「陛下（劉備）以關羽之親何如先帝？荊州大小孰與海內？俱應仇疾，誰當先後？」很明顯，諸葛瑾明白劉備是來報仇雪恨的，而且特意將殺害關羽做為一大原因指出。

我們知道，說服一個人最好的方法就是解開他的心結，諸葛瑾之所以將關羽之死特意指出，是因為他明白關羽在劉備心中所占的分量，關羽之死正是劉備解不開的心結。

當然，諸葛瑾所在的孫權一方，正是劉備要收拾的對象，他算旁觀者有點勉強。那麼，有請下一位出場，他是貨真價實、如假包換的旁觀者。

他就是曹魏名臣劉曄。

對敵人的關心，也就是對自己的關心。出於這個理念，新上任的曹魏集團CEO曹丕組織了一場自由辯論，辯論的主題是劉備會不會攻打孫權。

大多數參賽選手的發言都是不會，理由是蜀漢國力弱小，最牛的名將只有一個——關羽。如今連關羽都兵敗身死，蜀漢國內必定惶恐不安，沒有實力也沒有膽量進攻東吳。（蜀小國耳，名將唯羽。羽死軍破，國內憂懼，無緣復出）

一貫見解高出常人的劉曄卻敏銳地指出，劉備一定會出兵。劉曄又一次證明了自己的超群實力，也證明了真理往往是站在少數人一邊的。

劉曄的重要論據就是「關羽與備，義為君臣，恩猶父子；（關）羽死不能為興軍報敵，於終始之分不足」。這句話算是說到點子上了，「恩猶父子」比「恩若兄弟」更進一層，都是指感情深厚，與親人一樣。

劉備與關羽年少相識相知，發誓同生共死，並肩奮鬥近四十年，全天下人都清楚他們之間的感情有多深、關係有多鐵。如果關羽被殺，還能無動於衷，這樣的劉備就不是劉備，不是那個值得讓關羽放棄曹操、誓死追隨一生敬重的劉備。

歷史人物也是人，他們在做一些決定的時候，並不總是理性思維，並不總是把得失算得清清楚楚，然後才權衡利弊做出選擇。他們也會意氣用事，尤其一個重情重義的人就更加如此。

人活一口氣，有些人有時候做事就圖個快意恩仇。比如項羽屠咸陽城、焚燒秦宮殿，曹操屠殺徐州百姓，都是圖一個爽快、出一口惡氣，不但對政治沒有幫助，而且都是大大的敗筆。

這就是人，有血有肉，會喜會悲，有對有錯，才是真實的人。

人生是用腳來走的，並不是用尺子量的。時時刻刻算計得失的作法，並不適用於所有的人。

至少對此時的劉備就不適用。

為劉備算計得失的人，除了諸葛瑾，還有趙雲。

一向有大局觀的趙雲。他看出攻打孫權不但對匡扶漢室的既定目標毫無幫助，而且是筆賠本的生意。因為根據三方的實力對比，劉備打曹操不一定會贏，如果既要打曹操又要打孫權，那就不是不一定會贏，而是一定不會贏。

趙雲希望老闆認清形勢，保持淡定，千萬不可意氣用事。

劉備同樣沒有聽從。

還有一些人，看出了攻打孫權不會成功，同時也看出老闆劉備是勸不住的，所以雖然內心不同意攻打孫權，卻沒有勸諫老闆。

這類人的代表就是諸葛亮。他在劉備兵敗之後，無比懷念早已死去的法正，因為他知道有可能勸阻老闆的，只有法正，別人說一千道一萬都是徒勞無功的。

世間已無法孝直之後，劉備出兵之意注定無法挽回。

事實勝於雄辯，最具有說服力的從來都不是當時人或後來人的判斷，而是事實證據。

劉備率領攻打孫權的軍隊數量，也可以印證這是一場復仇之戰。

受《三國演義》的影響，許多人認為劉備是傾全國之力，出動七十五萬大軍進攻孫權，也不想想劉備哪來的七十五萬軍隊。

實際上，劉備出動的軍隊還不到七十五萬的一個零頭——不到五萬，只有區區「四萬人，馬兩三千匹」（《三國志》注引王沈《魏書》）。

這是一個禁得起推敲、被歷史研究者和戰爭研究者廣泛認同的數字。

這樣一支軍隊，說多不多、說少不少，要看派上什麼用場。

要想徹底消滅東吳幹掉孫權，考慮一下此時孫權比較雄厚的家底，就能看出這點兵力是遠遠不夠的，如果抱有這個想法，那麼就是白日做夢。要想打敗孫權，奪回荊州，這點兵力也有點少，結果十分難說。

但為關羽復仇，這點兵力就不算少。

因為一場復仇之戰，結果怎樣並不是最重要的。

最重要的是態度。態度決定高度，有沒有做好，是個能力問題；有沒有去做，是個態度問題。

劉備就需要表明自己的態度。關羽死了，他絕不能無動於衷，否則他沒法向幾十年出生入死追隨自己的兄弟們交代，更沒法向慘死的關羽兄弟交代。

當然，除了為關羽報仇，也不排除劉備有順便奪回荊州地盤的意圖。一個人做決定，往往不是單一因素在起作用，而是多種因素交織在一起發生作用，不能抓住一點，不及其餘。但主要因素，我認為是為關羽報仇。

除了兵力，還有一個有力的證據，就是劉備出動的將領。

對比一下前面漢中爭奪戰，劉備出動的史上最強陣容，就可以看出夷陵之戰堪稱史上最莫名其妙的陣容。

漢中爭奪戰，只為奪取漢中一個郡，而劉備率領的是全部精銳，張飛、馬超、趙雲、黃忠、魏延等拿得出手的猛將全部上陣，無一例外。

夷陵之戰的陣容，卻沒有一個拿得出手的將領，唯一能數得上的只有黃權，此外就是吳班、馮習、張南、傅彤等名不見經傳的人物。

如果說劉備拿這麼少的一點兵力、出動這麼一個莫名其妙的陣容，就想搞定孫權、奪回荊州，那他實在太幽默了，也太不把當年的大舅子孫權當回事了。

但劉備還是毅然決然地出軍了。因為在他看來，這是一場不能不打的復仇之戰。

每個人心中都有最寶貴的東西。當最寶貴的東西被人搶奪之後，喪失理智、沖昏頭腦是非常常見的。

不過，很多時候也不是完全喪失理智，最終決定事情怎麼做的，是衝動和理智相互鬥爭、相互妥協的結果。

比如，一對熱戀的年輕夫妻，一邊愛得死去活來說願意為對方付出所有的一切，一邊卻忘不了在買房子的時候堅持寫上自己的名字。

沒辦法，人就是這樣的矛盾結合體。

劉備就很矛盾。因此他只帶了區區四萬軍隊，而把大批的精兵強將留在後方根據地，尤其是在漢中防守曹魏，否則一旦戰敗後果不堪設想，將徹底輸個精光。

這與爭奪漢中時不計代價一定要拿下的決心，同樣是很大的反差。

宿命

雖然無意帶上太多的精兵強將，劉備至少還是想帶上一個人出征的。

這個人就是張飛。

種種跡象表明，劉備、關羽、張飛三人結義為兄弟，是非常有可能的。

劉備為關羽報仇，不帶別人，偏偏帶上張飛，那意思是說報仇是我們兄弟之間的事，外人不需要摻和。

張飛卻最終沒有走上復仇前線。這一員蓋世猛將征戰一生，沒有死在刀光劍影的沙場，竟然在出發之前死在了自己鎮守多年的閬中。

殺死張飛的是他手下的兩員小將張達和范強（不是范疆），這兩個在《三國志》中只露過一次臉的小人物，輕輕鬆鬆地做到了無數曹魏和東吳名將想做而做不到的事情。

陳壽在《三國志》中雖然沒有寫明這兩人為什麼要殺張飛，卻有一個暗示──（關）羽善待卒伍而驕於士大夫，（張）飛愛敬君子而不恤小人。當然，這裡說的君子小人，不是道德意義上的君子小人，用今天的話來說是按社會階級劃分的，君子是指士大夫階層，小人是指平民百姓，通俗的說法就是窮人家的孩子。

做為幾十年同生共死的兄弟，劉備當然知道張飛有這個缺點，還特意提醒他，不要老是脾氣火爆鞭打小兵，也不要讓被打的人接近自己，否則極其危險。

任何一個人，哪怕只是個無名小卒，哪怕只是個窮人家的孩子，他同樣是有尊嚴的。

而一個人的尊嚴被人隨意踐踏，他的心中一定會埋下仇恨。

到底還是劉備看人心看得淋漓盡致、透徹入骨。

陳壽的暗示，就是說張達和范強親身體驗過張飛的暴力，因此懷恨在心，找機會下黑手殺死了張飛。這與劉備事先提醒的一模一樣。

與關羽一樣，張飛死後也是身首兩處。人頭被張達和范強拿去找孫權做見面禮換了賞錢。

與關羽一樣，張飛之死，又是性格決定命運的一個註腳。

其實劉備發動復仇之戰，同樣也是性格決定命運——因為重情重義，所以意氣用事。人，到底是跑不過命的。

章武元年（二二一）七月，也就是稱帝之後僅僅三個月，劉備在江州（今重慶）集結軍隊，著手發動夷陵之戰。隨後不斷調兵遣將，分軍出擊。章武二年正月，劉備親率主力部隊進駐秭歸，開始長驅直入。

從劉備的角度來看，這一場復仇之戰實在沒什麼可寫的。除了軍隊的數量只有四萬多而不是七十五萬，黃忠不可能死而復生再上戰場，也沒有將門之子關興、張苞齊上前線手刃仇敵的故事之外，戰役進展與《三國演義》的描寫差不了多少。

劉備起初進展順利，在巫山、秭歸一帶攻破孫權將領李異、劉阿等組成的第一道防線，前進到夷陵一帶，駐軍猇亭。此時，戰線過長，大軍成為強弩之末，與陸遜打起持久戰。相持幾個月後，陸遜瞅準機會火燒連營，劉備敗退馬鞍山，被四面圍攻，最後大敗，狼狽逃回白帝城。

一些人就以此為證據，認為劉備不會打仗。

其中最具代表性的，是曹魏集團現任CEO曹丕同志。曹丕聽說劉備連營七百里之後，說了一句話：「（劉）備不曉兵，豈有七百里營可以拒敵者乎！將大軍駐紮在地形過於複雜的地方，明顯是軍事學上的大錯。孫權獲勝的消息很快就要到了。」（苞原隰險阻而為軍者為敵所禽，此兵忌也。孫權上事今至矣）

結果被曹丕不幸言中了。於是，曹丕同志的形象就大放光彩，劉備「不曉兵」也似乎成為鐵板釘釘的事實。

實際上，劉備雖然打仗不是長項，比不上曹丕他爹曹操，但還是有幾把毛刷子的。而曹丕同志對戰爭的認識也就停留在紙上，這次說中只能說是碰運氣中彩票了，他本人在此前後就被孫權耍得團團轉，後來惱羞成怒兵分三路攻打孫權，又被打得滿地找牙。要不是他爹給他留下的家大業大底子厚，這麼折騰下去曹魏集團就要在他的手上倒閉關門了。

曹丕說中這一次，就被吹得神乎其神，完全是因為員工們在使勁地拍老闆的馬屁。員工們等了好久才等到這樣一個絕好的拍馬屁機會，兄弟們容易嗎？此時不拍，更待何時？他的論據其實根本禁不起推敲，只能說是站著說話不腰疼。

因為劉備連營七百里是別無選擇。孤軍深入夷陵，只能步步為營，否則巫山一帶道路曲折，一旦被切斷後路，用不著陸遜放火，劉備就該全軍覆沒了，能不能活著逃回去都十分難說。

攻打東吳離不開水軍，後來西晉滅吳，就是王浚樓船下益州，金陵王氣才黯然收的。因此還有一些人批評劉備「捨船就步」，不用水軍。

這近似於指責劉備為什麼不用原子彈打孫權。因為劉備不是不知道要用水軍，而是沒有拿得出手的水軍。

自從關羽的荊州軍團滅亡之後，劉備的水軍就非常脆弱，反之，孫權的水軍實力大增。此時劉備如果選擇水戰，明顯就是以己之短攻人之長，這樣的傻事除非腦袋進水的人才會幹。

最後需要指出的是，夷陵之戰並不是什麼以強攻弱、以弱勝強。劉備出動兵力四萬多人，而孫權的前敵總指揮陸遜手下就有五萬軍隊（權命遜為大都督、假節，督朱然、潘璋、宋謙、韓當、徐盛、鮮于丹、孫桓等五萬人拒之），差不多算是旗鼓相當，甚至劉備還外線作戰處在劣勢。

劉備夷陵之戰的失敗，主要取決於雙方的實力對比。

劉備大軍潰敗後，在長江北岸率領八千軍隊防備曹魏的黃權被切斷了歸路。擺在黃權面前的是兩條路，要嘛投降東吳，要嘛投降曹魏。

黃權考慮再三，認為兩害相權取其輕，劉備正與孫權打得頭破血流，投降孫權就太不厚道了，只好投降曹魏。

很快有路邊社消息，說黃權在成都的家人被劉備以叛國罪處死了。新老闆曹丕迫不及待地相信了路邊社的消息，出於對新員工的特殊照顧，發布命令讓黃權為家人操辦喪事。黃權憑著對劉備的了解，認為這個消息不靠譜，回答說：「我與劉備、諸葛亮推心置腹，他們都知道我的初衷，不會殺害我的家人（臣與劉、葛推誠相信，明臣本志）。這一定是個謠言，過幾天就能水落石出。」

黃權如此信任劉備是有道理的。

劉備確實沒有辜負黃權的信任，他理解黃權不得已的苦衷，特意對黃權的家人網開一面、待之如初。

劉備與黃權君臣相知，就如同好朋友一樣，雖然相隔千里，卻是心有靈犀，一切盡在不言中，古往今來，並不多見。

裴松之就拿劉備此時的作為，與雄才大略的漢武帝做了一番對比。對比的事件是，李陵被迫投降匈奴後，漢武帝不問青紅皂白，立即誅殺李陵全家。

世間事禁不起對比。這一比，劉備就把漢武帝遠遠比下去了。

雖然戰前劉備就信心不足，預料到可能會遭到失敗，但失敗變成現實，而且變成慘敗的時候，還是太殘酷了一些。

劉備征戰一生，轉戰南北，與袁紹、曹操、袁術、呂布等猛人都交過手，官渡之戰、赤壁之戰也都親身參與過，是見過大世面、大陣仗的老闆。世間已無曹孟德之後，他更是唯一的老牌諸侯。如今卻大敗於後起之秀陸遜之手，著實有些羞愧，甚至覺得無臉回成都，就在白帝城（今重慶奉節東）住了下來。

漢中爭奪戰，劉備對曹魏死心了。夷陵之戰，他對東吳也死心了。這個百折不撓的梟雄，從此情緒低落、心灰意冷。

劉備的死心，從兩個事件可以看出。

一是改魚復縣為永安。永安兩字，傳達出他不想再打仗的心思。出生入死打了一輩子，沒打出想要的清平世界，短期內統一天下是不可能的，而自己的時間已經不多了，等不到統一天下的那一天了。罷了罷了，就這樣算了吧！

二是接受孫權的請和要求。

孫權一向是個務實的人，劉備打他的時候他毫不猶豫地緊緊抱住曹丕的大腿，甚至低三下四主動稱臣，謙虛得不得了。

有句話說：以利交者，利盡則散。是指人與人之間因為相互利用而結成的關係，一旦不需要利用了，關係自然也就到頭了。

打敗劉備之後，孫權認為用不著再抱曹丕的大腿了，便結束了這段畸形的君臣關係，把曹丕氣得乾瞪眼，兵分三路氣勢洶洶地要找孫權算帳。

於是，孫權又來抱劉備的大腿，絲毫不在意幾個月前他們還打得頭破血流。

劉備接受了孫權的請和，沒有太在意幾個月前的仇恨。因為他已經了卻了為關羽出兵報仇的心願，不是不去做，而是做不到。

過日子，不能只向後看，更要向前看。與孫權聯合是蜀漢最好的選擇。

說話是要看對象的

哀莫大於心死。

章武二年（二二二）冬，也就是猇亭慘敗後沒過多久，六十二歲的劉備身患重病，隱隱感到大限將至。

是安排後事的時候了。

知子莫如父，接班人太子劉禪能力不強、學問不好，劉備是清楚的。聽到劉禪同志學習很有進步，他就喜出望外，就是一個明證（丞相嘆卿智量，甚大增修，過於所望，審能如此，吾復何憂）。

再加上劉禪同志年紀還小，只是一個十六、七歲的半大小子，劉備需要安排幾位顧命大臣輔佐他。

放眼望去，此時蜀漢人才凋零（除前面提起的人物外，馬超、許靖、劉巴都在章武二年病死），最具治國能力、最受劉備信任的只有諸葛亮。

當年諸葛亮從隆中出山之後，雖然劉備很快就說過如魚得水的話（孤之有孔明，猶魚之有水也），實際上對諸葛亮並不十分信任。諸葛亮是憑藉自己在工作中的出色表現，逐步獲得老闆肯定的。尤其是奪取益州之後，每次劉備出軍征戰，都是諸葛亮留守大本營，他的能力和忠誠進一步得到了劉備的充分肯定。再考慮一下年齡問題，四十出頭的諸葛亮絕對是最合適的人選。

孔明，就是你了。

章武三年（二二三）春，劉備將留守成都的諸葛亮召到永安，進行了著名的永安託孤。

劉備託孤，歷來備受稱讚，認為是「君臣之至公，古今之盛軌」，讓人追慕不已。但同時也遭到了不少人的質疑，尤其是近些年更加愈演愈烈，認為是劉備在試探諸葛亮、警告諸葛亮、嚇唬諸葛亮，完全歸結於陰謀論。

這一切都來源於一段話，劉備託孤時對諸葛亮所說的一段話：

「君才十倍曹丕，必能安國，終定大事。若嗣子可輔，輔之；如其不才，君可自取。」

前面一句說諸葛亮能力遠遠超過曹丕，一方面是對諸葛亮能力的高度肯定，一方面是安排重要工作時老闆對員工的勉勵，讓員工更有信心。話中的「安國」指的是治理好蜀漢，「定大事」自然指的是完成未竟的統一大業。有一些人認為，劉備說「安國」就意謂著蜀漢不安，內部矛盾十分尖銳，日後諸葛亮北伐就是轉移內部矛盾（這個問題後邊分析），這根本是無稽之談。古人常說「安邦定國」、「治國平天下」，都是普遍意義的提法，並不是特指國家不安、天下不平。

產生質疑的癥結在於後一句。這句話的意思是說，如果劉禪當了皇帝後行為不靠譜是個敗家子，那麼你諸葛亮可以自己當老闆。有人認為，「君可自取」是讓諸葛亮從劉備的三個兒子中間選擇一個當皇帝，這完全是一家之言，為求新而曲解古人。

在一個家天下的時代，劉備表示如果到了不得已的時候，自己辛辛苦苦打拚一生得來的皇帝寶座，就由諸葛亮來坐。這樣的事在歷史上發生的機率，也就是彩券中出三點五億巨獎——有史以來頭一回。

因此，許多人都被感動得一塌糊塗，給予高度稱讚。

因此，許多人都不相信這是真的，想方設法推翻它。

但這件事在史書上記載得清清楚楚，而且有多處確鑿印證，真實性不容置疑。那怎麼推翻？

看來只好發揮人的主觀能動性了。不能質疑真實性，就質疑出發點和用意，於是猜測論、陰謀論紛紛出爐，連康熙皇帝都提出了懷疑。

我們知道，說話是要看對象的。同樣的一句話，不同的人說出來，效果是完全不一樣的。而同樣的一句話，說給不同的人聽，效果也是完全不一樣的。

比如說曹操、曹丕、曹叡爺孫三個輪番上陣，對司馬懿進行思想政治教育，讓他好好輔佐子孫，即使說出與劉備同樣的一番話來，對於司馬懿來說完全就是空氣，到時候他該篡位就篡位，絲毫不會跟你客氣。

所以，剝離了說話的人物單獨分析這段話，是沒有多少意義的，需要重點分析的是說話的人物。

這段話，說話的人是劉備，說給諸葛亮聽。劉備是一個看人看到骨子裡的人，尤其是諸葛亮，跟隨他已經十七年，他不可能不了解諸葛亮的正直和忠心。因此，劉備清楚即使說了到萬不得已的時候你自己當老闆，諸葛亮也不會這樣做。他說這句話的用意不是鼓勵諸葛亮篡位自己當皇帝，那種萬不得已的情況當然是他不願意看到的。

那為什麼劉備還要這樣說呢？

答案在於七個字——諸葛一生唯謹慎。

劉備看人看得十分透徹，非常清楚諸葛亮是一個謹小慎微、膽子不大的人，他說出即使你自己當老闆我都沒意見的話，為的是讓諸葛亮放開手腳好好去幹。

為了讓諸葛亮膽子再大一些、束縛再小一些，劉備還給三個兒子明確留下遺囑，讓他們「父事」諸葛亮。

劉備的用意是很明確的，能夠引來那麼多的懷疑，也只能用仁者見仁、智者見智、權謀者見權謀來解釋了。

託孤，出於劉備對諸葛亮的高度信任，更出於劉備對諸葛亮的深切了解。

劉備託孤時，除了諸葛亮，還有尚書令李嚴在場，被任命為諸葛亮的副手，一同擔負託孤重任。這一方面是讓李嚴做個見證人，另一方面則體現了劉備用人多多益善的思想，並不是讓李嚴牽制諸葛亮。

因為劉備既然對諸葛亮說出你可以自己當皇帝的一番話，再加上三個兒子都要父事諸葛亮，如果諸葛亮真的要篡位，那根本就是神仙都攔不住的事，李嚴也就只能低下腦袋乖乖聽話，否則大好腦袋肯定是要搬家的。

但偏偏就有人要說劉備是安排李嚴牽制諸葛亮，還說李嚴後來被罷官是諸葛亮存心要奪權。

日後諸葛亮與李嚴鬧矛盾，主要責任毫無疑問是在李嚴身上。這個問題，我就不多費口舌了。

需要指出的是，退一萬步來講，即使諸葛亮存心要全面掌權，也不必過多地指責他。因為在一個專制時代，管理國家主要靠人治，誰要想做出一點事情，就必須要掌握權力。

商鞅變法成功，是因為秦孝公大力支持。支持王安石變法的宋神宗一死，新法全被廢除。張居正能夠推行一條鞭法，是因為大權在握。這樣的例子，就不需要多舉了。

因此，分析歷史評價古人，不應該過多地看他是不是存心掌權，重要的是他掌權後做了什麼——是利用國家公權力中飽私囊、滿足個人欲望，還是一心為國為民、盡心盡力！

諸葛亮主掌蜀漢大權十多年，日後是鞠躬盡瘁，死而後已，家無餘財！

夠了，足夠了！

諸葛亮終究沒有辜負劉備對他的信任。

雖然諸葛亮北伐沒有成功，但他已經盡心盡力了。

蜀漢之所以堅持北伐，當然不是轉移內部矛盾。放在今天的時代，用打仗來轉移內部矛盾是比較可行的一招，但放在諸葛亮那個時代，這完全就是扯淡。

因為要轉移內部矛盾，至少需要三個必備條件：一要宣傳機器足夠強大用來引導輿論；二要通訊技術足夠發達用來隨時掌握各方動態；三要交通手段足夠先進，一旦有什麼風吹草動立即趕回老巢穩住局勢。

即便是同時擁有這三個條件，赫魯雪夫同志去黑海度了個假就被別人強行接班，更不要說是從成都到渭水要走好幾個月的三國時代。

曹芳同志與曹爽兄弟去給老祖宗上了一趟墳，回來就被司馬懿奪了兵權，滅了曹爽三族，就是內部矛盾過大領導不能外出的最好證據。

諸葛亮能夠親自率兵北伐，恰恰是內部比較安定團結的明證。

蜀漢北伐是勢在必行。因為蜀漢以繼承大漢江山為號召，如果偏安一隅，遲早要失去人心；同時蜀漢地盤在三國中間最小，如果不思進取，被大國吞併是早晚的事情。

總而言之，蜀漢不北伐只能亡國，北伐還有一線生機。

但這生機也僅僅是一線而已。之所以出現三國並立的局面，就因為三方實力接近，互相制衡，要經過一個實力此消彼長的過程，才能打破平衡。

諸葛亮北伐時，還處在實力相對接近的階段，加上他軍事謀略並不十分突出，多用正兵而少用奇謀，所以最終勞師無功。

於是，又有不少人批評諸葛亮不會打仗。事實上，打仗雖然不是諸葛亮的強項，但諸葛亮知兵的名頭絕對不是靠忽悠得來的。雖然諸葛亮在劉備時代主要主持後勤工作，領兵打仗的機會並不多，但他能在北伐時想打就打、想走就走，勝多敗少，損失較小，斬殺曹魏大將張郃、王雙等人，把司馬懿打得不敢出戰，就足以證明他的軍事水準，至少不在司馬懿父子之下。

後世如唐朝著名的軍事家李世民與李靖君臣，對諸葛亮軍事才能的充分肯定，是有一定道理的。

另外需要指出的一點是，戰爭並不必然導致人民生活的苦難，尤其是對外戰爭、統一戰爭。

人口，在古代是社會經濟發展水準的重要標誌。據不完全統計（主要是因為亂世之中，逃亡人口和隸屬於豪強地主的附籍人口很難統計），章武元年至蜀漢滅亡時，蜀漢人口四十年間增長了百分之二十，戶數增長了百分之四十，遙遙領先於魏、吳兩國。

我們知道，人口的增長，具有滯後性特點，蜀漢後期人口統計數字的上升，必然離不開前期打下的良好基礎。而前期治理內政的，正是諸葛亮，同一時期蜀漢還幾次發動統一戰爭，卻沒有導致國內人民的生活艱難。

相反，蜀漢後期由於政治腐敗，君主昏庸無能不知道如何解決問題，員工也都是睜一隻眼閉一隻眼混日子，朝廷沒有人敢說真話，百姓生活困苦不堪（主闇而不知其過，臣下容身以求免罪，入其朝不聞正言，經其野民皆菜色），完全是一個亡國景象。

在政治腐敗的國度，不論有沒有龐大的軍費開支，財政收入同樣是不夠用的——因為貪官污吏的欲望是個無底洞，永遠也不會有填滿的那一天。即使軍費開支省了下來，也肯定不會省到老百姓頭上，而是省到了貪官污吏的口袋中。

歷史告訴我們，政治腐敗，失去民心，遠遠比對外戰爭可怕得多。蜀漢之亡，絕不是亡於北伐失敗。

君子之守

當然，諸葛亮北伐成敗，是劉備的身後事了。

劉備託孤安排後事以後，病情不見好轉，又給太子劉禪留下了一封遺詔。人之將死，其言也善。劉備的遺詔，與曹操臨終時的分香賣履一樣，都是真性情的自然流露。無論是英雄還是奸雄，在臨死的時候都是不需要偽裝的，也沒必要忽悠自己的兒子。為了更好地認識劉備，我們有必要將這份遺詔摘錄如下：

朕初疾但下痢耳，後轉雜他病，殆不自濟。人五十不稱夭，年已六十有餘，何所復恨，不復自傷，但以卿兄弟為念。射君（射援）到，說丞相嘆卿智量，甚大增修，過於所望，審能如此，吾復何憂！勉之，勉之！勿以惡小而為之，勿以善小而不為。惟賢惟德，能服於人。汝父德薄，勿效之。可讀《漢書》、《禮記》，閒暇歷觀諸子及《六韜》、《商君書》，益人意智。聞丞相為寫《申》、《韓》、《管子》、《六韜》一通已畢，未送，道亡，可自更求聞達。

詔書中除了劉備看待死亡的坦然，最有名的是「勿以惡小而為之，勿以善小而不為」、「惟賢惟德，能服於人」兩句，這是劉備人生的經驗總結，教育兒子怎樣做人，乃至怎樣做一個賢德的君主。

但劉禪同志卻讓劉備深深地失望了。

劉禪同志的問題不只是劉備已經看出的才能平庸那麼簡單，他還在日後沾染上了一些不良習慣——親小人遠君子，任用宦官，不思進取，貪圖享樂。

尤其在諸葛亮死後，劉禪老闆和他員工們都認識到蜀漢更加沒希望完成統一大業，上上下下便開始混日子。所謂的興復漢室，到這時連自己人都騙不過去。既然是混日子，那就無非要追求吃喝玩樂，要吃喝玩樂就得有錢。

錢從哪裡來？我們知道，羊毛從來都出在羊身上，絕對不會出在狗身上，政府的錢從根本上說有且僅有一個來源——從百姓身上徵收賦稅！

貪官污吏的欲望是個無底洞，只能靠增加稅收來滿足，而稅收過度，自然民不聊生，如孔子所言「苛政猛於虎也」。

因此蜀漢後期政治腐敗、失去人心，也就是自然而然的結果了。

蜀漢後期出現這樣的局面，責任是不能過多地追究到劉備和諸葛亮頭上的。

也許有人會問，諸葛亮死後不過三十年，蜀漢就滅亡了，這三十年的變化很大嗎？

答案是很大，非常大。近的以今天的改革開放來看，三十年，足夠來一個翻天覆地了。遠的以歷史來看，強大的秦帝國，統一天下僅僅十五年就徹底滅亡了，三十年，都夠完蛋兩次了。

一個沒有精神的國家，是沒有力量的國家。

蜀漢之亡，不是亡於所謂的窮兵黷武，而是亡於政治腐敗，導致國力減弱，更導致失去民心。

因為對於混日子的員工來說，混是最重要的，而跟著誰混是不重要的。跟著劉老闆是混日子，跟著曹老闆或司馬老闆也是混日子，沒有多少差別。和平年代也就這麼混下去了，一旦出什麼大事，那是肯定是靠不住的。

所以，二六三年冬，鄧艾率領一萬左右的疲憊之卒兵臨成都，蜀漢投降派立即占了上風（遠遠不只是譙周等幾個人），就是非常容易理解的。對於混日子的員工來說，混才是最重要的，完全沒有必要主張抵抗，把自己的性命搭進去。而且投降後，按照慣例還能得到更大的飯碗和更多的工資，那就趕快投降吧！誰不投降就讓他滾蛋。

得民心者得天下，失民心者亡天下，從來不是空話。

蜀漢亡國之前，司馬昭進爵晉王，僅僅兩年之後，曹魏就正式滅亡了。蜀漢與曹魏，可以說是差不多同時滅亡。

但偏偏就有一些人非要較真說是三國蜀先亡。那麼我們不妨也來較真一回。

早在蜀漢滅亡的十多年前，二四九年，司馬懿奪得大權，曹魏就已名存實亡。尤其是二五四年司馬師廢掉曹芳，二六〇年司馬昭殺死曹髦之後，人人都心知肚明曹魏天下已經成了司馬氏的。就連曹魏純臣魚豢撰寫《魏略》，寫到這裡都痛苦得寫不下去了。

曹魏的實際滅亡，明顯要早於蜀漢。確切點說，應是三國魏先亡。

至於史書上記載曹魏滅亡是在二六五年，只是出於因司馬氏不想當強盜的心理——如果以奪權的時間算起，那就意謂著自己是搶了別人東西的強盜；如果以「禪讓」的時間算起，那就意謂著自己得天下是順天應人，說起來就能名正言順，騙不了別人也能騙騙自己。

很明顯，做了強盜的司馬氏也一定不會承認自己是強盜的。因此奪權的時間才被忽略不提，「禪讓」的年份才成為曹魏滅亡的法定時間。

讓你什麼時間滅亡，你就什麼時間滅亡，想早一點都不行。

曹魏走到這樣的地步，如果還說沒有滅亡，也就真是自欺欺人了。

曹魏的滅亡，源於兵權的丟失。這表明建立在暴力強權基礎上的政權，一旦暴力基礎失去了，它的毀滅就指日可待。

天道有常，或因人勢而遲，然終不誤！

彌留之際的劉備看不到他親手創建的蜀漢帝國的結局。他明白自己留在人世的時間已經不多了，回憶構成了他最後時光的主題，浮上心頭的是一幕幕往事。

他記得，自己原本只是涿縣街頭擺地攤賣草鞋的一個普通少年，因為一顆不甘沉寂的心，拜師讀書，結交兄弟，一步步奮鬥，一點點努力，在黃巾起義時，乘時而起，投身亂世，開始追逐自己的理想。

他記得，沙場無情，刀光劍影，血雨腥風，所幸他沒有倒下，在漫漫長路上下求索，無盡飄泊，跌倒了爬起，爬起了跌倒，起起伏伏很多次，摸爬滾打幾十年，百折不撓，堅韌不拔，方才走到了今天，成就一方帝業。

他記得，關羽、張飛、盧植、公孫瓚、孔融、陶謙、麋竺、陳登、曹操、呂布、袁術、袁紹、劉協、趙雲、劉表、諸葛亮、龐統、黃忠、魏延、孫權、周瑜、魯肅、劉璋、法正、許靖、馬超……這一個個熟悉的面孔，有些人是不離不棄的兄弟，有些人是志同道合的朋友，有些人是令人尊敬的師長，有些人是你死我活的仇敵，有些人已經死去了，有些人還活著。

而如今，他也要像他們中間的大多數人一樣，撒手人寰了。

親手創建的帝業，只完成了一半，一統河山的抱負，已經沒有時間去實現。起初我以為，劉備去世前的心情，一定是無比遺憾與悲憤的。

直到我真正讀懂了劉備，讀懂了他的一生，讀懂了他的堅持，我才發現了我錯了。劉備去世時的心情，沒有太多的遺憾，沒有太多的悲憤，而是十分平靜、波瀾不驚的。

謎底就在劉備的遺詔中。詔書全文隻字未提讓劉禪繼承遺志、一統河山，更沒有像五代李克用那樣給兒子李存勖留下必須要辦的三件事（討劉仁恭、擊契丹、滅朱溫），詔書通篇都是一個父親臨終前對兒子的諄諄教導，教育兒子怎樣做人。

秦皇漢武今何在，千秋霸業轉頭空。

在劉備眼裡，做人才是最重要的問題，兒子劉禪能不能恢復中原、中興漢室是第二位的，第一位的問題是學會做人。

勿以惡小而為之，勿以善小而不為。

惟賢惟德，能服於人。

即使沒有能力成為雄才偉略的君主，你依然可以堅守自己的理想和良心，努力做一個對社會有用的人。

重視做人，不只是當時渴望賢君良臣、仁政德治的社會環境的要求，而且在今天的時代也毫不過時。做人兩個字，說起來容易，做起來很難。尤其是在利益的紛擾中和生存的壓力下，許多人都主動或被動地一再降低了做人的底線，甚至多次背棄了做人的原則。

而劉備，以他一生的作為，堅持著自己的原則，踐行著自己的理念。

天行健，君子以自強不息！

地勢坤，君子以厚德載物！

終其一生，庶幾無愧！

章武三年（二二三）四月二十四日，蜀漢昭烈皇帝劉備崩於永安宮，年六十三，葬身之地至今未明。

後記

這是最好的時代，也是最壞的時代；
這是智慧的時代，也是愚蠢的時代；
這是信任的年代，也是懷疑的年代；
這是光明的季節，也是黑暗的季節；
這是希望的春天，也是失望的冬天；
我們前途無量，同時又感到希望渺茫；
我們一齊奔向天堂，卻都走向另一個方向……

狄更斯的這首詩，在今天看來仍然很有意義。

三國的歷史，同樣如此，因為一切歷史都是當代史。

歷史，不過是一群人做的一些事而已，古代的人做的事是古代史，近代的人做的事是近代史，當代的人做的事是當代史。

人沒有變，歷史也不會變。

幾千年走過，衣、食、住、行樣樣都有變化，很大的變化，但最重要的東西始終沒有變——人性，尤其是欲望。

是人，就想往高處走。人生的目標，從來不是一成不變的，而是水漲船高。達到一個既定的高度之後，新的目標就在一個更高的地方。生命不息，欲望不止。

是欲望，讓我們走過了莽荒時代，踏入文明；是欲望，讓我們傳宗接代，生生不息；但同樣是欲望，讓我們血腥殺戮，爭鬥不休。

正當的欲望，我們稱之為理想，這個可以有。但有些東西不可以丟，比如做人的原則和良心。

說起三國，很多人都只記得羽扇綸巾談笑破強虜、古琴輕彈嚇退百萬兵，卻忘記了三國的另一面——白骨露於野，千里無雞鳴，幾千萬人口非正常死亡。這是一個讓人觸目驚心的數字，幾千萬個活生生的人，幾百萬個本該幸福的家庭，全國三分之二的人口，在很短的時間內大規模地餓死或者被別人殺死，慘絕人寰！

但這才是真實的三國。導致這種慘劇出現的原因，正是人的欲望。

在這樣的時代，每個人都承受著空前的生存壓力，鬥智鬥勇的水準登峰造極，社會制度和軍事技術變革迅速。然而在同時，人的欲望之花肆行無忌，人性惡的一面彰顯無遺。

值得欣慰的是，至少還有一些人，即便是在這樣的時代，依然堅持著自己的原則，沒有丟棄做人的良心。這樣的人雖然不多，但總算還有。

比如劉備。

可悲的是，這樣一個人，在喧譁而浮躁的今天遭到了無情的指責，偽君子、假仁假義等帽子紛紛扣在了他的頭上。

這緣於對劉備的誤解，或許《三國演義》中的劉備形象在今天看來確實稱得上虛偽，但這並不是真實的劉備。

真實的劉備，既不是聖人，也不是完人，但至少是一個有理想、有原則、有良心的人，一個大寫的人（指崇高的、偉大的人）。

誤解，其實源自於不了解。

因此，在這個翻案風盛行的時代，我無意為誰翻案，只不過是想寫出一個更為真實的劉備，讓更多的人了解歷史上的那個劉備，僅此而已。

於是，便有了這本小書。

當初稿完成的時候，有幾個朋友告訴我，不要在書中出現什麼為國為民、仁義道德，因為這些字眼很倒一些人的胃口，會影響銷量。

說實話，我猶豫過，但最終我說了不。不是我裝清高，不是我不缺錢，只是每個人都有自己的一點堅持。有些東西可以妥協，有些東西不可以放棄。

寫不寫書，怎樣寫書，是我的自由；看哪本書，買哪本書，是讀者的自由。我想，這點自由，還是把握在自己手裡比較好。

還有幾個朋友告訴我，沒有衝突就沒有故事，你不把壞人寫壞，好人肯定就好不起來，既然寫劉備，就應該把曹操寫成一個罪大惡極的反面人物。

我同樣沒有接受。因為世界上的顏色，從來不是只有黑、白兩種。人都是複雜的，不能簡單地以好人、壞人來區分。

曹操雖然有一些令人齒寒的惡行，卻同樣有一些不可抹殺的功績。

歷史就是歷史，不需要掩飾，也無法掩飾。幾張紙，終究包不住歷史。

數不清的河流匯聚成了歷史，無數的道路遮蔽在紛紜的歷史中。

但路總在我們的腳下。前方究竟是地獄還是天堂，要看我們自己選擇的方向。

我的選擇，我能堅持。

你的選擇，你也可以堅持。

最後，要特別感謝曾任中國史學會副祕書長、魏晉南北朝史學會副會長的童超先生。書稿付梓前，負責本書的編輯約請童老先生撥冗作序。童老先生不顧已過古稀的高齡，一一審讀了全部稿件，提出了不少有益的指導性意見，並指出了一些細節性問題，尤其是斧正了一些古今對照的地名，之後為這本小書作序推薦。這不僅是一位學界前輩對後學青年誨人不倦的諄諄教導和殷勤勉勵，更反映出童老先生嚴謹求真、開拓創新的治學風範。

掩卷沉思，感慨良多。先生已過古稀之年，尚且如此，我輩豈敢懈怠？唯有腳踏實地，勤奮學習，多出佳作，以饗讀者。

所幸，路在前方，更在腳下。

二〇一〇年春四月於北京

劉備年表

年份	年齡	主要活動
延熹四年 161年	1歲	劉備出生於幽州涿郡涿縣，父劉弘，祖劉雄
約延熹六年至建寧三年 約163~170年	3~10歲	父親劉弘去世。期間劉備讀過私塾
約建寧三年至熹平四年 約170~175年	10~15歲	劉備隨母親在涿縣街頭編織、販賣草鞋、草席為生
熹平四年 175年	15歲	受母親之命，劉備拜大儒盧植為師，赴京師洛陽附近的緱氏山中研習儒學。期間結識師兄公孫瓚
熹平六年 177年	17歲	盧植受命出任揚州廬江太守，劉備與公孫瓚輟學回鄉
熹平六年至中平元年 177~184年	17~24歲	劉備活動於家鄉涿郡一帶。期間結識同郡張飛、河東關羽等人
中平元年 184年	24歲	三月，冀州鉅鹿人張角率太平道教眾起義，史稱「黃巾起義」。劉備與關羽、張飛等人組織武裝力量配合政府軍作戰
約中平二年至初平元年 約185–190年	25~30歲	因平定黃巾起義有功，劉備出任冀州中山國安喜縣縣尉。不久，劉備鞭打中山國督郵之後棄官出逃。後轉任青州平原國高唐縣縣尉，不久升任高唐縣縣令
約初平元年至初平二年 約190~191年	30~31歲	因高唐縣被黃巾攻破，劉備前往幽州投奔中郎將公孫瓚，被任命為別部司馬，統兵與冀州牧袁紹對抗，常山人趙雲協同作戰
初平三年至初平四年 192–193年	32~33歲	受公孫瓚任命為青州平原國平原縣令，後升任平原相。期間郡民劉平僱傭刺客前往刺殺，刺客被劉備感化而自首，刺殺未遂
初平四年至興平元年 193–194年	33~34歲	青州北海相孔融被黃巾圍攻於都昌，派太史慈求救。劉備率軍三千前往救援，成功解圍

年份	年齡	主要活動
興平元年 194年	34歲	夏，兗州牧曹操為報父曹嵩之仇，攻屠徐州。徐州牧陶謙求救。劉備與青州刺史田楷前往救援。事後，陶謙舉薦劉備為豫州刺史，駐軍小沛。年底，徐州牧陶謙病逝，遺命劉備接任徐州牧。徐州別駕麋竺、典農校尉陳登等人極力擁戴，劉備出任徐州牧，治下邳
興平二年 195年	35歲	夏，呂布為曹操所敗，前往徐州投奔。劉備收留之
建安元年 196年	36歲	曹操表薦劉備為鎮東將軍，封宜城亭侯。夏，淮南袁術起兵北攻徐州。劉備與關羽統兵，戰袁術于淮陰、盱眙。呂布乘機襲取下邳，守將張飛敗逃。劉備軍困於廣陵海西，麋竺散家財以助。冬，劉備與呂布講和，複領豫州刺史，駐軍小沛
建安二年 197年	37歲	袁術遣紀靈等步騎三萬攻打小沛。劉備求救於呂布。呂布轅門射戟，解圍。後呂布攻小沛，劉備敗逃，投奔曹操。曹操使劉備駐軍小沛，出任豫州牧
建安三年 198年	38歲	劉備用計斬殺楊奉。呂布使高順、張遼攻小沛，劉備求救於曹操。曹操遣夏侯惇前往救援。城破，劉備敗逃。九月，劉備隨曹操攻呂布。十二月，攻破下邳，斬呂布
建安四年 199年	39歲	春，劉備隨曹操還許都，受封左將軍。期間劉備與車騎將軍董承等受衣帶詔密謀誅殺曹操；曹操與劉備「煮酒論英雄」。夏，劉備率軍截擊袁術於徐州。隨後，劉備殺徐州刺史車胄，入據徐州，公開反曹
建安五年 200年	40歲	春，董承密謀敗露，曹操急攻小沛、下邳，俘關羽；劉備敗逃，投奔袁紹，趙雲前往鄴城投效。夏，劉備赴汝南聯合劉辟等人，關羽辭曹歸劉。冬，曹操大破袁紹於官渡
建安六年 201年	41歲	九月，曹操南攻劉備於汝南。劉備南撤，投奔荊州牧劉表，駐軍新野
建安八年 203年	43歲	劉備敗夏侯惇、于禁於博望

年份	年齡	主要活動
建安八年至建安十二年 203~207年	43~47歲	劉備蟄伏荊州，期間痛斥「求田問舍」的許汜，歎髀肉生，馬跳檀溪
建安十二年 207年	47歲	曹操北征烏丸，劉備勸說劉表襲取許都，劉表不聽。劉備三顧諸葛亮於隆中。子劉禪出生
建安十三年 208年	48歲	七月，曹操揮師南下。八月，劉表在襄陽病逝。九月，劉表子劉琮向曹操投降。劉備從樊城分兵，遣關羽率水軍沿漢水南下；劉備率陸軍，沿途十餘萬百姓追隨，以至日行十餘里，為曹操虎豹騎追擊於當陽長阪。劉備棄妻子，與諸葛亮、張飛、趙雲等數十騎走，會合關羽水軍於漢津。後劉備南撤至樊口，遣諸葛亮前往柴桑聯合孫權。孫權派周瑜率軍三萬聯劉抗曹。冬十二月，周瑜大破曹軍於赤壁
建安十四年 209年	49歲	劉備奪取荊州江南四郡武陵、零陵、長沙、桂陽，並配合周瑜攻取江陵。十二月，劉琦病死，劉備受部下擁戴為荊州牧
建安十五年 210年	50歲	劉備赴京口見孫權。孫權將妹妹嫁給劉備
建安十六年 211年	51歲	十二月，劉備率龐統、法正、黃忠、魏延等人西入益州
建安十七年 212年	52歲	春，劉備與劉璋會於涪城。劉璋推舉劉備行大司馬，領司隸校尉。年底，劉備內應張松敗露，被劉璋斬於成都。劉備自葭萌關南下進攻劉璋
建安十八年 213年	53歲	劉備一路進展順利，抵達雒城。夏，劉備命諸葛亮、張飛、趙雲率軍入蜀，關羽鎮守荊州。龐統中流矢死，年三十六
建安十九年 214年	54歲	劉備攻克雒城，進圍成都，收降馬超。夏，劉璋投降。劉備兼領益州牧
建安二十年 215年	55歲	劉備揮師五萬下荊州，欲與孫權爭地。七月，曹操攻克漢中。劉備急與孫權平分荊州，旋即回師益州。張飛破張郃於蕩渠
建安二十三年 218年	58歲	劉備統兵大舉進攻漢中

年份	年齡	主要活動
建安二十四年 219年	59歲	春，劉備將黃忠陣戰夏侯淵。三月，曹操支援漢中。五月，曹操率軍撤退，劉備奪取漢中。七月，劉備設壇場於漢中沔陽，即位漢中王，拜大司馬，立劉禪為王太子。八月，前將軍關羽北攻襄陽、樊城，水淹于禁七軍，斬龐德。冬，孫權遣呂蒙襲取公安、江陵，逐步奪取荊州。關羽撤軍南下，軍潰，被孫權擒殺
建安二十五年 220年	60歲	正月，曹操死於洛陽。十月，曹丕逼漢獻帝禪皇帝位，建立曹魏
章武元年 221年	61歲	四月初六，劉備即皇帝位於成都武擔之南，立劉禪為太子。國號漢，史稱蜀漢。七月，劉備決定伐吳，集結大軍於江州。車騎將軍、司隸校尉張飛被帳下將殺於閬中
章武二年 222年	62歲	正月，劉備進駐秭歸，揮師長驅直入。二月，駐營於夷道猇亭。夏，孫權將陸遜用火攻，劉備敗績，退守白帝城
章武三年 223年	63歲	春，劉備託孤于丞相諸葛亮。四月二十四日，崩於白帝城永安宮，謚曰昭烈皇帝

國家圖書館出版品預行編目資料

劉備不是傳說／劍眉枉凝著. -- 初版. -- 臺北市：麥田, 城邦文化出版：家庭傳媒城邦分公司發行, 2011.1
面； 公分. --（重說．史；12）
ISBN 978-986-120-576-2（平裝）
1.（三國）劉備 2. 傳記
782.825 100000127

重說．史 12

劉備不是傳説

作　　者　劍眉枉凝
責任編輯　關惜玉．林俶萍
封面設計　黃暐鵬

編輯總監　劉麗真
總 經 理　陳逸瑛
發 行 人　凃玉雲
出　　版　麥田出版
城邦文化事業股份有限公司
台北市中山區民生東路二段141號5樓
電話：02-25007696　傳真：02-25001966
發　　行　英屬蓋曼群島商家庭傳媒股份有限公司城邦分公司
台北市民生東路二段141號11樓
書虫客服服務專線：02-25007718．02-25007719
24小時傳真服務：02-25001990．02-25001991
服務時間：週一至週五09:30-12:00．13:30-17:00
郵撥帳號：19863813　戶名：書虫股份有限公司
讀者服務信箱E-mail：service@readingclub.com.tw
歡迎光臨城邦讀書花園　網址：www.cite.com.tw
麥田部落格　http://blog.pixnet.net/ryefield
香港發行所　城邦（香港）出版集團有限公司
香港灣仔駱克道193號東超商業中心1樓
電話：（852）25086231　傳真：（852）25789337
E-mail：hkcite@biznetvigator.com
馬新發行所　城邦（馬新）出版集團【Cite（M）Sdn. Bhd.（458372U）】
11, Jalan 30D/146, Desa Tasik, Sungai Besi, 57000 Kuala Lumpur, Malaysia.
電話：（603）90563833　傳真：（603）90562833

印　　刷　前進彩藝有限公司
初版一刷　2011年（民100）01月20日
初版四刷　2012年（民101）01月05日

定價：399元
ISBN：978-986-120-576-2

城邦讀書花園
www.cite.com.tw